TRAITE PRATIQUE

DES

POURVOIS EN CASSATION

DE

L'ORGANISATION

ET DES

ATTRIBUTIONS DIVERSES DE LA COUR SUPRÊME,

PAR

CAMILLE SCHEYVEN,

DOCTEUR EN DROIT,
GREFFIER DE LA PREMIÈRE CHAMBRE DE LA COUR DE CASSATION.

———

BRUXELLES.

BRUYLANT-CHRISTOPHE & COMPAGNIE, LIBRAIRES-ÉDITEURS,
RUE BLAES, 31.

———

1866

TRAITÉ PRATIQUE

DES

POURVOIS EN CASSATION.

Bruxelles. — Typ. Bruylant-Christophe et Cⁱᵉ, rue Blaes, 31.

TRAITÉ PRATIQUE

DES

POURVOIS EN CASSATION

DE

L'ORGANISATION

ET DES

ATTRIBUTIONS DIVERSES DE LA COUR SUPRÊME,

PAR

CAMILLE SCHEYVEN,

DOCTEUR EN DROIT,

GREFFIER DE LA PREMIÈRE CHAMBRE DE LA COUR DE CASSATION.

BRUXELLES.

BRUYLANT-CHRISTOPHE & COMPAGNIE, LIBRAIRES-ÉDITEURS,

RUE BLAES, 31.

1866

PRÉFACE.

Les lois qui règlent la procédure à suivre devant la cour de cassation et celles qui déterminent les attributions et la compétence de cette cour sont fort diverses.

Elles forment un ensemble assez disparate « composé, dit M. Delebecque dans une note du *Bulletin usuel*, de lambeaux arrachés à la législation de cinq régimes »; la plus ancienne remonte au mois d'avril 1667, et l'année 1865, qui n'est pas encore révolue, en a vu apparaître trois nouvelles (1).

Sur ces textes nombreux et d'une conciliation difficile, notre cour de cassation, durant les trente-trois années de son existence déjà longue, a répandu la lumière de ses arrêts, et, dans

(1) Loi du 19 juin 1865, relative aux délits commis par les ministres hors de l'exercice de leurs fonctions.

Loi du 22 juin 1865, relative aux réclamations en matière de contributions directes.

Loi du 7 juillet 1865, abrogeant les art. 23, 24 et 25 de la loi du 4 août 1832 sur l'organisation judiciaire, et les remplaçant par des dispositions nouvelles.

l'interprétation de ces lois, il est aujourd'hui peu de questions délicates qui n'aient pas été examinées et résolues par elle.

Nous publions un Traité pratique où se trouvent réunis ces éléments épars de législation et de jurisprudence et dans lequel nous cherchons à exposer, en suivant un ordre méthodique, les principes qu'ils contiennent.

Nous n'avons certes pas la science et l'expérience avec lesquelles d'autres eussent pu entreprendre ce travail et recueillir, en le publiant, un succès qui n'attend pas nos jeunes efforts; nous pensons toutefois que l'on ne contestera pas, et c'est beaucoup pour nous, une certaine utilité pratique à l'œuvre que, domptant nos hésitations, nous livrons au public.

Tout au début de l'organisation de la cour de cassation, deux publications ont paru sur le sujet que nous traitons, portant, l'une et l'autre, le titre de *Manuel de cassation*. La première, éditée à Bruxelles en 1832, sans nom d'auteur, contient, avec le texte des lois, des règlements et des arrêtés en vigueur à cette époque, un exposé lucide mais très-sommaire sur les attributions de la cour de cassation, et quelques règles de la procédure à suivre devant elle; la seconde, éditée à Bruxelles en 1833, et ayant pour auteur M. Sanfourche-Laporte, ancien bâtonnier de l'ordre des avocats à la cour de cassation, n'est qu'un recueil de lois et de règlements, avec peu de notes et de très-courtes additions. Notre intention n'est pas de contester le mérite de ces deux ouvrages et surtout du premier, ou les services qu'ils ont pu rendre ; mais nous croyons pouvoir dire que leur utilité a beaucoup diminué aujourd'hui : trente-trois années se sont passées depuis leur apparition; que de changements sont survenus dans la législation! Que de progrès se sont réalisés dans la jurisprudence! Presque toutes les attributions spéciales de la cour de cassation sont régies par des lois postérieures à 1832, voilà pour la législation ; et quant à la jurisprudence, pour la partie surtout de nos lois qui ne nous sont pas communes avec la France, presque tout n'était-il pas à faire en 1832, et ne peut-on pas dire aujourd'hui que presque tout est fait? Cependant, lorsqu'il s'agit de procédure, ces paroles de M. De Molombe sont plus vraies encore que dans le droit civil : « La jurisprudence, c'est la partie animée, presque dramatique de la science du droit, *viva vox juris civilis.* » Or, ce sont précisément les arrêts rendus par la cour de cassation belge, depuis 1832 jusqu'en 1865, qui ont formé avec les usages adoptés par elle l'objet presque exclusif de notre étude; et nous avons même été assez heureux parfois de découvrir, dans les feuilles d'audience de la cour, d'intéressantes décisions que ne mentionnent pas, pour les années antérieures à 1845, les recueils imprimés des arrêts de la cour de cassation.

En 1851, le *Journal de procédure,* édité à Bruxelles, a commencé la publication d'une série d'articles sous le titre « d'Essai de recueil méthodique des dispositions en vigueur devant la cour de cassation de Belgique, » et contenant en note l'analyse d'un grand nombre d'arrêts de la cour suprême. Il est à regretter que l'auteur de ces pages, M. Mahieu, avoué à la cour d'appel de Bruxelles, ne leur ait pas donné une publicité plus étendue; s'il l'eût fait, et s'il eût continué pour les matières répressives et administratives, le travail qu'il a, avec tant d'intelligence, exécuté pour les affaires civiles, nous eussions considéré comme étant en partie atteint, le but que nous nous sommes nous-même proposé. A côté du regret que nous exprimons ici, il est de notre devoir de faire un aveu qui ne nous coûte guère : c'est que l'œuvre du savant praticien que nous venons de nommer, a facilité l'accomplissement de notre tâche.

La cour de cassation de France, on le sait, est régie, en beaucoup de points que nous pouvons nous dispenser de signaler ici, par des lois ou des règlements entièrement différents de notre législation, qui a pour base l'arrêté organique du 15 mars 1815. C'est assez dire qu'à part même la diversité de jurisprudence des deux cours, les publications françaises sur la matière que nous traitons ne peuvent être, en Belgique, que d'une utilité secondaire ; ce qui ne diminue en rien l'incontestable et durable mérite de plusieurs d'entre elles. L'ouvrage de M. l'avocat général Tarbé, intitulé : *Lois et règlements à l'usage de la cour de cassation*, les nombreux chapitres consacrés à la cour de cassation par le *Répertoire général de législation et de jurisprudence* de M. Dalloz, au mot *Cassation*, et le récent *Manuel des pourvois et des formes de procéder devant la cour de cassation en matière civile* de M. Bernard, greffier en chef à la cour suprême de France, Paris, 1858, seront toujours des œuvres remarquables et dignes d'être consultées avec fruit, pour l'examen surtout des questions non encore résolues par la jurisprudence de notre cour suprême.

INTRODUCTION HISTORIQUE.

Un des grands progrès que réalisa en France la révolution du siècle dernier, fut, sans contredit, la nouvelle organisation de la hiérarchie judiciaire, au sommet de laquelle le décret du 1er décembre 1790 vint placer la cour de cassation.

Cette utile réforme coïncidait et se trouvait en corrélation nécessaire avec le vaste travail de codification qui devait amener la proclamation d'une loi civile et pénale, uniforme pour toute l'étendue de la France; car sans l'institution d'une cour suprême et régulatrice, l'unité de législation si longtemps désirée et si vivement acclamée fût tombée dans l'impuissance de tenir ses plus belles promesses. La loi n'exerce en partie son influence sociale que par l'intermédiaire du juge qui en éclaircit la pensée, en constate les principes et en comble les lacunes : sans l'unité que la cour de cassation est spécialement appelée à faire régner dans la jurisprudence, l'œuvre du législateur, quelque uniforme qu'elle soit, n'arriverait jusqu'au justiciable, que sous. les formes les plus diverses et les plus disparates.

A l'époque où la Belgique fut violemment placée sous l'empire de cette législation, dont elle eût sans doute librement adopté bien des principes, s'ils ne lui eussent été imposés au prix de son indépendance, elle se trouvait placée sous la juridiction des antiques conseils provinciaux et souverains, qui ont chacun d'intéressantes annales et parmi lesquels brillait, de l'éclat le plus vif, le Grand-Conseil de Malines. Certes ce n'est pas par les souvenirs précieux qui nous restent de cette mémorable magistrature que l'on peut s'éclairer beaucoup pour l'intelligence et l'interprétation des lois d'organisation et de procédure aujourd'hui en vigueur devant la cour de cassation. Ces sources, il nous les faut plutôt chercher en France, dans l'histoire de l'ancien conseil des parties, dont les règlements de juillet et août 1737 et surtout du 28 juin 1738 nous régissent encore en un grand nombre de leurs dispositions et proclament des principes mis en lumière par l'admirable commentaire de Tolozan (1).

Ce conseil des parties ou conseil privé n'était qu'une branche du conseil du roi, attaché à la personne du souverain, composé de membres désignés par lui, et chargé de connaître en son nom de tout ce qui intéressait l'administration générale du royaume. Le droit de casser un jugement rendu en dernier ressort, pour violation des lois ou des coutumes, n'appartenait en effet qu'à la puissance royale, et tandis que, comme le fait

____

(1) *Les règlements du conseil*, par TOLOZAN.

remarquer M. Tarbé, les arrêts du parlement portaient simplement dans leur intitulé : « *Notre parlement a rendu l'arrêt suivant....* » « *mandons et ordonnons....* » ceux du conseil s'expri-
maient ainsi : « *Vu par le roi* » — « *le roi étant en son conseil* »
— « *fait au conseil, Sa Majesté y étant* » (1).

Mais si, par la législation, notre cour suprême se rattache au
conseil des parties autrefois établi en France, elle est aussi et
surtout, sur notre sol, l'héritière en ligne directe du Grand-
Conseil de Malines. Les mœurs et le caractère d'un peuple
traversent les siècles et survivent à ses lois; voilà pourquoi,
dans cette « Introduction historique, » nous aimons à prendre
pour point de départ une grande institution nationale dont
notre cour de cassation a honoré la mémoire en plaçant, dans
la grande salle de ses audiences solennelles, les bustes de Wielant (2) et de Peckius (3), et dont nous retrouvons encore
vivantes aujourd'hui les nobles traditions d'austérité, de science
et de patriotisme.

Le Grand-Conseil de Malines fut définitivement établi en
cette ville, par une ordonnance rendue le 22 janvier 1503 sous
le règne de Philippe le Beau. L'ordonnance de Charles le Témé-

---

(1) M. Tarbé, *Lois et règlements à l'usage de la cour de cassation.*

(2) Wielant naquit en 1440 ; il fut conseiller et président du conseil de Flandres, et devint ensuite conseiller au Grand-Conseil de Malines, à la première composition qui suivit l'ordonnance de 1503.

(3) Peckius (Pierre) vécut dans la seconde moitié du seizième siècle; jurisconsulte et canoniste distingué, il enseigna durant 20 ans le droit romain et le droit
canon à l'université de Louvain et devint ensuite conseiller à Malines. Il fut, les
trois dernières années de sa vie, membre du conseil privé, et il mourut en 1589.
Son fils et élève, se nommant aussi Pierre Peckius, célèbre par ses négociations
diplomatiques, fut d'abord avocat, ensuite membre du Grand-Conseil de Malines
et chancelier au conseil de Brabant.

raire de 1473 avait eut le même objet (1), mais elle reçut une exécution imparfaite à cause des difficultés politiques qui marquèrent le règne de ce prince et celui de Marie de Bourgogne sa fille, et surtout à cause de l'opposition que firent les différents conseils des provinces à la création de cette juridiction suprême, que le duc Charles appelait, dans son ordonnance, « *notre parlement et court souveraine de tous nos comtés, duchiez, pays et seigneuries de par dechà.* » La grande préoccupation de nos provinces, à cette époque, était, en effet, de conserver leurs droits, leurs coutumes et leurs priviléges particuliers, et les juges, pour jouir de leur confiance entière, devaient être non-seulement savants et intègres, mais spécialement attachés aussi à la défense de ces droits et de ces priviléges. La diversité de la législation et de la procédure venait s'opposer du reste à ce que l'uniformité de jurisprudence pût sortir de l'existence d'une unique cour souveraine (2).

Ces circonstances doivent être prises en sérieuse considération; elles contribuent à l'explication des différents actes par lesquels nos princes affranchirent un certain nombre de provinces de la juridiction du Grand-Conseil de Malines.

Les conseils de Brabant et de Hainaut notamment reprirent

---

(1) M. l'avocat général FAIDER (*Belgique judiciaire*, 1850, p. 161) constate d'après une consulte du conseil privé du 23 mai 1767, que Philippe le Hardi institua à Lille, en 1385, un conseil de justice transporté à Audenarde en 1405, et à Gand, en 1409, jusqu'à ce que Philippe le Bon eût fondé, en 1445, le Grand-Conseil ou parlement qu'il attacha à sa personne et qui devait le suivre dans toute ses pérégrinations.

(2) M. DEFACQZ, conseiller à la cour de cassation, *Ancien droit Belgique*, p. 25; M. GANSER, procureur général à Gand, *Discours de rentrée sur le conseil de Flandres* (*Belgique judiciaire*, 1846, p. 1733.)

déjà leur titre de « conseil souverain » le premier en 1477 et le second en 1515; quant à la Flandre, où le parlement de Paris prétendit longtemps exercer sa suprématie, elle ne prit aucune part à l'opposition des autres provinces, et elle fut peut-être très-heureuse, après les guerres de Charles-Quint avec François Ier, d'échapper pour toujours à la juridiction française, en passant sous l'autorité du Grand-Conseil de Malines (1).

L'ordonnance rendue, le 26 octobre 1531, par Charles-Quint vint compléter encore l'organisation du Grand-Conseil et en déterminer plus nettement le caractère. Déjà, dans l'ordonnance de 1503, la division du Grand-Conseil en deux classes se trouvait indiquée, et la première de ces classes devint le *conseil privé*, dénomination qui était auparavant employée comme synonyme de *Grand-Conseil*. Le conseil privé formait, avec le conseil d'État et celui des finances, les trois conseils collatéraux (*ad latus principis*) institués par Charles-Quint en 1531 et maintenus par Philippe II. « Au conseil privé appartenaient, » dit M. Defacqz (page 9, *Ancien droit belgique*), « la confection des « projets de lois, l'interprétation des lois en vigueur, la direction « de la police générale et la surveillance sur l'administration « de la justice, sans qu'il possédât lui-même aucune juridiction « contentieuse. Quelquefois les tribunaux le consultaient lors-« qu'une affaire soulevait des questions relatives au droit pu-« blic ou aux grands intérêts du pays; mais sa réponse n'en-« chaînait pas leur décision, et un jugement rendu en première

____

(1) Il y eut, sous ce rapport, une contestation entre le conseil de Flandre et le Grand-Conseil de Malines ; le premier soutenait que le Grand-Conseil n'avait sur lui d'autre juridiction que celle qu'exerçait autrefois le parlement de Paris. Voy. DE COLOMA, vol. 2, p. 236.

« instance ne laissait pas d'être sujet à l'appel quoiqu'il eût été
« précédé d'une consulte, c'est-à-dire d'un avis du conseil
« privé (1). Il était strictement défendu à ce conseil, aussi bien
« par les lettres patentes qui l'érigèrent en 1531, que par l'édit
« qui le rétablit en 1725, d'admettre les parties à débattre
« juridiquement leurs intérêts devant lui, ou d'évoquer les
« causes dont les juges compétents seraient saisis, à moins
« que ce ne fût pour des motifs extraordinaires et que le Gou-
« verneur général ne l'y eût autorisé après avoir entendu le
« conseil d'Etat : *notre volonté royale étant*, dit l'édit de 1725,
« *que toutes matières contentieuses entre parties soient et demeu-*
« *rent par-devant nos conseils, tribunaux, juges et officiers*
« *établis à cette fin* (2). »

Par l'érection du conseil privé les attributions du Grand-
Conseil furent réduites à la seule administration de la justice.
Mais toujours celui-ci a joui de tous les honneurs et prérogatives attachés à un conseil collatéral; aussi est-il certain que ses
membres obtenaient, par le fait de leur nomination, la qualité
de nobles pour eux et leur postérité (3).

Le Grand-Conseil de Malines, à la suite de l'ordonnance

---

(1) *Jurisprudence des Pays-Bas autrichiens,* par Du LAURY, vol. I, p. 321.

(2) Le conseil d'État réunissait dans ses attributions tout ce qui concernait
la guerre et les affaires étrangères; il nommait les principaux dignitaires civils
et ecclésiastiques; ses membres étaient désignés par le roi qui pouvait, suivant la
nature des affaires, adjoindre à ceux-ci les chevaliers de la Toison d'or, les membres du conseil privé, du Grand-Conseil, de celui des finances, etc. Le conseil
d'État avait pour chef le gouverneur général. Il finit par n'être plus qu'un simple conseil d'honneur. V. NENY, *Mémoires historiques et politiques sur les Pays-
Bas autrichiens,* chap. XVI, art. IV.

(3) *Arrêts du Grand-Conseil de Malines,* recueillis par DE COLOMA, vol. 2,
p. 237.

de 1503, était composé, outre le chancelier et quatre maîtres des requêtes, qui suivaient la personne du prince, d'un président, de cinq conseillers ecclésiastiques, de neuf conseillers laïques, d'un procureur général ou procureur du prince, de son substitut et de trois greffiers; en vertu de l'ordonnance de 1531, à cause du grand nombre des affaires intéressant le domaine et les finances, le procureur général fut, pour la conduite de ces affaires, aidé du conseil et de l'intervention d'un avocat fiscal, nommé par le prince. Le Grand-Conseil déterminait le nombre des avocats et des procureurs ou avoués qui devaient exercer leurs fonctions auprès de sa juridiction (1).

Rappelons ici deux fortes garanties d'indépendance que nous retrouvons encore parmi nos principes constitutionnels, et que présentaient déjà les membres tant ecclésiastiques que laïques du Grand-Conseil; ils n'étaient pas nommés directement par le prince (2), mais, sur la présentation de trois candidats, par le conseil. Ce droit de présentation s'étendit même plus tard à la nomination du procureur général et des greffiers. Précieuse prérogative dont le Grand-Conseil usa avec sagesse et intelligence! Elle lui permit d'appeler dans son sein tant de jurisconsultes justement appréciés au delà comme en deçà de nos frontières, et qui contribuèrent puissamment à rehausser la réputation de notre premier corps judiciaire et à le faire même devenir souvent, pour des princes étrangers, l'arbitre de leurs différends (3).

(1) *Des avocats en Belgique*, par L. J. (*Belgique judiciaire*, 1849, p. 1345).

(2) Ordonnance du 2 mai 1522.

(3) M. DE BAVAY, procureur général près la cour d'appel de Bruxelles; *Discours de rentrée* de 1850 (*Belgique iudiciaire*, 1851, p. 177).

Les membres du Grand-Conseil étaient inamovibles; il fallait un jugement pour les démettre de leurs fonctions, en les en déclarant indignes (1). Pour pouvoir être nommés, ils devaient être nés aux Pays-Bas; la naturalisation même ne pouvait suppléer au défaut d'indigénat (2).

Les attributions du Grand-Conseil se divisent en deux catégories bien distinctes. Comme juge d'appel, il statuait dans les causes qui avaient été soumises, en 1er, 2e ou 3e ressort, aux juridictions provinciales; comme juge d'exception, il avait la connaissance immédiate des contestations relatives à des matières exceptionnelles ou à des personnes privilégiées.

Trois conseils demeurèrent constamment indépendants du Grand-Conseil de Malines; ce sont : les conseils de Brabant (3), de Hainaut (4) et de Gueldre (5). Ces conseils, qui portaient avec celui de Malines le titre de *conseil souverain*, jugeaient par arrêt et sans appel; un seul recours extraordinaire était ouvert contre leurs sentences; on l'appelait la grande révision ou proposition d'erreur. Ce recours était porté devant le même

(1) M. DEFACQZ, *Ancien droit Belgique*, p. 34.

(2) Règlement du 25 janvier 1681, art. 5.

(3) M. DE BAVAY, *Discours sur le conseil de Brabant* (*Belgique judiciaire*, 1849, p. 1345).

(4) *Histoire du conseil de Hainaut*, par M. PINCHART. Mémoires couronnés, coll. in 8°, T. VII.

(5) Le conseil souverain de Gueldre fut institué par Charles-Quint en 1547 et résidait primitivement à Arnhem; c'est en 1580 que, la plus grande partie de la Gueldre s'étant rendue indépendante de l'Espagne, Ruremonde, la capitale du haut quartier, devint le siége de ce conseil, et le resta jusqu'à la suppression de celui-ci en 1794. V. *Bydrage tot de geschiedenis van den Souvereinen raad in het overkwartier van Gelderland te Ruremonde*, par M. GERADTS, aujourd'hui juge au tribunal de Ruremonde.

conseil, composé de tous les juges, auxquels on en adjoignait huit, choisis parmi des membres d'autres juridictions ou les docteurs en droit de l'université de Louvain (1).

Les conseils provinciaux de Flandre et de Namur et le magistrat de Malines (2) relevèrent toujours du Grand-Conseil; le conseil de Luxembourg lui fut subordonné jusqu'en 1782, époque de son érection en conseil souverain; celui de Tournai-Tournésis (3), de 1773 à 1782; et les tribunaux supérieurs de Cambrai et du Cambresis, les conseils d'Artois et de presque toutes les provinces septentrionales, jusqu'à l'époque de leur séparation des Pays-Bas. (M. Defacqz, titre prél., chap. 2, section 1re, page 32.)

La suprématie du Grand-Conseil de Malines sur les conseils provinciaux était surtout relative aux affaires civiles; en matière répressive, ces conseils statuaient en dernier ressort, à moins qu'ils ne condamnassent simplement à l'amende, sans emprisonnement, bannissement, confiscation de biens, suspen-

(1) NENY, *Mémoires*, chap. XXII, art. X.

(2) Malines formait, dans notre ancienne organisation, une petite province séparée, soumise tout entière et immédiatement à la juridiction du magistrat de Malines; elle se divisait en trois parties : la ville, son district composé de cinq villages et six hameaux, et son ressort consistant dans les villages de Heist et de Gestel. (NENY, *Mémoires*, chap. XXIV, art. VIII). Dans chacune de ces trois parties, les subsides étaient consentis par des assemblées particulières.

On entendait ordinairement par magistrat dans les Pays-Bas, le tribunal entier d'une juridiction municipale.

(3) Le Tournai-Tournésis formait aussi une province spéciale, soumise à la juridiction du bailliage de Tournai, qui relevait du conseil de Flandres, mais devint en 1773 un conseil provincial directement subordonné au Grand-Conseil jusqu'à l'édit de 1782; il passa alors sous la juridiction du conseil souverain de Hainaut.

sion ou privation d'offices (ordonnances du 7 avril 1665 et du 31 mai 1672). L'évocation n'était jamais permise au Grand-Conseil (ordonnance du 22 janvier 1503).

A côté de ces attributions qui constituaient la véritable mission d'une cour suprême, nous en trouvons, en grand nombre, en vertu desquelles le Grand-Conseil statuait en première instance, et qui portent le cachet de cet ancien régime, si prodigue en exemptions et en priviléges. Le conseil de Malines avait juridiction dans tous les lieux et sur tous ceux qui étaient exempts d'autres ressorts et qui n'avaient aucun autre juge particulier (1). C'est en vain que nous tenterions de faire ici une énumération complète; rappelons toutefois que le Grand-Conseil était immédiatement compétent, 1° de toutes les actions personnelles contre ceux qui étaient comptés parmi les *escroues* ou *écros*; on entendait par les *escroues*, le rôle ou l'état dans lequel, à l'origine, se trouvaient inscrits les 30 chevaliers de la Toison d'or, suivant partout la personne du roi, et qui, comprenait de plus les princes du sang, les chefs d'offices, les membres des différents conseils généraux, leurs suppôts, et tout ceux qui faisaient partie de la cour; cette compétence s'étendait même aux cas où ces personnes étaient domiciliées dans des provinces qui, comme le Brabant et le Hainaut, n'étaient pas du ressort du Grand-Conseil (2);

---

(1) *Trophées tant sacrées que profanes du Duché de Brabant,* par Christophe Butkens, prieur de Saint-Sauveur, ordre de Citeaux, à Anvers, vol. IV, livre III. Pauli Christinei *Mechliniensis decisiones curiæ Belgicæ,* vol. I, déc. 10, n° 6.

(2) *Arrêts du Grand-Conseil de S. M. Imp. et Cath. résidant à Malines,* tome 2, p. 253, Cuvelier et De Grispere.

2° Des actions contre les négociants étrangers vivant dans le pays sans y avoir de domicile (1);

3° De celles dirigées contre les pauvres ou personnes misérables, *auxquelles*, dit Butkens, *on y administre justice pour Dieu et en aumône* ;

4° De toutes les actions réelles, personnelles et mixtes, dans un grand nombre de terres franches enclavées dans diverses provinces, et qui avaient conservé leur indépendance même au point de vue de la juridiction du conseil de leur province (2);

5° Des mêmes actions dans certaines terres, au sujet de la souveraineté desquelles il y avait contestation entre diverses provinces; les plus célèbres, appelées terres de débat, sont celles que composaient la ville de Lessines et six villages du nom de Flobecq, Ellezelles, Wodecque, Bois de Lessines, Ogies et Papignies; elles furent l'objet d'un conflit, qui dura près de cinq siècles, entre la Flandre et le Hainaut; Charles-Quint, par un décret du 15 décembre 1515, ne consacrant peut-être qu'un ordre de choses existant depuis longtemps, mit les terres litigieuses sous séquestre au profit du Grand-Conseil de Malines; et ce ne fut qu'en 1743, le 26 mars, qu'intervint un décret approuvant la transaction conclue entre les conseils de Hainaut et de Flandre, et levant par conséquent le séquestre du Grand-Conseil (3).

---

(1) CHRISTINEUS, *ibidem* ; *Placards des Flandres*, vol. I, fol. 85 ; ordonnance de Philippe II. § 1, art. X.

(2) BUTKENS (*ibidem*) en fait une longue énumération. NENY, *Mémoires des Pays-Bas*, chap. XIV, art. X ; *Arrêts du Grand-Conseil*, de COLOMA et HONY, vol. 2, p. 226.

(3) *Placards de Flandres*, vol. VIII, fol. 122. M. Faider, avocat général

Les terres de Fumay et de Revain étaient aussi du ressort immédiat du Grand-Conseil de Malines. Leur souveraineté était l'objet d'un débat entre le souverain des Pays-Bas et l'électeur de Trèves (1);

6° Des mêmes actions dans le pays de Termonde (2) et des appels du Watergrave de Flandre (3).

Dans l'ordonnance rendue par Charles-Quint, le 26 octobre 1531, nous trouvons l'énonciation d'un principe qui dans plus d'une de ses applications est encore considéré aujourd'hui comme un bienfait et un progrès; lorsque le Grand-Conseil, à l'occasion d'un procès, découvrait dans les usages ou règlements « chose « déraisonnable, allégué et vérifié hors raison et·termes de « justice, » il pouvait et devait, sur la réquisition des parties et même d'office, les corriger, après avoir consulté, si besoin était, « les gouverneurs et autres officiers, selon l'état, qualité « et exigence des cas et affaires. » Le même empereur n'avait-il pas dit un jour, en déchirant un injuste privilége signé par lui, qu'il aimait mieux gâter sa signature que sa conscience (4)?

Il n'est pas moins certain que les arrêts que rendait le Grand-Conseil jouissaient d'une autorité qu'il n'était pas même

à la cour de cassation, a publié quelques intéressantes notices historiques sur ces terres de débat, dans un article publié par la *Belgique judiciaire*, année 1850, p. 161.

(1) BUTKENS, *ibidem.*

(2) *Placards de Flandres*, vol. VIII, fol. 130.

(3) *Ibidem*, vol. III, fol. 209.

(4) *Arrêts du Grand-Conseil*, de COLOMA et HONY, vol. 2, p. 145 et suiv.; DU LAURY, 1761, vol. I, p. 33.

permis au pouvoir souverain de méconnaître (1); le gouverneur général (2), le conseil privé (3) étaient légalement impuissants à en arrêter l'exécution.

Nous ne cherchons pas à le méconnaître, le Grand-Conseil de Malines fut loin d'exercer, sur les corps judiciaires et sur la jurisprudence, l'influence qui appartient aujourd'hui à la cour suprême; des provinces importantes étaient parvenues à se soustraire à sa juridiction, et nous en avons trouvé la principale cause dans la diversité des priviléges, des lois et des usages locaux. Il n'était donc pas ce centre judiciaire vers lequel tout converge, et qui imprime à l'action de la justice, l'unité et la régularité; s'il l'eût été, l'administration de la justice n'eût pas présenté ce spectacle affligeant des conflits de juridiction si nombreux dans nos provinces, si longs surtout, si funestes aux justiciables et si féconds en incidents déplorables (4). M. Britz (5) indique comme appartenant au conseil privé, reconstitué en 1725, le jugement des conflits de juridiction entre les tribunaux qui n'avaient pas le même juge supérieur; c'étaient là sans doute de ces affaires intéressant gravement l'ordre public, dans lesquelles, d'après l'ordonnance du 19 septembre 1725, le conseil privé pouvait statuer, pour des motifs extraordinaires,

(1) Ordonnance de Philippe II, du 8 août 1559, art. 2; *Placards de Brabant*, 2ᵉ vol. 2ᵉ part. p. 2.

(2) *Registres du Grand-Conseil*, années 1771 et 1772. Discours de M. le Procureur général DE BAVAY (*Belgique judiciaire*, 1851, p. 177).

(3) DU LAURY, *Jurisprudence des Pays-Bas autrichiens*, vol. 1, p. 66.

(4) M. DEFACQZ, *Ancien droit Belgique*, p. 25 et 26; M. FAIDER, *Belgique judiciaire*, 1850, p. 161.

(5) *Mémoire sur l'ancien droit Belgique*, p. 429.

avec l'autorisation du gouverneur général et le conseil d'État entendu ; mais il n'en est pas moins certain qu'il y eut sous ce rapport, jusqu'aux derniers temps de notre ancien régime, de regrettables abus dans l'administration de la justice.

Les attributions exceptionnelles si étendues en degré de 1re instance et les appréciations de fait qui étaient de la compétence du Grand-Conseil, devaient aussi contribuer à diminuer son importance comme juge suprême. Elles entraînaient les nombreux détails de l'instruction d'un procès, absorbaient une partie des travaux de ses membres, créaient une plus grande analogie entre les conseils de province et le conseil de Malines, et ne donnaient pas à ce dernier ce prestige du corps judiciaire qui, toujours étranger au jugement des faits de la cause, se trouve moins exposé à en subir l'influence et ne s'inspire partout et toujours que de l'austère volonté du droit et de la loi.

Dans le nombre des arrêts du Grand-Conseil il n'en existe que relativement peu auxquels se rattache un intérêt scientifique au point de vue de notre législation actuelle, et l'historien national pourrait les consulter avec plus de fruit que le jurisconsulte (1). L'obligation de motiver leurs sentences n'existait pas, du reste, pour les cours souveraines (2), et les juridictions

---

(1) *Collections imprimées d'arrêts du Grand-Conseil de Malines* : 1º *Arrêts du Grand-Conseil de S. M. Impériale résidant en la ville de Malines,* recueillis par Dufief, De Humayn, Cuvelier et De Grispere , conseillers audit conseil. Lille, 1773, 2 vol. — 2º *La jurisprudence des Pays-Bas autrichiens établie par les arrêts du Grand-Conseil de Malines,* par Du Laury, Bruxelles, 1761, 2 vol. — 3º *Arrêts du Grand-Conseil de Malines,* recueillis par le comte De Coloma et Hony, Malines, 1781, 2 vol.

Voir aussi : Pauli Christinei *decisiones curiæ Belgicæ,* Antverpiæ, 1671, 6 vol.

(2) M. Defacqz, p. 209.

inférieures ne donnaient elles-mêmes les motifs de leurs sentences, qu'en cas d'appel, si ces motifs leur étaient demandés par les corps de justice devant lesquels le recours était porté.

Le Grand-Conseil de Malines exista durant trois siècles environ ; la révolution française lui fit partager le sort de toutes nos anciennes institutions. Joseph II déjà, par son diplôme du 1er janvier 1787, avait décrété sa suppression en organisant l'ordre judiciaire sur des bases toutes nouvelles, en supprimant tous les juges d'exception, et en instituant uniformément, pour toutes les provinces, trois degrés de juridiction dont le dernier, l'instance en révision, ouvert seulement lorsque les jugements des autres n'étaient pas conformes, était exercé par un seul conseil souverain de justice.

C'était là une grande et belle réforme, mais qui fut introduite par des moyens contraires au droit public du pays, et que des innovations moins heureuses ont accompagnée et suivie. L'empereur d'Autriche ne put la maintenir ; le 21 septembre de la même année, le diplôme du 1er janvier était retiré.

Deux ans plus tard, le conseil de Brabant fut durant quelques mois supprimé, et l'empereur conféra ses attributions au Grand-Conseil de Malines, dont deux chambres furent à cet effet envoyées à Bruxelles.

Le traité signé à La Haye, le 10 décembre 1790, et ratifié par Léopold, le 10 mars 1791, contenait la disposition suivante :

« L'administration de la justice civile et criminelle étant un
« des objets qui intéressent le plus essentiellement les peuples,
« S. M. promet d'entendre les états sur les réformes qu'il
« pourrait y avoir à faire, et elle s'engage à n'y apporter au-

« cun changement sans leur aveu. » Nos provinces retrouvèrent dans cette convention un ensemble de garanties contre les entreprises d'un pouvoir qui devait, trois années plus tard, faire place sur notre sol aux armées envahissantes de la France républicaine.

Déjà à la fin de 1792, le Grand-Conseil quitta Malines et se retira, avec d'autres grands corps de l'État, à la suite de la première invasion des troupes françaises; il séjourna successivement à Ruremonde et à Dusseldorf, d'où il revint dans le Brabant, en juillet 1793, une année avant sa suppression définitive.

Le décret du 1er décembre 1790 avait institué en France le tribunal de cassation, établi auprès du corps législatif, et dont les membres étaient élus pour quatre ans, par le peuple (1). Ce tribunal était ainsi le délégué de la nation, chargé de maintenir les corps judiciaires dans le respect des lois. « Si les tribunaux « pouvaient enfreindre les lois, » dit Pigeau, *Proc. civ.*, 1819, t. I., p. 662, « en négliger ou éluder l'exécution, ils rendraient « par là nul le pouvoir législatif; aussi s'est-il réservé le droit « de faire inspecter l'administration de la justice, réprimer les « jugements dans lesquels les tribunaux se seraient écartés « des règles prescrites et leur remettre ces règles sous les « yeux. C'est dans cette vue que nos différentes constitutions « ont établi un tribunal chargé spécialement d'annuler les « jugements rendus en contravention à la loi. » C'était ce tri-

(1) La constitution belge a adopté un système plus sage et donnant plus de garanties, en appelant les trois pouvoirs à prendre part à la nomination des conseillers de la cour suprême, le roi, le sénat et la cour de cassation elle-même.

bunal qui devait devenir la juridiction suprême de nos provinces, lesquelles n'étaient plus elles-mêmes que des départements de la France.

Un arrêté des représentants du peuple du 16 frimaire an IV ordonna la publication en Belgique du décret du 2 brumaire an IV, concernant l'organisation du tribunal de cassation, qui reçut, pour la première fois, le titre de cour dans le sénatus-consulte du 28 floréal an XII, organique du gouvernement impérial.

Nos cours et tribunaux ressortirent dès lors à la cour de cassation de France, jusqu'à la chute du premier empire français; les arrêtés du 9 avril 1814 et du 19 juillet 1815 confièrent aux cours supérieures de justice de Bruxelles et de Liége les fonctions de cour de cassation pour les provinces belgiques. Les pourvois contre les arrêts de chacune de ces cours devaient être portés devant une chambre de la même juridiction, composée de onze conseillers, parmi lesquels ne pouvait se trouver aucun de ceux qui avaient pris part à l'arrêt attaqué. Il est superflu d'insister sur les défauts de cette organisation qui ne tendait pas à introduire l'unité dans la jurisprudence et qui n'accordait à un arrêt rendu en degré de cassation que le prestige du nombre de ceux qui y avaient pris part, comme si ce n'était rien qu'une science plus étendue, des études plus longues et une expérience plus consommée (1)!

Constatons cependant que cette législation prouve qu'alors

____

(1) Une des conséquences graves de cet état de choses était que les conflits de juridiction qui s'élevaient entre les ressort des cours de Liége et de Bruxelles ne pouvaient recevoir aucune solution légale : on ne voyait d'autre moyen de mettre

comme avant et comme maintenant, on était convaincu de l'utilité et de la nécessité d'un recours en cassation, d'une dernière instance où les faits demeurent souverainement appréciés et établis, pour ne laisser au juge que le soin de donner à la loi sa plus certaine interprétation, de veiller à la stricte observation des formes prescrites dans l'intérêt de la vérité et de l'innocence, de la légalité en un mot, cette suprême garantie de tous, du pauvre comme du riche, du faible comme du fort, de celui qui se défend comme de celui qui accuse !

Après notre révolution de 1830, lorsque la Belgique fut appelée à se gouverner elle-même et à délibérer sur les institutions qu'elle allait librement se donner, le congrès national fut unanime à établir dans notre pays une cour de cassation. N'était-ce pas le moment de recueillir en toutes choses les fruits d'une trop longue expérience, et de réaliser de grands progrès? Sublime mission, que sut remplir avec une rare sagesse l'immortelle assemblée!

La constitution belge, dans ses articles 95, 99, 106, 135 et 136, proclama la nécessité de l'existence d'une cour de cassation pour toute la Belgique, régla le mode de renouvellement de ses membres, lui attribua le jugement des ministres et des conflits d'attribution, et confia à la législature le soin de déterminer, dans sa première session, tous les détails de son organisation. La loi du 4 août 1832 vint satisfaire à ce vœu.

Dans ses dispositions transitoires, cette loi déclare que la

un terme à pareil conflit que de s'adresser au roi pour qu'il statuât lui-même après avoir entendu le conseil d'État (CARRÉ, Lois de la proc. civ., Bruxelles 1825, § 1326, note *a*).

première nomination des présidents et conseillers de la cour de cassation appartiendrait au roi et que l'installation du nouveau corps judiciaire aurait lieu au plus tard le 15 octobre suivant.

Le siége de la cour de cassation fut fixé à Bruxelles. Des voix isolées avaient cependant demandé à la chambre des représentants et au sénat, que ce siége fût établi à Malines, en souvenir de l'antique Grand-Conseil.

L'arrêté rendu par le prince souverain des Pays-Bas, le 15 mars 1815, fut maintenu; il contenait le règlement organique de la procédure de cassation, et renvoyait lui-même, dans son article 60, pour tous les cas qu'il ne prévoyait pas, aux lois qui existaient en France à l'époque de l'occupation de la Belgique, et partant aux règlements de 1737 et 1738. Quoique seulement provisoirement conservés, ces règlements sont encore les nôtres aujourd'hui.

Les 6, 13 et 14 octobre 1832, le *Moniteur belge* publia les arrêtés royaux nommant les membres de la cour de cassation; le congrès national et la magistrature s'y trouvaient noblement représentés (1). Le 15 octobre suivant, eut lieu la

---

(1) Voici quelle fut la première composition définitive de la cour de cassation de Belgique :

M. de Gerlache, premier président ;

MM. de Sauvage et Van Meenen, présidents.

MM. Bourgeois, Marcq, Destouvelles, de Guchteneere, Garnier, de Faveaux, Peteau, Deswerte, Joly, Leclercq, Petit-Jean, Lefebvre, de Rasse, Serruys, Taintenier, Wurth, conseillers ;

M. Plaisant, premier avocat général f. f. de procureur général ;

M. Defacqz, avocat général ;

M. Mathieu, greffier en chef ;

MM. Adan et de Brandner, greffiers.

séance solennelle d'installation (1) au Palais de justice, dans la salle d'audience actuelle de la première chambre de la cour d'appel de Bruxelles.

M. Mathieu, greffier en chef, donna lecture des différents arrêtés de nomination, de l'arrêté relatif à l'installation de la cour, de l'acte du serment qu'avaient prêté, entre les mains du roi, M. de Gerlache, premier président, et M. Plaisant, premier avocat général faisant fonctions de procureur général.

M. Plaisant obtint ensuite la parole; après avoir rappelé, dans l'éloquent discours qu'il prononça, les phases successives de l'organisation judiciaire dans les provinces belges, il continua ainsi :

« Magistrats de la cour suprême, successeurs de ces grands
« corps de justice dont notre pays se glorifiait avec raison,
« de ces conseils souverains qui, dans l'ordre de leurs attribu-
« tions, à cette époque, défendirent avec tant de constance et
« de courage les droits de la nation, de ses princes et de ses
« citoyens, aucun de leurs titres de gloire ne saurait vous être
« étranger.

« Cette considération européenne qui investit le conseil de
« Brabant d'une juridiction sans limites sur les princes et les
« membres de l'empire, pour l'exécution de la bulle d'or bra-
« bantine, cette considération, Messieurs, vous saurez bientôt
« la mériter.

« La confiance qui amena des princes étrangers devant nos

____

(1) Les membres de la cour de cassation portaient l'habit noir à la séance d'installation, la confection des robes rouges n'ayant pu être achevée pour le 15 octobre.

« anciens conseils, choisis par eux pour arbitres, vous la ren-
« drez à nos tribunaux, en les maintenant dans la stricte appli-
« cation de la loi; et si la reconnaissance publique signale à la
« postérité les noms des Damhoudere, des Wynants, des de
« Méan, ces vertus, ces lumières d'un véritable magistrat, c'est
« à vous qu'il appartient de les donner encore à la Belgique
« régénérée. La patrie verra ainsi en vous, Messieurs, comme
« nos ancêtres dans nos juges souverains, l'appui le plus ferme
« de ses institutions et de ses lois.

« En vous plaçant à la tête de ce pouvoir redoutable qui
« protége le faible contre les tentatives du puissant, qui main-
« tient les droits de tous et assure le règne de la justice, la loi
« a beaucoup attendu, Messieurs, de vos lumières et de vos
« travaux.

« L'éclat de votre exemple doit maintenir la pureté et la
« dignité de l'ordre judiciaire; ce dépôt sacré est remis entre
« vos mains, pour donner plus de crédit aux lois, plus de sain-
« teté à la justice.

« C'est à vous que la loi confie l'égale et la stricte exécution
« de ses dispositions. Juges des jugements, vous n'avez point
« pour mission de réformer toutes les décisions injustes, de
« corriger toutes les erreurs judiciaires : mais vous devez faire
« régner la loi en souveraine absolue : devant sa volonté, toute
« volonté contraire doit disparaître : nos institutions, par leur
« texte exprès, vous appellent ainsi à défendre l'autorité royale,
« non-seulement contre ceux qui voudraient en resserrer les
« limites, mais contre elle-même, si ses agents, par un zèle
« aveugle ou coupable, se permettaient jamais de les franchir.

« Les plus précieuses prérogatives du citoyen, ses droits
« électoraux; la garantie des formes et des dispositions légales
« dans les comptes de l'État sont également confiés à vos
« lumières et à votre fermeté.

« La constitution, Messieurs, vous donne une autre tâche,
« noble mais pénible; et elle vous l'a imposée parce qu'elle a su
« que nulle part les passions, soulevées avec tant de force dans
« les dissensions civiles, n'auraient moins d'influence qu'à
« l'ombre de l'autel de la loi; parce qu'elle a cru que nulle part on
« ne pourrait trouver à la fois plus d'amour de la patrie, plus
« de courage et plus d'impartialité. C'est vous qu'elle appelle à
« venger le pays des attentats qui pourraient être commis par
« ses premiers fonctionnaires dans l'exercice de leurs charges
« suprêmes; et sa confiance a été si loin qu'elle vous abandonne,
« jusqu'à ce que loi y ait pourvu, le pouvoir de caractériser le
« délit et de déterminer la peine.

« Votre mission est grande et difficile, Messieurs, mais elle
« vous dispense de tous autres soins; désormais ils vous sont
« étrangers, et en accomplissant les devoirs qu'elle vous pres-
« crit, vous ne pouvez manquer d'acquérir cette gloire si pure que
« l'homme de bien trouve, comme le dit d'Aguesseau, à pouvoir
« compter sa patrie au nombre de ses débiteurs.

« Entrez donc courageusement, Messieurs, dans cette car-
« rière ardue mais glorieuse. Marchez-y d'un pas ferme, le
« flambeau de la loi à la main! Que sa lumière vous conduise,
« que seule elle inspire vos arrêts. Avoir une fois conquis
« l'estime de ses concitoyens, c'est avoir contracté l'heureuse
« obligation de la conserver et de la mériter toujours.

« Vous, entre les mains de qui la Belgique a déposé tant
« d'espérances; vous, conservateurs de ses lois, défenseurs de
« toutes ses libertés; vous, ministres suprêmes du temple de la
« Justice, vous saurez augmenter vos titres à la reconnaissance
« nationale, parce que si la patrie attend beaucoup de vous,
« vous saurez beaucoup faire pour elle.

« Quant à nous, magistrats du parquet, que la confiance de
« S. M. appelle aux fonctions du ministère public, nous tâche-
« rons de nous rappeler toujours ces paroles d'un monarque
« qui n'eut d'autre tort que d'anticiper sur son époque : « Si
« toute fonction publique, écrivait l'empereur Joseph II, de-
« mande une âme enflammée, passionnée pour le bien de l'État,
« un renoncement entier à soi-même, ces qualités doivent, bien
« plus particulièrement encore, être le partage de ceux aux-
« quels est remis le précieux et auguste dépôt du ministère
« public. » Fidèles à la loi dont nous sommes avant tout l'or-
« gane, nous saurons accomplir en même temps tout ce que
« le Roi, tout ce qu'un gouvernement national a droit d'attendre
« de nos fonctions, de notre dévouement et de notre zèle : et
« s'il est vrai qu'une véritable conviction, qu'une consciencieuse
« franchise peuvent donner cette force morale qui nous est si
« nécessaire, nous osons espérer, Messieurs, que, quelque fai-
« ble que soit notre voix, nos paroles ne seront pas toujours
« sans influence dans vos importantes délibérations. »

Les membres de la cour prêtèrent ensuite le serment de fidélité au roi, d'obéissance à la constitution et aux lois du peuple
belge.

Le vénérable premier président, avant de déclarer la cour

installée, fit à son tour entendre de nobles paroles, sur l'origine de l'institution d'une cour de cassation, sur l'étendue et l'importance des attributions de ce corps judiciaire; sur la mission élevée de ses membres, qui ne seront pas seulement appelés à faire respecter la loi comme magistrats, mais aussi à concourir par leurs conseils à l'amélioration des lois, à la révision des codes, pour les mettre en harmonie avec nos besoins nouveaux, nos institutions et l'esprit de notre époque; M. le baron de Gerlache parla aussi de leur indépendance à ceux que la constitution déclare inamovibles, et qui, arrivés aux plus hautes dignités de la magistrature, n'ont même plus rien à attendre d'aucun pouvoir, et il termina ainsi : « Si
« vous daignez m'aider de vos conseils, de votre bienveillance
« et de votre puissante coopération, avec la même franchise
« que je les provoquerai, il régnera constamment parmi nous,
« Messieurs, j'ose vous l'assurer, paix, concorde, amitié et soli-
« darité pour les travaux comme pour l'honneur.

« Enfin, quant à nos relations avec cet ordre aussi ancien,
« aussi noble que la magistrature, aussi nécessaire que la
« justice, elles seront aussi intimes, aussi cordiales qu'elles
« doivent l'être quand on n'a qu'un seul et même but, le
« triomphe du bon droit et de la loi. Nous serons tous d'accord,
« Messieurs, j'en suis persuadé, pour imprimer aux affaires une
« marche régulière, sûre, rapide, pour adopter un genre de
« discussion analogue à nos fonctions respectives, et d'autant
« plus fort en doctrine, qu'il sera plus dégagé de faits person-
« nels et particuliers.

« Telle est, Messieurs, ma profession de foi, en peu de mots

« bien imparfaitement énoncés ; ce qui nous reste à demander
« tous, ce que nous avons le droit de demander tous, c'est
« qu'on nous juge d'après nos actes, et qu'on daigne laisser
« quelque chose à faire au temps. »

« Je déclare la cour de cassation installée. »

Le 26 novembre suivant, la cour, réunie en audience solennelle, installait les membres de son barreau ; ceux-ci étaient
alors au nombre de dix, nommés par arrêté royal du 17 novembre 1832 (1). La prestation du serment fut précédée d'un
discours de M. le procureur général Plaisant sur la mission
et la nature des fonctions des avocats à la cour de cassation (2).

Trente-trois années se sont passées depuis cette époque
mémorable ; elles permettent d'apprécier les travaux accomplis,
les progrès réalisés, dont l'honneur revient, pour une si belle
part, à ces savants jurisconsultes, vétérans de notre magistrature, qui, depuis 1832, siégent à la cour de cassation.

Jusqu'au 15 octobre 1865, 6,100 affaires ont été soumises à
la cour, dont plus de 1,500 ont été jugées par la chambre
civile ; quel imposant recueil que celui des arrêts qui y ont fait
droit et des principaux réquisitoires que la science doit aux
remarquables magistrats du parquet ! Que de monuments de
jurisprudence s'y trouvent élevés ! Quelle source de profondes
études y est offerte à l'homme de loi, à l'avocat comme au
juge !

(1) Au barreau actuel de la cour de cassation, il n'y a plus qu'un seul avocat
dont la nomination remonte à l'époque de la création de l'ordre ; c'est M. Bos-
quet.

(2) Voir le texte de ce discours au *Moniteur belge* du 1er décembre 1832.

Le droit civil et le droit pénal n'y sont pas seuls commentés;
les attributions spéciales de la cour de cassation, qu'ont
augmentées des lois postérieures à 1832, et dont la série ne
semble pas encore épuisée, ont déjà fait naître, en matière
électorale surtout, une véritable jurisprudence, aussi constante
et uniforme que le permet la nouveauté des principes auxquels
elle s'applique, et unanimement respectée, ce qui est plus précieux encore, parce que les intérêts des partis politiques n'y
sont rien devant ceux de la loi et de la justice!

CHAPITRE PREMIER.

INSTITUTION ET ORGANISATION DE LA COUR DE CASSATION.

§ I. *Des membres de la cour de cassation.*

1. La cour de cassation, dont l'article 1ᵉʳ de la loi du 4 août 1832 établit le siége à Bruxelles, est aujourd'hui composée d'un premier président, d'un président, de quinze conseillers, d'un procureur général, de deux avocats généraux, dont le plus ancien porte le titre de premier avocat général, d'un greffier en chef et de deux commis greffiers ou greffiers de chambre.

D'après la loi organique de 1832, le nombre des conseillers était de seize, et il y avait deux présidents de chambre.

C'est la loi du 15 juin 1849, portant réduction du personnel dés cours et de certains tribunaux, qui supprima, à la cour de cassation, une place de président et une place de conseiller. Cette mesure n'a reçu et ne pouvait naturellement recevoir son exécution qu'à la vacance de ces deux places.

Pour être nommé premier président, président, conseiller, procureur général ou avocat général, il faut être âgé de 35 ans accomplis, docteur ou licencié en droit, et avoir suivi le barreau ou exercé des fonctions judiciaires pendant 10 ans.

Nul ne peut être greffier en chef, s'il n'a l'âge de 30 ans accomplis, le grade de docteur ou de licencié en droit, et cinq années d'exercice soit de la profession d'avocat, soit de fonctions judiciaires, soit de celles de greffier en chef d'une cour d'appel.

Pour être nommé commis greffier, il faut avoir l'âge de 25 ans et le grade de docteur en droit. L'article 5 de la loi du 4 août 1832 ajoutait : « Sont néanmoins dispensés de ce grade, ceux qui ont exercé, pendant cinq ans, les fonctions de greffier ou de commis greffier près d'une cour d'appel, ou de greffier près d'un tribunal de 1re instance. » Mais depuis la loi du 15 juillet 1849, sur l'enseignement supérieur, art. 65, la qualité de docteur en droit est de nouveau nécessaire.

Aux termes de l'art. 99 (*in fine*) de la constitution, les cours choisissent, dans leur sein, leurs présidents et vice-présidents.

2. C'est également un principe constitutionnel que les conseillers à la cour de cassation sont nommés à vie, par le roi, sur deux listes de candidats, présentées l'une par le sénat, l'autre par la cour de cassation. Les candidats portés sur une liste peuvent également être portés sur l'autre.

Toutes les présentations sont rendues publiques, au moins quinze jours avant la nomination.

L'article 100 de la constitution ajoute qu'aucun juge ne peut être privé de sa place, ni suspendu, que par un jugement, et que le déplacement d'un juge ne peut avoir lieu que par suite d'une nomination nouvelle et de son consentement.

Les articles suivants de la loi du 4 août 1832 règlent les formalités à remplir, en cas de vacance d'une place de premier président, de président ou de conseiller à la cour de cassation :

« Art. 7. Lorsqu'une place de conseiller à la cour de cassation devient vacante, le premier président, soit d'office, soit sur le réquisitoire du procureur général, convoque une assemblée générale, à l'effet de procéder à la formation de la liste double prescrite par l'article 99 de la constitution. La cour ne peut former cette liste, si la majorité de ses membres ne se trouve réunie.

« Art. 8. La présentation de chaque candidat a lieu séparément, par bulletin secret et à la majorité absolue des suffrages.

« Si les deux premiers scrutins ne produisent pas cette majorité, il est procédé à un scrutin de ballottage entre les deux candidats qui, au second tour, ont réuni le plus de voix. Dans tous les cas de parité de suffrages, les plus âgés sont préférés.

« La séance est publique.

« Art. 9 Le procureur général assiste à l'assemblée, mais il n'y a pas droit de suffrage.

« Art. 10. Le greffier dresse procès-verbal des opérations de l'assemblée.

« Ce procès-verbal contient les noms des membres qui en font partie, ainsi que celui de l'officier du ministère public qui y a assisté.

« Il est signé tant par le président que par le greffier.

« Art. 11. Le procureur général transmet au sénat une expédition de la liste de présentation.

« Le sénat procède ensuite à la formation de la liste double dont la présentation lui est attribuée par l'article 99 de la constitution.

« Art. 12. Expédition de cette liste est adressée par le sénat au procureur général près la cour de cassation.

« Les deux listes sont transmises au gouvernement par le procureur général et par le sénat.

« Art. 13. Quinze jours avant la nomination, les présentations sont rendues publiques par leur insertion dans l'un des journaux qui s'impriment dans la capitale du royaume.

« Art. 14. Lorsqu'une place de président vient à vaquer, il est procédé à la nomination d'un conseiller d'après le mode ci-dessus prescrit.

« La cour, ainsi complétée, pourvoit à la vacance, conformément à l'article 99 de la constitution, et en observant les formalités prescrites par le second paragraphe de l'article 7 et par les articles 8, 9 et 10; néanmoins la préférence, dans tous les cas de parité de suffrages, est accordée au conseiller le plus ancien dans l'ordre des nominations. »

Ce mode de nomination des présidents et conseillers ne pouvait être suivi à la première composition de la cour de cassation; aussi l'article 52, contenu dans le titre des dispositions transitoires de la loi de 1832, disait-il, que les premières nominations des présidents et des conseillers appartiendraient au Roi. Il semble évident que cet article ne pourrait être appliqué au cas où de nouveaux siéges seraient créés par la loi. La question fut agitée et tranchée en ce sens, en 1853, lors de l'augmentation des membres de la cour d'appel de Bruxelles.

Les membres du ministère public et le greffier en chef sont directement nommés et révoqués par le roi (const., art. 101; loi du 4 août 1832, art. 3 et 4).

La cour nomme les commis greffiers sur une liste de trois candidats, présentée par le greffier en chef; c'est elle aussi qui les révoque.

Des parents ou alliés, jusqu'au degré d'oncle et neveu, ne peuvent, sans dispense obtenue du roi, être simultanément membres de la cour comme président, conseillers, officiers du ministère public ou greffiers.

En cas d'alliance survenue depuis la nomination, celui qui a contracté cette alliance ne pourra continuer ses fonctions sans dispense (loi du 20 avril 1810, article 63). Il est aujourd'hui constant que cet empêchement s'applique aux greffiers de chambre que la loi appelle ordinairement commis greffiers, mais que comprend l'expression générique de *greffiers*, employée par la loi de 1810. Arrêt 20 janvier 1846 (P. 1846, p. 65).

3. La cour de cassation se divise en deux chambres; lors

de la discusion de la loi du 4 août 1832, la proposition d'établir une chambre des requêtes fut rejetée par 36 voix contre
36 et une abstention. La première chambre porte aussi le nom
de chambre civile : la seconde est souvent mais improprement
appelée *chambre criminelle ;* cette dénomination, qui nous vient
de la France, n'est pas dans notre loi d'organisation judiciaire ;
elle ne se justifie pas non plus par la nature des attributions
de cette chambre, qui connaît non-seulement des pourvois en
matière criminelle, mais de toutes les affaires autres que les
causes civiles.

Neuf membres sont attachés à la première chambre, huit
à la seconde.

La composition respective de chacune de ces chambres a
été réglée pour la première fois par le sort. La loi a voulu
(loi de 1832, art. 19) qu'un roulement annuel vînt renouve-
ler en partie périodiquement le personnel de chaque chambre,
et appeler ainsi successivement tous les membres de la cour
suprême à la fixation de sa jurisprudence, dans les matières
diverses soumises à sa juridiction. En France, malgré les
exigences de la loi du 27 ventôse an VIII, article 66, une pratique
contraire est suivie depuis 1815 ; les conseillers y restent constamment attachés à leur chambre, pour conserver autant de
stabilité que possible à la jurisprudence de la cour.

Le mode du roulement annuel a été nettement déterminé par
notre cour de cassation, par délibération du 13 août 1844.
Une liste est dressée tous les ans dans chaque chambre, contenant les noms des conseillers y attachés dans l'ordre de leur
ancienneté dans la chambre. Les trois premiers conseillers sur
cette liste de chaque chambre passent dans l'autre chambre.
Le conseiller nouvellement nommé est attaché à la chambre
dont faisait partie le défunt ou le démissionnaire ; son nom est
inscrit le dernier sur la liste.

Le premier président préside les chambres réunies et les
audiences solennelles ; il préside la chambre à laquelle il veut

s'attacher, ainsi que l'autre chambre lorsqu'il le juge convenable (loi organique de 1832, art. 27).

Depuis la suppression d'une des deux places de président de chambre, le président est exempt du roulement et préside constamment la seconde chambre.

Les arrêts ne peuvent être rendus par la cour qu'au nombre fixe de sept conseillers, y compris le président (loi de 1832, art. 21). Ce nombre ne fut admis par la chambre des représentants, en 1832, qu'à une très-faible majorité. Beaucoup de membres voulaient onze conseillers en matière civile, neuf en matière criminelle; d'autres toujours neuf; le système adopté consacre donc, pour le nombre de juges constituant les diverses juridictions ordinaires du pays, une progression impaire, en nombre fixe, en suivant l'ordre hiérarchique : un pour la justice de paix, trois pour le tribunal de 1re instance, cinq pour la cour d'appel, et sept pour la cour de cassation.

Lorsque les conseillers attachés à une chambre sont empêchés en nombre tel, que cette chambre ne peut pas se compléter, le président peut requérir l'assistance des membres de l'autre chambre (loi du 15 juin 1849, art. 4) (1).

En dehors des affaires dont le procureur général se charge lui-même, celui-ci désigne l'un des avocats généraux pour remplir, dans chaque cause, l'office du ministère public (arrêté du 15 mars 1815, art. 27). Cette désignation se fait d'ordinaire de manière que les avocats généraux ne restent pas, durant deux années consécutives, attachés à la même chambre.

____

(1) Il se pourrait, surtout pour le jugement des ministres, qui, sauf le cas spécial prévu par la loi temporaire du 19 juin 1865, exige la présence de 16 membres, tandis qu'il n'y a à la cour de cassation que 17 présidents et conseillers, qu'il fût impossible à la cour de se composer. Dans des cas analogues, en France, sous l'empire de la même législation que la nôtre, des cours d'appel se sont complétées en appelant des avocats pour remplacer les magistrats absents; arr. c. de Fr., 8 décembre 1813; 5 novembre 1846 (S.-V. 1847, I, 303); MERLIN, _Quest. de droit_, v° Avocat, § V.

L'organe du ministère public devant la cour de cassation est entendu en ses conclusions dans toutes les affaires, après les plaidoiries des parties (loi du 4 août 1832, art. 28); mais jamais, même en matière criminelle, il n'est considéré comme partie; il ne donne que ses conclusions, à moins qu'il n'ait demandé lui-même la cassation (arrêté du 15 mars 1815, article 27) (1).

Il y a au parquet de la cour de cassation un secrétaire et un employé, nommés l'un et l'autre par le procureur général et pouvant être révoqués par lui ; leur traitement, à la charge de l'État, est fixé tous les ans au budget (2) (arrêté royal du 22 mai 1863). Avant l'arrêté du 12 octobre 1830, c'était le gouvernement qui nommait les secrétaires des parquets des cours.

Le greffier en chef siége aux audiences solennelles, à celles des chambres réunies et aux assemblées générales. Les greffiers de chambre siégent aux audiences ordinaires et sont chacun attachés à une chambre de la cour.

Les écritures du greffe sont faites par un ou plusieurs commis, nommés et rétribués par le greffier en chef.

§ II. *Des avocats à la cour de cassation.*

4. L'art. 31 de la loi du 4 août 1832 est ainsi conçu :

« Sont établis près la cour des officiers ministériels portant le titre d'avocats.

---

(1) Le sénatus-consulte du 16 thermidor an x, art. 84, donne au procureur général près la cour de cassation le droit de surveillance sur les procureurs généraux des cours d'appel.

(2) Le procureur général nomme aussi le messager du parquet. De son côté, la cour nomme, en assemblée générale, les deux messagers de la cour, dont le service est réglementé par le greffier en chef : chacun de ces messagers jouit d'un traitement de 1,000 francs à charge de l'État. Le ministre de la justice nomme le concierge de la cour, dont le traitement est fixé à 1,200 francs (arrêté royal du 22 mai 1863).

« Ils ont le droit de plaider et exclusivement celui de postuler et de prendre des conclusions.

« Les avocats à la cour de cassation sont nommés par le roi sur la présentation de la cour.

« Leur nombre est déterminé par le gouvernement, sur l'avis de la cour.

« Ils ne peuvent être nommés si, depuis six ans au moins, ils ne sont docteurs ou licenciés en droit.

« Les avocats à la cour de cassation peuvent plaider devant les cours d'appel et les tribunaux de première instance.

« Les avocats près la cour d'appel pourront également plaider devant la cour de cassation. »

Le législateur a complétement atteint son but dans l'institution des avocats à la cour de cassation. Il a voulu un barreau composé de quelques hommes d'un mérite reconnu et dont l'intervention, les conseils et les plaidoiries dans toutes les affaires civiles soumises à la cour de cassation, fussent une garantie de science et d'expérience ; il a voulu en même temps des officiers ministériels établis dans le lieu où siége la cour, appelés à donner à certains actes le caractère d'authenticité, capables de requérir et de recevoir toutes les significations, et connaissant en son entier une procédure généralement ignorée (1). Les restreindre aux affaires relativement peu nombreuses qui se plaident devant la cour de cassation, c'eût été assigner une limite trop étroite à leur activité, à leur talent et à leurs ressources. La loi a donc laissé à ceux qu'elle appelait à ces fonctions importantes, le droit de plaider devant les cours d'appel et les tribunaux de première instance (2). Elle a permis

(1) Il a été jugé que même les mémoires imprimés qui seraient intitulés : *Consultation sur le mérite du pourvoi en cassation* doivent être rejetés du procès s'ils ne sont revêtus que de la signature d'avocats à une cour d'appel ; arrêté du 15 mars 1815, art. 33. V. arr. 10 décembre 1838 (P., à sa date). Voir le discours de rentrée, prononcé par M. Duchaine à la conférence du jeune barreau de Bruxelles (*Belgique judiciaire*, 1865, p. 1534).

(2) Aux termes d'un arrêté du 16 octobre 1839, le droit de présenter au serment

en retour aux avocats près la cour d'appel de plaider devant la cour de cassation (1). Cette faculté laissée aux avocats étrangers à la cour de cassation a donné lieu, entre les deux ordres, à des difficultés qui ont été résolues par la cour en assemblée générale du 15 juin 1833.

Il résulte de cette décision que le droit de délibérer et de plaider, dans les causes soumises à la cour de cassation, concurremment avec les avocats étrangers que les parties auraient chargés de leur défense (2), est de l'essence des fonctions des avocats à la cour de cassation (3).

les jeunes docteurs en droit, accordé aux anciens avocats, peut être exercé par les avocats de la cour de cassation devant toutes les juridictions où ils ont le droit de plaider.

(1) Le nouveau projet de loi d'organisation judiciaire ne permet aux avocats des cours d'appel ou des tribunaux de première instance de plaider devant la cour de cassation que lorsqu'ils sont docteurs en droit depuis six ans. Cette restriction est nouvelle; nous en ignorons les véritables motifs; disons toutefois qu'elle ne nous semble pas justifiée par l'expérience, et que, jusqu'ici, l'intervention des jeunes avocats, surtout dans les causes criminelles soumises à la cour de cassation, n'a donné lieu, pensons-nous, à aucun inconvénient. Le soin et le zèle qu'ils apportent dans l'examen des questions de droit que le pourvoi soulève, égalent toujours la bienveillance et l'intérêt avec lesquels la cour suprême les accueille et les écoute.

(2) C... et c^ts avaient chargé d'un pourvoi en cassation des avocats à la cour d'appel de Bruxelles. Ils prétendaient imposer à un avocat à la cour de cassation la signature des mémoires et conclusions, sans que celui-ci pût prendre aucune part, même indirecte, par voie de conseil et de délibération, à la rédaction de ces pièces ou à la plaidoirie de la cause. Aucun membre du barreau de la cour de cassation ne s'étant soumis à ces conditions, une requête fut présentée à la cour pour qu'il fût désigné un avocat d'office aux requérants. Cette requête fut rejetée par la décision de la cour, rendue le 15 juin 1833. En 1843, une nouvelle requête fut présentée, tendant cette fois à ce que l'avocat à la cour de cassation se renfermât, quant à la plaidoirie (toujours avec son droit d'examen et de délibération qui ne lui était plus contesté), dans la mission que les parties réclameraient de son ministère, et qu'il s'abstînt par conséquent de plaider, si des avocats étrangers étaient chargés de ce soin. Le 15 juin de la même année, il fut arrêté, entre les deux ordres, un compromis qui mit une fin honorable et définitive à ce long et regrettable conflit.

(3) « A nos yeux, » dit Dalloz, parlant des barreaux des cours de cassation et d'appel, *Répert.*, v° *Avocat,* n° 507, « les principes d'égalité qui sont pour ainsi dire « de l'essence de la profession d'avocat, repoussent toute pensée de suprématie

L'intervention des avocats de la cour n'est requise que pour les affaires civiles ; en toute autre matière, répressive ou spéciale, on ne doit point recourir à leur ministère. Les parties peuvent donc, en ces matières, se pourvoir directement devant la cour, en observant les formalités prescrites par la loi, et lui soumettre, en les déposant au greffe, des mémoires signés par elles ; à l'audience, elles peuvent, sans y être obligées, se faire représenter par un avocat à la cour d'appel ou à la cour de cassation ; elles peuvent aussi demander à la cour qu'elle leur désigne un avocat d'office. La cour a le droit d'accueillir cette demande ; arr. 24 mai 1841 (P. 1849, p. 129) ; décret du 14 décembre 1810, art. 41 ; elle n'y est toutefois pas obligée, la plaidoirie n'étant que facultative devant elle ; arr. 11 juillet 1842 (P. 1850, p. 475). Mais jamais les parties ne pourraient plaider elles-mêmes ; arrêté du 15 mars 1815, art. 3 ; arr. 3 avril 1835 (P., à sa date) ; pas même devant la chambre civile, quoiqu'elles y fussent assistées d'un avocat à la cour de cassation ; arr. 3 mars 1834 et 7 mars 1840 ; sous ce rapport, les art. 12 de la loi du 1er décembre 1790 et 21 de la loi du 2 brumaire, an IV, consacrant le principe de l'art. 85 C. proc. civ., sont donc abrogés par l'arrêté de 1815, art. 3, qui déclare qu'à la cour de cassation les affaires sont instruites par écrit et ne permet la plaidoirie qu'aux avocats des parties. C'est en ce sens que sont conçus les arrêts que nous citons (1).

Par arrêté royal du 17 novembre 1832, le nombre des avo-

« de l'un des deux ordres sur l'autre ; ils ont la même noblesse, la même dignité : « il y a dans chaque ordre des supériorités individuelles de vertu, de science et « de talent, mais il n'y a pas de supériorité entre les compagnies. » Aussi, TOLOZAN, *Règlement du conseil*, p. 766, rappelle-t-il déjà que le conseil des parties avait décidé que dans toutes les occasions où les avocats du conseil se trouveraient avec les avocats au Parlement, ils prendraient tous également leur rang, suivant l'ancienneté de leur inscription.

(1) En France, mademoiselle Legracieux de Lacoste obtint en 1807, devant la chambre civile de la cour de cassation, l'autorisation de plaider elle-même sa cause. V. DALLOZ, *Répert.*, v° *Défense-défenseur*, n° 195.

cats à la cour de cassation fut fixé provisoirement à dix; ce nombre fut porté à douze par arrêté du 25 février 1836.

Toute requête pour obtenir une place d'avocat à la cour de cassation doit être adressée au roi, et transmise à cette cour par les soins du ministre de la justice et l'intermédiaire du parquet (arrêté du 8 février 1833, art. 1 et 2, rendu applicable aux avocats à la cour de cassation par l'arrêté du 4 mars 1832).

Le nombre des candidats à présenter par la cour pour chaque place est fixé à trois (*ibid.*, art. 4). Les présentations de candidats ont lieu par une délibération prise en assemblée générale de la cour (arrêté du 4 octobre 1832).

Les noms, prénoms, âge et demeure des candidats présentés à la nomination du roi doivent être indiqués dans la délibération, et les pièces propres à justifier qu'ils réunissent les conditions prescrites par les lois et les règlements en vigueur sont jointes aux présentations (*ibid.*, art. 2).

Ces avis et présentations sont adressés au ministre de la justice (*ibid.*, art. 3).

Conformément à l'art. 31 de la loi du 4 août 1832, ne peuvent être nommés avocats à la cour de cassation que ceux qui sont docteurs en droit depuis six ans au moins.

Avant d'entrer en fonctions, les avocats à la cour de cassation prêtent serment (arr. 4 octobre 1832, art. 6). Cette prestation de serment a lieu en audience ordinaire de la cour; la formule suivie est celle qu'impose aux avocats le décret du 14 décembre 1810, combiné avec le décret du 20 juillet 1831.

Voici la formule de ce serment : « Je jure fidélité au roi, obéissance à la constitution et aux lois du peuple belge. Je jure de ne rien dire ou publier de contraire aux lois, aux règlements, aux bonnes mœurs, à la sûreté de l'État et à la paix publique; de ne jamais m'écarter du respect dû aux tribunaux et aux autorités publiques; de ne conseiller ou défendre aucune cause que je ne croirai pas juste en mon âme et conscience. »

La cour n'exige pas pour ce serment l'invocation de la Divinité et des saints. L'arrêté du 4 novembre 1814 n'exige en effet cette invocation que pour les serments à prêter dans le cours d'une procédure.

5. Le 31 décembre 1836, un arrêté royal, pris en exécution de la loi du 22 ventôse an XII, a mis en vigueur un règlement pour l'ordre des avocats à la cour de cassation. Ce règlement est ainsi conçu :

« Art. 1er. Les avocats de la cour de cassation se réunissent tous les ans, dans la première quinzaine du mois d'août, pour élire le conseil de discipline de leur ordre. Ce conseil sera composé de cinq membres, y compris le bâtonnier et le secrétaire.

« Art. 2. L'élection a lieu à la majorité absolue des suffrages.

« Le plus âgé des avocats présents préside l'assemblée; les deux plus âgés après lui remplissent les fonctions de scrutateurs; le plus jeune remplit celles de secrétaire.

« Le bâtonnier est élu avant les autres membres du conseil et par scrutin séparé. Si les deux premiers tours de scrutin ne produisent pas la majorité absolue, soit pour l'élection du bâtonnier, soit pour celle des autres membres du conseil, il est procédé à un scrutin de ballottage entre les candidats qui au deuxième tour ont obtenu le plus de voix. La liste de ces candidats contient deux fois autant de noms qu'il y a de personnes à élire.

« Dans tous les cas de parité de suffrages, le plus âgé est préféré.

« Art. 3. La première élection aura lieu dans les huit jours à dater de la mise en vigueur du présent règlement.

« Art. 4. Le conseil de discipline dresse chaque année un tableau sur lequel les avocats à la cour de cassation sont inscrits selon l'ordre de leur prestation de serment.

« Art. 5. Dans la huitaine de la formation du tableau de l'ordre des avocats, il est envoyé par le bâtonnier à notre procureur général à la cour de cassation, qui le transmet à nos procureurs généraux près les cours d'appel. Ce tableau est et demeure affiché dans les greffes et parquets des cours et tribunaux.

« Art. 6. L'ordre des avocats à la cour de cassation est convoqué par le bâtonnier; il peut l'être également par notre procureur général.

« Art. 7. Le bâtonnier est le chef de l'ordre; il préside l'assemblée générale des avocats et le conseil de discipline, sauf ce qui est dit dans l'article 2.

« En cas d'absence ou d'empêchement, il est remplacé par le membre du conseil le plus ancien dans l'ordre du tableau. Si ce dernier est secrétaire du conseil, ses fonctions sont remplies par le membre du conseil le moins âgé.

« Art. 8. Le plus jeune des membres du conseil de discipline en est le secrétaire. Il remplit les mêmes fonctions dans les assemblées générales de l'ordre, sauf le cas prévu par l'art. 2.

« Art. 9. La présence de la majorité des membres de l'ordre est nécessaire pour constituer l'assemblée générale.

« Art. 10. Le conseil de discipline peut délibérer au nombre de trois membres. En cas de partage de voix, celle du président est prépondérante.

« Néanmoins, s'il s'agit de poursuite disciplinaire, le partage emporte acquittement.

« Art. 11. Le conseil de discipline est chargé de veiller à la conservation de l'honneur de l'ordre; de maintenir les principes de probité et de délicatesse qui font la base de la profession d'avocat; de punir disciplinairement les infractions et les fautes commises par les membres de l'ordre, sans préjudice de l'action des tribunaux, s'il y a lieu (1).

« Art. 12. Le conseil de discipline statue sur toutes les

---

(1) Il a été jugé, en France, que les avocats à la cour de cassation ne sont justiciables que de la cour, à raison des faits de charge qu'ils auraient commis dans l'exercice de leurs fonctions près cette cour; arr., C. de cass. de Fr., 15 juillet 1812 (P. fr. à sa date).

plaintes des parties, ainsi que sur les réquisitions écrites de notre procureur général.

« Art. 13. Il peut, suivant l'exigence des cas, avertir, censurer où réprimander les membres de l'ordre (1).

« Art. 14. Notre procureur général peut se faire délivrer expédition de toutes les délibérations de l'assemblée générale et des décisions du conseil de discipline; celles qui prononcent l'acquittement d'un membre de l'ordre lui seront transmises immédiatement par le bâtonnier et sans demande préalable.

« Art. 15. Le procureur général et l'avocat intéressé ont respectivement le droit d'interjeter appel devant la cour de cassation des décisions du conseil.

« Art. 16. Les règlements actuellement en vigueur concernant l'ordre des avocats et les fonctions des conseils de discipline seront observés par l'ordre des avocats à la cour de cassation, en tout ce qui n'est pas contraire au présent arrêté. »

5bis. Tout au début de l'organisation du barreau de la cour de cassation, les avocats de l'ordre ont établi un bureau de consultation et de défense gratuites, composé de trois d'entre eux et chargé de consulter et de plaider dans les procès en cassation que des indigents auraient à soutenir comme demandeurs ou défendeurs, et aussi d'examiner et de défendre, s'il y a lieu, les demandes en cassation formées par les condamnés à des peines afflictives ou infamantes, qui n'auraient pas d'avocat de leur choix et qui s'adresseraient au bureau.

Ce bureau siégeait deux fois par mois, aux lieux et heures annoncés au public par la voie des journaux. Aujourd'hui que l'expérience a démontré l'inutilité des séances périodiques de ce bureau, les indigents peuvent obtenir de l'ordre des avocats de la cour, le concours gratuit d'un de ses membres, en s'adressant au bâtonnier. (V. n^{os} **220** à **224**.)

____

(1) Le droit de suspension ou de radiation du tableau n'appartient donc pas au conseil de discipline des avocats à la cour de cassation. L'art. 102 du décret du 30 mars 1808 semble devoir être applicable à ceux-ci,

§ III. *Costumes ; traitements ; incompatibilités ; installations ;
prérogatives et honneurs ; discipline.*

6. Le costume des membres de la cour de cassation est déterminé par les arrêtés royaux des 4 et 14 octobre 1832.

Aux audiences ordinaires, le premier président, le président,
les conseillers et les officiers du parquet portent la ceinture
rouge pendante et à glands d'or, la toge de laine noire à grandes
manches, avec simarre, revers et collet en soie noire, la toque
de soie noire unie et la cravate tombante de batiste blanche et
plissée.

Le premier président, le président de chambre et le procureur général ont un galon d'or à la toque.

Les greffiers de chambre portent la robe sans simarre et la
toque de laine noire.

Aux audiences des chambres réunies et aux cérémonies,
la toge est en laine rouge de la même forme que la noire avec
revers et collet en soie rouge, la cravate en dentelle et la
toque en velours noir, bordée d'un galon d'or et de deux galons
pour le premier président, le président et le procureur général.
Le premier président et le procureur général ont le revers de
la toge doublé d'une fourrure blanche.

Le greffier en chef porte toujours les mêmes costumes que
les conseillers, sauf que les glands d'or de la ceinture sont
remplacés par des franges en soie, et que le galon d'or de la
toque de velours est remplacé par un galon de soie liseré
d'or.

L'habit de ville de cérémonie est déterminé, pour les membres de la cour de cassation, par l'arrêté royal du 2 novembre
1836. Cet arrêté, indépendamment de ce qui est réglé par celui
du 15 décembre 1833, contient la description de ce costume
dans les termes suivants :

« Habit-frac de drap noir, doublé en soie noire, avec boutons dorés, aux armes du royaume et portant en exergue les mots *cour de cassation;* le collet, les parements et les poches brodés en or.

« Cette broderie sera formée de deux branches entrelacées de chêne et d'olivier, et entourée d'une double baguette en frisure d'or mat de quatre millimètres de largeur.

« Le premier président et le procureur général auront en outre au collet trois étoiles en or poli, gilet et culotte de satin noir, bas de soie noirs, souliers à boucles d'or, ou gilet de casimir noir, avec boutons dorés, pantalon de drap noir, garni d'un galon de soie noire de cinq centimètres de largeur, et bottes.

« Le premier président et le procureur général auront ce galon en or.

« Épée à garde en nacre et or et portant les armes du royaume, chapeau français garni en plumes noires, ganse en or, cocarde nationale.

« Le premier président et le procureur général porteront le chapeau garni en plumes blanches.

« Le greffier portera le même costume que les conseillers, sans broderies aux poches de l'habit et sans plumes au chapeau. »

L'arrêté précité du 15 décembre 1833, maintenu par celui que nous venons de citer, est conçu comme suit :

« Art. 1er. Par dérogation à l'art. 9 de l'arrêté du 2 nivôse an XI, l'habit de ville de cérémonie des officiers du ministère public près des cours et tribunaux est réglé ainsi qu'il suit :

« 1° *Cour de cassation.* Habit-frac de drap noir, doublé en soie noire avec boutons en jais; le collet, le tour de l'habit, les parements, l'écusson, les poches et les boutonnières brodés en soie noire. Cette broderie sera formée de deux branches entrelacées de chêne et d'olivier.

« Le procureur général aura la broderie doublée sur la poitrine par une seconde rangée de branches entrelacées de chêne et d'olivier, et le tour des poches garni d'une broderie formée par les mêmes branches.

« Culotte ou pantalon noir, ce dernier avec un galon en soie noire de cinq centimètres de largeur, souliers à boucles d'or ou bottes.

« Gilet à pans en casimir, doublé en soie noire avec boutons en jais.

« Épée en nacre et or, portant sur la garde les armes du royaume.

« Chapeau français garni en plumes noires, ganse en noir et cocarde nationale.

« Le procureur général aura la ganse du chapeau en or. »

7. Les traitements des membres de l'ordre judiciaire doivent être fixés par la loi (constitution, art. 102).

La loi du 22 mai 1863 les a portés à : 16,000 fr. pour le premier président et le procureur général, 13,000 fr. pour le président de chambre, 12,000 fr. pour les avocats généraux, 11,250 fr. pour les conseillers, 7,000 fr. pour le greffier en chef, 4,500 fr. pour les greffiers.

La loi du 20 mai 1845, modifiée quant au chiffre des traitements, contient une série d'autres dispositions non abrogées et que nous analysons ci-après.

Le traitement est dû à partir du premier du mois qui suit la prestation du serment, sauf les retenues au profit de la caisse des veuves et orphelins. Il cesse le premier du mois qui suit le décès ou la démission du titulaire.

Lorsque le supplément de traitement accordé au premier président, au président ou au procureur général n'est pas touché par le titulaire, à raison de la vacance de la place ou pour tout autre motif, il sera dû à celui qui, à titre de son office, en remplira momentanément les fonctions. Il en est de même pour le traitement et les émoluments du greffier en chef, à charge, pour celui qui les touche, de pourvoir aux dépenses du greffe.

8. Il est interdit aux juges de recevoir aucune indemnité autre que les frais de déplacement, pour des fonctions à la nomination dù gouvernement. Ce principe est même consacré par l'art. 103 de la constitution.

9. L'art. 16 de la loi du 20 mai 1845 défend, sous les peines disciplinaires, à tout membre de l'ordre judiciaire d'exercer, soit par lui-même, soit sous le nom de son épouse ou par toute autre personne interposée, aucune espèce de commerce, d'être agent d'affaires et de participer à la direction ou à l'administration de toute société ou établissement industriel. Le gouvernement peut, dans des cas particuliers, relever de cette interdiction les greffiers et les commis greffiers.

10. Avant même la loi du 26 mai 1848 sur les incompatibilités parlementaires, les membres de la cour de cassation, y compris les membres du parquet et du greffe, ne pouvaient être soit ministres, soit membres des chambres (loi du 4 août 1832, art. 6).

Pareille incompatibilité existe aujourd'hui pour tous les fonctionnaires salariés par l'État.

Les membres des chambres ne peuvent être nommés à la cour de cassation qu'une année au moins après la cessation de leur mandat (loi du 26 mai 1848, art. 2).

Les membres de la cour de cassation ne peuvent être soit bourgmestres ou échevins, soit membres des députations permanentes des conseils provinciaux (loi du 30 mars 1836, art. 49; loi du 30 avril 1836, art. 97).

L'art. 3, § 1 de la loi du 26 mai 1848 est ainsi conçu :

« Par extension à l'art. 40 de la loi provinciale, ne peuvent être membres des conseils provinciaux : les commissaires d'arrondissement, les juges de paix, les membres des tribunaux de première instance et des cours d'appel, ainsi que les officiers des parquets des cours et tribunaux. »

Cette disposition, dont les travaux législatifs antérieurs à la loi ne viennent pas éclaircir le sens, semble n'exclure des conseils provinciaux que les membres du parquet de la cour de cassation, sans s'occuper des autres membres de cette cour.

Les membres de la cour de cassation ne peuvent être portés sur la liste des jurés de cour d'assises (loi du 15 mai 1838, art. 2).

11. L'installation des membres de la cour a lieu en audience publique et solennelle, chambres réunies. Le premier président et le procureur général prêtent serment entre les mains du roi; les autres membres de la cour, entre les mains du premier président et devant la cour réunie pour l'installation. La formule de ce serment est conçue comme suit : « Je jure fidélité au roi, obéissance à la constitution et aux lois du peuple belge. »

« Lorsque le premier président de la cour de cassation sera installé », dit l'art. 9, titre 20 du décret du 24 messidor an XII, « toutes les cours et tous les tribunaux de la ville où résidera ladite cour de cassation iront le complimenter : la cour d'appel par une députation du premier président, du procureur général et de quatre juges; les autres cours et tribunaux, par une députation composée de la moitié de chaque cour ou tribunal.

« Il recevra aussi les félicitations du préfet conseiller d'État et de tous les fonctionnaires dénommés après ce préfet. Il rendra les visites dans les vingt-quatre heures, et il fera, dans le même laps de temps, des visites à toutes les personnes dénommées avant le préfet conseiller d'État. » V. art. I, titre 1, 1re partie du même décret.

L'art. 2, titre I du décret de messidor an XII, d'après lequel la cour de cassation ne devait avoir « rang et séance que dans les cérémonies publiques auxquelles elle aurait été invitée par lettres closes de Sa Majesté, » semble être tombé en désuétude aujourd'hui.

Lorsque la cour de cassation se rend en corps auprès du roi ou à une cérémonie publique, il lui est donné, au vœu de l'art. 1, titre XX du même décret, une garde d'honneur, composée de quatre-vingts hommes, commandée par un officier supérieur; les postes devant lesquels elle passe avec son escorte présentent les armes et les tambours rappellent.

Mais aucune disposition de ce décret ne détermine le rang que la cour de cassation doit occuper dans les cérémonies publiques. Le même silence était gardé, par le décret, pour d'autres grands corps de l'État, comme le tribunat et le corps législatif; il s'en rapportait sans doute à cet égard à l'ordre spécial que l'empereur se réservait de donner dans chaque cas particulier. Quoi qu'il en soit, dans toutes les cérémonies publiques, la cour de cassation prend toujours rang immédiatement après le sénat et la chambre des représentants.

Comme conséquence de ce que la cour de cassation n'est pas comprise dans l'énumération faite par l'art. 1er, titre I du décret de messidor an XII, nous signalerons qu'elle n'est pas obligée d'assister à l'enterrement d'un ministre (art. 16, titre XXVI du même décret).

Il n'existe pas de disposition législative sur les honneurs à rendre par la cour de cassation à ses membres défunts. L'usage est qu'elle assiste en corps et en robes rouges aux obsèques des présidents, des conseillers et des membres du parquet. Des députations de tous les corps judiciaires de la capitale y assistent également (art. 16, titre XXVI du décret de messidor an XII). Cette disposition ne peut être appliquée à l'espèce que par analogie.

Par suite d'une décision qu'elle a prise récemment, la cour n'assiste en corps et en robes rouges qu'aux services de ses membres, célébrés à Bruxelles et dans ses faubourgs; si le corps est présent, elle se rend directement à l'église, et au sortir du service, elle n'accompagne pas en robes le défunt au cimetière; —elle assiste, en robes rouges et par députation, au service du greffier en chef. Cette dernière disposition est conforme à l'usage depuis longtemps établi en France. V. Tarbé, p. 44.

13. Les présidents et conseillers, le procureur général et les avocats généraux à la cour de cassation sont dispensés de la tutelle (code civil, art. 427).

14. L'art. 86 de la loi du 27 ventôse an VIII disait que la cour de cassation enverrait chaque année au gouvernement une députation pour lui indiquer les vices ou l'insuffisance de la législation que l'expérience lui aurait fait connaître. En tout temps cette disposition fut rarement exécutée. La loi de 1832 l'a bien certainement, quoique implicitement seulement, fait disparaître de notre législation. En France, elle est entièrement tombée en désuétude, et M. Dupin dit qu'il n'a jamais pu décider la cour de cassation de France à rentrer dans l'exercice de cette prérogative. (V. Rivière, *Revue doctrinale des variations et des progrès de la jurisprudence de la cour de cassation de France en matière civile;* Paris 1862, introduction, p. 67 et 71).

15. Par arrêté du 30 octobre 1854, le gouvernement a réglementé les franchises de port et contre-seings des autorités et fonctionnaires publics. Il résulte du tableau annexé à cette loi et publié au *Moniteur belge* du 22 décembre 1854, que la franchise de port existe : 1° pour toute personne habitant le royaume et qui s'adresse au procureur général près la cour de cassation; 2° pour les correspondances de service, dans tout le royaume, du premier président ou du procureur général à la cour de cassation avec les fonctionnaires suivants : auditeur général, auditeurs militaires, bourgmestres, commandants de gendarmerie, commissaires de police, gouverneurs, greffiers des cours et tribunaux, juges de paix, juges d'instruction, premiers présidents des cours d'appel, président de la cour militaire, présidents des cours d'assises, des tribunaux de première instance et de commerce, procureurs du roi et procureurs généraux aux cours d'appel; il faut encore ajouter à cette énumération, mais à l'égard seulement du procureur général de la cour de cassation, les officiers rapporteurs près les conseils de discipline des gardes civiques; 3° pour les correspondances de service du greffier en chef de la cour de cassation avec les premiers présidents des cours et les receveurs de l'enregistrement.

16. La loi des 17-23 septembre 1791 donnait à tous les tribunaux deux mois de vacances ; dix membres du tribunal de cassation devaient toutefois être de service pour l'admission des requêtes. Mais la loi du 21 fructidor an iv et l'arrêté du 5 fructidor an viii disent que la cour de cassation n'a pas de vacances, de même que les tribunaux correctionnels et les tribunaux de commerce.

En France, une ordonnance du 24 août 1815 vint autoriser la chambre civile de la cour de cassation à vaquer comme les autres tribunaux civils. Mais, en Belgique, les vacances n'ont pas été rétablies pour la cour suprême : l'art. 51 de la loi du 4 août 1832 ne parle que des vacances des chambres civiles des tribunaux et des cours d'appel.

17. Il serait aussi difficile qu'inutile de déterminer ici quels sont les lois ou décrets sur la discipline judiciaire dont l'application puisse être faite à la cour de cassation.

C'est encore une véritable lacune dans la loi organique belge de l'ordre judiciaire que l'absence complète de dispositions relatives à la discipline des membres des cours et tribunaux. Le nouveau projet de loi d'organisation judiciaire, présenté à la chambre des représentants dans la session de 1864-1865, contient, à cet égard, un système complet qui est l'œuvre d'une commission composée des savants jurisconsultes dont les noms suivent; N. Leclercq, Liedts, Paquet, De Page et de Bavay.

§ IV. Pensions et retraite (1).

18. Les magistrats peuvent être admis à la pension à l'âge

---

(1) Nous rapportons ici les dispositions qui ont posé les principes généraux sur les pensions et la mise à la retraite comme se rattachant à la position des magistrats : nous renvoyons pour les détails aux lois du 21 juillet 1844, du 20 mai 1845 et du 17 février 1849 ; aux arrêtés royaux du 28 décembre 1844, du 28 mai 1849, du 18 juin 1850, du 30 avril 1857 et du 17 mars 1858. Voir aussi l'arrêté royal du 25 juin 1849 et celui du 18 mars 1852, quant à l'influence des congés sur les traitements et les pensions.

de soixante-cinq ans et après trente années de service (loi du 21 juillet 1844, art. 1).

Tout magistrat reconnu hors d'état de continuer ses fonctions par suite d'infirmités peut être admis à la pension, quel que soit son âge, s'il compte au moins dix années de service (*ibid.*, art. 3; voir aussi art. 4 et 5).

Tout magistrat ou fonctionnaire qui a bien mérité dans l'exercice de ses fonctions peut, à sa retraite, être autorisé par le gouvernement à conserver le titre honorifique de son emploi (*ibid.*, art. 7).

Les pensions, pour les membres de l'ordre judiciaire, sont liquidées à raison, pour chaque année de service, de 1/65 de la moyenne du traitement dont l'intéressé aura joui pendant les cinq dernières années (*ibid.*, art. 8 et loi du 17 février 1849, art. 3). Sont compris dans l'évaluation de la moyenne du traitement les casuels ou émoluments tenant lieu de supplément de traitement (*ibid.*, art. 10 et arrêté du 25 novembre 1848).

Aucune pension ne peut excéder les 2/3 du traitement qui aura servi de base à la liquidation ni une somme de 5,000 francs (*ibid.*, art. 13, et loi du 17 février 1849, art. 1, § 4).

En cas de mise en disponibilité par mesure générale et avec jouissance de traitement d'attente, le temps passé dans cette position est compté comme service effectif, et le dernier traitement d'activité sert d'élément pour former ou compléter, le cas échéant, la moyenne mentionnée à l'art. 8 de la loi du 21 juillet 1844 (loi du 17 février 1849, art. 2).

L'art. 3 de la loi du 17 février 1849 détermine les formalités à remplir pour arriver à la constatation des blessures, accidents ou infirmités de nature à donner droit à une pension, en dehors des conditions d'âge et d'ancienneté déterminées par la loi.

19. Les membres inamovibles de la cour de cassation sont mis à la retraite lorsqu'une infirmité grave et permanente ne leur permet plus de remplir convenablement leurs fonctions (loi du 20 mai 1845, art. 8).

Les présidents ou conseillers qui, un an après avoir été atteints d'une infirmité grave et permanente, n'auraient pas demandé leur retraite, sont avertis par lettre chargée à la poste, soit d'office, soit sur la réquisition du ministère public, par le premier président de la cour ou par celui qui le remplace momentanément; s'il s'agit du premier président de la cour, l'avertissement est donné par le chef du parquet (*ibid.*, art. 9).

Si, dans le mois de l'avertissement, le magistrat n'a pas demandé sa retraite, la cour de cassation se réunit en assemblée générale, en chambre du conseil, pour statuer, après avoir entendu le ministère public, en ses conclusions écrites, sur la mise à la retraite (*ibid.*, art. 10) (1).

Quinze jours au moins avant celui qui aura été fixé pour la réunion de la cour, le magistrat intéressé doit être informé du jour et de l'heure de la séance, et recevoir en même temps l'invitation de fournir ses observations par écrit.

Cette information, cette invitation et toutes les notifications ultérieures doivent se faire par le greffier en chef qui en dresse procès-verbal (*ibid.*, art. 10 et 14).

La décision est immédiatement notifiée à l'intéressé. Si celui-ci n'avait pas fourni ses observations, la décision ne serait considérée comme définitive que s'il n'y avait point formé opposition, au greffe, dans les cinq jours à partir de la notification (*ibid.*, art. 11 et 14).

La décision rendue, soit sur les observations du magistrat, soit sur son opposition, est en dernier ressort (*ibid.*, art. 12).

Les décisions passées en force de chose jugée sont adressées, dans les quinze jours, au ministre de la justice (*ibid.*, art. 15).

Tous les actes de cette procédure sont dispensés du timbre et de l'enregistrement (*ibid.*, art. 13).

____

(1) En 1857, la cour a rempli envers un de ses membres l'obligation que lui impose la loi en cette matière.

§ V. *Des huissiers.*

20. Les huissiers près la cour de cassation sont nommés par le roi, sur la présentation de trois candidats par la cour (arrêté du 8 février 1833 ; loi du 4 août 1832, art. 32).

Ils instrumentent exclusivement dans la capitale pour les affaires soumises à la cour de cassation. Ils peuvent exploiter, concurremment avec les autres huissiers, dans le ressort du tribunal de première instance de Bruxelles.

Leur nombre a été fixé à six par l'arrêté du 5 novembre 1832.

Ils sont soumis à toutes les règles qui concernent les autres huissiers, avec lesquels ils font un seul et même corps.

Deux huissiers sont de service aux audiences des chambres et des assemblées générales ; quatre, aux audiences solennelles et tous, aux cérémonies publiques. Un règlement de distribution de service et de répartition d'émoluments est fait par eux, sous l'approbation de la cour (art. 28 du règlement de la cour).

Les huissiers de la cour de cassation jouissent d'un traitement à charge de l'État ; l'arrêté royal du 22 mai 1863 fixe ce traitement à 750 francs par an.

CHAPITRE II.

ATTRIBUTIONS DE LA COUR DE CASSATION.

21. Constituer le centre du pouvoir judiciaire, faire respecter la loi par les cours et tribunaux, maintenir l'unité vraie de la législation en prévenant la diversité de la jurisprudence, telle est la mission de toute cour de cassation.

L'absence d'un conseil d'État en Belgique a engagé nos législateurs à confier à cette cour une série d'attributions spéciales dans l'ordre du contentieux administratif. Ils ont appelé ainsi la cour suprême à exercer sa scientifique, puissante et surtout impartiale influence sur les députations permanentes des conseils provinciaux qui, sans avoir à connaître des contestations sur des droits civils ni à infliger de véritables peines aux citoyens, n'en ont pas moins à résoudre de graves et délicates questions exigeant parfois de profondes connaissances juridiques et une grande expérience des affaires judiciaires.

Pour que la cour de cassation puisse accomplir cette vaste mission, il n'est pas nécessaire que le procès se refasse devant elle et qu'elle devienne un troisième degré de juridiction. Il faut au contraire, pour qu'elle suffise à sa tâche, qu'elle puisse se borner à contrôler, au point de vue légal, les décisions déférées à sa censure, qu'elle juge les sentences, mais non plus les procès.

Nous arrivons ainsi au principe fondamental en cette matière inscrit dans toutes les lois organiques qui se sont succédé, admis déjà, quoique imparfaitement, devant l'ancien conseil des parties de France, et consacré par notre constitution, dans son article 95, § 2, en ces termes : « La cour ne connaît pas du fond des affaires, sauf le jugement des ministres. »

L'art. 41 de la loi du 4 août 1832 ajoute : « Elle casse les arrêts et jugements qui contiennent quelque contravention expresse à la loi, ou qui sont rendus sur des procédures dans lesquelles les formes soit substantielles, soit prescrites à peine de nullité, ont été violées; elle renvoie le fond du procès à la cour ou au tribunal qui doit en connaître. »

§ I. Ouvertures en cassation.

22. Il semble que toutes les ouvertures en cassation puissent se réduire au seul cas de contravention expresse à la loi. Mais exprimés d'une façon aussi générale, ces mots recevraient une interprétation exagérée. Il est nécessaire de les placer à côté de la violation des formes qui, elles aussi, sont déterminées par la loi, mais dont l'inobservation ne donne cependant lieu à la cassation que si elles sont substantielles ou prescrites à peine de nullité.

Les contraventions expresses à la loi comprennent aussi la violation des règles de la compétence et l'excès de pouvoir, dont il nous semble utile, toutefois, de faire un exposé spécial.

i. *Violation des règles de la compétence et excès de pouvoir.*

23. L'excès de pouvoir existe quand le juge s'arroge une juridiction qui ne lui appartient pas. Cette usurpation devient l'incompétence lorsque l'empiétement a lieu sur les attributions d'une autre autorité judiciaire. Il est bon de faire cette distinction, qui n'est pas toujours respectée dans le langage usuel. La cour, dans un arrêt du 3 avril 1846 (P., 1846, p.371), a eu l'occasion de la consacrer et d'en faire ressortir l'importance.

Il se peut, en effet, que le pourvoi en cassation soit recevable ou non, suivant qu'il s'agit d'excès de pouvoir ou d'incompétence : l'art. 16 de la loi du 4 août 1832 n'autorise le pourvoi en cassation contre les jugements rendus en matière civile par les juges de paix que lorsqu'il est fondé sur l'excès de pouvoir, l'absence de publicité ou le défaut de motifs. Pareils jugements ne peuvent être attaqués en cassation pour cause d'incompétence, parce que ce dernier grief donne toujours lieu à l'appel, aux termes de l'art. 10 de la loi du 25 mars 1841, et qu'il n'y a ouverture en cassation que contre les jugements en dernier ressort (v. n° **45**).

24. L'incompétence est relative ou absolue. Elle est relative lorsqu'elle résulte du domicile du défendeur, ou encore, en matière civile, de la situation de l'objet litigieux. Elle ne peut alors, à la différence de l'incompétence absolue (*ratione materiæ*), donner lieu à cassation, que si elle a été opposée devant le juge du fond; lorsqu'elle ne l'a pas été, celui-ci, ne devant pas la suppléer d'office, n'a pu violer aucune loi en jugeant le litige (art. 169, 170 et 424, C. proc. civ.).

Mais comme, en matière civile, la cour ne peut jamais connaître que des chefs indiqués dans la requête introductive (v. n° **68**), un moyen relatif à la compétence ne peut, pas plus que tout autre, être suppléé d'office par la première chambre de la cour de cassation. Ce dernier principe n'étant pas applicable aux autres matières, il n'est pas rare que la seconde chambre de la cour, saisie d'une affaire, rappelle aux tribunaux ou aux députations permanentes les limites de leurs attributions, sans qu'un moyen tiré de l'incompétence ait été produit devant elle.

ii. Violation des formes.

25. Nous ne résistons pas au désir de rappeler ici ces remarquables paroles, si souvent citées, de l'auteur de l'*Esprit* *des lois :* « Si vous examinez, » dit Montesquieu (*de l'Esprit des lois,* liv. VI, chap. II), « les formalités de la justice par rapport à la peine qu'a un citoyen à se faire rendre son bien, ou à obtenir satisfaction de quelque outrage, vous en trouverez sans doute trop ; si vous les regardez dans le rapport qu'elles ont avec la liberté et la sûreté des citoyens, vous en trouverez souvent trop peu, et vous verrez que les peines, les dépenses, les longueurs, les dangers même de la justice sont le prix que chaque citoyen donne pour sa liberté. »

L'observation des formes essentielles est la garantie du droit et de l'innocence. Cette présomption de vérité que la loi attache aux déclarations de fait du juge en dernier ressort, comment ne viendrait-elle pas à tomber, s'il est certain que le juge n'a pas entouré l'instruction et le jugement des formes que la loi, dont il tient son pouvoir, a jugées nécessaires? Rien n'est donc mieux justifié que le droit attribué à la cour de cassation d'annuler les décisions judiciaires pour violation des formes.

26. « Sont susceptibles de cassation, dit l'art. 41 de la loi du 4 août 1832, les jugements ou arrêts rendus sur des procédures dans lesquelles les formes, soit substantielles, soit prescrites à peine de nullité, n'ont pas été observées. »

Une première difficulté se présente ici : l'art. 480, C. proc. civ., n^{is} 2 et 8, dispose qu'en matière civile, les jugements ou arrêts rendus en dernier ressort peuvent être rétractés sur requête civile, si « les formes prescrites à peine de nullité ont été violées, soit avant, soit lors des jugements, pourvu que la nullité n'ait pas été couverte par les parties, » ou si, « dans le cas où la loi exige la communication au ministère public, cette communication n'a pas eu lieu, et que le jugement ait été rendu contre celui pour qui elle était ordonnée. » Par la coexistence de ces deux textes, une distinction est devenue nécessaire en matière civile : le pourvoi en cassation est une voie extraordinaire pour arriver à l'annulation d'une décision contre laquelle aucun autre recours n'est possible; chaque fois donc que, d'après les articles cités, il y a lieu à requête civile, il n'y a pas ouverture en cassation.

C'est ce que la cour de cassation, contrairement à la jurisprudence antérieure à 1832, de la cour de Bruxelles, n'a cessé de proclamer. Voir notamment arrêts : 14 août 1833, 6 août 1834 et 20 janvier 1835 (P. à leur date); 11 décembre 1856 (P. 1857, p. 290); 19 novembre 1857 (P. 1857, p. 453).

Il est également certain que s'il a été prononcé sur choses non demandées, s'il a été adjugé plus qu'il n'a été demandé, s'il a été omis de prononcer sur l'un des chefs de la demande, ou si enfin il y a contrariété de jugements en dernier ressort entre les mêmes parties et sur les mêmes moyens, dans les mêmes cours ou tribunaux (480, 3°, 4°, 5° et 6°), la requête civile étant recevable, il n'y a point lieu au recours en cassation. Il en serait de même dans le cas de l'article 481, C. proc. civ. Voir notamment arrêts : 28 janvier 1853 (P. 1853, p. 188), 28 février 1852 (P. 1853, p. 122) et 4 mai 1854 (P. 1854, p. 210). Il n'en serait point ainsi si un juge d'appel avait incompétemment statué sur une demande nouvelle formée devant lui; ce cas n'est pas prévu par l'article 480 précité; il rentre donc dans ceux qui peuvent entraîner la cassation. Arr. 23 janvier 1852 (P. 1853, p. 7).

L'application de ce principe, incontestable aujourd'hui, que les deux voies ne peuvent être simultanément ouvertes, a donné lieu à de sérieuses difficultés, à cause de la rédaction assez confuse de l'art. 480 dans plusieurs de ses dispositions.

Il ne saurait toutefois être douteux que si le grief imputé au jugement ou à l'arrêt a été signalé d'avance au juge qui l'a rendu, il ne peut être question de requête civile, car alors l'opinion de ce juge s'est déjà manifestée et sa résistance à la loi doit entraîner la cassation. D'où l'on a tiré la conséquence, au point de vue spécial de la violation des formes prescrites à peine de nullité, prévue par le n° 2 de l'art. 480, que cette

disposition ne peut être appliquée si la nullité n'est pas impu-
table aux parties, mais qu'elle est le fait volontaire du juge en
dernier ressort; aussi voit-on fréquemment invoquer devant la
cour de cassation et examiner par elle le moyen tiré du défaut
de motifs de la décision attaquée, formalité prescrite à peine
de nullité par l'art. 7, § 2 de la loi du 20 avril 1810 (v. n°**27**).
Il y aurait également ouverture en cassation et non en requête
civile si cette décision n'avait pas été rendue publiquement, ou
par le nombre de juges prescrit, ou si ceux-ci n'avaient
pas assisté à toutes les audiences de la cause.

Cette question a été surtout examinée par la cour et résolue
dans le sens que nous indiquons, lors de l'arrêt du 3 avril
1845 (P. 1845, p. 265), prononcé après que M. l'avocat général de Wandre eût, dans un savant réquisitoire, fait valoir tous
les arguments de la thèse contraire. Il s'agissait cette fois d'une
affaire dans laquelle une femme mariée, qualifiée comme telle
aux actes de la procédure, avait plaidé sans avoir été autorisée
par son mari.

Mais il a été jugé par l'arrêt du 11 décembre 1856, cité plus
haut, rendu sur les conclusions conformes de M. l'avocat général Faider, que le défaut de communication au ministère
public ne donne pas ouverture à cassation, mais à requête
civile, ce cas étant spécialement prévu par le n° 8 de l'art. 480.
Cet arrêt, ainsi que celui du 19 novembre 1857, décide que
cette disposition doit être interprétée en ce sens, qu'il y a lieu à
requête civile, non-seulement lorsque la nécessité de la communication au ministère public résulte de la qualité des parties,
mais aussi lorsqu'elle provient de la nature de la cause et de
circonstances qui tiennent à l'ordre public.

Remarquons, en terminant ces observations concernant la
requête civile, que si le juge du fond a refusé de faire droit aux
conclusions de cette requête, la violation de la loi qui en résul-
terait rendrait son jugement évidemment attaquable par un
recours en cassation.

Il est des formes non prescrites à peine de nullité, qui ne rentrent par conséquent pas dans la série de celles que prévoit l'art. 480, n° 2, mais qui sont cependant substantielles, et pour la violation desquelles la loi du 4 août 1832 permet le recours en cassation. Alors encore, en matière civile comme en matière répressive ou en matière spéciale, c'est à la cour suprême seule que l'annulation de la procédure peut être demandée.

27. L'art. 41 de la loi du 4 août 1832 consacre législativement ce que la jurisprudence avait depuis longtemps proclamé, c'est qu'il est, comme nous venons de le dire, des formalités, quoique non prescrites à peine de nullité, dont l'inobservation doit entraîner l'annulation de la procédure. La loi les appelle formalités substantielles. L'art. 1030, C. proc. civ., et les articles 408 et 413, C. instr. crim., doivent être combinés en ce sens avec la disposition citée de la loi organique de 1832.

Mais les difficultés seront toujours nombreuses pour la constatation des formalités qui doivent être considérées comme substantielles (1).

On est généralement d'accord pour reconnaître en principe ce caractère aux formes qui touchent à l'essence même des jugements, au droit de défense, à la composition des juridictions, à la capacité légale des magistrats ayant pris part à la décision attaquée, à toutes celles enfin dont l'observation intéresse directement l'ordre public.

C'est surtout la procédure des cours d'assises qui donne lieu à l'application de ces principes.

C'est ainsi qu'il a été jugé qu'il y a lieu à cassation :

Lorsque l'officier du ministère public et le commis greffier faisant l'un et l'autre partie d'une cour d'assises, sont parents au degré prohibé par l'art. 63 de la loi du 20 avril 1810. Arr.

---

(1) Voir les paroles prononcées à la chambre des représentants par M. le procureur général Leclercq, en sa qualité de rapporteur de la section centrale chargée de l'examen de la loi promulguée le 4 août 1832 (*Pasinomie*, en note, sous l'art. 41 de cette loi).

20 janvier 1846 (P. 1846, p. 65); idem, en cas de parenté entre le président et le substitut. Arr. 29 décembre 1845 (P. 1846, p. 62);

Lorsque le second vice-président et un juge délégué ont composé la cour d'assises, sans un empêchement légal du président et du plus ancien vice-président du tribunal de première instance. Arr. 24 juin 1850 (P. 1850, p. 281);

Lorsque la composition du jury n'a pas eu lieu suivant les prescriptions légales. Arr. 2 novembre 1846 (P. 1847, p. 147);

Lorsque au nombre des vingt-quatre jurés entre lesquels se fait le tirage des douze jurés de jugement, se trouve une personne incapable. Arr. 29 mai 1845 (P. 1845, p. 426) (1).

Lorsque le principe que l'instruction devant la cour d'assises est orale, n'a pas été respecté. Arr. 15 juillet 1840 (P. à sa date);

Lorsqu'il y a eu inobservation de l'art. 293, C. instr. crim., prescrivant l'interrogatoire de l'accusé par le président de la cour d'assises. Arr. 17 mai 1847 (P. 1847, p. 203);

Lorsque dans la notification à l'accusé de la liste des jurés, il y a une erreur telle, que le doute soit possible sur l'identité de la personne. Arr. 7 mars 1835 (P. à sa date), 15 janvier 1844 (P. 1844, p. 82), 3 janvier 1848 (P 1848, p. 37), 7 janvier 1851 (P. 1851, p. 79), 30 juillet 1855 (P. 1855, p. 330); 23 janvier 1865;

Lorsque l'accusé a été mis en jugement avant l'expiration des cinq jours que lui accorde la loi pour exercer son recours contre l'arrêt de renvoi. Arr. 15 octobre 1860 (P. 1860, p. 380);

---

(1) Il a été d'ailleurs jugé, dans l'intérêt de la loi, le 14 octobre 1837, que la cour d'assises est compétente pour apprécier la légalité des listes des jurés dressées par les députations permanentes, et d'examiner si, parmi les personnes qui composent ces listes, il s'en trouve qui ne réunissent pas les qualités voulues par la loi, et notamment si elles payent le cens requis.

Lorsque des arrêts incidentels n'ont pas été prononcés en audience publique. Arr. 12 août 1836 et 1er septembre 1837 (P. à leur date);

Lorsque la formule du serment d'un témoin ne comprend pas l'invocation à la divinité, prescrite par l'arrêté royal du 4 novembre 1814. Arr. 18 juillet 1839 et 29 octobre 1835 (P. à leur date);

Lorsque le procès-verbal de l'audience ne constate pas que l'interprète a rempli son office, mais porte simplement qu'il a été nommé. Arr. 26 juillet 1847 (P. 1848, p. 441);

Lorsque le procès-verbal d'audience n'est pas signé par le greffier. Arr. 14 février 1853 (P. 1853, p. 188); voir toutefois arr. du 4 avril 1854 (P. 1854, p. 203), rendu en matière correctionnelle;

Lorsque le procès-verbal destiné à la composition du jury de jugement n'est pas signé par le greffier, mais l'est seulement par le président. Arr. 20 février 1843 (P. 1843, p. 110);

Lorsqu'une question a été posée au jury sur un fait nouveau ne résultant pas de l'acte d'accusation et constituant non une circonstance aggravante, mais une contravention distincte. Arr. 7, 9 et 12 septembre 1833 (P. à leur date);

Lorsque, contrairement à l'art. 20 de la loi du 15 mai 1838, on a compris dans une même question le fait principal et une circonstance aggravante. Arr. 10 octobre 1842 (P. 1843, p. 24) et 22 juin 1846 (P. 1846, p. 270);

Lorsque la cour d'assises n'a pas posé une question sur une excuse proposée, par le motif qu'elle ne serait pas résultée des débats. Arr. 5 janvier 1837 (P. à sa date);

Lorsque le procès-verbal de l'audience ne porte pas que le président, au vœu de l'art. 25 de la loi du 15 mai 1838, a averti les jurés sur la manière dont ils doivent procéder et émettre leurs votes, et même lorsqu'il porte seulement que le président leur a donné à cet égard *quelques instructions*. Arr. 24 juin 1840 (P. à sa date);

Lorsque la remise aux jurés des pièces du procès n'a pas eu lieu. Arr. 10 janvier 1834 (P. à sa date); *contra* 16 octobre 1855 (P. 1855, p. 407);

Lorsque les questions posées au jury ne comprennent pas toutes les circonstances dont la constatation est nécessaire pour la justification de la peine prononcée. Arr. 1er juin 1838 et 28 juin 1839 (P. à leur date);

Lorsque la division des questions sur un fait principal a eu pour résultat de porter atteinte aux droits et aux garanties de l'accusé; par exemple, si la cour n'a pas délibéré sur toutes les questions, alors qu'à l'une d'elles, la réponse du jury n'a été que de sept voix contre cinq. Arr. 16 janvier 1865 (P. 1865, p. 67).

On peut consulter, quant à l'expression publique d'une opinion par un des jurés sur la culpabilité de l'accusé, l'arrêt du 10 avril 1865.

Il a été jugé encore : que sont recevables comme moyens de cassation contre l'arrêt définitif, ceux qui auraient été rejetés dans l'instruction par des arrêts incidentels, lesquels ne seraient même l'objet d'aucun pourvoi spécial. Arr. chambres réunies, 12 août 1836 (P. à sa date).

Au contraire, la cassation des arrêts de cours d'assises ne peut être prononcée pour l'omission des formalités suivantes qui ne sont pas substantielles :

L'avertissement que doit donner le président à l'accusé d'après l'art. 296, C. instr. crim. Arr. 9 août 1841 (P. 1841, p. 291);

La représentation à l'accusé des pièces de conviction, au vœu de l'art. 329, C. instr. crim. : jurisprudence constante;

La remise de la copie des pièces à l'accusé : jurisprudence constante;

La remise aux jurés des pièces du procès. Arr. 16 octobre 1855 (P. 1855, p. 407); *contra* 10 janvier 1834;

Le placement des jurés dans l'ordre déterminé par le sort, suivant l'article 309, C. instr. crim. Arr. 27 décembre 1834 (P. à sa date);

La signature par le ministère public, au vœu de l'art. 277,
C. instr. crim., de toutes ses réquisitions, constatées par le
greffier au procès-verbal de l'audience. Arr. 8 novembre 1848
(P. 1848, p. 491) et 16 juillet 1851 (P. 1851, p. 334);

Les prescriptions des dispositions suivantes du code d'instruction criminelle : *art.* 310 : arr. 10 septembre 1835 (P. à
sa date); *art.* 311 : arr. 11 septembre 1843 (P. 1844, p. 199);
art. 313, § 1 : arr. 21 février 1839 (P. à sa date); *art.* 314 :
arr. 14 février 1844 (P. 1844, p. 200) ; *art.* 315, § 2, même,
arrêt ; *art.* 319, § 1 : arr. 12 août 1844 (P. 1844, p. 305);
21 février 1839 (P. à sa date); 4 septembre 1846 (P. 1848,
p. 311) et 27 juin 1848 (P. 1848, p. 408); *art.* 334 : 10 décembre 1841 (P. 1842, p. 51).

Jugé encore qu'il n'y a pas nullité de la procédure :

Lorsque le nom d'une personne a figuré à tort sur la liste
des jurés, pourvu que cette personne n'ait pas fait partie du jury
de jugement. Arr. 23 mars 1852, 6 juin 1853 (P. 1853, p. 46
et 394), 21 mars 1842 (P. 1842, p. 189); et pourvu qu'il y ait
eu, au moins, 24 jurés capables, entre lesquels se fait le tirage
du jury de jugement. Arr. 4 octobre 1851 (P. 1852, p. 142);
eût-on même dû, à cet effet, recourir à un juré supplémentaire,
par application de l'art. 13 de la loi du 15 mai 1838. Arr.
10 avril 1865 ;

Lorsque le fait matériel de la sortie d'un juré de la chambre
des délibérations et de sa communication avec le président est
constaté, mais que rien ne fait croire qu'il ait pu en résulter
un préjudice pour l'accusé. Arr. 28 mars 1843 (P. 1843,
p. 165);

Lorsque le premier interrogatoire de l'accusé par le président de la cour d'assises n'a pas eu lieu dans le délai fixé par
l'art. 293, C. instr. crim. Arr. 23 décembre 1840 et 27 juillet
1841 (P. 1841, p. 99 et 235);

Lorsqu'une personne incapable d'ester en justice, par suite
de condamnation, a été entendue comme témoin et a prêté ser-

ment, sans opposition des parties : jurisprudence constante ; voir notamment arr. 25 janvier 1847 (P. 1847, p. 435) (1).

Lorsque le tirage au sort pour la formation du jury n'a pas eu lieu avant l'audience, comme l'exige l'art. 399, C. instr. crim., mais à l'audience publique. Arr. 18 mai 1847 (P. 1847, p. 294);

Lorsqu'un juré a été écarté de la liste des trente par la cour d'assises, quoiqu'il eût pu éventuellement prendre légalement part au jugement, si d'ailleurs il est resté 24 jurés capables parmi lesquels le jury a été formé. Arr. 7 mai 1861 (P. 1861, p. 265);

Lorsqu'un témoin s'est retiré de l'audience sans avoir reçu à cet effet l'autorisation prescrite par l'art. 320, C. instr. crim. Arr. 27 janvier 1864 (P. 1864, p. 40), 13 avril 1863 (P. 1863, p. 240);

Lorsque, contrairement à l'art. 320, un des témoins, après sa déposition, a pénétré dans la salle des témoins non entendus, et s'est entretenu avec l'un d'eux. Arr. 29 mars 1841 (P. 1841, p. 232);

Lorsque des questions ont été mal posées, pourvu qu'elles aient été résolues négativement, ou que l'arrêt de condamnation ne repose pas sur elles. Arr. 29 mars 1841 (P. 1841, p. 232);

Lorsque la réponse affirmative du jury à une question aggravante porte qu'elle est rendue par sept voix contre cinq.

---

(1) Quant aux enfants âgés de moins de quinze ans, aucun texte formel ne proclame leur incapacité d'être entendus comme témoin et de prêter serment à l'audience, comme le fait l'art. 79, C. instr. crim., pour l'instruction écrite; même un arrêt du 31 mars 1836, contrairement à un autre arrêt du 19 février 1836 (P. à sa date), a annulé une procédure, parce qu'un témoin de moins de quinze ans, régulièrement assigné, et dont le nom avait été notifié, n'avait pas prêté serment; mais la cour d'assises, saisie par le renvoi, n'ayant pas voulu recevoir le serment du même témoin, la cour de cassation, chambres réunies, revint de sa première jurisprudence et décida que le serment ne *devait* pas être prêté. Arr. 12 août 1836 (P. à sa date).

Arr. 21 mars 1842 (P. 1842, p. 189), 25 avril 1847 (P. 1848, p. 420);

Lorsque les bulletins remis au jurés pour leur vote ne sont pas revêtus du timbre de la cour, au vœu des art. 18 et 19 de la loi du 15 mai 1838. Arr. 25 juin 1849 (P. 1849, p. 439).

Mais le juge pourra-t-il donc, sans contrôle, ne pas se conformer à toutes ces règles de procédure non prescrites à peine de nullité et que la jurisprudence déclare non substantielles, mais qui lui sont cependant imposées par une loi à laquelle il doit obéissance?

Les art. 408, § 2, et 413, C. instr. crim., répondent à cette question pour le cas spécial des affaires répressives, et proclament un principe qu'il convient de suivre également en toute autre matière. Pour les formes de cette nature, le simple oubli du juge de les remplir ne saurait vicier sa sentence. Mais il appartient à la partie qui se croit intéressée à ce qu'une prescription quelconque de la loi soit exécutée, de prendre des conclusions formelles en ce sens ; et si, malgré ces réquisitions, le juge lui en refuse le bénéfice, il n'y aura pas un simple oubli des formes, mais une décision judiciaire contenant la violation expresse d'un texte de loi, et il y aura lieu à l'annulation de la procédure ultérieure.

Il a été jugé encore *en matière correctionnelle* :

Que, quand même elles touchent à la composition des chambres, les formalités que prescrivent, en exécution de la loi, les règlements de service et d'ordre intérieur des cours et tribunaux ne sont pas substantielles. Arr. 18 novembre 1856 (P. 1857 p. 60);

Que l'insertion dans les jugements de condamnation du texte des lois appliquées n'est pas une formalité substantielle, que s'il en est autrement dans les matières de simple police, c'est parce que, en ce cas, la peine de nullité est comminée par la loi. Arr. du 4 mars 1861 (P. 1861, p. 129);

Mais qu'il y a lieu à cassation lorsque l'appel a été déclaré recevable, quoique, contrairement à l'art 8 de la loi du 1er mai 1849, la notification de l'appel du ministère public n'ait pas été faite dans les quinze jours ou ne contienne pas assignation dans le mois à compter du jugement. Arr. 27 avril 1852 (P. 1852, p. 325), 7 et 21 avril 1851 (P. 1851, p. 199 et 201) et 9 janvier 1865.

Et *en matière électorale* :

Qu'il n'y a pas nullité lorsque la députation permanente n'a pas statué dans les cinq jours, au vœu de l'art. 13 de la loi du 3 mars 1831. Arr. des 12, 18 et 25 juillet 1864;

Ou si elle a reçu la réponse de l'intimé après l'expiration du délai de dix jours que l'art. 12 de la loi électorale accorde à celui-ci pour répondre à l'appel. Arr. 1er août 1864;

Mais que sont substantielles : les formalités prescrites par l'art. 7 de la loi du 1er avril 1843. Arr. 23 juillet 1860 (P. 1861, p. 89); la notification à la partie intéressée, s'il en existe, de l'appel d'une décision du conseil communal, notification prescrite par l'art. 17, § 2 de la loi du 30 mars 1836. Arr. 29 juin 1863.

28. Il est des prescriptions légales dictées par des considérations spéciales, à l'observation desquelles certaines parties n'ont aucun intérêt, et dont, partant, la violation ne peut, au profit de ces parties, constituer un moyen de cassation.

L'art. 413, § 2, C. instr. crim., n'est qu'une application de ce principe; il dispose, pour les matières correctionnelles et de simple police, qu'en cas d'acquittement, on ne pourra se prévaloir, contre la partie acquittée, de la violationou de l'omission des formes prescrites dans l'intérêt de sa défense.

Dans cet ordre d'idées, il a été jugé que l'accusé ne peut se plaindre de ce qu'un juré défaillant n'a pas été condamné à l'amende. Arr. 21 mars 1842 (P. 1842, p. 189);

Ainsi encore, en matière civile on ne pourrait se pourvoir en cassation contre les mineurs, les interdits, les absents, les femmes mariées, les communes et l'État, sous prétexte que le ministère public n'aurait pas été entendu dans les affaires qui les intéressaient, si ces affaires avaient été jugées à leur avantage (loi du 15 germinal an II, art. 5). Voir, au surplus, le § 2 du chapitre : *Des personnes qui peuvent se pourvoir en cassation.* Il y est parlé plus longuement (n° **43**) des pourvois et des moyens non recevables pour défaut d'intérêt.

29. Il ne saurait être douteux que l'omission des formes prescrites par l'art. 141 du code de procédure civile, pour la rédaction des jugements, telles que l'exposition des points de fait et de droit et les conclusions des parties, ne peut exercer aucune influence sur la validité de la décision elle-même, mais seulement sur la force exécutoire de l'expédition. (V., sur ce point et en ce sens, le *Manuel de cassation*, édité sans nom d'auteur à Bruxelles, en 1832, p. 29 et 30).

30. Comment la preuve de l'omission ou de la violation des formes prescrites peut-elle se faire devant la cour de cassation?

Lorsque le procès-verbal d'audience constate l'accomplissement d'une formalité, cette formalité est légalement présumée remplie, sauf l'inscription de faux dont il sera parlé au n° **118**.

Il est un autre principe certain, c'est que toutes les formalités de l'audience dont l'accomplissement n'est pas attesté par le procès-verbal, doivent être considérées comme omises.

Ce point est établi par la plus constante jurisprudence. V. arr. 21 septembre 1844 (P. 1845, p. 212).

Voilà quant aux omissions; mais que décider quant à l'allégation de faits qui, s'ils existaient réellement, entraîneraient la nullité de la procédure? On ne saurait sérieusement le contester; la volonté de la loi est que la preuve des illégalités se fasse devant le juge du fond, à la requête de la partie intéressée, qui a le droit de demander acte des faits dont elle prouve l'existence et qui, si elle n'a pas usé de son droit, n'a qu'à se reprocher sa propre négligence : *jura vigilantibus scripta sunt.*

La jurisprudence unanime des cours de cassation de France et de Belgique va plus loin encore.

Il se peut que les parties n'aient pu, devant le juge du fond, faire constater des illégalités qui ne leur ont été révélées à elles-mêmes qu'après le jugement de la cause. Eh bien, alors encore, d'après cette jurisprudence unanime, la cour suprême ne peut recourir à la preuve testimoniale pour faire elle-même des constatations de fait, elle ne peut casser que lorsqu'elle découvre des illégalités flagrantes : c'est ce que notre cour de cassation a décidé sur le pourvoi d'une personne condamnée par la cour d'assises, et qui, n'ayant appris qu'après le prononcé de l'arrêt de condamnation que des communications illégales avaient eu lieu entre des jurés et des témoins, demandait à en faire la preuve par témoins devant la cour de cassation. Attendu, » dit la cour, sur les conclusions conformes de M. l'avocat général Cloquette, qu'il n'y a pas lieu d'admettre devant la cour de cassation la preuve testimoniale de faits qui se seraient passés pendant l'instruction de la cause devant la cour d'assises, et sur lesquels les procès-verbaux des séances sont entièrement muets. » Arr. 5 janvier 1863 (P. 1863, p. 109). V. aussi arr. 23 janvier 1865.

Cette jurisprudence est aussi ancienne qu'elle est unanime, et il faut croire dès lors que telle est la volonté de la loi, inspirée sans doute par le désir d'empêcher les procès de se prolonger et de prévenir des enquêtes scandaleuses.

Des arrêts de la cour de cassation de France du 14 fructidor an II et du 23 fructidor an VIII ont même décidé que des illégalités constatées par un certificat du greffier ou par une lettre écrite par les juges mêmes qui ont rendu la sentence, ne suffiraient pas pour servir de base à un pourvoi en cassation. Dalloz, *Rép.*, v° *Cassation,* n°ˢ 1329 et 1330.

« Il n'est point dans les usages de la cour, dit M. Faustin Hélie, *Instruction criminelle*, t. VIII, p. 626, quoique aucune loi ne s'y oppose ouvertement, de recourir à des mesures de vérification qui conviennent plus à des juges du fait qu'à des juges du droit. La cour de cassation statue sur des jugements ou des arrêts ; elle ne statue pas sur des faits ; elle apprécie des actes définitifs, des instances consommées ; elle ne s'occupe pas de rechercher ou d'éclaircir les faits qui en ont été l'objet ; elle prononce sur des pièces qui sont produites devant elle et elle n'est point appelée à suppléer aux preuves qui en résultent. » V. aussi arr. 2 février 1841 (P. 1849, p. 172).

Mais il est des circonstances qui ne se rattachent pas à l'instruction de l'audience et que le procès-verval tenu par le greffier n'est donc nullement destiné à révéler. Ce sont notamment celles qui se rattachent à la capacité des jurés. En pareil cas, la jurisprudence de la cour est beaucoup moins rigoureuse ; l'âge et la nationalité des jurés ont déjà été devant elle l'objet d'investigations toutes de fait, et ont même donné lieu à des arrêts interlocutoires. V. arr. 29 mai 1845 (P. 1845, p. 426) ; 20 octobre 1862 (P. 1863, p. 112). Jamais cependant une preuve testimoniale n'a été ordonnée. V. plus loin n° **57**.

31. Il importe d'exposer ici un principe établi par la plus constante jurisprudence, quoiqu'il soit applicable à tous les cas d'ouverture en cassation : c'est que l'annulation d'un jugement ou d'un arrêt ne peut jamais avoir pour base un moyen que le demandeur a pu faire valoir devant le juge du fond et qu'il a négligé de lui soumettre, à moins que ce moyen ne soit tiré d'une loi édictée dans l'intérêt, non des parties, mais de l'ordre public lui-même.

Comment pourrait-on prétendre, en effet, que le juge a violé une loi dont l'application ne lui était pas demandée et ne pouvait être faite d'office par lui ?

Des lois particulières confirment, pour l'espèce, ce principe général (1). L'art. 4 de la loi du 4 germinal an II dit pour

(1) La loi interprétative du 7 nivôse an v dit dans son article unique : « Les

les affaires civiles que « si une violation ou omission de formes est le fait de l'une des parties ou des fonctionnaires publics agissant à sa requéte, elle ne peut donner ouverture à la cassation que lorsqu'elle a été alléguée par l'autre partie devant le tribunal dont celle-ci prétend faire annuler le jugement pour n'y avoir pas eu égard. » Le silence de la partie doit alors être considéré comme une renonciation au droit de se prévaloir de la nullité commise ; cependant Merlin (*Quest. de droit*, v° *Cassation*, § 36, I) dit que si le jugement avait été rendu par défaut, et si la cassation était demandée parce que le juge aurait tenu pour valable une assignation nulle, le moyen qui serait tiré de cette nullité devrait, quoique nouveau, être accueilli. V. arr. cour de cassation belge, 10 août 1848 (P. 1848, p. 456).

Il suffit qu'il soit constaté par l'arrêt attaqué que le moyen a été présenté ; il ne faut pas qu'il ait fait l'objet de conclusions formelles. C'est ce qu'a jugé un arrêt du 16 mars 1846 (P. 1847, p. 58). Ce ne sont, en effet, que les chefs de la demande qui doivent être mentionnés en conclusions pour que le juge puisse y avoir égard.

La loi du 29 avril 1806, dans son article 2, vient à son tour, pour les matières correctionnelles, disposer que le prévenu « ne sera pas recevable à présenter comme moyen de cassa-

dispositions de l'art. 4 de la loi du 4 germinal an ɪɪ ne s'appliquent pas aux actes qui, étant indépendants de la procédure, forment le titre fondamental de l'action ; en conséquence, les nullités qui frappent les actes formant le titre fondamental de l'action donnent ouverture à la cassation de la même manière que les autres nullités contre lesquelles il n'y a pas de fin de non-recevoir établie par les lois. » Cette loi est évidemment étrangère au présent paragraphe, où nous traitons spécialement la matière des ouvertures en cassation tirées des vices de procédure ; nous pensons, du reste, qu'elle ne porte nullement atteinte au principe général rappelé au texte et que la cour a constamment proclamé dans ses arrêts. Rendue sur un référé de la cour de cassation de France, cette loi ne peut être en opposition avec ce que cette cour a toujours décidé depuis comme avant sa mise en vigueur. V. MERLIN, *Quest. de droit*, v° *Cassation*, § 36, II. Du reste d'après DALLOZ, v° *Cassation*, n° 1802, cette loi n'a guère été appliquée en France.

tion les nullités commises en première instance et qu'il n'aurait pas opposées devant la cour d'appel, en exceptant seulement la nullité pour cause d'incompétence. » Le code d'instruction criminelle n'a nullement abrogé cet article; c'est l'avis de M. Delebecque dans une note insérée sous la loi du 29 avril 1806 au *Bulletin usuel;* c'est aussi ce qu'a reconnu la cour dans un arrêt longuement motivé du 14 août 1844 (P. 1844, p. 229), sur les conclusions conformes de M. Dewandre. — Il a été décidé par le même arrêt que l'exception contenue dans la loi de 1806, pour le cas d'incompétence, ne s'applique qu'à l'incompétence absolue et non à l'incompétence relative.

Cette loi va plus loin même, remarquons-le, que le principe que nous avons posé plus haut. Elle ne distingue pas, sauf le cas d'incompétence, entre les nullités d'ordre public et celles dont l'intérêt seul des parties est victime. Ainsi un jugement serait rendu à huis clos ou sans aucun motif, ou par des juges incapables ou n'ayant pas été présents à tous les débats de l'affaire, si devant la cour d'appel qui devait d'office mettre à néant un pareil jugement, le moyen de nullité n'avait pas été présenté, il n'y aurait pas lieu à cassation, d'après le texte rigoureux de la loi de 1806. C'est là une dérogation à la règle générale que l'on ne pourrait que difficilement admettre et qu'il ne faudrait surtout pas étendre à d'autres matières (1).

Enfin, pour les pourvois contre les arrêts des cours d'assises, il est aussi de jurisprudence constante que les nullités de la procédure, antérieure à l'arrêt de mise en accusation, ne peuvent entraîner la cassation de l'arrêt de condamnation, l'accusé ayant pu invoquer ces nullités avant son renvoi devant la

---

(1) Nous ne pensons pas que l'arrêt du 8 février 1862 (P. 1862, p. 162) contrarie cette opinion. Il s'agissait, dans l'affaire qui donna lieu à cet arrêt, d'une nullité entachant, non le jugement de première instance, mais seulement un jugement antérieur produit au procès et dont le juge du fond n'avait pas à connaître par voie d'appel ou d'opposition.

cour d'assises, dans le mémoire autorisé par l'article 217 du code d'instruction criminelle. Voir notamment les arrêts du 14 mai 1855 (P. 1855, p. 206), du 13 avril 1858 (P. 1858, p. 116), du 17 mai 1865 et surtout du 17 mars 1845 (P. 1845, p. 231).

Cependant la non recevabilité d'un moyen de cassation fondé sur les nullités de la procédure antérieure à l'arrêt de mise en accusation tient surtout à une autre cause, comme le prouvent les arrêts que nous citons. L'art. 408, C. instr. crim., en effet, ne parle pas de ces nullités, et le texte si formel de l'art. 299, C. instr. crim., ne permet pas de supposer que le législateur ait permis d'en faire la base d'une demande en cassation (1). Quant aux nullités de formes qui entacheraient l'arrêt de renvoi lui-même, aucun des motifs sur lesquels ces arrêts s'appuient ne pourrait leur être appliqué. L'art. 408 les prévoit expressément; elles pourraient donc être invoquées contre l'arrêt de condamnation, sauf le cas où, rentrant dans celles que prévoit l'art. 299, elles n'auraient pas fait l'objet d'un pourvoi contre l'arrêt de renvoi de la part de l'accusé qui aurait reçu l'avertissement prescrit par les art. 296 et 297, C. instr. crim. (voir n° **48**).

Du reste, il est un point certain, abstraction faite du système de notre cour de cassation, consacré par les arrêts que nous venons de rappeler: c'est que l'on ne pourrait arriver à la cassation de l'arrêt de la cour d'assises par un moyen fondé sur une nullité entachant l'arrêt de renvoi lui-même ou la procédure antérieure, si un pourvoi spécial n'était pas dirigé contre

___

(1) Dans l'espèce de l'arrêt du 17 mai 1865, cité plus haut (affaire Leurquin), le demandeur invoquait surtout, à l'appui de la recevabilité d'un moyen relatif à la procédure antérieure à l'arrêt de renvoi, cette circonstance que l'irrégularité signalée par lui ne résultait pas du dossier soumis à la chambre des mises en accusation, et que, partant, cette juridiction n'avait pu la découvrir et ordonner une instruction nouvelle. La cour ne s'est pas arrêtée à cet argument, et elle a prouvé par là combien est absolu le système auquel elle s'est définitivement ralliée.

cet arrêt. En ce cas, la cassation principale devrait être celle qui frapperait cet arrêt, et ce ne serait que par voie de conséquence que la condamnation elle-même pourrait se trouver annulée. Or, la cour suprême ne peut casser que les arrêts qui lui sont régulièrement déférés, et si, par la force des choses, elle peut quelquefois faire tomber des décisions qui ne sont que la conséquence de celles qu'elle annule, il ne lui est jamais permis de porter atteinte à l'autorité de la chose jugée d'une décision précédant celle qui est soumise à son contrôle. Arr. 31 mars 1836 (P. à sa date). (V. n° **160**.)

Pour ce qui concerne la question de savoir quand il y a moyen nouveau non recevable, la jurisprudence, si peu éclairée par la loi en cette matière, est la seule source qui puisse être utilement consultée. Le *Répertoire* de M. Dalloz, v° *Cassation*, n°ˢ 1800 et suiv., contient, sous ce rapport, une analyse intéressante des documents judiciaires de France ; elle peut servir de complément aux nombreuses décisions déjà rendues par notre cour suprême, et dont nous exposerons les principes au n° **39**.

Nous ne rappellerons ici que les arrêts qui ont décidé spécialement, en matière de garde civique, que les nullités de la citation sont couvertes pour n'avoir pas été proposées *a limine litis*. Arr. 8 janvier 1855 (P. 1855, p. 31) et 19 mars 1860 (P. 1860, p. 302) ; en matière correctionnelle, que l'irrégularité du serment des témoins entendus en première instance ne peut être invoquée pour la première fois en degré de cassation ; qu'est recevable en cassation le moyen non encore produit et tiré de ce que le ministère public n'a pas, en notifiant l'appel, assigné dans le mois à compter du jugement, conformément à l'art. 8 de la loi du 1ᵉʳ mai 1849, et de ce que, malgré cette nullité, l'appel a été accueilli. Arr. 27 avril 1852 (P. 1852, p. 325) et 9 janvier 1865 (P. 1865, p. 108) ; en matière civile, que le défaut d'autorisation d'ester en justice ne peut être invoqué pour la première fois en cassation, à moins que cette auto-

risation ne soit exigée pour des motifs d'ordre public. Arr.
1er août 1852 (P. 1853, p. 74) et 8 août 1851 (P. 1852,
p. 122).

Toutefois, les nullités qui entachent l'instruction faite en première instance peuvent, quoiqu'elles n'aient pas été signalées
devant la juridiction d'appel, servir de base à la cassation,
lorsque le juge d'appel n'a pas fait une instruction nouvelle,
mais s'est approprié celle qu'a appréciée le premier juge. Voir
en ce sens arr. 16 décembre 1850 (P. 1851, p. 71) et 28 janvier 1850 (P. 1850, p. 78).

32. Le défaut de motifs dans les jugements est un moyen de
cassation qui doit se ranger parmi ceux dont nous nous occupons ici et qui sont tirés de la violation des formes.

Ainsi que nous le rappelons à la page 18, en parlant de
notre ancienne organisation judiciaire, autrefois les jugements
ne devaient pas être motivés; seulement, en cas d'appel, le juge
était obligé de communiquer à la juridiction supérieure les
motifs de sa sentence.

De nombreux textes législatifs enjoignent aux tribunaux de
motiver leurs jugements; ce sont les articles 163 du code d'instruction criminelle pour les affaires de simple police, 195 du
même code pour les affaires correctionnelles, 369 du même
code pour les affaires criminelles; ce sont les articles 141 et
433 du code de procédure civile pour les affaires civiles.
L'art. 7 de la loi du 20 avril 1810 dit que les arrêts qui ne
sont pas motivés seront déclarés nuls; enfin la constitution
belge dans son art. 97 proclame d'une manière générale que
tout jugement doit être motivé (1).

Les jugements rendus même dans l'ordre du contentieux
administratif sont soumis à cette règle; ils statuent sur des

______

(1) Il s'est fait sous ce rapport un progrès réel dans nos cours et tribunaux.
La constitution et la loi qui veulent des motifs aux jugements peuvent être rigoureusement observées sans que leur but soit atteint et que l'opinion publique
puisse se déclarer satisfaite ; le salutaire exemple que donne la cour de cas-

droits véritables, et ils terminent un litige comme ceux que rend le pouvoir judiciaire pour les affaires civiles ou répressives.

Mais il est généralement admis que les arrêts ou jugements purement préparatoires, qui ne préjugent rien, ne doivent pas être motivés, alors surtout qu'aucune contestation préalable ne s'est élevée entre les parties sur ce que ces décisions ordonnent. Ce ne sont là que des actes nécessaires pour la marche régulière de la justice, et qui portent en eux-mêmes leur justification. Arr. 21 juin 1855 (P. 1855, p. 295).

La portée de l'obligation imposée aux juges de motiver leurs sentences a été souvent appréciée par la jurisprudence. Rien de plus fréquent que le reproche de défaut de motifs adressé aux juges du fond par les plaideurs qui ne tiennent souvent pas compte de deux principes aujourd'hui constants : c'est que, légalement, les motifs peuvent être mauvais, erronés, ou même n'être que l'exposé de la question que le jugement résout, sans qu'ils donnent lieu à cassation; c'est, en second lieu, que les tribunaux ne doivent motiver leurs décisions qu'en ce qui concerne les chefs de demande ou les exceptions, mais qu'ils ne doivent pas répondre aux moyens et arguments invoqués à l'appui de ces conclusions.

Voir, pour le premier principe, les arrêts du 30 janvier, du 21 mars 1845 (P. 1845, p. 235 et 243), du 18 avril 1834 (P. à sa date), et du 9 janvier 1865, et pour le second, les arrêts du 26 juillet 1844 (P. p. 222 et 226), du 16 mai 1846 (P. 1846, p. 437), du 24 décembre 1846 (P. 1847, p. 488), du 4 mars 1847, précédé d'un réquisitoire conforme de M. le procureur général Leclercq (P. 1847, p. 315) et du 27 décembre 1849 (P. 1850, p. 53).

<hr>

sation belge est peut-être ici plus puissant que le contrôle qu'elle exerce; plus d'une fois nous avons été frappés du contraste que présentent les arrêts rendus par la cour de cassation de France, sous le consulat et le premier empire, avec ceux qui émanent aujourd'hui de notre cour suprême.

Les motifs ne sont donc nécessaires que pour les chefs de demande ou les exceptions mentionnées en conclusions. Il a été jugé que l'arrêt qui, après contestation, déclare qu'une affaire est sommaire doit en contenir les motifs à peine de nullité. Arr. 5 décembre 1838 (P. à sa date); que l'arrêt qui ne contient pas les motifs du rejet d'une exception formellement opposée, doit être annulé de ce chef; 29 juillet 1833 et 24 avril 1834 (P. à leur date); 17 juin 1841 (P. 1841, p. 205); et que la condamnation à des intérêts contestés doit être spécialement motivée. Arrêt du 21 février 1840 (P. à sa date). Voir aussi l'arrêt du 20 novembre 1854 (P. 1855, p. 9.)

Quant aux chefs de demande qui ne sont que des conséquences ou des corollaires des chefs de demande principale et qui n'ont pas été spécialement contestés, le jugement ou l'arrêt qui les accueille ou les rejette trouve sa justification dans l'admission ou le rejet de la demande principale : des motifs particuliers ne sont donc plus nécessaires. Arr. 24 février 1842 (P. 1842, p. 163).

Lorsque, dans les motifs d'une décision, le juge applique aux faits qu'il constate un texte de loi autre que celui qui les régit, il n'y a pas nécessairement ouverture en cassation. S'il ne résulte de cette erreur la violation d'aucune loi, le jugement n'est entaché que d'une fausse application de la loi, dont il est parlé au n° **33**.

Il résulte des dispositions que nous avons citées plus haut que les jugements de condamnation, en matières criminelles, correctionnelles et de simple police, doivent, outre les motifs, contenir le texte de la loi appliquée. Il n'en est pas de même en toute autre matière; les lois n'y doivent même pas être visées.

L'insertion des textes de loi est prescrite à peine de nullité dans les jugements de simple police. L'arrêt du 4 mars 1861 (P. 1861, p. 129), cité au n° **27**, a décidé qu'il n'en est pas ainsi en matière correctionnelle ; et il semble qu'il n'y aurait pas non plus lieu à cassation, si un arrêt de cour d'assises ne se conformait pas, sous ce rapport, à la prescription de la loi. L'amende comminée contre le greffier par l'article 369 du code d'instruction criminelle paraît être la seule sanction légale qui en puisse frapper l'inobservation.

Quoique les motifs du jugement ne doivent pas être la complète justification du dispositif, la cour peut cependant casser une décision dont les motifs seraient tout à fait insignifiants, surtout lorsque l'absence de toute précision l'empêche de remplir sa mission, qui est de vérifier si la loi a été justement appliquée aux faits légalement constatés. Aussi, assez récemment encore, la cour a-t-elle cassé de ce chef une série de jugements émanant de conseils de discipline de la garde civique. Par arrêts du 6 février et du 11 juin 1860 (P. 1860, p. 206 et suiv.), elle a décidé que n'est pas légalement ni suffisamment motivé, le jugement d'un conseil de discipline qui a acquitté un garde prévenu d'avoir manqué à son service obligatoire, en se bornant à dire, sans constater les faits constitutifs de l'empêchement : 1° qu'il a été dans l'impossibilité d'obéir à la convocation; 2° qu'il est en réclamation, que le motif donné par lui est une cause légitime d'excuse; 3° qu'il a été empêché par force majeure; 4° qu'il a fait défaut à la réunion par suite d'une erreur excusable; ou enfin 5° qu'il a perdu de vue la convocation.

Voir aussi un arrêt du 14 août 1863, rendu par la chambre criminelle de la cour de cassation de France (V. Dall., *Périod.*, 1864, 1, p. 149 et *Belgique judiciaire*, 1863, p. 1455).

III. Contravention expresse à la loi.

33. Contrevenir expressément à la loi, c'est faire ce que la loi défend ou ne pas faire ce qu'elle ordonne ; c'est la violer, et la cour de cassation est spécialement chargée d'annuler les décisions entachées de pareille violation.

Toutefois, comme nous l'avons fait remarquer, l'inobservation des formes réglées par la loi ne peut être comprise dans l'expression générale de contravention à la loi; nous nous en sommes occupé spécialement, comme l'a fait le législateur, qui n'a permis le recours en cassation pour défaut de formes que lorsqu'il y a eu violation des formes substantielles ou prescrites à peine de nullité.

Les mots « contravention expresse » ne peuvent raisonnablement s'entendre en ce sens qu'il faille une opposition avec un texte *formel* de la loi. Aussi notre législation ne dit-elle même plus, comme la loi du 27 novembre 1790, que le recours en cassation n'est ouvert que lorsqu'il y a « contravention expresse *au texte* de la loi. »

Les principes généraux du droit, la législation antérieure, les travaux préparatoires, la théorie générale de la loi sont autant de moyens dont dispose le juge pour découvrir la volonté du législateur. Ces éléments, la cour de cassation les emploie aussi pour juger la sentence qui lui est soumise; n'est-il pas évident que, sans cela, le but de son institution, qui est le maintien de l'unité de la jurisprudence, serait manqué, puisque les décisions seront rarement contradictoires quand elles appliquent un texte explicite! C'est précisément quand le langage est obscur que le travail du jurisconsulte est nécessaire. Toute fausse interprétation de la loi est donc une ouverture en cassation.

Il n'en est pas de même de la fausse application de la loi. Celle-ci ne peut, par elle-même, donner lieu à cassation, si une violation de la loi n'en a pas été la conséquence. La cour a eu souvent l'occasion de le reconnaître, en matière civile, en rejetant le pourvoi comme non recevable, dans des cas où la requête introductive ne contenait que l'indication de l'article de loi faussement appliqué.

Voir les arrêts du 19 octobre 1836 (P. à sa date), 12 mai 1842 (P. 1842, p. 246), 8 août 1846 (P. 1847, p. 168), 18 novembre 1847 (P. 1848, p. 294), 4 janvier 1851 (P. 1851, p. 82).

C'est ce qui fait que les motifs énoncés dans un jugement ne peuvent donner ouverture à cassation lorsqu'ils sont sans influence sur le dispositif qui se justifie, en droit, par d'autres moyens. Arr. 3 mars 1853 (P. 1853, p. 249), 13 février 1865. Le défendeur en cassation pourrait même, pour la justification du dispositif de la décision attaquée, se fonder sur d'autres moyens que ceux qu'invoque cette décision, pourvu que, s'ils n'intéressent pas l'ordre public, ils ne soient pas nouveaux dans le sens indiqué aux n°s **31** et **39**.

En matière répressive, la fausse application d'une loi est souvent de nature à entraîner la cassation de la décision qui en est entachée. C'est qu'en effet la fausse application d'une loi y est une violation des principes légaux qui défendent au juge, d'une part, de punir aucune contravention, aucun délit, aucun crime de peines qui ne sont pas prononcées par la loi, et, d'autre part, d'excuser aucun crime ou délit, ou de mitiger la peine, si ce n'est dans les cas où la loi le permet (art. 4 et 65 du code pénal).

L'art. 410, C. instr. crim., dans un cas spécial, rend hommage à cette vérité. L'art. 411 du même code, que l'art. 413 rend applicable aux matières correctionnelles et de police, prévoit au contraire un cas où une loi peut être faussement appliquée sans contravention, celui de l'erreur dans l'indication de la loi appliquée, et n'ouvre pas de ce chef le recours en cassation. Arr. 23 février 1842 (P. 1842, p. 69). Ce qui est moins certain, c'est que ce principe de l'art. 411 devrait recevoir son application au cas où l'erreur ne porterait pas seulement sur la citation de l'article de loi, mais aussi sur la qualification des faits incriminés. V. Dalloz, *Rép.*, v° *Cassation*, n°s 1454 et 1455.

34. La mission du juge du fond est de constater les faits de la cause et de leur appliquer les lois en vigueur. Souveraine dans la première partie de cette mission, sa décision n'est soumise au contrôle de la cour suprême que quant à l'application de la loi. De là ce principe fondamental : toute décision en fait échappe à la censure de la cour de cassation.

Rien de plus certain que cette maxime, et cependant son application fait naître de bien sérieuses difficultés. Suivant l'art. 1134 du code civil, « les conventions légalement formées tiennent lieu de lois à ceux qui les ont faites; » d'où la conséquence que la violation de la loi du contrat peut constituer un moyen de cassation.

Lors d'un arrêt solennel rendu, chambres réunies, par la cour de cassation de France, le procureur général de cette cour émit les vrais principes dans les termes suivants :

« Il peut y avoir violation de contrat de trois manières : 1° lorsque les juges reconnaissent le contrat réellement existant et lui attribuent son véritable caractère, il peut leur arriver de dispenser pour ainsi dire de l'exécution du contrat, et alors, il y a violation de la loi protectrice du contrat : la violation est un moyen de cassation ; 2° quelquefois les juges reconnaissent en fait l'existence de toutes les clauses d'un acte, et à l'ensemble de ces clauses, ils donnent une qualification contraire aux définitions de la loi qui a défini le contrat : la violation est un moyen de cassation.

« Mais lorsque l'unique tort des juges consiste ou à avoir défini un contrat contrairement à l'opinion commune, ou à n'avoir pas saisi le véritable sens de ses clauses, cette violation du contrat n'offre pas le caractère de la violation de la loi : il n'y a pas moyen de cassation. » (V. Sirey, t. VIII, I, p. 186.)

Une conséquence inévitable de cette théorie, qui est la seule possible, c'est que les art. 1156 et suivants du code civil, qui tracent des règles d'interprétation des conventions, ne font pas au juge du fond des injonctions tellement impératives que la décision de celui-ci puisse, pour les avoir méconnues, encourir la cassation. V. Rivière, *Revue doctrinale des variations et des progrès de la jurisprudence de la cour de cassation en matière civile*. (Paris, 1862, introduction, p. 30.)

En Belgique bien plus qu'en France, le principe de la souveraineté du juge du fait dans l'interprétation des conventions est demeuré respecté dans toutes ses conséquences. Le *Répertoire* de M. Dalloz, v° *Cassation*, n° 1581, appréciant la jurisprudence de la cour de cassation de France, constate et approuve qu'elle « refuse de laisser son pouvoir régulateur enchaîné devant les appréciations intentionnelles déclarées par les cours royales, lorsque les éléments de ces appréciations n'ont pas été puisés hors des termes du contrat dont les clauses sont placées sous les yeux de la cour de cassation. » Nous ne pouvons que renvoyer à la table de la *Pasicrisie belge*, v° *Cassation*, pour l'indication des nombreux arrêts par lesquels notre cour de cassation a déclaré des pourvois non recevables parce que les décisions attaquées reposaient sur une souveraine interprétation de contrats, et surtout pour l'examen des espèces particulières d'une infinie variété qui ont donné lieu à ces arrêts. Bien des erreurs sont sans doute restées ainsi sans réparation, mais la garantie du double ressort a été trouvée suffisante par la loi; la cour suprême n'est pas appelée à refaire l'œuvre législative, mais à l'appliquer au contraire avec plus de fidélité et de rigueur que toute autre juridiction. Le premier devoir de toute autorité, c'est de rester dans ses attributions. La moindre atteinte à ce principe, si nécessaire aujourd'hui, amènerait un mal plus grand que celui que cherche à éviter la théorie approuvée par M. Dalloz dans le passage cité.

Autrefois on admettait, sous l'influence surtout de M. Merlin, qu'en matière fiscale, par dérogation au principe général, la cour de cassation pouvait contrôler les appréciations de contrats contenues dans les jugements des tribunaux de première instance, qui statuent toujours, en cette matière, en dernier ressort. Cette opinion semble entièrement abandonnée aujourd'hui. Arr. 19 mars 1846 (P. 1847, p. 230).

35. De la distinction signalée plus haut, il résulte que si le

juge du fond peut souverainement interpréter une convention
et constater les faits, il ne peut se mettre en opposition manifeste avec un fait légalement établi. Aussi est-il de jurisprudence que les décisions qui ne tiennent aucun compte d'un acte
authentique sont sujettes à cassation. Arr. 2 juillet 1860
(P. 1861, p. 78), 20 octobre 1863 (P. 1863, p. 415), 30 mars
1865; et il n'en serait pas autrement s'il s'agissait d'un acte
sous seing privé ayant, dans le cas de l'art. 1322 du code civil,
la même foi que l'acte authentique.

Mais une erreur de calcul qu'aurait commise le juge en
réduisant des florins en francs, ne donnerait pas ouverture à
cassation, cette erreur pouvant être rectifiée par le juge qui l'a
commise. Arr. 28 avril 1856 (P. 1856, p. 214).

Il faut, du reste, pour qu'il y ait ouverture en cassation pour
cause de violation de la foi due à un acte authentique, que la
contradiction soit flagrante et qu'il n'y ait matière à aucune
interprétation. Arr. 29 juillet 1841 (P. 1842, p. 15).

Voir, comme étant également susceptibles d'une instance en
cassation, les espèces où sont intervenus les arrêts suivants,
décidant que :

Le juge qui, pour appliquer le droit de 2 p. c. à la vente d'un
bâtiment, se fonde sur ce que ce bâtiment doit être démoli à la
fin d'un bail dont il est l'objet, ne décide pas une simple question de fait. Arr. 29 novembre 1845 (P. 1846, p. 226);

Lorsque la décision du point de fait est dominée par la solution d'une question de droit, on ne peut dire que cette décision
soit souveraine. Arr. 17 juin 1854 (P. 1854, p. 292);

N'est pas rendu en fait, mais en droit, le jugement qui, interprétant un acte dans ses rapports non avec la volonté des con-
tractants mais avec la loi, en méconnaît les caractères légaux.
Arr. 31 juillet 1862 (P. 1862, p. 387).

36. Il est de jurisprudence constante que ce qui est vrai
pour les conventions l'est aussi pour les actes judiciaires,
jugements, conclusions, commandements, ordonnances de la

chambre du conseil, et qu'il appartient également au juge du fond d'interpréter souverainement. Arr. 12 juillet 1845 (P. 1845 p. 412); 10 janvier 1846 (P. 1846, p. 493); 19 février 1846 (J. de B., 1846, p. 19); 12 mars 1846 (P. 1847, p. 37); 6 août 1846 (P. 1847, p. 139); 29 octobre 1849 (P. 1851, p. 124); 14 juin 1850 (P. 1850, p. 292); 6 juillet 1854 (P. 1854, p. 341); 26 mai 1854 (P. 1854, p. 394); 6 décembre 1855 (P. 1856, p. 158); 18 novembre 1856 (P. 1857, p. 60); 19 novembre 1860 (P. 1861, p. 200); 13 mars 1862 (P. 1862, p. 109); 23 janvier 1865.

Il a été jugé également que la décision par laquelle le juge déclare qu'une formalité a été remplie est souveraine. Arr. 24 août 1863 (P. 1863, p. 297).

37. Une question bien délicate et sur laquelle la jurisprudence belge ne semble pas unanime, est celle de savoir de quelle nature est la décision par laquelle le juge qualifie d'une expression légale les faits qu'il a constatés.

Nul doute qu'il ne soit jugé en droit, si la qualification légale se trouve définie par la loi; voir l'arrêt du 8 août 1850 (P. 1850, p. 388), rendu sur les conclusions conformes de M. le procureur général Leclercq, et décidant qu'il entre dans les attributions de la cour de cassation de vérifier si, sous les apparences d'un échange, ne se rencontrent pas les éléments légaux constitutifs de la vente; l'arrêt du 9 juin 1854 (P. 1854, p. 240), décidant qu'il appartient à la cour de cassation d'examiner quelle est la nature d'un jugement dans ses rapports avec la définition de la loi, spécialement, si un jugement est préparatoire ou interlocutoire.

Si, au contraire, le fait auquel des conséquences légales sont attachées n'est point défini par la loi, le juge du fond, en proclamant l'existence de ce fait ou en la méconnaissant, peut-il commettre une violation de la loi ?

De nombreux arrêts de la cour de cassation belge ont

résolu négativement cette question ; il a été décidé notamment que :

La loi ne définissant pas les caractères légaux d'une demande nouvelle, la décision par laquelle le juge, appréciant les divers actes du procès, décide que la demande est nouvelle, prononce en fait et échappe au contrôle de la cour de cassation. Arr. 7 décembre 1844 (P. 1845, p. 44) ; *idem,* sur la question de savoir quand un droit réunit les caractères du droit de vaine pâture. Arr. 15 novembre 1836 (P. à sa date) ;

Ou quand il y a vente en bloc, au poids ou à la mesure. Arr. 4 juin 1834 (P. à sa date) ;

Ou quand il y a mandat. Arr. 16 mars 1846 (P. 1847, p. 58) ;

Ou quand un vice doit être considéré comme caché ou comme apparent. Arr. 14 janvier 1841 (P. 1841, p. 135) ;

Ou quand une convention constitue une contre-lettre. Arr. 3 décembre 1846 (P. 1847, p. 451) ;

Ou quand les actions d'une société doivent être considérées comme étant des fonds étrangers dans le sens de l'art. 28 de la loi du 31 mai 1824. Arr. 27 oct. 1835 (P. à sa date) ;

Ou quand un acte de l'autorité réunit les caractères d'une décision administrative. Arr. 7 oct. 1850 (P. 1851, p. 35) ;

Ou quand un écrit constitue une menace dans le sens de l'art. 305, C. pén. Arr. 7 février 1834 (P. à sa date) ;

Ou quand des présomptions sont graves, précises et concordantes dans le sens de l'art. 1353 c. c. Arr. 29 juillet 1841 (P. 1841, p. 15) ;

Ou quand une société s'érige en mainmorte ou personne civile. Arr. 17 décembre 1853 (P. 1854, p. 82) ;

Ou quand une convention est contraire à l'ordre public ou aux bonnes mœurs. Arr. 28 janvier 1859 (P. 1860, p. 359). Voir les conclusions conformes de M. le premier avocat général Faider ;

Ou quand des travaux constituent des *constructions,* par

opposition à de simples *changements* ou *réparations*, dans le sens de l'art. 6 d'un règlement de police de la ville d'Anvers du 18 octobre 1851. Arr. 23 janvier 1865 (P. 1865, p. 133);

Ou quand des faits constituent les manœuvres frauduleuses dont parle l'art. 405, C. pén. Arr. 1er mai 1860 (P. 1861, p. 241).

Voir, en ce sens, une note très-intéressante de M. Barris, président à la cour de cassation de France, rapportée au *Répertoire* de M. Dalloz, v° *Cassation*, n° 1224.

Voici quelques arrêts qui semblent conçus dans un esprit différent des principes que nous venons d'exposer: arr. 22 juin 1836 (P. à sa date); 4 mars 1844 (P. 1844, p. 118); 1er juin 1857 (P. 1857, p. 246).

Il serait, du reste, dangereux d'ériger en principe absolu les systèmes consacrés en cette matière par les arrêts que nous venons de citer; l'espèce particulière de chaque affaire, la manière dont sont motivées les décisions attaquées, exercent une influence souvent prépondérante sur la recevabilité d'un moyen de cassation; ainsi, le 10 août 1863, la cour a cassé un jugement du tribunal correctionnel de Bruxelles, siégeant en degré d'appel, qui déclarait légal un règlement du conseil communal de Bruxelles interdisant les collectes à domicile sans autorisation, et le moyen qu'elle a accueilli consistait en ce que, aux termes des art. 3, titre XI, de la loi des 16-24 août 1790, et 46, titre I, du décret des 19-22 juillet 1791, les corps municipaux ne peuvent faire des règlements de police que dans des cas déterminés, et en ce que, dans l'espèce, les collectes à domicile ne peuvent rentrer dans aucun de ces cas, et ne peuvent être considérées comme étant de nature à porter atteinte notamment à la *tranquillité publique* (P. 1863, p. 307). Si la cour a pu rendre dans cette cause un arrêt de cassation, c'est que le juge du fond s'était borné à déclarer, sans rien préciser, que le conseil communal était resté dans les limites de ses attributions en défendant les collectes à domicile sans autori-

sation ; les précédents de la cour doivent faire croire, au contraire, qu'elle eût déclaré souveraine la définition que le jugement attaqué eût donnée de la tranquillité publique, et qu'elle eût
rejeté le pourvoi si ce jugement avait constaté en fait que les
circonstances qui accompagnent ordinairement les collectes à
domicile sont de nature à porter atteinte à la tranquillité publique.

38. Ce que nous avons dit, au n° **23**, des cas de requête
civile prévus par l'art. 480, C. proc. civ., doit également trouver
ici son application. Si la requête civile est recevable, le pourvoi en
cassation ne l'est pas. Arr. 28 janvier et 28 février 1852 (P.
1853, p. 188 et 122); 4 mai 1854 (P. 1854, p. 210). Ainsi, dans
le cas de contrariété de deux jugements ou arrêts, il y a lieu
à recours en cassation lorsque les décisions contradictoires
émanent de juridictions différentes; mais si elles ont été rendues par la même cour ou par le même tribunal, leur contrariété constitue un moyen de requête civile, pourvu que l'exception de chose jugée n'ait pas été présentée; dans ce dernier cas,
il y aurait ouverture à cassation.

39. Nous avons déjà vu, au n° **31**, qu'une condition presque
toujours nécessaire pour la recevabilité d'un moyen de cassation, c'est qu'il ait été présenté devant le juge dont la décision
est attaquée. C'est encore là une conséquence du principe que
la cour de cassation est appelée à juger moins les procès que
les jugements, et qu'elle ne peut casser que lorsque le juge a
violé la loi. Or, celui-ci ne doit pas et ne peut pas, en règle
générale, refaire l'œuvre des parties, suppléer à leurs conclusions, invoquer des moyens auxquels, par leur silence, elles
sont présumées renoncer si la loi le leur permet.

Les moyens d'ordre public seuls peuvent être présentés pour
la première fois devant la cour de cassation.

Il a été décidé, quant aux exceptions d'incompétence : que
la juridiction exceptionnelle introduite pour les cas de responsabilité ministérielle, étant établie par des considérations d'ordre
public, peut être réclamée pour la première fois en cassa-

tion. Arr. 13 janvier 1848 (P. 1848, p. 243) ; que toute exception d'incompétence *ratione materiæ* est d'ordre public, et peut être opposée pour la première fois en degré de cassation. Arr. 4 février 1847 (P. 1847, p. 466) ; arr. 29 mai 1845 (P. 1846, p. 32) ; 19 juin 1851 (P. 1851, p. 330).

On a jugé aussi que la nullité d'une convention consentie par un établissement public, fondée sur ce que cet établissement n'a pas été régulièrement autorisé, peut être, par celui-ci, invoquée pour la première fois en cassation. Arr. 8 août 1851, (P. 1852, p. 122) ;

Que l'irrégularité de la composition d'une juridiction est d'ordre public et n'a pu se couvrir par le défaut de réclamation de la part du prévenu. Arr. 13 février 1865 (P. 1865, p. 82) ;

Mais qu'il en est autrement, quant aux exceptions de chose jugée et de prescription en matière civile : jurisprudence constante ;

Quant à l'admissibilité et à la régularité d'une preuve. Arr. 25 janvier et 8 mars 1836 (P. à sa date). Voir cependant un arrêt du 22 novembre 1849 (P. 1850, p. 139), qui décide que la question de savoir si la preuve par témoins ou par experts est admissible, est un point de droit qu'un tribunal ne peut se dispenser d'examiner en l'absence même de toute conclusion sur ce point, « puisque l'art. 253, C. pr. c., n'autorise les juges à admettre la preuve testimoniale à la requête d'une partie, que lorsque cette preuve n'est pas défendue par la loi. » Voir, quant au défaut de préliminaire de conciliation, Dalloz, *Rép.*, v° *Cassation*, n° 1904 ;

Dans les affaires répressives, les moyens touchant à l'ordre public sont plus nombreux qu'en toute autre matière ; ainsi les moyens de prescription, l'inobservation des formalités substantielles, de celles surtout qui touchent au droit de la défense, peuvent être invoqués pour la première fois en cassation ; jugé notamment que les déchéances et les prescriptions en matière pénale ne peuvent se couvrir par le silence des parties et doivent être supplées d'office par le juge. Arr. 9 janvier 1865 (P. 1865, p. 108). Voir aussi arr. 27 avril 1852 (P. 1852, p. 325);

Cependant il a été décidé, en matière de discipline de la garde civique, que les nullités de la citation sont couvertes pour n'avoir pas été proposées *a limine litis*. Arr. 8 janvier 1855 (P. 1855, p. 31); 19 mars 1860 (P. 1860, p. 302); et que, en matière correctionnelle, on n'est pas recevable à invoquer pour la première fois, devant la cour de cassation, l'irrégularité de la prestation de serment des témoins entendus en première instance. Arr. 27 octobre 1856 (P. 1856, p. 470).

Ainsi que nous le disions au n° **31**, un moyen quoique nouveau est encore recevable, si celui qui le présente a été condamné par défaut. Merlin, *Questions de droit* (v° *Cassation*, § 36, I). Arr. 10 août 1848 (P. 1848, p. 456) : « Attendu, dit la cour, que le jugement attaqué est par défaut, et que l'article 150 C. proc. civ., fait un devoir au juge de n'adjuger que les conclusions qui sont justes et bien vérifiées ; d'où il résulte que le tribunal a dû examiner les points de droit et n'a pu adjuger les conclusions, si elles sont contraires aux lois de la matière, ce qui rend le pourvoi recevable. »

Mais quand un moyen doit-il être considéré comme ayant été présenté devant le juge du fond?

Il n'y a, sous ce rapport, rien de sacramentel ; il ne faut surtout pas que le texte sur lequel il est fondé ait été cité. Voir Dalloz (v° *Cass.*, n°ˢ 1807 et suiv.).

Mais il est certain qu'un moyen est censé n'avoir pas été présenté, si les qualités du jugement ou de l'arrêt attaqué n'en font pas mention; et cela même si le moyen avait été produit dans l'acte d'appel. Arr. 3 mai 1850 (P. 1851, p. 54); ou si, pour suppléer aux qualités, la partie s'appuyait sur des conclusions délivrées en expédition authentique par le greffier, et alors même que le juge aurait rencontré le moyen. Arr. 15 mai 1851 (P. 1851, p. 406); 3 décembre 1846 (P. 1847, p. 451). Un arrêt du 16 mars 1846 (P. 1847, p. 58) fait, à cet égard, la distinction suivante : les chefs de demande et les exceptions proposées par les parties sont censés n'avoir pas été produits s'ils n'ont pas fait l'objet de conclusions spéciales ; les simples moyens de droit, au contraire, employés pour les fonder ne doivent, pour pouvoir être reproduits devant la cour de cassation, qu'avoir été invoqués devant le juge dont la décision est attaquée.

Ces principes ne sont évidemment applicables qu'aux matières civiles ; dans toutes les autres, il est nécessaire, si les parties n'ont pas déposé de mémoires ou de conclusions, de s'en rapporter aux moyens et exceptions rencontrés par la décision attaquée.

La règle de la non recevabilité des moyens nouveaux est tout à fait générale ; elle s'applique donc aussi à toutes les matières spéciales, et notamment aux matières électorales : jurisprudence constante. Voir les arrêts les plus récents : 10 novembre 1862 (P. 1863, p. 170) ; 6 juillet 1863 (P. 1863, p. 354). Elle est également opposable au défendeur qui ne peut, à l'appui de la décision attaquée, alléguer des moyens nouveaux n'intéressant pas l'ordre public. Voir n° **33**.

40. Il n'y a pas seulement contravention à la loi lorsqu'une disposition législative se trouve directement violée, mais aussi lorsque le texte méconnu fait partie d'un règlement ou d'un arrêté d'administration générale, provinciale ou communale, légalement décrété par l'autorité compétente et dont l'intérêt général et l'ordre public exigent l'observation.

Quant aux actes de l'autorité réglant un objet d'intérêt individuel et privé, bien qu'obligatoires pour les tribunaux comme le serait un contrat intervenu entre particuliers, il n'entre pas dans la mission ni dans les attributions de la cour de cassation d'en protéger la juste application. Arr. 10 février 1842 (P. 1842, p. 135) ; 22 février 1849 (P. 1849, p. 142) ; 13 juillet 1850 (P. 1850, p. 402) ; 17 novembre 1859 (P. 1860, p. 325) ; 21 décembre 1863 (P. 1863, p. 389.)

Jugé, de même, que l'interprétation de lettres patentes délivrées par les anciens ducs de Hainaut et de Brabant, et octroyant, sous certaines conditions, à une ville l'autorisation de construire des chaussées et d'établir des péages, ne peut donner lieu à cassation, ces actes de souverains ne pouvant être considérés que comme des conventions. Arr. 26 juin 1847 (P. 1847, p. 406); 18 novembre 1847 (P. 1848, p. 32).

La contravention aux lois étrangères ne peut évidemment servir de base unique à un pourvoi en cassation, à moins que ces lois ne doivent être appliquées aux étrangers en vertu du principe de l'art. 3 du code civil; jugé, que le moyen de cassation tiré de la violation d'une loi étrangère est recevable lorsque cette violation se combine et se confond avec celle d'une loi belge. Arr. 25 février 1839 (P. à sa date); que la violation d'une loi étrangère ne peut entraîner la cassation qu'au cas seulement où cette loi soit la source ou le principe de la violation d'une loi belge citée dans le pourvoi comme ayant été méconnue. Arr. 11 mai 1855 (P. 1855, p. 256).

La contravention aux lois romaines n'est plus un moyen de cassation dans les matières qui sont réglées par les codes. Loi du 30 ventôse an XII, art. 7. Voir arr. 1er juillet 1835, 2 mars 1837 (P. à leur date); 30 janvier 1846 (P. 1846, p. 222); 5 février 1852 (P. 1853, p. 157). Mais des contestations peuvent encore avoir pour objet des contrats passés, des successions ouvertes avant le code civil, et dès lors il y a nécessité de revenir à la loi romaine qui suppléait aux lacunes du statut local; dans ce cas donc, la violation de cette loi ainsi que toute autre coutume ou loi ancienne peut encore donner ouverture à cassation.

Aucun moyen de cassation ne peut non plus être tiré de la violation d'une jurisprudence ancienne, d'un usage généralement suivi, d'un principe du droit des gens, d'une maxime juridique, si elle n'entraîne la violation d'aucune loi positive. Arr. 3 janvier 1837 (P. à sa date); 16 février 1843

(P. 1843, p. 183); 27 juin 1845 (P. 1845, p. 292); 17 mars 1848 (P. 1848, p. 278 et 428). Tout cela est de jurisprudence constante, et si la cour a dû si souvent le proclamer, c'est que dans la requête en cassation, où l'indication des lois violées est requise en matière civile, les parties citent parfois, au lieu de la loi violée, des principes ou des maximes, citation insuffisante et qui ne peut remplacer celle des textes législatifs ayant aujourd'hui encore force de loi.

La violation du règlement d'une cour d'appel ne prescrivant que des mesures d'ordre et de service intérieurs, ne peut donner ouverture à cassation. Arr. 19 mars 1846 (P. 1847, p. 149); 18 novembre 1856 (P. 1857, p. 60).

§ II. Personnes qui peuvent se pourvoir en cassation.

41. L'instance en cassation peut être introduite par tous ceux qui ont été parties au jugement contre lequel elle est dirigée et par leurs successeurs ou représentants légaux. Toute autre personne est non recevable à attaquer un jugement par la voie du recours en cassation.

Ce sont là deux règles générales.

Il est fait exception à la première, notamment en matière criminelle, où L'officier du ministère public près la cour d'assises ne peut attaquer que dans l'intérêt de la loi l'ordonnance d'acquittement (art. 409, C. instr. crim.), et où la partie civile ne le peut, lorsqu'il y a acquittement ou absolution, que dans le cas prévu par l'art. 412, C. instr. crim., c'est-à-dire si l'arrêt a prononcé contre elle des condamnations civiles supérieures à la demande de la partie acquittée ou absoute (1).

Jamais, du reste, en matière pénale, la partie civile ne peut

_____

(1) On est d'accord toutefois pour admettre que l'art. 409 ne devrait pas être appliqué, et que le pourvoi en cassation serait recevable contre une ordonnance d'acquittement, si le verdict du jury avait été affirmatif ou contradictoire. V. Dalloz, v° *Cassation*, n° 210.

se pourvoir en cassation, de même qu'elle ne peut interjeter appel, que quant à ses intérêts civils (art. 373, C. instr. crim.; loi du 1er mai 1849, art. 7); mais il en est autrement de quelques administrations publiques, qui, quoique assimilées, au point de vue des frais, aux parties civiles (loi du 1er juin 1849, art. 4), exercent cependant, pour l'application de certaines peines, et en vertu de dispositions législatives spéciales, une véritable action publique; telles sont : l'administration forestière (art. 202, C. instr. crim.; loi du 1er mai 1849, art. 7), l'administration des contributions directes, douanes et accises pour les contraventions en matière de patentes, douanes et accises (loi du 26 août 1822, art. 247 et 250; loi du 6 avril 1823, art. 13.)

Le condamné contumace ne peut demander la cassation d'un arrêt de la cour d'assises. Le droit de se pourvoir contre les arrêts de contumace n'appartient qu'au ministère public et à la partie civile (art. 473, C. instr. crim.). L'accusé ne peut également, dans le cas de l'art. 465, C. instr. crim., se pourvoir en cassation contre l'arrêt de renvoi. Arr. 28 décembre 1863 (P. 1863, p. 373.)

Si le condamné venait à décéder, les héritiers ne pourraient pas se pourvoir contre le jugement de condamnation, puisque les peines sont exclusivement personnelles; mais au point de vue des frais, la recevabilité de leur pourvoi est subordonnée à la question de savoir si le recouvrement peut en être poursuivi contre eux. Voir Dalloz (v° *Cassation*, nos 364 et 365).

Quant à la seconde règle générale que nous avons signalée au début de ce paragraphe, une première exception y est faite, en matière de milice, où, pour être recevable à se pourvoir en cassation, il ne faut pas avoir été partie devant la députation permanente, mais simplement intéressé, comme milicien de la même commune, à l'annulation de la décision attaquée. Voir n° **140**.

Il semble aussi résulter d'un système récemment consacré

par la première chambre de la cour d'appel de Bruxelles, arr. du 19 juin 1861 (P. 1862, 2, 250), et que notre cour de cassation n'a pas encore eu à apprécier, que la même règle doive recevoir une autre exception importante. Partant du principe, contestable d'ailleurs, que l'art. 46 de la loi du 20 avril 1810 accorde au ministère public un droit général d'action directe en matière civile, en dehors des cas spécifiés par la loi, pour assurer l'exécution des lois intéressant l'ordre public, la cour d'appel de Bruxelles est allée jusqu'à déclarer recevable un appel du procureur du roi d'Anvers contre un jugement du tribunal de cette ville, ordonnant qu'il fût passé outre à un mariage, malgré le refus de l'officier de l'état civil d'y procéder, et auquel il n'avait été que partie jointe en donnant ses conclusions dans l'affaire. Si pareil système devait prévaloir, ne faudrait-il pas admettre, contrairement à un arrêt de la cour de cassation de France du 3 mai 1852, que le ministère public pourrait aussi, dans l'intérêt de l'ordre public, se pourvoir en cassation contre des jugements ou arrêts auxquels il n'aurait pas été réellement partie? (Voir le discours de rentrée prononcé à la cour d'appel de Bruxelles par M. le premier avocat général Corbisier, le 15 octobre 1861.)

Le procureur général près la cour de cassation ne peut que dans des cas exceptionnels se pourvoir en cassation : il est recevable en ce recours, lorsqu'il se pourvoit dans l'intérêt de la loi; lorsqu'il dénonce des actes ou jugements à la cour de cassation, sur l'ordre formel du gouvernement; lorsqu'il se pourvoit en règlement de juges, ou qu'il demande le renvoi pour cause de sûreté publique ou de suspicion légitime, ou la révision de deux arrêts de condamnation qui ne peuvent se concilier.

Notons aussi que les gouverneurs de province ont le droit de se pourvoir en cassation contre toutes les décisions rendues par les députations permanentes de leur province dans les affaires de milice (loi du 18 juin 1849, art. 4), de listes électorales pour les chambres et le conseil provincial (loi du 1er avril 1843, art. 9), de listes des éligibles au sénat (art. 45, même loi), et de recensement de la garde civique (loi du 13 juin 1853, art. 19⁵).

41bis Le droit de se pourvoir en cassation, comme celui de répondre au pourvoi, est évidemment subordonné aux règles générales sur la capacité d'ester en justice des tuteurs, des mineurs ou des interdits, des femmes mariées, des communes, des fabriques d'église, des provinces ou de toute autre personne incapable (C. civ., art. 464, 465, 482, 509, 215 et 216; loi du 30 mars 1836, art. 77; décret du 30 décembre 1809, art. 77 ; loi du 30 avril 1836, art. 74, 106 et 124).

Ces règles sont très-rigoureusement appliquées à la chambre civile de la cour de cassation. Le caractère exceptionnel du pourvoi en cassation, qui ouvre une instance nouvelle et extra-ordinaire, a même fait introduire l'usage de la production d'une autorisation de plaider de la part de la partie qui a été autorisée devant le juge du fond et qui se présente comme défenderesse devant la cour de cassation.

Il est admis que le pourvoi est recevable quand même le demandeur ne justifie qu'à l'audience de son autorisation de plaider. Arr. 4 juin 1834 (P. à sa date).

Il a été jugé : qu'on ne peut opposer au pourvoi en cassation du tuteur d'un interdit, le défaut d'autorisation du conseil de famille lorsque cette fin de non-recevoir présentée *in limine litis*, a été écartée par un jugement passé en force de chose jugée. Arr. 11 mai 1835 (P. à sa date);

Et en matière répressive, que le père de l'accusé mineur tient de la loi le pouvoir de faire, de son chef, un recours en cassation dans l'intérêt de son enfant. Arr. 21 janvier 1850 (P. 1850, p. 90).

42. Lorsque plusieurs parties défendent le même intérêt dans une cause, elles ont le droit de porter chacune et séparément leur recours devant la cour de cassation qui peut joindre leurs pourvois, mais qui peut aussi y faire droit par des arrêts successifs, sans que le jugement du pourvoi à l'égard de l'une d'elles soit opposable aux autres. C'est là une conséquence non contestée des principes généraux du droit, que la cour de cassation a appliquée, dans un arrêt du 8 août 1864 (P. 1864, p. 336), à une espèce toute nouvelle. L'art. 12 de la loi électorale accorde à tout citoyen le droit de réclamer auprès de la députation permanente contre une inscription ou une radiation indue sur les listes électorales; deux personnes usant de ce droit avaient contesté par les mêmes moyens la même inscription, et, déboutées par la députation permanente, elles avaient chacune et séparément fait un pourvoi en cassation; la cour de cassation avait déjà rejeté l'un des pourvois pour cause de déchéance lorsque l'autre fut appelé à son audience; le défendeur opposa à ce dernier l'exception de chose jugée, par le motif que les deux parties avaient exercé la même action, l'action populaire, qui ne pouvait pas être jugée deux fois, pas plus que ne pourrait l'être l'action publique exercée par plusieurs membres du ministère public. La présentation de ce moyen donna lieu à un savant réquisitoire de M. le procureur général Leclercq qui, argumentant à la fois du texte de nos lois électorales, de leur esprit et des principes du droit romain en matière d'actions populaires, conclut à ce que l'exception de chose jugée fût écartée.

43. La maxime : point d'intérêt, point d'action, doit recevoir ici son application; une personne acquittée ou dont les conclusions ont été adjugées ne pourrait donc se pourvoir en cassation; quant au ministère public, l'intérêt qu'il représente n'étant pas autre que celui de la justice, il peut, même dans l'intérêt de la partie condamnée, demander la cassation d'un jugement de condamnation, mais il ne serait pas recevable à se pourvoir contre un arrêt de la juridiction répressive qui ne statue que sur des intérêts civils. Arr. 14 mai 1849 (P. 1849, p. 213).

Nous nous bornons à citer, à titre d'exemples, quelques

arrêts rendus par notre cour de cassation conformément au principe que nous rappelons; il a été jugé :

Que celui qui a été condamné correctionnellement ne peut prétendre qu'il aurait dû être condamné pour crime. Arr. 5 novembre 1851 (P. 1852, p. 135); et qu'en général un condamné ne peut demander la cassation parce qu'il lui aurait été infligé une peine moindre que celle que commine la loi. Arr. 21 novembre 1864.

Que lorsque la peine à laquelle une personne a été condamnée est justifiée de plusieurs chefs, la partie condamnée est non recevable, faute d'intérêt, à critiquer un de ces chefs. Arr. 27 décembre 1852 (P. 1853, p. 84); 12 février (1835 (P. à sa date) (1); il n'en serait pas ainsi si la peine appliquée n'était pas fixe et absolue, mais d'une quotité laissée à l'appréciation du juge qui n'aurait pas prononcé le minimum. V. arr. 25 janvier 1854 (P. 1854, p. 90);

Que de même, en matière criminelle, on n'est pas recevable à se pourvoir parce que le président aurait mal posé des questions, si les réponses du jury à ces questions ont été négatives. Arr. 29 mars 1841 (P. 1841, p. 232);

Que le condamné ne peut pas se plaindre de ce qu'un juré défaillant n'ait pas été condamné à l'amende. Arr. 21 mars

---

(1) Le principe qui sert de base à ce système peut paraître rigoureux; il n'est pas autre toutefois que celui sur lequel repose l'article 411, C. instr. crim., ainsi conçu : « Lorsque la peine prononcée sera la même que celle portée par la loi qui s'applique au crime, nul ne pourra demander l'annulation de l'arrêt, sous le prétexte qu'il y aurait erreur dans la citation du texte de la loi. » Il résulte, en effet, de l'art. 434 C. instr. crim., que lorsqu'une nullité ne vicie que certains chefs de condamnations, l'arrêt doit demeurer debout quant aux autres, et la cassation ne peut être que partielle. Or, si la partie de l'arrêt qui doit échapper à l'annulation justifie et doit maintenir l'intégralité de la peine prononcée, il n'y a aucun intérêt légal pour l'accusé à obtenir la cassation du surplus. Il n'en peut résulter pour lui aucun changement dans le dispositif de l'arrêt de condamnation, et il ne peut dès lors légalement se plaindre, pas plus que la personne acquittée ou absoute qui voudrait faire réformer les motifs d'une décision ne prononçant aucune condamnation contre elle. C'est là un principe certain de notre législation en matière de recevabilité des recours.

1842 (P. 1842, p. 189); et en sens inverse, en matière civile, qu'on ne peut se pourvoir vis-à-vis de la défenderesse parce que l'on a été indûment condamné à l'amende de fol appel. Arr. 22 mai 1856 (P. 1857, p. 68);

Que, lorsqu'un jugement a déjà été annulé par suite d'une opposition, le pourvoi du ministère public contre ce jugement devient non recevable. Arr. 26 octobre 1857 (P. 1857, p. 436);

Que cependant, en matière civile, la partie condamnée à l'amende par suite du rejet de sa tierce opposition, peut se pourvoir contre le jugement qui prononce ce rejet, alors même qu'au fond elle est devenue sans intérêt. Arr. 8 février 1862 (P. 1862, p. 162);

Que n'est pas recevable le pourvoi fondé sur ce que le demandeur en cassation n'a été condamné par l'arrêt attaqué qu'à la moitié des dépens. Arr. 18 novembre 1847 (P. 1848, p. 294);

Qu'il en est de même du pourvoi contre un jugement ordonnant simplement une mise en cause. Arr. 22 mai 1846 (P. 1846, p. 316);

Que lorsque, après une décision interlocutoire, le juge fait droit par une décision définitive, sans prendre égard à la preuve ordonnée, le pourvoi formé contre ces deux décisions est non recevable, à défaut d'intérêt, en ce qui concerne la décision interlocutoire. Arr. 25 juillet 1850 (P. 1851, p. 179).

L'art. 413, § 2, C. instr. crim., rend hommage au même principe en disant qu'en cas d'acquittement du prévenu, nul ne pourra se prévaloir contre lui de la violation ou de l'omission des formes prescrites pour assurer sa défense.

De même, d'après l'art. 5 de la loi du 15 germinal an II, on ne pourrait demander la cassation contre les mineurs, les interdits, les absents, les femmes mariées, les communes et l'État, sous prétexte que le ministère public n'aurait pas été entendu dans les affaires qui les intéressaient et qui ont été jugées à leur avantage.

44. Celui qui a acquiescé expressément ou tacitement au jugement ou à l'arrêt attaqué n'est pas non plus, en règle générale, recevable à se pourvoir en cassation. La jurisprudence et la doctrine ont largement comblé la lacune que présentent nos lois de procédure, quant aux faits qui peuvent constituer un acquiescement aux décisions judiciaires, et quant à l'influence que ces faits peuvent, en général, exercer sur la recevabilité d'un recours.

Bornons-nous à rappeler ici quelques principes spéciaux à la matière que nous traitons.

Le pourvoi en cassation, dans les affaires civiles et administratives, n'est pas suspensif (v. n^{os} **87**, **88**, **141** et suiv.); il n'en résulte nullement que l'exécution du jugement ou de l'arrêt attaqué ne puisse jamais être péremptoirement opposée comme fin de non-recevoir à celui qui y a pris part. Celui-là seul qui, contraint et forcé, a exécuté le jugement contre lequel il se pourvoit, ne peut être repoussé en son recours. Arr. 23 janvier 1838 (P. à sa date); 29 janvier 1851 (P. 1851, p. 188); surtout si le recours en cassation est antérieur à cette exécution. Arr. 26 décembre 1844 (P. 1845, p. 96).

Mais il n'en est pas ainsi de la partie qui spontanément a payé les sommes allouées à son adversaire, ou a autrement exécuté une décision contre laquelle le pourvoi en cassation était recevable. Arr. 18 décembre 1833 (P. à sa date); 6 août 1841 (P., 1841, p. 312).

Celui-là surtout serait déchu du droit de se pourvoir, qui aurait lui-même demandé l'exécution du jugement contre lequel son recours est dirigé; une réserve formelle serait même inopérante comme contraire à l'acte posé. Arr. 23 juillet 1846 (P. 1846, p. 510); 7 février 1846 (P. 1847, p. 23).

Mais le payement volontaire des dépens ne rend pas le pourvoi en cassation non recevable, lorsque ce payement n'est établi que par l'aveu du demandeur qui déclare avoir payé, mais sous réserve de se pourvoir. Arr. 11 mai 1835 (P. à sa date).

Un acquiescement est, du reste, toujours subordonné à la condition que la partie adverse accepte la décision; de sorte que si celle-ci se pourvoit, la partie qui a acquiescé est relevée de sa déchéance. Arr. 23 juillet 1846, cité plus haut.

Il a été jugé aussi que la signification d'un arrêt sans protestation ni réserve n'emporte acquiescement pour la partie qui a requis cette signification, que dans le cas où l'autre partie s'y soumet de son côté. Arr. 25 juin 1840 (P. à sa date).

Les principes sont moins absolus en matière pénale; non pas toutefois quant aux condamnations civiles qui pourraient être prononcées par les tribunaux répressifs, et pour lesquelles il est certain que tout acquiescement entraîne la déchéance du pourvoi; un arrêt du 8 mai 1851 (P. 1851, p. 256) a même décidé que l'exécution des condamnations prononcées au profit de la partie civile emporte acquiescement en faveur de celle-ci, quoique la partie qui a exécuté y ait été sommée par un commandement en due forme, le pourvoi étant suspensif en cette matière.

Quant au ministère public et à la partie condamnée, d'imposantes autorités refusent, pour des motifs différents, de reconnaître la validité d'un acquiescement qui aurait été donné à un jugement ou à un arrêt rendu en matière répressive. Voir Dalloz, *Rép.*, v° *Acquiescement*, n°ˢ 877 et s., 901 et s.; Merlin, *Quest. de droit*, v° *Acquiescement*, §§ 19 et 20; Morin, *Dictionn. de droit criminel*, v° *Acquiescement*. Ces auteurs citent les principaux monuments de la jurisprudence française sur lesquels ce système repose. Deux arrêts de la cour de cassation belge, 13 août 1835 (P. à sa date) et 1ᵉʳ mars 1841 (P. 1841, p. 152), semblent, au contraire, attribuer à l'acquiescement en matière criminelle, quelle que soit la partie dont il émane, ses effets ordinaires. Voir toutefois arr. cour d'appel de Bruxelles, 29 novembre 1845 (P. 1846, 2, 32), décidant que l'exécution d'un jugement correctionnel opérée par le procureur du roi ne peut porter préjudice à l'appel ouvert au procureur général par l'art. 256, C. instr. crim.

La question de validité d'un acquiescement se rattache intimement à celle que nous signalons aux n^{os} **156** et suiv. sur le désistement. Celui qui a le droit de se désister d'un recours déjà formé doit pouvoir aussi renoncer expressément ou tacitement au droit d'exercer ce recours. Or, en quelque matière que ce soit, même en matière criminelle, le désistement est recevable; l'acquiescement doit dès lors l'être aussi. Il n'y a une exception à cela que pour le ministère public, qui, d'après l'opinion générale, ne peut se désister. Il n'est pas, en effet, à la différence de toute autre partie, le maître de l'action qu'il exerce et qui appartient à la société. Il ne tient de la loi que le droit de mettre l'action publique en mouvement, dans les délais qu'elle détermine; mais lorsque, simple mandataire, il pose un acte qui dépasse les limites de son mandat, cet acte doit rester sans valeur. Il semble donc certain que le ministère public ne peut, en matière répressive, acquiescer valablement à une décision susceptible d'un recours quelconque, mais que toute autre partie, maîtresse en définitive de ses actions et de ses droits, peut renoncer au droit de se pourvoir comme elle le peut au pourvoi déjà formé.

Un doute pourrait se produire en matière électorale, lorsque le demandeur éventuel en cassation a agi en exécution de l'art. 7 de la loi du 1er avril 1843, qui donne un droit de réclamation à tout individu jouissant des droits civils et politiques; n'est-ce pas là non plus, pourrait-on dire, une espèce d'action publique, une véritable action populaire dont ne dispose pas, d'une manière absolue, le citoyen qui a reçu la mission de l'exercer, et dont, par conséquent, il n'aurait pas le droit de se désister? Voir, sur la nature et les principaux caractères de cette action, un remarquable réquisitoire de M. le procureur général Leclercq, prononcé le 8 août 1864 (P. 1864, p. 337), et dont il est parlé au n° **42**.

§ III. Décisions contre lesquelles on peut se pourvoir.

45. Le caractère de voie extraordinaire du pourvoi en cassation ne permet pas qu'il soit dirigé contre une décision qui peut être l'objet d'un autre recours. Aucune exception n'existe à ce principe.

En matière civile, on peut se pourvoir contre les arrêts des cours d'appel et les jugements rendus en dernier ressort par les tribunaux de première instance et de commerce et par les juges de paix; mais quant à cette dernière catégorie de jugements, on le peut seulement pour excès de pouvoir, absence de publicité ou défaut de motifs (loi du 4 août 1832, art. 15 et 16). Voir, pour les jugements des tribunaux de commerce, la loi du 18 avril 1851, art. 465 et 504, sur les faillites.

En matière criminelle, correctionnelle et de simple police, le recours en cassation est recevable contre les arrêts et les jugements rendus en dernier ressort.

On semble aussi généralement d'accord pour admettre la recevabilité d'un pourvoi en cassation contre les ordonnances portant condamnation, rendues par les juges d'instruction dans les cas prévus par les art. 34, 80, 81 et 86 du code d'instruction criminelle. Voir M. Tarbé, p. 151.

Quant aux arrêts des chambres des mises en accusation, il est nécessaire de faire les distinctions que nous signalons à la fin du n° **48**.

L'art. 350, C. instr. crim., porte : « La déclaration du jury ne pourra jamais être l'objet d'aucun recours. » Cette disposition n'existât-elle point, il faudrait encore repousser le pourvoi en cassation contre semblable décision; toutefois il a été jugé que « ce principe n'est pas applicable au cas où les réponses sont contradictoires. En pareille hypothèse, il est permis de se pourvoir contre les questions et les réponses en même temps que contre l'arrêt de la cour d'assises. » Arr. 21 janvier 1846 (P. 1846, p. 91); 7 mai 1850 (P. 1850, p. 399).

On peut également se pourvoir : 1° contre les jugements en dernier ressort rendus par les arbitres en matière de société (C. de comm., art. 52) (1);

2° Contre les arrêts de la cour des comptes (loi du 29 octobre 1846, art. 13);

3° Contre les arrêts de la cour militaire (loi du 29 janvier 1849, art. 9);

4° Contre les jugements des conseils de discipline de la garde civique (lois des 8 mai 1848 et 13 juillet 1853, art. 101);

5° Contre les arrêtés des députations permanentes en matière de recensement de la garde civique (loi du 13 juillet 1853, art. 19);

6° Contre les arrêtés des députations permanentes en matière de patentes (loi du 22 janvier 1849, art. 4);

7° Contre les arrêtés des députations permanentes en matière de milice (loi du 18 juin 1849, art. 4);

8° Contre les arrêtés des députations permanentes rendus sur la formation des listes électorales pour les chambres, le conseil provincial et le conseil communal, et des listes des éligibles au sénat (lois du 3 mars 1831, art. 14; du 30 mars 1836, art. 18; du 30 avril 1836, art. 5; du 1er avril 1843, art. 9; du 3 mars 1831, art. 47);

9° Contre les arrêtés des députations permanentes en matière de contributions directes (loi du 24 juin 1865);

10° Contre les arrêts en dernier ressort, prononçant la mise à la retraite des magistrats inamovibles, ou rendus en matière disciplinaire (loi du 20 mai 1845, art. 12 ; décret du 30 mars 1808, art. 103, § 2; loi du 4 août 1832, art. 15, 1°).

____

(1) Il ne s'agit ici que des jugements rendus par les arbitres forcés ; pour ceux des arbitres volontaires, voy. art. 1028, C. proc. civ., qui n'ouvre le recours en cassation que contre les jugements des tribunaux rendus soit sur requête civile, soit sur appel d'un jugement arbitral.

46. Le pourvoi que la loi autorise dans l'intérêt de la loi, et dont elle charge le procureur général près la cour de cassation, est autorisé par les art. 29 de la loi du 4 août 1832, 88 de la loi du 27 ventôse an VIII, et 442, C. instr. crim. L'article 80 de la loi de l'an VIII étend même, sous les conditions qu'il établit, le droit de pourvoi qu'il accorde au gouvernement « à tous les actes par lesquels les juges auront excédé leurs pouvoirs, » à ceux-là même par conséquent qui ne seraient pas de véritables jugements ou arrêts. Voir n^{os} **177** et suiv.

Il en est de même de l'art. 441 du code d'instruction criminelle, s'exprimant ainsi : « Lorsque, sur l'exhibition d'un ordre formel à lui donné par le ministre de la justice, le procureur général près la cour de cassation dénoncera à la section criminelle des actes judiciaires, arrêts ou jugements contraires à la loi, ces actes, arrêts ou jugements pourront être annulés, et les officiers de police ou les juges poursuivis, s'il y a lieu, de la manière exprimée au chapitre III du titre IV du présent livre. » Ainsi que nous le verrons plus loin, ce pourvoi que le procureur général ne peut former sans l'ordre formel du ministre de la justice, ne doit nullement se confondre avec celui qui ne se fait que dans l'intérêt de la loi, et la cassation qu'il a provoquée profite à la partie condamnée. Voir n^{os} **180** et suiv.

47. La loi veut que les jugements ou arrêts en dernier ressort seuls soient attaquables en cassation dans l'intérêt des parties (1). Dans le cas où il serait douteux si un jugement est ou non en premier ressort, il serait prudent, pour éviter toute déchéance, de se pourvoir à la fois en appel et en cassation.

Quant aux jugements ou arrêts en dernier ressort rendus par défaut, lorsqu'ils sont devenus définitifs par l'expiration du

---

(1) Jugé, le 6 février 1845 (P., 1845, p. 316), que les jugements de taxe, sur opposition à l'exécutoire, n'étant soumis à l'appel que si en même temps il y avait appel de quelques dispositions sur le fond, peuvent, en dehors de ce cas, être attaqués en cassation.

délai d'opposition, ils peuvent être déférés à la cour de cassation. Si la loi avait voulu les y soustraire, elle l'eût dit; sa volonté contraire résulte même des dispositions qui fixent un taux spécial pour les amendes dans les cas de pourvois contre un jugement par défaut. Arr. Brux. cass., 29 mai 1822 (P. à sa date). Voir n° **65** bis.

48. Pour que le recours en cassation soit utile et ne devienne pas une entrave à la marche régulière de la justice, il faut que les jugements définitifs seuls puissent en être immédiatement l'objet; aussi l'art. 14 de la loi du 2 brumaire an IV déclare-t-il « que le recours en cassation contre les jugements préparatoires et d'instruction ne sera ouvert qu'après le jugement définitif, mais que l'exécution, même volontaire, de tels jugements ne pourra en aucun cas être opposée comme fin de non-recevoir. »

C'est là un principe vrai en toute matière. L'arrêt du 20 juin 1853 (P. 1853, p. 415) l'applique aux pourvois contre les décisions des députations permanentes; l'art. 416 du code d'instr. crim. reproduit la même règle pour les affaires répressives, par un texte plus explicite encore (1).

On s'est souvent demandé si les articles 451 et 452 du code de procédure civile qui distinguent, au point de vue de l'appel, entre les jugements préparatoires et les jugements interlocutoires, doivent rester sans influence sur l'interprétation de l'art. 14 de la loi de brumaire an IV. L'affirmative n'est pas douteuse. Voir les arrêts du 27 mars 1838 (P. à sa date); du 3 janvier 1846 (P. 1846, p. 297); du 25 février 1850 (P. 1850, p. 241); du 6 août 1847 (P. 1848, p, 116); du 7 juin 1849 (P. 1849, p. 360); du 21 avril 1853 (P. 1853, p. 294).

____

(1) Il a été jugé en matière criminelle, que sont proposables contre l'arrêt définitif de la cour d'assises, des moyens rejetés dans l'instruction par des arrêts incidentels, qui ne sont même l'objet d'aucun pourvoi spécial. Arr. du 12 août 1836, chambres réunies (P. à sa date).

Jugé dans le même sens que le pourvoi n'est pas recevable lorsque, en ordonnant une expertise, le jugement maintient provisoirement et sans rien préjuger, l'une des parties en possession de l'objet litigieux; 9 juillet 1857 (P. 1857, p. 393).

Mais ce que prouvent encore les arrêts cités, c'est que, s'il est certain que les jugements définitifs seuls peuvent être immédiatement attaqués en cassation, le caractère définitif d'un jugement est très-difficile à reconnaître et à définir. Il a été jugé que :

1° Doit être considéré comme définitif, l'arrêt qui rejette une exception s'opposant à l'examen du fond. Arr. 3 juillet 1846 (P. 1846, p. 322);

2° Est définitif l'arrêt qui, admettant à prouver l'acquisition d'une servitude par titre ou prescription immémoriale, écarte la prétention que cette servitude serait légale ou aurait été acquise par la prescription de trente ans. Arr. 8 décembre 1849 (P. 1850, p. 133);

3° Un jugement qui statue définitivement sur un incident du procès est définitif, et, comme tel, susceptible de recours en cassation. Arr. 25 février 1833 (P. à sa date);

4° Le jugement par lequel un tribunal se dessaisit de la connaissance d'un incident sur lequel il était tenu de prononcer, est définitif et par conséquent susceptible de recours en cassation. Arr. 13 mars 1845 (P. 1845, p. 358);

5° Lorsqu'un jugement qui pour repousser l'exception de propriété opposée par le locataire assigné en payement du prix du bail a admis que provision était due au titre, est réformé en appel, on ne peut dire que l'arrêt infirmatif soit de pure instruction; il dispose définitivement sur l'exception opposée. Arr. 5 février 1852 (P. 1853, p. 157);

6° Est recevable le pourvoi en cassation contre une décision qui admet à prouver par témoins, après contestation sur l'admissibilité de cette preuve. Arr. 12 février 1848 (P. 1848, p. 217);

7° Le jugement qui défère à l'une des parties le serment supplétoire a la force d'un jugement définitif, en ce sens qu'il décide le litige, en faisant dépendre le sort du procès du serment ordonné. Arr. 18 décembre 1837 (P. à sa date);

8° Est susceptible de pourvoi en cassation avant le jugement définitif, l'arrêt qui, après avoir rejeté une exception élisive de l'action, ordonne une enquête sur le fond. Arr. 5 août 1858 (P. 1858, p. 314);

9° Est définitive et peut être attaquée devant la cour de cassation, la disposition d'un arrêt qui ordonne à une partie, avant faire droit et après contestation contradictoire, de fournir des preuves et justifications à l'effet de fixer les résultats d'une liquidation. Arr. 19 décembre 1862 (P. 1863, p. 135);

10° L'arrêt qui, bien que rendu sur un simple incident de procédure, juge définitivement un point contesté entre parties, peut être attaqué avant le jugement sur le fond.

Spécialement, il en est ainsi lorsqu'une première fixation de jour pour l'audition des témoins de l'enquête contraire ayant été faite par le conseiller commissaire, l'arrêt décide, après contestation, que la partie défenderesse est fondée à ne faire son enquête qu'après l'enquête directe et à provoquer, à cette fin, une nouvelle ordonnance du conseiller commissaire. Arr. 22 mars 1860 (P. 1860, p. 114).

Il est à remarquer que toutes les décisions que nous venons de citer ont été rendues en matière civile. Dans les affaires répressives, la cour s'est montrée plus sévère; le pourvoi en cassation y est suspensif, et le § 2 de l'art. 416 du code d'instruction criminelle prouve, du reste, d'une façon péremptoire qu'il ne suffit pas, pour la recevabilité immédiate du pourvoi, que quelque chose soit définitivement jugé entre parties, mais que le jugement mette réellement fin au litige. Voir, en ce sens, l'arrêt du 26 octobre 1846 (P. 1847, p. 188), rendu sur les conclusions conformes de M. l'avocat général Delebecque, et un arrêt récent du 7 décembre 1863, rendu sur les conclusions conformes de M. l'avocat général Faider.

Cet arrêt s'exprime ainsi dans un de ses considérants : « Que cette disposition (l'art. 416), qui a pour but d'empêcher que la procédure criminelle soit entravée par des pourvois toujours suspensifs en cette matière, comprend dans sa généralité tous jugements et arrêts rendus sur l'instruction des affaires par opposition au jugement définitif qui met un terme à la poursuite ; qu'elle s'applique donc aux arrêts ou jugements statuant même d'une manière définitive sur les incidents de la poursuite ; que cela résulte non-seulement de la combinaison de cette disposition avec le paragraphe du même article qui excepte de la règle les jugements rendus sur la compétence, lesquels sont définitifs, mais encore de la combinaison du même art. 416 avec les art. 408 et 413 du même code, qui déterminent les ouvertures en cassation contre les arrêts et jugements définitifs, et avec tout l'ensemble des dispositions du code d'instruction criminelle relatives aux demandes en cassation et qui sont exclusivement applicables aux arrêts ou jugements de condamnation et d'acquittement ou sur la compétence. »

Il a été aussi jugé que l'arrêt ou le jugement décidant qu'un témoin ne sera pas entendu, est préparatoire et d'instruction. Arr. 19 juillet 1851 (P. 1851, p. 70) ;

Qu'un jugement qui, avant faire droit, rejette une exception d'illégalité d'un règlement communal et ordonne de plaider au fond, n'est pas définitif. Arr. 11 mars 1850 (P. 1850, p. 315) ;

Qu'il en est de même de celui qui déclare n'y avoir lieu à disjoindre deux affaires. Arr. 7 décembre 1847 (P. 1847, p. 505) ;

De celui qui déclare surseoir à statuer sur une plainte en dénonciation calomnieuse jusqu'après une décision de l'autorité administrative compétente sur les faits dénoncés. Arr. 18 mars 1850 (P. 1850, p. 318) ;

De l'arrêt d'une cour d'assises qui prononce le renvoi de la cause à une autre session. Arr. 16 juillet 1837 et 7 septembre

1838 (P. à leur date); 16 septembre 1853 (P., 1853, p. 415 et 294);

Et de l'arrêt de la chambre des mises en accusation par lequel deux affaires sont renvoyées ensemble devant la cour d'assises pour être jugées comme connexes. Arr. 4 août 1840 (P. à sa date);

Qu'est non recevable le pourvoi dirigé contre un arrêt qui, en rejetant une exception de chose jugée, se borne à remettre la cause indéfiniment pour être statué au fond. Arr. 22 janvier 1855 (P. 1855, p. 44).

Voir encore, quant à la nature des jugements interlocutoires, les arrêts du 8 janvier 1835 (P. à sa date); du 16 mai 1843 (P. 1843, p. 212); du 29 juillet 1851 (P. 1851, p. 463).

Le pourvoi contre un arrêt de la chambre des mises en accusation est-il recevable? C'est encore un cas d'application de l'art. 416 qui donne lieu à certaines difficultés.

Un arrêt de non-lieu peut faire l'objet d'un pourvoi en cassation; car d'abord il met un terme au litige en éteignant, au moins provisoirement, l'action publique, et il peut aussi être considéré comme statuant sur la compétence (art. 416, § 2), puisqu'il décide qu'aucun tribunal criminel ne peut connaître de l'objet de la prévention.

Ce qui est tout aussi incontestable, c'est que tous les arrêts portant sur des incidents divers de l'instruction tombent directement sous l'application de l'art. 416, et partant ne peuvent, avant le jugement définitif, donner lieu à cassation.

Quant aux arrêts de renvoi devant la cour d'assises, il semble qu'en dehors des cas prévus par l'art. 299, C. instr. crim., aucun pourvoi en cassation contre ces décisions ne soit recevable en présence du caractère limitatif de cet article et du principe contenu dans l'art. 416, C. instr. crim. Arr. 4 août 1840 (P. 1840, p. 449); 7 sepembre 1849 (P. 1849, p. 479). Voir, en sens contraire, Dalloz, *Rép.*, v° *Cassation*, n° 167, citant de nombreux arrêts de la cour de cassation de France.

M. Prosper Staes, avocat à Bruxelles, dans la note 33 d'un discours prononcé à la conférence du jeune barreau de Bruxelles (*Belgique judiciaire*, 12-16 février 1860), fait parfaitement ressortir les impossibilités et les contradictions auxquelles vient aboutir le système admis par la jurisprudence française.

Mais une fois l'arrêt définitif intervenu, ne pourrait-on pas, en cas de condamnation, se pourvoir contre l'arrêt de renvoi et arriver ainsi, par voie de conséquence, à l'annulation de la décision définitive? Ainsi que l'avons vu au n° **31**, l'art. 408, C. instr. crim., répond à cette question. Ce texte ne semble être susceptible que d'une seule interprétation raisonnable, c'est que par une dérogation au principe général que contient l'art. 17 de la loi du 4 août 1832, il soustrait au contrôle de la cour de cassation la procédure antérieure à l'arrêt de renvoi et ne permet un recours contre ce dernier arrêt que quant aux nullités dont il serait lui-même entaché.

Les arrêts de renvoi devant le tribunal correctionnel de même que les arrêts d'instruction rendus par la chambre des mises en accusation, dont nous parlons plus haut, ne sont soumis qu'à l'influence de l'art. 416, C. instr. crim., mais non à celle de l'art. 299 du même code; ces arrêts peuvent donc être attaqués en cassation pour cause d'incompétence. Voir, en ce sens, l'arrêt du 26 février 1855 (P. 1855, p. 195).

Mais on ne peut, en aucun cas, se pourvoir contre un avis de la chambre des mises en accusation, rendu conformément à l'art. 2 de la loi du 1er octobre 1833 sur les extraditions, cet avis ne liant en aucune manière l'action du gouvernement et n'ayant aucun caractère définitif. Arr. 6 février 1865 (P. 1865, p. 72).

49. De même qu'il est de principe que ce ne sont que les lois belges qui doivent être appliquées par nos tribunaux et que leur violation seule peut donner lieu à cassation, de même la cour de cassation belge ne peut avoir à connaître que des décisions émanées des juridictions nationales. Toutefois il suffit pour que le pourvoi soit recevable que le tribunal dont le jugement est attaqué fût belge à l'époque où il a rendu sa sentence. C'est ainsi que les jugements prononcés avant 1839 par les tribunaux des parties cédées du Limbourg et du Luxembourg pourraient, s'ils ne sont point périmés ou s'il n'y a pas été acquiescé, être déférés à notre cour de cassation, car ce sont là des actes légalement posés par une autorité compétente, dans les limites de ses attributions, et exécutoires en Belgique sans l'accomplissement des formalités prescrites par les arti-cles 2123 et 2128 du code civil (art. 546 du code de procé-dure civile).

§ IV. Attributions exceptionnelles de la cour de cassation.

50. Les attributions suivantes ont été confiées encore par des lois diverses à la cour suprême :

1° Elle connaît des demandes en révision, en matière répres-sive, dans les trois cas déterminés par les art. 443, 444 et 445 du code d'instruction criminelle (voy. n°° **201** et suiv.);

2° Elle statue sur les demandes en renvoi pour cause de sûreté publique ou de suspicion légitime (voy. n°° **195** et suiv.);

3° *Idem* sur les demandes en règlement de juges en matière civile ou répressive, sauf les cas où, en matière civile, ces de-mandes doivent être portées, en vertu de l'art. 363 du code d'instruction criminelle, devant une autre cour ou un autre tri-bunal (loi du 27 ventôse an VIII, art. 76; code d'instruction criminelle , art. 526 et suiv. (loi du 4 août 1832, art. 15) (voy. n°° **184** et suiv.).

4° *Idem* sur les prises à partie contre une cour entière ou l'une de ses chambres, ou contre les membres de la cour de cassation (loi du 4 août 1832, art. 15; code de procédure civile, art. 505 et suiv.) (voy. n°° **209** et **210**);

5° Les conflits d'attributions sont de la compétence des chambres réunies de la cour de cassation, en conformité des art. 106 de la constitution et 15 de la loi organique de 1832 (voy. n° **211**);

6° Il en est de même de la décision sur les accusations des ministres, admises par la chambre des représentants (constitution belge, art. 90; la loi organique de 1832, art. 15 (voy. n°ˢ **215** et suiv.);

7° La cour de cassation exerce le pouvoir disciplinaire à l'égard de ses membres et des cours d'appel. L'art. 82 du sénatus-consulte du 16 thermidor an x le lui attribue sur les cours d'appel; mais pour ce qui concerne les présidents et conseillers de la cour de cassation, ce n'est que par analogie que l'on peut leur appliquer certaines dispositions du chapitre VII de la loi du 20 avril 1810 (voy. n° **17**);

8° La cour de cassation prononce la démission de ses membres inamovibles que des infirmités graves et permanentes mettent hors d'état de continuer leurs fonctions (loi du 20 mai 1845) (voy. n°ˢ **19**); elle connaît aussi, en vertu de la même loi, quant à la violation de la loi, de la mise à la retraite des magistrats prononcée par les cours d'appel (voy. n°ˢ **175** et **176**);

9° La cour de cassation intervient dans l'instruction ou le jugement relatifs aux crimes ou délits commis par certains magistrats de l'ordre judiciaire, d'après les principes établis par les art. 481, 482, 483 et suiv. du code d'instruction criminelle (voy. n°ˢ **205** et suiv.);

51. L'art. 86 de la loi du 27 ventôse an VIII disait que la cour de cassation enverrait chaque année au gouvernement une députation pour lui indiquer les vices ou l'insuffisance de la législation que l'expérience lui aurait fait connaître. Voir ce que nous avons dit à cet égard au n° **14**.

§ V. Du principe constitutionnel que la cour de cassation ne connaît pas du fond des affaires.

52. L'art. 71 du projet de constitution présenté par la section centrale au congrès national était ainsi conçu :

« Il y a pour toute la Belgique une cour de cassation.

« Cette cour ne connaît pas du fond des affaires, sauf le jugement des ministres ; mais elle casse les jugements et arrêts rendus sur des procédures dans lesquelles les formes ont été violées, ou qui contiennent quelque contravention expresse à la loi, et elle renvoie le fond du procès au tribunal ou à la cour qui doit en connaître. » .

La dernière partie de cet article commençant aux mots « mais elle casse » fut supprimée par le congrès, qui ne voulut que proclamer le principe sans en tirer des conséquences, et elle devint plus tard le § 2 de l'art. 17 de la loi du 4 août 1832.

L'art. 95 de la constitution belge ne fait donc que décider quel doit être le caractère dominant de l'intervention de la cour de cassation dans les affaires judiciaires, et ce caractère dominant est qu'elle ne peut connaître du fond des affaires.

De sérieuses difficultés se présentent lorsqu'il s'agit d'assigner à ce principe sa véritable portée, de distinguer ce qu'il renferme de ce qui n'en est pas la conséquence nécessaire.

« Le fond de l'affaire, dit Dalloz, v° *Cassation*, n° 1199, c'est ce qui fait l'objet des conclusions des parties, la contestation qui les divise et l'incertitude sur le point de savoir de quel côté est le droit et la légitimité des prétentions. »

C'est ce en quoi la cour ne peut s'immiscer ; l'objet de la demande ne peut être par elle ni adjugé ni abjugé ; elle ne peut donc juger un procès en appliquant aux faits de la cause les principes du droit et de la loi ; ce qu'elle juge, c'est la sentence même qui en dernier ressort a tranché le litige. Il n'y a à ce principe qu'une seule véritable exception, c'est le jugement des ministres.

Au sein du congrès, M. De Robaulx critiquait la rédaction de l'art. 95, parce que, disait-il, elle rendait impossible que l'on attribuât à la cour de cassation la connaissance d'autres affaires, celles, par exemple, qui concerneraient les princes, le domaine, la liste civile et d'autres encore que le congrès pouvait avoir prévues et qui s'en trouveraient exclues. A quoi M. Raikem répondit :

« Messieurs, si nous avons une cour de cassation qui puisse connaître du fond de quelques affaires, nous n'avons plus de cour de cassation. Hors le cas d'accusation des ministres, il ne faut pas qu'elle puisse connaître du fond des affaires. Elle n'est pas instituée dans l'intérêt des particuliers, mais dans l'intérêt seul de la loi. On a dit qu'elle jugerait les conflits. Mais est-ce là juger une affaire au fond? Non, car juger un conflit, c'est régler devant quels juges on plaidera. Voudriez-vous que la cour de cassation pût juger les affaires où seraient intéressés les princes, les hauts fonctionnaires? Mais alors vous détruisez un des plus précieux principes de la liberté, celui de l'égalité devant la loi. Non, messieurs, les tribunaux ordinaires seront seuls appelés à juger des intérêts civils de tous les citoyens de la Belgique, depuis le chef de l'État jusqu'au dernier de ses sujets. »

Ces paroles furent appuyées par M. Forgeur et la proposition de M. de Robaulx fut rejetée. Elles contribuent puissamment à établir une saine interprétation de la disposition constitutionnelle.

53. L'exemple des conflits, choisi par M. Raikem dans les paroles que nous venons de rappeler, prouve qu'il ne faut nullement confondre la connaissance du fond d'un litige avec la solution définitive d'une question de droit et l'influence décisive qu'un arrêt peut exercer sur le sort de ce litige. Lorsque la cour de cassation statue sur un conflit d'attributions, ne proclame-t-elle pas d'une manière définitive, et par un arrêt ayant l'autorité de la chose jugée, quelle est la juridiction compétente pour connaître de la contestation? Or, M. Raikem le dit, ce n'est pas là juger une affaire au fond.

Cependant, chose singulière, nous devons à la confusion que nous signalons, et que le congrès repoussa en 1831, le système de l'interprétation législative, consacré par les articles 23, 24 et 25 de la loi du 4 août 1832, et qui n'a cessé de nous régir que le 7 juillet 1865. Lorsque, après une première cassation, le second arrêt ou jugement est attaqué par les mêmes moyens que le premier, la cause est portée devant les chambres réunies. Mais comment empêcher que le conflit ne perdure? Le législateur de 1832 avait pensé qu'il était nécessaire de recourir à une loi interprétative pour le cas où la cour annule le second arrêt ou jugement; jusqu'à ce que cette loi eût été rendue, il était sursis au jugement de la cause par la cour ou le tribunal auquel l'affaire était renvoyée, laquelle juridiction était tenue de se conformer à la loi interprétative, ainsi que les autres cours et tribunaux, dans toutes les affaires non définitivement jugées.

Un projet de loi fut déposé par M. d'Anethan, ministre de la justice, en 1844, dans le but de permettre à la cour de cassation de statuer définitivement, en obligeant la cour ou le tribunal, saisi par renvoi après une seconde cassation, de se conformer à la décision de la cour suprême sur le point de droit jugé par elle.

Ce projet de loi disparut par suite de la dissolution des chambres de 1848, et, reproduit dans le projet d'organisation judiciaire que présenta M. Alph. Nothomb, il fut encore anéanti par la dissolution de 1857; dans la séance de la chambre des représentants du 5 février 1863, M. Tesch, ministre de la justice, a présenté dans le même sens un troisième projet qui, par suite de la nouvelle dissolution de 1864, a été repré-

senté dans le cours de la même année (1), et se réfère, dans
son exposé des motifs, aux considérations émises par celui de
M. le baron d'Anethan. Ce document remarquable, dont les
développements sont empruntés au savant procureur général
M. Leclercq, établit à la dernière évidence que le système de
1832, vicieux sous tous les rapports, n'est nullement exigé par
le principe constitutionnel que la cour de cassation ne peut
connaître du fond des affaires. La portée de l'article 95 de la
constitution s'y trouve étudiée à la lumière d'un examen appro-
fondi des législations antérieures, dans lesquelles se retrouvent
les expressions de cet article, et la conclusion en est que ces
mots : *connaître du fond d'une affaire*, signifient toujours : appliquer le droit au fait. « Le jugement du point de droit,
quoique définitif, est donc toujours en dehors du jugement du
fond. Être investi du pouvoir de porter un pareil jugement, ce
n'est point être investi du pouvoir de connaître du fond; ce
dernier pouvoir n'appartient qu'à l'application au fait du point
de droit souverainement jugé. »

54. L'art. 17 de la loi organique de 1832 dit que la cour, après
avoir cassé, renvoie le fond du procès devant une autre cour ou
un autre tribunal. C'est la mise en pratique du principe de l'article 95 de la constitution; mais ce n'en est pas, pour tous les cas,
la conséquence nécessaire; sinon, il faudrait dire qu'il ne peut
plus y avoir de cassation sans renvoi ou par voie de retran-
chement, soutènement inadmissible, unanimement condamné
par la théorie et la jurisprudence.

Nous indiquerons, aux nᵒˢ **168** et suiv., les différentes espèces où il peut y avoir cassation, sans renvoi devant une
autre juridiction. Nous ne voulons que constater ici que la cour
de cassation, en prenant pareille décision, ne connaît pas
nécessairement du fond de l'affaire, ce qui lui est interdit par

---

(1) Ce projet, voté par les chambres, a été sanctionné le 7 juillet 1865.
V. nᵒˢ 212 à 214.

la constitution. Que fait la cour dans le cas le plus certain de cassation sans renvoi, celui de l'art. 429, 6°, C. instr. crim., lorsque, tout en cassant, elle ne renvoie pas, par le motif que le fait qui a donné lieu à une condamnation n'est pas un délit qualifié par la loi? Il pourrait sembler à première vue, et beaucoup d'auteurs paraissent le croire, qu'arrêtant ainsi le procès, elle en juge le fond; mais c'est là, pensons-nous, une erreur. Elle décide, au contraire, qu'il n'y a pas lieu de statuer au fond; que les tribunaux répressifs sont incompétents pour apprécier des faits qui ne sont pas des délits; que dès lors la connaissance du fond ne leur appartenant pas plus qu'à elle-même, il n'y a pas plus lieu à les en saisir; c'est aussi ce que fait la cour en appliquant, par analogie, l'art. 429 cité, chaque fois que, d'après le système de l'arrêt qu'elle rend, il n'y a plus aucune juridiction qui soit compétente pour statuer dans la cause (voy. n° **170**); de même, dans le cas d'incompétence proprement dite, elle ne renvoie pas devant le juge de même nature pour que celui-ci se déclare incompétent, mais bien directement devant le juge qui, d'après le système qu'elle adopte, doit connaître du litige. Arr. 10 septembre 1847 (P. 1848, p. 440); 20 décembre 1832 (P. à sa date); *contra* 17 juillet 1848 (P. 1848, p. 403).

Ce qui prouve la justesse de ces observations, c'est que le droit de juger les conflits d'attributions a été accordé par la constitution elle-même à la cour de cassation; or, il n'est pas possible d'admettre, en présence du texte de l'art. 95 qui ne mentionne que le jugement des ministres, et des paroles prononcées par M. Raikem au congrès national (voir plus haut, n° **52**), que le jugement définitif d'un conflit d'attributions soit une décision entamant le fond de l'affaire.

Que fait du reste la cour de cassation lorsqu'elle annule une procédure criminelle pour violation des formes? Renvoie-t-elle devant une autre cour d'assises pour faire prononcer la nullité? Non, elle décide définitivement et souverainement que les prescriptions légales ont été méconnues, et la mission de la cour de renvoi n'est que de procéder à une nouvelle instruction, à partir du plus ancien acte nul.

Au surplus, si nous insistons sur ce point, c'est pour établir qu'aucun scrupule constitutionnel ne pourrait retenir le législateur de généraliser et d'appliquer aux matières civiles le système des cassations sans renvoi, pratiqué aujourd'hui par la chambre criminelle, et consacrant une économie de temps et d'argent par une heureuse simplification d'une procédure déjà longue. Le vœu d'une pareille réforme se trouvait déjà exprimé dans le *Manuel de cassation* (p. 33) publié à Bruxelles, en 1832, sans nom d'auteur.

55. Il est presque inutile, pensons-nous, de faire remarquer que tout ce qui n'est qu'une conséquence ou une mesure d'exécution de la sentence que la cour casse, devant disparaître avec la décision annulée, les dispositions que la cour prend à cet égard ne doivent pas être considérées comme touchant au fond des affaires.

C'est ainsi qu'en cassant en matière civile, elle ordonne la restitution de ce qui a été perçu en exécution de l'arrêt annulé. Voir un arrêt, motivé sur ce point, du 10 août 1849 (P. 1849, p. 384).

C'est ainsi encore qu'en matière criminelle, lorsqu'elle casse sans renvoi un arrêt de condamnation, elle ordonne elle-même, s'il y a lieu, la mise en liberté de l'accusé. Voir Dalloz, v° *Cassation*, n° 1199. Arr. 25 septembre 1846 (P. 1847, p.54); 23 août 1861 (P. 1862, p. 15).

56. L'art. 95 de la constitution a pour objet principal de déterminer les limites de la compétence de la cour de cassation en tant qu'elle concourt à l'expédition des affaires dont la connaissance du fond est attribuée à d'autres juridictions (1).

____

(1) La cour a jugé, le 18 mars 1848 (P. 1848, p. 133), que le demandeur en

Il est généralement admis que cette disposition ne s'oppose pas à ce que la cour suprême exerce sur certains membres de l'ordre judiciaire le pouvoir qu'exige le maintien de la dignité de la magistrature nationale, et que lui confie encore le nouveau projet de loi sur la discipline judiciaire, déposé à la chambre des représentants dans la session de 1864-65.

De même, la loi du 4 août 1832 a maintenu, dans son article 15, parmi les attributions de la cour de cassation, la connaissance des prises à partie contre une cour d'appel ou l'une de ses chambres, ou contre les membres de la cour de cassation, que lui confient les articles 505 et suiv. du code de procédure civile ; et M. Raikem lui-même, dont nous avons cité les paroles énergiques prononcées au congrès, justifia, en sa qualité de ministre de la justice, la parfaite constitutionnalité de cette loi.

La loi du 20 mai 1845, sur la mise à la retraite des magistrats, confère également à la cour de cassation le pouvoir de prononcer la démission de ses membres.

Il ne faudrait pas non plus hésiter à considérer comme étant encore en vigueur les articles 481 et suiv., C.instr. crim., concernant les délits commis par certains magistrats, et les articles 504 et suiv., C. instr. crim., concernant les délits commis à l'audience. Ce sont là autant d'attributions exceptionnelles qui ne peuvent appartenir qu'à la cour de cassation et lui ont été reconnues sous tous les régimes, même ceux qui, comme le nôtre, ont soustrait à sa compétence la connaissance du fond des affaires. Ne devrait-on pas admettre non plus que, de même que la cour peut réprimer, dans les cas des art. 504 et suiv. cités, les délits commis à son audience, de même elle pourrait, pour faire respecter sa juridiction et son autorité, empêcher

cassation, auquel on oppose la nullité de la signification du pourvoi, ne peut attraire en garantie devant la cour de cassation l'huissier qui a fait cette signification, ce qui nécessiterait l'examen du fond, examen sortant des attributions de la cour de cassation.

l'exécution des jugements et arrêts, dans les cas où le pourvoi dont ils sont frappés a un caractère suspensif? Voir n° **143**. Voir aussi art. 15 et 16, ordonnance d'août 1737, tit. II, et art. 6, tit. VII, 2ᵉ part., ordonn. de 1738.

Rappelons aussi que, comme premier corps judiciaire du pays, la cour de cassation est appelée à rendre des arrêts de règlement de juges, ou de renvoi pour cause de suspicion légitime ou de sûreté publique, arrêts par lesquels appréciant les éléments, souvent de fait comme de droit, d'une cause, elle tranche définitivement des questions d'attributions et de compétence. Voir n°ˢ **184** à **200**.

57. Dans plusieurs des cas que nous venons d'énumérer, la cour de cassation a évidemment des questions de fait à examiner. Dans beaucoup d'autres hypothèses encore, il se peut qu'elle ait à se livrer à de pareilles appréciations, sans que le principe, qu'elle ne peut connaître du fond des affaires, soit en aucune manière violé; il est vrai qu'elle n'a un droit de contrôle sur les décisions qui lui sont déférées que quant à l'observation des prescriptions légales, mais dans l'accomplissement de sa mission ainsi déterminée, elle peut avoir des questions de fait à résoudre; ainsi, au point de vue de la recevabilité du pourvoi, il peut arriver souvent qu'il soit nécessaire de se prononcer sur des faits, comme l'acquiescement au jugement attaqué, la tardiveté du pourvoi, la réalité du domicile où s'est faite la signification de ce jugement, laquelle est le point de départ du délai de trois mois, etc.

C'est ainsi que, dans l'arrêt du 2 avril 1850 (P. 1850, p. 317), la cour s'est basée sur les éléments d'une enquête faite par un magistrat du parquet, constatant que le condamné avait vainement demandé qu'il fût dressé acte de son recours en cassation dans le délai légal, et qu'elle a refusé en conséquence de prononcer la déchéance; c'est ainsi encore que dans l'affaire civile déjà citée (voir arr. 8 février 1862, P. 1862, p. 161 et 162), le demandeur, pour établir que le pourvoi qu'il avait interjeté n'était point tardif, concluait devant la cour à ce qu'il fût admis à prouver par toutes voies de droit, même par témoins, une série de faits dont devait résulter l'irrégularité de la signification de l'arrêt attaqué ; et il faut croire que si la cour n'avait point trouvé, dans les qualités de l'arrêt qui lui était soumis, de quoi se convaincre de la recevabilité du pourvoi, elle eût rendu un interlocutoire ordonnant une enquête (1).

Nous devons ajouter qu'à notre connaissance, il n'y a pas encore eu d'arrêt ordonnant une enquête par preuve testimoniale, mais nous n'en connaissons pas non plus qui ait, formellement et en principe, décidé que la cour ne peut en prescrire.

Il est vrai que, d'après une jurisprudence constante et unanime (voir n° **30**), la cour ne peut recourir à une enquête pour constater des illégalités commises dans le cours de la procédure soumise à son contrôle. Mais la base de cette jurisprudence nous semble moins résider dans l'impossibilité, pour la cour de cassation, de procéder à une enquête, que dans la nécessité, pour toutes les questions de formes, de s'en tenir aux énonciations du procès-verbal de l'audience et de ne rien admettre outre ou contre les déclarations qui s'y trouvent mentionnées, nécessité qui a paru si absolue à la cour de cassation de France qu'elle a même refusé, en pareille matière, de tenir compte d'un certificat du greffier et d'une lettre écrite par les juges mêmes qui avaient rendu la décision attaquée. Arr. 14 fructidor an ii et 23 fructidor an viii. Voir Dalloz, *Répert.*, v° *Cassation,* n°ˢ 1329 et 1330.

Aussi lorsqu'il ne s'agit plus de questions de formes proprement dites, les principes généraux semblent, dans la jurispru-

____

(1) Les règles à suivre, en cas d'enquête devant la cour de cassation, sont toutes tracées par les articles 27 et suivants, titre VII, 2ᵉ partie, Règlement du 18 juin 1738. V. n° **114.**

dence, reprendre leur empire; c'est ainsi que, le 6 mai 1845, la cour rendit un interlocutoire chargeant le procureur général de produire devant elle toutes pièces ou documents propres à constater la nationalité d'un juré (P. 1845, p. 426).

CHAPITRE III.

§ I. Considérations générales sur la procédure a suivre en matière civile.

58. Le décret du 1ᵉʳ décembre 1790, supprimant le conseil des parties et instituant le tribunal de cassation, ne déterminait pas les règles de la procédure à suivre devant la juridiction nouvelle; l'art. 28 de cette loi disait : « Provisoirement et jusqu'à ce qu'il en ait été autrement statué, le règlement qui fixait la forme de procéder au conseil des parties sera exécuté au tribunal de cassation, à l'exception des points auxquels il est dérogé par le présent décret. »

On comprend qu'à cette époque, si féconde en graves événements, le législateur n'ait pas jugé opportun de faire un travail complet de révision en cette matière, et qu'il ait voulu en laisser le soin à des temps plus calmes; depuis lors, sans doute, des lois spéciales vinrent successivement introduire des modifications à l'ancienne procédure (1). Le code d'instruction criminelle établit même dans un titre spécial l'ensemble des règles auxquelles sont soumis les pourvois en matière criminelle;

(1) Voici l'énumération des lois, décrets et arrêtés qui suivirent le décret du

mais, pour les pourvois civils, le provisoire resta maintenu et il l'est encore. L'arrêté du prince souverain du 15 mars 1815, contenant un règlement organique de la procédure de cassation, édicta, il est vrai, une série de dispositions déterminant le mode d'introduction des pourvois en matière civile, de leur notification et de leur instruction ; mais ce n'était pas là une œuvre complète ; tout ce qui sort des prévisions ordinaires, tous les incidents de procédure, de même que les tarifs et le mode de liquidation des dépens, ne firent l'objet d'aucune disposition nouvelle, et l'art. 60 de cet arrêté s'exprimait ainsi : « Dans tous les cas non prévus par le présent règlement, on suivra les lois qui étaient en vigueur à l'époque de l'occupation de la Belgique, notamment le règlement de 1737. » Quant à la loi du 4 août 1832, elle n'est qu'une loi d'organisation judiciaire, et son art. 58 dispose que « provisoirement, et jusqu'à ce qu'il y ait été autrement pourvu, l'arrêté du 15 mars 1815 sera suivi dans toutes ses dispositions non contraires à la présente loi »

Il se fait donc que, tandis que, pour toutes les autres juridictions, le code de procédure civile a proclamé, par son art. 1041, l'abrogation de toutes les lois, coutumes, usages et règlements particuliers relatifs à la procédure civile, l'ancienne législation est encore debout, quant à la procédure à suivre devant la cour suprême. Nous pouvons citer, comme appartenant à cette législation surannée qui continue à nous régir, l'ordonnance de 1667, titre XXIV, sur les récusations des juges (voir plus loin n° **119**) ;

1er décembre 1790, et qui concernent la procédure à suivre devant la chambre civile :

Décret du 16 juillet 1793 ; loi du 17 août 1793 ; décret du 2 septembre 1793 ; lois du 1er frimaire an II, du 4 germinal an II ; constitution du 5 fructidor an III ; lois du 2 brumaire an IV, du 6 brumaire an V, du 14 brumaire an V, du 7 nivôse an V, du 1er thermidor an VI ; constitution du 22 frimaire an VIII ; loi du 27 ventôse an VIII ; art. 363 à 367 du code de procédure civile ; loi du 16 septembre 1807 ; arrêtés du 9 avril 1814, des 6 septembre et 2 novembre 1814, du 15 mars 1815, du 19 juillet 1815 ; lois du 4 août 1832, du 25 mai 1838 et du 7 juillet 1865.

l'ordonnance de juillet 1737 sur le faux incident (voir n° **118**);
l'ordonnance d'août 1737, tit. II, sur les règlements de juges en
matière civile (voir n°ˢ **184** et suiv.); le règlement du 28 juin
1738, et le règlement du 12 septembre 1739 contenant le tarif
des droits de greffe (voir n°ˢ **120** et suiv.). C'est le règlement
du 28 juin 1738 qui est l'acte capital en cette matière, quoiqu'il
n'ait jamais été régulièrement publié en Belgique. Ce défaut
de publication ne peut d'ailleurs exercer aucune influence sur
son applicabilité actuelle, car il est certain qu'il appartient
au législateur de rendre une loi obligatoire sans qu'elle
ait été publiée; c'est là un principe que la cour a reconnu,
même en matière pénale (voir arr. 8 décembre 1863, P. 1864,
p. 71); or, l'art. 60 de l'arrêté-loi du 15 mars 1815 dispose
précisément que, pour tous les cas non prévus par cet arrêté,
il faut suivre *les lois qui étaient en vigueur à l'époque de l'occu-*
pation de la Belgique.

Le règlement ou l'ordonnance du 28 juin 1738 est une œuvre
remarquable, due au travail et à la science du chancelier
d'Aguesseau, qui en avait tracé lui-même le plan, et d'une commission de jurisconsultes dans laquelle siégeaient deux de ses fils, le
second surtout, M. de Fresnes, qui fut chargé de la rédaction
et dont les notes servirent plus tard à la publication du « Règlement du conseil, » par Tolozan (1). Cette ordonnance réalisa un
véritable progrès dans la législation qu'elle avait pour objet,
simplifia la procédure, abrégea les délais, diminua les incidents et créa ainsi pour les plaideurs une économie considé-
rable de temps et d'argent. Mais la loi, disait Dareau,
« ainsi que la beauté est sujette à vieillir. » Le règlement

____

(1) Cette publication de Tolozan est le commentaire presque officiel du règlement de 1738. Le chancelier d'Aguesseau en avait jeté les bases; M. de Fresnes et
son frère aîné y travaillèrent longtemps, mais l'ouvrage resta manuscrit et ne
fut communiqué qu'à quelques membres du conseil, jusqu'à ce que Tolozan, de-
venu, après la mort de son ami d'Aguesseau, dépositaire de ce travail, lui fit subir
certaines modifications et le publiât en 1786.

de 1738, excellent autrefois, n'est plus en rapport aujourd'hui avec l'organisation de la cour et les principes nouveaux de la procédure civile, ni même avec notre langage juridique actuel; de là, l'inapplicabilité d'un grand nombre de ses dispositions, qui ne sont plus qu'un obstacle à la facilité des recherches, puisque au milieu d'elles se trouvent confondus des textes demeurés en vigueur; de là surtout, beaucoup d'incertitudes sur la portée d'autres textes ou sur leur existence légale.

Il est à remarquer toutefois que les usages établis et la jurisprudence de la cour ont comblé bien des lacunes, et que les difficultés que cette partie de notre législation présente sont plus apparentes que réelles.

Il est certain même que si une révision est désirable pour que tous les éléments épars de cette législation compliquée soient refondus dans une seule loi complète et homogène, il n'y aurait que bien peu à changer à la procédure actuellement suivie et qui présente d'incontestables avantages. Cette procédure est simple, subordonnée tout entière à une idée fondamentale que nous croyons excellente : c'est que l'instruction est complète, indépendamment des plaidoiries; c'est qu'au moment où commencent les débats de l'audience, la cour connaît toutes les pièces du dossier et tous les moyens des parties, par le rapport du conseiller spécialement chargé de l'examen de l'affaire.

Pour atteindre ce but, la loi a proclamé deux principes généraux : le premier veut qu'aucune pièce ne fasse partie de la procédure si elle n'a été, au préalable, déposée au greffe de la cour; le second, plus important et plus radical, défend toute production de mémoires après la nomination du conseiller rapporteur. En posant ce principe, la loi dit au demandeur : Signalez et exposez tous vos moyens au moment même où vous faites votre pourvoi; après, vous n'y serez plus recevable, et si vous désirez, par un mémoire complémentaire ou ampliatif, en faire ou en achever le développement, vous avez, pour adresser ce mémoire à la cour, quinze jours depuis votre pourvoi. Et s'adressant au défendeur, elle lui dit : Que votre réponse au pourvoi soit entière ; qu'elle contienne tous vos moyens, car tout mémoire ultérieur ne ferait point partie de la procédure. Dans ce système donc, le dossier est complet lorsque le conseiller rapporteur commence l'examen dont il est chargé, et son rapport soumet à la cour tous les éléments de la cause. Combien, dès lors, le rôle de l'avocat plaidant est simplifié sans que l'importance en soit amoindrie : car la plaidoirie pourra être courte, et c'est beaucoup dans l'intérêt de l'influence qu'elle doit produire ; elle sera ce qu'elle doit être, la suprême et solennelle défense d'une cause connue ; le ministère public pourra donner ses conclusions séance tenante, et la cour elle-même ne sera que rarement obligée de remettre son délibéré ; elle statuera immédiatement ou à une audience très rapprochée, et sous l'impression légitime des plaidoiries des parties.

Nous ne prétendons pas que la nature des affaires qui se plaident devant la cour de cassation ne présente pas des facilités exceptionnelles pour la pratique de ce système, mais nous croyons que l'on ne pourrait pas soutenir non plus, que quelques-unes des règles qui le constituent ne produiraient pas les meilleurs effets, si elles étaient adoptées pour la procédure à suivre devant les autres juridictions.

Et, remarquons-le, l'instruction écrite qui se fait à la cour de cassation n'augmente pas sensiblement la durée du procès ; il est certain que les affaires qui exigent des études longues et difficiles, et telles sont presque toujours celles que l'on soumet à la cour de cassation, ne peuvent pas s'expédier avec précipitation ; mais il n'en est pas moins vrai que si les parties sont d'accord pour vouloir prompte justice, un pourvoi peut être jugé en deux mois, et que s'il n'y a de la diligence que chez l'une d'elles seulement, il peut l'être en quatre mois. Sans doute, les deux parties peuvent l'une et l'autre témoigner, par leurs lenteurs, du peu d'empressement qu'elles éprouvent à obtenir la solution du litige; et alors c'est à elles-mêmes et non pas aux règles de la procédure qu'il faut s'en prendre; ici d'ailleurs une limite extrême existe depuis la loi du 25 mai 1838 (voir n° **90**) : c'est celle d'un an à partir de l'ordonnance de signification que rend le premier président, le dix-septième jour après le dépôt du pourvoi (1).

Quant aux frais qu'entraîne l'instance en cassation, ils sont sans doute considérables; mais à part l'indemnité de 150 fr. et l'amende de pareille somme dont la loi impose le payement au demandeur qui succombe, ils ne dépassent pas, en règle générale, les frais qu'occasionnent les procès devant les autres juridictions; certes, c'est encore là une dure perspective pour les plaideurs; mais n'oublions pas que lorsqu'on se place au point de vue de la sûreté et de la tranquillité des citoyens, « les peines, les dépenses, les longueurs, les dangers même de la justice, comme l'a dit Montesquieu, sont le prix que chaque citoyen donne pour sa liberté. » Remarquons, du reste, que les sommes allouées par le tarif aux avocats de la cour de cassation sont évidemment prises en considération par ceux-ci pour la fixation des honoraires auxquels ils ont droit, et que d'un autre côté l'allocation de l'indemnité, si elle augmente les frais pour le demandeur qui succombe, est, pour le défendeur qui triomphe, un acte de réparation et de justice, dont le principe devrait peut-être même recevoir son application dans toutes les instances.

Nous n'en dirons pas autant de l'amende de 150 francs; elle

______

(1) Ce délai d'un an peut paraître trop long; aussi le gouvernement, dans le projet qu'il avait soumis à la chambre, avait-il demandé qu'il fût fixé à six mois; mais la section centrale et la chambre en ont décidé autrement. Des hommes très compétents croient qu'elles ont eu tort. Le demandeur lui-même n'a que trois mois pour faire son pourvoi, et l'expiration de ces trois mois lui fait encourir de plein droit la déchéance. Pourquoi six mois ne suffiraient-ils pas, dans tous les cas, au défendeur qui n'a qu'à soutenir le système de la décision attaquée?

tire sa justification de la nécessité de prévenir les pourvois téméraires et de punir ceux qui les ont portés devant la cour. Or, n'est-il pas évident qu'en matière civile la condamnation à l'amende est une précaution surabondante? L'obligation de payer tous les dépens, ainsi qu'une indemnité de 150 fr., n'est-elle donc pas plus que suffisante pour détourner de la voie du recours en cassation le plaideur que n'anime pas un espoir sérieux de succès? Et lorsque déjà une pareille garantie existe, renforcer encore les condamnations pécuniaires qui attendent le demandeur dont le pourvoi est rejeté, n'est-ce pas s'exposer à frapper injustement une partie dont le seul tort serait d'avoir demandé à la cour la consécration d'un système que la jurisprudence comme la doctrine ont peut-être fortifié d'autorités respectables?

Il est équitable sans doute que le demandeur qui succombe supporte tous les frais d'une instance qui est son fait, mais il ne l'est plus d'obliger la cour à lui infliger, quand même, une amende qui, actuellement surtout, ne présente plus aucun caractère d'utilité, tant les pourvois en matière civile sont aujourd'hui des actes réfléchis et exceptionnels (1).

Nous nous permettrons une autre critique; les principes de l'ordonnance de 1738 sur les consignations d'amendes (voir art. 5, tit. IV, 1re partie) ne sont pas les seuls que notre législation ait eu le tort de conserver; si, dans ce chapitre, nous ne

---

(1) En matière répressive, l'amende de 150 fr. est plus déplorable encore. Le 28 juin dernier, MM. Lelièvre et Dupont ont déposé, sur le bureau de la chambre des représentants, un projet de loi ayant pour objet, dans son article premier, de réduire l'amende pour toutes les matières répressives à 20 fr. si la décision attaquée a été rendue contradictoirement, et à 10 fr. si elle a été rendue par défaut. D'après l'art. 2 de ce projet, par dérogation à l'art. 421 du code d'instruction criminelle, les condamnés à l'emprisonnement ne devraient se constituer que dans le cas où cette peine aurait été prononcée pour un terme excédant six mois. Nous faisons des vœux pour que ce projet de loi soit promptement adopté; nous osons même espérer que les chambres entreront plus avant dans la voie des réformes où ce projet les appelle. Voir un article que nous avons publié sur ce projet dans la *Belgique judiciaire*, 1865, p. 817.

nous occupions pas exclusivement de la procédure en matière civile, nous insisterions sur l'injustice de l'art. 6, tit. IV, 1re partie de l'ordonnance, qu'a expressément maintenu l'art. 421 du code d'instruction criminelle, en vertu duquel toute personne condamnée à une peine d'emprisonnement, même pour des faits qui ne peuvent pas donner lieu à une détention préventive, n'est recevable à se pourvoir en cassation, que si elle s'est mise en état ou qu'elle a obtenu sa liberté sous caution (voir nᵒˢ **136** à **139**). Mais le principe que nous tenons surtout à signaler ici, comme pouvant, par son application, produire de déplorables conséquences, c'est celui qui, d'une manière absolue, méconnaît au pourvoi en matière civile tout effet suspensif sur l'exécution de la décision attaquée.

L'ordonnance de 1738 ne permettait les défenses ou surséances que par ordre exprès du souverain. Aujourd'hui, en dehors des trois cas que nous énumérons au nᵒ **88**, il n'est au pouvoir de personne d'empêcher l'exécution d'un jugement ou d'un arrêt rendu en dernier ressort, quoique régulièrement frappé d'un pourvoi en cassation. Nous ne voulons pas méconnaître, en général, l'utilité du principe qui refuse aux pourvois un caractère suspensif, mais nous disons qu'il est nécessaire et urgent d'étendre les exceptions qui y sont faites; chaque fois que l'exécution de la décision attaquée est de nature à produire un préjudice irréparable, la loi devrait, pour le cas d'un pourvoi en cassation, soit défendre cette exécution, soit permettre au juge de la subordonner à la production d'une caution (1). Aujourd'hui, lorsqu'un arrêt de la cour d'appel a rejeté l'opposition à un mariage, le pourvoi en cassation dirigé contre cet arrêt ne peut empêcher la célébration de ce mariage; aujourd'hui encore, un étranger, un insolvable, peut

____

(1) Dans le *code de procédure civile hollandais* (art. 398), le pourvoi en cassation est même complétement assimilé à l'appel, au point de vue de l'effet suspensif, et ce n'est que lorsque le juge a ordonné l'exécution provisoire de la décision attaquée, que celle-ci peut être exécutée nonobstant une instance en cassation.

malgré un pourvoi en cassation et sans être tenu à donner aucune garantie de restitution, contraindre son adversaire au payement des sommes qui lui sont allouées par la décision attaquée, et laisser après cela la cour de cassation proclamer des droits stériles et rendre un arrêt illusoire (1) ! Une loi qui produit de pareils abus est une loi jugée : elle est mauvaise ! Se peut-il que, sous prétexte du respect qui est dû à la chose jugée, il soit porté une atteinte plus directe à la dignité de la justice! La cour de cassation n'existe pas seulement dans l'intérêt exclusif de la science et des principes purs ; sa mission est de protéger les citoyens contre les violations de la loi commises par les jugements et arrêts rendus en dernier ressort. C'est pour maintenir cette mission élevée et pour ne pas laisser s'amoindrir l'utilité sociale de la cour suprême, qu'une réforme est ici nécessaire.

Chose singulière! si le recours en cassation peut ainsi deve-

---

(1) Voici d'autres espèces où l'absence d'effet suspensif produit des conséquences d'une injustice peut-être plus évidente encore :

1. La radiation d'une inscription hypothécaire a été ordonnée par un arrêt frappé d'un pourvoi en cassation; cette radiation est opérée, un autre créancier est inscrit ensuite; une cassation ultérieure ne peut faire revivre la première inscription, au préjudice du nouveau créancier inscrit. Voir MERLIN, *Quest. de droit*, v° *Cassation*, § XXXI, V.

2. Un jugement en dernier ressort ordonne à un tiers saisi de se libérer entre les mains de A, prétendu créancier de B, des sommes que lui, tiers saisi, doit à B. Le tiers saisi doit, s'il y est contraint par A, exécuter ce jugement, malgré un pourvoi en cassation, et il se trouve définitivement libéré vis-à-vis de B, si même, par suite d'une cassation, il est jugé plus tard que B ne devait rien à A. Arr. C. de cassation de France, 16 mars 1807 et 13 mai 1823.

3. Il est de principe qu'un jugement étranger ne peut être exécuté en Belgique, s'il ne reçoit son *exequatur* d'un tribunal belge. A, étranger, a obtenu d'un tribunal de son pays, un jugement qui condamne B, citoyen belge, à lui payer une somme d'argent. Un jugement en dernier ressort a autorisé en Belgique l'exécution de cette condamnation. En ce cas, B n'a plus aucun intérêt à se pourvoir en cassation contre ce jugement. Car A l'exécutera avant que la cour de cassation ne statue, et puis il se retirera dans son pays, où B ne pourra jamais le contraindre à la restitution des sommes perçues, parce que là A lui opposera le jugement étranger non annulé par l'arrêt de cassation.

6

nir illusoire pour les particuliers, il n'en peut jamais être de même pour l'État; pour lui, la loi a eu plus d'attention et de prévenances, et déjà le 16 juillet 1793, elle stipulait qu'aucun payement ne serait fait par les caisses de l'État, en vertu de jugements ou arrêts attaqués en cassation, que s'il était donné bonne et suffisante caution. Nous ne voulons pas apprécier si cette choquante inégalité, entre les citoyens et l'État agissant pour ses intérêts privés, est conforme aux idées qui dominaient le législateur de 1793, mais nous disons qu'elle est indigne de la législation actuelle.

§ II. Délai du pourvoi.

59. Le délai pour se pourvoir en cassation est établi par l'art. 4 de l'arrêté du 15 mars 1815, conçu dans les termes suivants : « En matière civile, le pourvoi sera introduit, sans autre déclaration préalable, dans le délai de trois mois, qui commencera à courir du jour de la signification de l'arrêt ou du jugement attaqué. »

La loi du 1er frimaire an II, encore en vigueur en France, accordait trois mois francs, dans lesquels ne devaient être compris « ni le jour de la signification du jugement à personne ou domicile, ni le jour de l'échéance. »

Les termes de l'arrêté de 1815 sont clairs : le pourvoi doit se faire *dans* les trois mois; le dernier jour des trois mois est donc le dernier jour utile; mais le jour de la signification de l'arrêt ou du jugement attaqué n'est pas compris dans le délai. Il importe peu, du reste, que les mois du délai se composent de 28, 29, 30 ou 31 jours (1).

(1) Dalloz, *Répertoire*, v° *Délai*, n° 17, posant ce principe général des délais par mois, fait remarquer que si l'on part du 31 janvier, le délai d'un mois sera échu le 28 février, et par une juste réciprocité, si le terme d'un mois commence le dernier jour de février, il ne sera échu que le 31 mars.

Ainsi, il a été jugé : qu'un pourvoi fait le 27 juillet contre un arrêt signifié le 27 avril précédent est recevable. Arr. 18 décembre 1837 (P. à sa date), conclusions conformes de M. le procureur général Leclercq ; que le pourvoi dirigé le 27 octobre contre un arrêt signifié le 26 juillet est tardif. Arr. 9 avril 1839 (P. à sa date) ; que le pourvoi fait le 5 octobre contre un arrêt signifié à partie le 4 juillet est tardif. Arr. 10 août 1843 (P. 1844, p. 44).

Cette déchéance est, du reste, d'ordre public, et la fin de non-recevoir qui en résulte peut être suppléée d'office par la cour. V. arr. 20 mai 1833 (P. à sa date).

60. Aucune prolongation du délai ne peut être admise en faveur des personnes domiciliées à l'étranger ; il ne faut donc pas appliquer à cette matière l'art. 445, C. proc. civ., qui accorde pour interjeter appel, outre le délai de trois mois, le délai des ajournements réglé par l'art. 73, C. proc. civ., à l'égard des personnes domiciliées hors du royaume. Le texte de l'arrêté du 15 mars 1815 est tout à fait général ; il ne comporte aucune distinction ni exception ; ainsi jugé par l'arrêt du 16 janvier 1839 (P. à sa date) ; *idem* par l'arrêt du 16 mars 1846 (P. 1847, p. 79). Nous n'oserions dire que ces décisions excluent également le délai d'une année à compter de la signification de l'arrêt à domicile, qu'accordait l'art. 11, titre 4, 1re partie ordonnance de 1738, « à ceux qui seront absents du royaume pour cause publique » (voy. Dalloz, *Rép.*, v° *Cassation*, n° 519), ainsi que le délai exceptionnel introduit par le décret du 2 septembre 1793, art. 1er, ainsi conçu : « Les gens de mer absents du territoire français en Europe, pour cause de navigation, sans avoir acquis ou fixé leur domicile soit dans les colonies françaises, soit en pays étranger, auront trois mois, à compter de leur retour en France, pour se pourvoir en cassation des jugements en dernier ressort, rendus contre eux pendant leur absence. »

Nous croyons devoir rappeler également ici, sans nous prononcer sur leur caractère obligatoire: 1° le décret du 22 août 1793, qui, en faveur des habitants de départements en état de révolte, dispose que le délai, pour se pourvoir en cassation, ne commencera à courir que « quinze jours après la cessation des troubles et l'entier rétablissement de l'ordre. »

2° La loi du 6 brumaire an v, accordant des exemptions du même genre aux défenseurs de la patrie et aux autres citoyens attachés au service des armées de terre et de mer.

3° Le décret du 6 pluviôse an ii, dont il sera question au n° **63**.

61. La circonstance que le dernier jour du délai est un jour férié est sans influence sur la durée de ce délai. V. Dalloz, *Rép.*, v° *Délai*, n°ˢ 53 et 54; notre cour de cassation a même appliqué ce principe en matière répressive, où les délais sont très courts et ne sont parfois que d'un jour. Arr. 3 juin 1856 (P. 1856, p. 355). V. n°ˢ **129** et **140**. Il est vrai que l'expédition des affaires criminelles est exceptée de la règle qui consacre les dimanches et les fêtes au repos des fonctionnaires publics, et qu'ainsi en cette matière, comme le déclare l'arrêt que nous venons de citer, les officiers ministériels compétents sont tenus, même les jours fériés, de dresser les actes de leur ministère, lorsqu'ils en sont requis par les parties intéressées. Mais il n'en est pas moins certain et généralement admis que, surtout quant au délai de trois mois, accordé en matière civile pour le pourvoi en cassation, il n'y a pas lieu de le prolonger parce que le dernier jour serait un jour férié, la loi n'ayant fait aucune exception pour ce cas.

62. Cette question se rattache intimement au point de savoir si le droit de se pourvoir peut s'exercer en dehors des heures d'ouverture du greffe, qui sont à la cour de cassation, pour tous les jours non fériés, de neuf heures du matin à trois heures de relevée (art. 25 du règlement de la cour).

Nous verrons en effet plus loin, n° **66**, que le dépôt des pièces constituant le pourvoi doit, pour être valable, s'effectuer au greffe; la loi qui exige cela n'a évidemment pu vouloir que le greffe demeurât constamment ouvert; son intention a donc dû être, lorsqu'elle a déterminé la durée du délai, de restreindre *aux heures utiles* l'exercice du droit des parties.

Tel est le droit strict. Le greffier en chef ou les greffiers qui le remplacent pourront toujours, sans y être obligés, se transporter au greffe en dehors des heures fixées et y faire les constatations nécessaires; aussi la cour de cassation belge n'a-t-elle jamais été appelée à examiner la question; mais en France, il est arrivé que le dernier jour du délai, à dix heures et demie du soir, un pourvoi fut présenté au domicile du greffier qui le refusa; la cour de cassation trouva que celui-ci avait agi comme il en avait le droit, et elle déclara le pourvoi fait le lendemain non recevable, parce que l'on ne peut astreindre le greffier à tenir le greffe ouvert, soit d'autres jours, soit à d'autres heures que ne l'exigent les lois et règlements. V. arr. C. de cass. de France, 6 avril 1842 (Sirey, 1842, 1, 289).

63. Quelque formelle que soit la loi, il semble impossible d'admettre que, dans le cas de force majeure, l'expiration du délai de trois mois doive entraîner la déchéance du droit de se pourvoir; aussi a-t-il été jugé par la cour de cassation de France, que lorsque par suite d'événements politiques ayant entraîné des difficultés de communication, le dernier jour du délai n'a pas été utile, le pourvoi formé le lendemain est encore recevable. Arr. 7 mars 1849 (Sirey, 1849, 1, 343).

Le décret du 6 pluviôse an II prévoit, dans son art. 1er, l'hypothèse où « des titres, sentences ou procédures confiés aux notaires publics, ci-devant avoués, défenseurs officieux, huissiers fondés de pouvoirs, agents d'affaires et autres détenteurs se trouvent sous les scellés, » et il dispose, dans son art. 4, que « les délais pour se pourvoir contre les jugements par opposition, appel ou voie de cassation, pour exercer toute action, faire tous actes conservatoires, cessent de courir contre ceux qui sont dans le cas de l'art. 1er, depuis l'instant de l'apposition des scellés jusqu'au procès-verbal de la levée sur leur réquisition. »

Nous n'hésitons pas à ranger parmi les cas de force majeure, de nature à prévenir la déchéance, le cas où une partie se présenterait en temps utile au greffe, mais n'y trouverait pas de greffier pour recevoir sa déclaration. Aucun reproche ne peut être fait à cette partie, et la loi ne peut avoir exigé d'elle l'impossible.

Que l'on ne dise pas qu'il suffit de lui accorder un recours contre le greffier ! Ne se peut-il pas que l'absence de celui-ci soit aussi la conséquence d'une force majeure qui ne lui ait pas même laissé le temps de se faire remplacer? Et en supposant même une faute de sa part, les intérêts engagés dans le procès ne peuvent-ils pas être tellement considérables que la responsabilité du greffier ne soit pas, même au seul point de vue pécuniaire, une garantie suffisante?

Du reste, ce principe que nous combattons étant une fois admis, il faudrait l'appliquer aussi au pourvoi en matière répressive, dont acte doit être dressé par le greffier de la juridiction qui a rendu le décision attaquée; or notre cour de cassation a décidé, en cette matière, que la preuve que le condamné détenu, dont le pourvoi a été inscrit tardivement, a déclaré en temps utile vouloir recourir en cassation, peut résulter d'une enquête. Arr. 2 avril 1850 (P. 1850, p. 317); V. aussi arr. 9 septembre 1836, rendu en matière électorale.

64. Conformément à l'art. 4 de l'arrêté du 15 mars 1815, le point de départ du délai de trois mois est la signification de l'arrêt ou du jugement attaqué. Cette signification doit se faire à la personne ou au domicile de la partie; elle doit être régulière et contenir les formalités essentielles à la validité des exploits. Arr. 8 février 1862 (P. 1862, p. 161). Les significations aux personnes établies à l'étranger doivent avoir lieu en conformité des arrêtés du 1er avril 1814 et du 26 mars 1833. Arr. 16 mars 1846 (P. 1847, p. 79).

Il a été jugé que le délai ne court pas contre la partie qui a fait la signification, mais seulement contre celle à laquelle cette signification a été faite. Arr. 25 juin 1840 (P. à sa date), et 17 décembre 1842 (P. 1843, p. 73). C'est ce que stipulaient, du reste, expressément l'art. 13, titre IV, 1re partie de l'ordonnance du 28 juin 1738, et l'art. 14 de la loi du 1er décembre 1790.

La signification d'un arrêt faite au domicile d'une personne, décédée pendant le délai du pourvoi, suffit-elle à l'égard des héritiers de cette personne? V. Dalloz, *Rép.*, v° *Cassation*, n° 492, et v° *Délais*, n° 65. L'art. 14, titre IV, 1re partie de l'ordonnance de 1738, répond du reste d'une manière précise à cette question, en faisant courir un nouveau délai contre les héritiers, successeurs ou ayants cause, depuis le jour de la signification à la personne ou au domicile de ceux-ci. Un arrêt du 11 février 1841 (P. 1841, p. 132) s'est prononcé en ce sens, et consacre ainsi un système tout différent de celui que contient, pour le délai de l'appel, l'art. 447, C. proc. civ., qui déclare seulement le délai suspendu par la mort de la partie succombante, et n'exige, pour lui faire reprendre son cours, qu'une signification collective aux héritiers, sans désignation de noms et de qualités, et au domicile du défunt.

65. Nous avons vu, n° **48**, que, d'après l'art. 14 de la loi du 2 brumaire an IV, le recours en cassation contre les jugements *préparatoires et d'instruction* n'est ouvert qu'après le jugement définitif; il est donc presque superflu de faire remarquer qu'à l'égard de ces jugements, la signification immédiate à partie ne peut faire courir le délai du pourvoi : *contra non valentem agere non currit præscriptio;* la cour a eu l'occasion de rendre hommage à ce principe, en décidant que lorsqu'un tribunal a statué par un seul jugement, en dernier ressort, sur le fond de litige, et en premier ressort sur la compétence, et qu'il y a appel relativement à la compétence, le délai pour se pourvoir en cassation, quant à la partie du jugement qui a statué au fond, ne commence à courir que du jour que l'arrêt sur la question de compétence est rendu et signifié. Arr. 28 déc. 1855 (P. 1856, p. 46).

L'importance de la distinction entre les jugements qui doivent être considérés comme définitifs en matière civile, au point de vue de la recevabilité immédiate du pourvoi, et ceux qui ne sont que préparatoires ou d'instruction, se manifeste surtout ici : dès que l'arrêt est définitif, ne statuât-il même que sur un incident élevé dans un litige, le pourvoi en cassation contre cet arrêt doit être formé dans les trois mois de la signification. Arr. 28 octobre 1833 (P. à sa date).

65bis. L'art. 4 de l'arrêté du 15 mars 1815, suivant en cela l'exemple de la législation antérieure, ne distingue pas, au point de vue du délai, entre les décisions contradictoires et celles qui sont rendues par défaut. Le délai du pourvoi, à l'égard de ces dernières, court-il également du jour de la signification à partie?

Nous l'avons vu au n° **47**, le pourvoi en cassation est recevable contre les arrêts ou jugements par défaut rendus en dernier ressort. Arr. Bruxelles cass., 29 mai 1822 (P. à sa date). Mais il faut pour cela que le délai de l'opposition soit expiré de la manière établie par les art. 156, 157 et 470 C. proc. civ., pour les jugements des tribunaux de première instance et les arrêts des cours d'appel, et l'art. 436, C. proc. civ., pour les jugements des tribunaux de commerce. Il est un principe certain, quoiqu'il ne soit pas inscrit formellement dans notre législation, c'est que les décisions définitives, seules, peuvent être attaquées en cassation ; ce recours extraordinaire n'est à la disposition des parties que lorsque aucune autre voie ne leur est plus ouverte pour obtenir la réformation de la sentence qui leur inflige grief. C'est ainsi que notre cour de cassation a constamment décidé, par application de ce principe, que l'on ne peut jamais se pourvoir devant elle pour des causes qui donnent lieu à la requête civile. V. les décisions citées au n° **26**. Il est donc certain qu'il ne peut être question de se pourvoir en cassation que lorsque l'opposition n'est plus recevable, et dès lors on ne peut plus admettre, malgré le silence de la loi, que les trois mois accordés aux parties pour se pourvoir en cassation puissent courir avant l'expiration du délai d'opposition. Voir, en ce sens, Pigeau, t. Ier, p. 675; Dalloz, v° *Cassation*, n° 91 ; Bernard, *Manuel des pourvois*, p. 105; voy. aussi les décisions citées au n° **130**, et l'art. 455, C. proc. civ.

65ter. Ainsi que nous essayons de le démontrer au n° **71**, l'expiration du délai de trois mois ne peut être opposé au défendeur en cassation qui demande à son tour l'annulation de la décision attaquée.

§ III. Formes du pourvoi.

66. Le pourvoi en cassation, en matière civile, se fait au greffe de la cour de cassation; ce qui le constitue, c'est le dépôt à ce greffe de trois pièces : 1° le mémoire introductif ou la requête en cassation; 2° la quittance constatant la consignation de l'amende, ou un certificat d'indigence dans les formes prescrites par la loi; 3° la copie signifiée ou, à défaut de signification, l'expédition de l'arrêt ou du jugement attaqué. Sans le dépôt de ces trois pièces, le pourvoi n'est pas recevable (arrêté du 15 mars 1815, art. 5).

Le greffier constate ce dépôt en inscrivant en marge de chaque pièce : *Déposé au greffe tel ou tel jour*, et en signant cette déclaration (art. 20, même arrêté). Aux termes de l'article suivant, aucune pièce, du reste, n'est censée faire partie de la procédure sans l'accomplissement de cette formalité par le greffier ; une application rigoureuse a toujours été faite de ce principe. Ainsi , il a été jugé qu'on ne peut tirer un moyen de la violation de la chose jugée, si le jugement dont on veut la faire résulter n'a pas été déposé, fût-il même fait mention de cette décision dans les qualités de l'arrêt attaqué. Arr. 23 janvier 1838 (P. à sa date).

Outre cette mention en marge de chaque pièce, le greffier dresse acte de chaque dépôt de pièces, pour se conformer à l'art. 43, de la loi du 22 frimaire an VII, qui lui en impose l'obligation sous peine de 50 fr. d'amende. Cette dernière formalité semble n'être qu'une mesure fiscale, dont l'inobservation ne peut entraîner la déchéance du pourvoi ; il est à remarquer d'ailleurs que cet acte, inscrit dans un registre spécial, n'est pas joint au dossier et qu'il ne passe pas sous les yeux de la cour ; ce qui prouve surabondamment qu'il n'est pas nécessaire à la validité du dépôt.

Mais, comme, au greffe de la cour de cassation, il n'est pas d'usage de donner *récépissé* des pièces qui y sont déposées, cet acte présente pour la partie une véritable garantie et forme un titre constatant le dépôt entre les mains du greffier qui en est signataire.

Il résulte des art. 5, 20 et 21 cités, que le dépôt doit se faire au greffe et non au domicile du greffier en chef ou des greffiers. C'est ce que la cour de cassation de France a décidé par l'arrêt, rappelé au n° **62**, du 6 avril 1842 (Sirey, 42, 1, 289); c'est ce qui paraît surtout incontestable sous l'empire de l'arrêté de 1815, qui exige la mention en marge : *Déposé au greffe,* formalité toute substantielle et que le greffier ne pourrait remplir si ce n'était pas en réalité au greffe que le dépôt s'était effectué.

Dès qu'une requête en cassation est déposée au greffe, elle y est enregistrée au rôle général par ordre de date et de numéro (art. 6, règlement de la cour du 10 novembre 1832).

67. Si d'un côté, ainsi que nous l'avons vu, une pièce non revêtue de la mention en marge, constatant le dépôt au greffe, est censée ne pas faire partie de la procédure, de l'autre, le greffier ne peut constater le dépôt d'une pièce qui n'est pas revêtue des formalités du timbre et de l'enregistrement et n'en est pas dispensée, loi du 13 brumaire an VII, art. 24 et 25, 6°; loi du 22 frimaire an VII, art. 42).

Il a été jugé que le pourvoi fondé sur des actes non déposés au greffe peut cependant être reçu, si le contenu de ces actes est rappelé dans la décision attaquée. Arr. 28 janvier 1853 (P. 1853, p. 188).

Nous passons à l'exposé des quelques règles relatives aux productions constitutives du pourvoi.

68. *Mémoire introductif ou requête en cassation.* La requête en cassation doit être sur timbre et enregistrée (arrêté de 1815, art. 10). Adressée à la cour, elle est le premier acte et le plus important d'une procédure que la loi déclare écrite (arrêté du 15 mars 1815, art. 3, § 1). Elle doit être signée par un avocat à la cour (ordonnance de 1738, art. 1er, titre IV, 1re partie). Arr. 7 mars 1840 (P. 1841, p. 352).

La signature de la partie n'est pas nécessaire, et quant à l'avocat, la production d'une procuration écrite n'est pas exigée pour la recevabilité du pourvoi qu'il a signé. L'ordonnance de 1738 exigeait qu'outre la signature de l'avocat du demandeur, il y eût, au bas de la requête, celle de deux anciens avocats du conseil, qui devaient au préalable prendre connaissance de l'affaire. Cette dernière formalité fut supprimée par la loi du 17 août 1793.

Le greffier qui expédierait une requête non signée par un avocat de la cour, encourrait une amende de 200 francs (ordonnance de 1738, art. 17, titre I, 2e partie). V. n° **83**.

La requête doit contenir l'indication des lois que le demandeur prétend avoir été violées, et un exposé sommaire des moyens qu'il veut employer (art. 8 de l'arrêté de 1815); les articles 7 et 9 de cet arrêté sont ainsi conçus :

« Art. 7. Lorsque l'arrêt ou le jugement attaqué renfermera plusieurs dispositions, la requête introductive contiendra l'indication précise de tous les chefs contre lesquels le pourvoi est dirigé ; il ne sera plus permis au demandeur de revenir sur les autres. »

« Art. 9. La cour ne pourra connaître, *dans l'intérêt des parties,* que des chefs indiqués dans la requête introductive : mais il appartiendra toujours au ministère public de discuter et à la cour d'apprécier les moyens de droit qu'on aurait pu alléguer contre les chefs qui font l'objet de la demande en cassation, pourvu que le demandeur ait satisfait aux dispositions de l'article précédent. »

Par application de ces textes, la plus constante jurisprudence déclare nul, tout pourvoi dont le mémoire introductif ne contient pas, à la fois, la citation des textes violés et l'exposé sommaire des moyens de cassation : tout article non cité dans la requête, tout moyen qui n'y est pas signalé ne peuvent servir de base à la cassation.

Il n'y a, du reste, pas lieu à distinguer, sous ce rapport, entre les moyens d'ordre public et ceux qui ne le sont pas.

Le mémoire ampliatif que l'on a le droit de déposer après la requête ne saurait même réparer cette omission. Arr. 16 février 1835 (P. à sa date); 10 janvier 1846 (P. 1846, p. 493); 5 août 1847 (P. 1848, p. 65). Voir toutefois un arrêt de cassation du 2 juin 1826 (P. 1826, p. 183).

Exposer sommairement un moyen, c'est dire en quoi et comment la loi que l'on cite a été violée par la décision attaquée. V. arr. 10 février 1842 (P. 1842, p. 135); 14 avril 1848 (P. 1848, p. 472).

Quant à l'indication de la loi, il est nécessaire de citer clairement la disposition de l'article violé; lors donc qu'une loi renferme un grand nombre de dispositions, il ne suffit pas d'indiquer cette loi, c'est l'article qu'il faut aussi signaler; ainsi il a été jugé: que n'est pas suffisamment précis, le moyen tiré, soit de la violation de la loi du 27 décembre 1817. Arr. 22 juin 1836 (P. à sa date); soit de la violation de la loi du 27 ventôse an VIII. Arr. 10 janvier 1846 (P. 1846, p. 493); soit de la violation de la loi du 16 septembre 1807. Arr. 23 juillet 1846 (P. 1847, p. 154); qu'il ne suffit pas, lorsqu'on se pourvoit contre un arrêt qui a méconnu la nature du droit des particuliers sur les chemins communaux, d'invoquer l'art. 543,

C. civ., qui ne fait qu'énoncer en général les droits qu'on peut avoir sur les biens. Arr. 1er juillet 1835 (P. à sa date); que lorsqu'il y a deux lois, de la même date, s'occupant l'une et l'autre de la même matière, et que le demandeur se borne à en citer une de cette date, sans autre désignation, il ne satisfait pas au vœu de l'art. 8 du règlement de 1815, et que la cour n'est pas tenue de s'arrêter au moyen qu'il produit. Arr. 18 octobre 1851 (P. 1852, p. 61).

Mais lorsque le pourvoi allègue la violation d'un principe qui résulte de l'ensemble d'une loi, il suffit d'indiquer nettement ce principe et cette loi, sans qu'il soit nécessaire de citer textuellement les articles violés. Arr. 2 mars 1848 (P. 1848, p. 288).

Lorsqu'un pourvoi présente plusieurs moyens, les articles cités comme violés par l'un d'eux, peuvent être considérés comme se rattachant aussi à un autre moyen dans lequel ils ne sont pas expressément cités. Arr. 15 janvier 1846 (P. 1847, p. 200).

Lorsque le pourvoi est dirigé contre quatre jugements, dont les deux premiers posent les principes expliqués dans les deux derniers qui n'en sont que la conséquence, le pourvoi peut être déclaré recevable à l'égard des quatre jugements, quoique l'on n'ait explicitement produit des moyens que contre les deux premiers. Arr. 23 novembre 1849 (P. 1850, p. 256).

Nous avons déjà fait connaître un certain nombre de décisions par lesquelles la cour de cassation a considéré comme ne pouvant servir de base à un pourvoi, un moyen tiré de la violation d'un principe de droit, d'une loi romaine, si le texte législatif réellement méconnu n'est pas indiqué dans la requête en cassation. Nous renvoyons donc sur ce point au n° **40**.

Mais il été jugé que le pourvoi basé sur la violation d'une loi romaine est recevable, s'il s'agit d'un pays coutumier où le droit romain était obligatoire, et quoique le pourvoi n'indique pas la loi nationale qui l'ait mis en vigueur; et en général, que l'obligation d'indiquer les lois violées doit s'entendre de la loi spéciale à laquelle le défendeur prétend qu'il a été contrevenu, sans qu'il soit besoin de rappeler l'acte qui l'a rendu obligatoire. Arr. 27 novembre 1837 (P. 1837, p. 161).

Quant à la citation d'une loi abrogée, au lieu de celle qui l'a remplacée, elle est insuffisante, et le moyen qui par erreur a été tiré de la violation de cette loi n'est pas recevable. Arr. 9 juin 1845 (P. 1846, p. 513); 8 août 1846 (P. 1847, p. 236).

69. La requête en cassation doit désigner d'une manière suffisante l'arrêt et les personnes contre lesquels le pourvoi est dirigé; rien de substantiel n'est prescrit sous ce rapport; ainsi il a été jugé, que tous les noms des défendeurs ne doivent pas nécessairement être insérés dans la requête. Arr. 5 février 1853 (P. 1853, p. 237). Du reste, le dépôt au greffe du mémoire en cassation, s'il introduit le pourvoi, ne lie pas encore la nouvelle instance avec les futurs défendeurs; vis-à-vis de ceux-ci, ce qui fait *être* le pourvoi, c'est l'exploit de signification dont il sera question plus loin, et qui, au contraire, s'il ne portait pas les noms de tous les défendeurs, ne serait pas valable à l'égard de ceux qui n'y seraient pas nominativement désignés (art. 61, 2°, C. pr. civ.). V. n° **81**.

Il a été fait application de ce principe, dans l'arrêt du 27 décembre 1849 (P. 1850, p. 143), qui décide que le pourvoi est valable, quoique dans la requête en cassation on ait désigné comme défenderesse une personne décédée, si cette requête a été régulièrement signifiée aux héritiers du défunt.

Le mémoire en cassation doit enfin contenir l'état des pièces jointes. Ces pièces doivent être cotées par première et dernière (art. 3, §2, arrêté du 15 mars 1815). Les mentions dont il s'agit ici ne sont pas prescrites à peine de déchéance ou de nullité.

70. Les art. 11 et 12 de l'arrêté de 1815 sont ainsi conçus :

« Art. 11. Il est loisible au demandeur de joindre à sa première requête ou de produire, dans les quinze jours suivants, un mémoire ampliatif contenant les faits du procès et le développement de ses moyens. »

« Art. 12. Faute de production dans le délai ci-dessus indiqué, la partie sera censée y avoir renoncé ;

« Tout développement ultérieur et toute réplique lui seront interdits. »

Le mémoire ampliatif ne peut être qu'une amplification de la requête en cassation ; il ne peut pas contenir de moyens nouveaux (voir n° **68**), ni indiquer de nouvelles lois violées, ni être dirigé contre d'autres défendeurs ou d'autres arrêts que ceux que mentionne la requête primitive. C'est la conséquence rigoureuse de la première des dispositions que nous venons de citer. La partie qui voudrait faire subir à sa requête une modification aussi importante, et qui serait encore dans le délai du recours en cassation, devrait donc faire un nouveau pourvoi en renonçant par un désistement au bénéfice du premier. V. toutefois n° **158**[bis].

Pour jouir du droit de déposer un mémoire ampliatif, il n'est pas nécessaire de faire à cet effet, dans la requête introductive, des réserves quelconques.

Lorsqu'un pourvoi a été déposé le 1er du mois, le dernier jour utile pour le dépôt d'un mémoire ampliatif est le 16 du même mois.

Après l'expiration de ce délai, le demandeur ne peut plus soumettre à la cour aucun autre mémoire ; il n'a surtout pas le droit de répliquer à la réponse du défendeur. Un arrêt du 8 février 1862 (P. 1862, p. 161) a reconnu que cette règle n'est pas absolue, et il a admis que le demandeur avait le droit de répondre à une fin de non-recevoir opposée par le défendeur, et qu'il n'avait pu ni prévoir ni combattre. Cette réplique du demandeur avait été faite par mémoire signifié, déposé au greffe. Le même arrêt a refusé, au contraire, au défendeur, le droit de répliquer sur cette fin de non-recevoir, qu'il avait eu la faculté d'appuyer, dans sa réponse, de toutes les considérations nécessaires.

Une autre exception doit encore être faite à la même règle de l'art. 12 précité de l'arrêté de 1815; elle s'applique aux mémoires écrits ou imprimés dont parle l'art. 33 du même arrêté. V. n° **93**.

70*bis*. Les art. 25, 27 et 28, titre IV, 2ᵉ partie de l'ordonnance de 1738, doivent être considérés comme étant encore en vigueur et sont conçus comme suit :

« Art. 25. Toutes les requêtes qui seront présentées au conseil seront écrites correctement et lisiblement, et les conclusions que les parties prendront par icelles seront transcrites de suite sans aucun blanc ni interligne, et les renvois, si aucuns y a, ne pourront être écrits qu'à la suite et après les derniers mots desdites conclusions, sinon il ne pourra être statué sur ce qui sera porté par lesdits renvois, qui seront réputés nuls et de nul effet.

« Art. 27. Défenses sont faites aux avocats de faire dans leurs écritures des digressions et répétitions inutiles ou d'y transcrire en entier les pièces et les moyens auxquels ils répondront, à peine de réduction ou de radiation desdites écritures. »

Un arrêt du 3 février 1852 (P. 1852, p. 237) a décidé que ne peuvent entrer en taxe les frais occasionnés par l'insertion dans la requête en cassation du texte de la décision annulée.

« Art. 28. Lesdits avocats s'abstiendront pareillement avec soin d'user de termes injurieux contre leurs parties ou contre leurs confrères à peine de radiation desdits termes, et de suppression des écritures qui les contiendraient, comme aussi de telles réparations et dommages-intérêts qu'il sera jugé à propos, même d'amende et d'interdiction suivant l'exigence des cas. »

71. Il se peut que le défendeur se plaigne, lui aussi, de l'arrêt attaqué et en demande la cassation. Ce cas est prévu par l'arrêté de 1815, article 2, ainsi conçu : « Lorsque les deux parties attaqueront le même arrêt par la voie de cassation, chacune sera tenue d'en observer les formalités et les délais prescrits pour le demandeur, mais la jonction des deux instances est de droit. »

Le défendeur qui demande à son tour l'annulation devra donc de son côté, pour que son pourvoi soit recevable, faire toutes les productions requises dont il est question au présent paragraphe. Mais est-il nécessaire pour cela que le délai de trois mois ne soit pas expiré? Il a été jugé, le 25 juin 1840 (P. à sa date), que la signification d'un arrêt, sans réserve, n'emporte acquiescement que si la partie adverse se soumet, de son côté, à la décision intervenue, attendu qu'acquiescer à un arrêt, c'est consentir à ce qu'il soit exécuté tel qu'il est et dans son entier. Ne doit-on pas dès lors en dire autant de cet autre acquiescement tacite, résultant de ce qu'une partie a laissé écouler, sans se pourvoir, le délai établi pour l'exercice du recours en cassation? La raison et l'équité le veulent ainsi; elles s'opposent à ce qu'une partie, qui ne s'est abstenue d'attaquer une décision que parce qu'elle n'a pas plus à s'en plaindre que son adversaire, lequel ne manifeste pas l'intention de se pourvoir, soit victime d'une surprise et d'un piége, et ne puisse plus opposer ses griefs à ceux que l'on fait valoir contre elle. Les délais sont établis dans l'intérêt de la partie contre laquelle on peut se pourvoir, pour qu'elle ne reste pas trop longtemps incertaine sur le sort du litige; mais cet intérêt ne disparaît-il pas, lorsque celle-ci remet elle-même en question ce qui a été jugé ?

L'ar. 443, C. proc. civ., se prononce du reste formellement en ce sens, au point de vue de l'appel incident (voir Carré, sur l'article 443); aussi éprouvons-nous de la peine à admettre que l'art. 2 de l'arrêté de 1815 ait voulu dire le contraire, et nous préférons penser qu'en parlant des *délais prescrits pour le demandeur*, cette disposition n'a eu en vue que les délais imposés par la loi à la partie depuis le jour du pourvoi, et que sinon elle n'eût pas dit : *prescrits pour le demandeur*, mais bien *pour la partie qui veut se pourvoir*, laquelle n'est en réalité demanderesse que lorsque sa requête en cassation est déposée. Quoi qu'il en soit, l'arrêt du 25 juin 1840 n'a pas apprécié cette question parce que, dans l'espèce, le délai du pourvoi n'avait pas commencé à courir contre le défendeur auquel l'arrêt attaqué n'avait pas été signifié.

72. Il est nécessaire de déposer autant de requêtes et de faire autant de pourvois qu'il y a d'affaires distinctes ; sinon il serait rigoureusement vrai que dans aucune d'elles les prescriptions de la loi, quant à la production du mémoire en cassation, ne seraient observées, et le pourvoi devrait être déclaré non recevable pour le tout. Tel est le système de l'arrêt du 13 janvier 1848 (P. 1848, p. 41). Voir toutefois deux arrêts plus anciens du 19 juillet 1831 et du 31 décembre 1838 (P. à leur date).

Mais à quoi faut-il s'attacher pour reconnaître s'il y a une, ou bien plusieurs affaires? On ne saurait établir une règle absolue et générale, comprenant l'infinie variété des espèces qui peuvent se présenter. Il est certain, d'un côté, qu'il peut y avoir plusieurs parties, eussent-elles même un intérêt distinct, mais non opposé, au litige, sans qu'il y ait nécessairement plus d'une affaire ; d'un autre côté, ce n'est pas parce qu'il y aurait identité dans les questions à plaider et dans l'objet de la demande, qu'il faudrait toujours dire qu'il n'y a qu'un seul litige. Ce qu'il y a de plus prudent, pensons-nous, en pareille matière, c'est de s'en tenir au nombre de décisions attaquées ; s'il y en a deux qui ne sont pas l'une la conséquence de l'autre, il est bon de faire deux pourvois ; la cour, dans la suite, reconnaissant peut-être l'intimité du lien existant entre les deux demandes, en prononcera la jonction, et alors il n'y aura plus en réalité qu'une affaire n'exigeant plus qu'une seule procédure ; mais puisque le juge du fond a rendu deux arrêts et qu'aucune jonction n'est décrétée, les parties doivent subir les conséquences de cet état de choses.

C'est ainsi que, lors d'un arrêt du 26 octobre 1849 (P. 1851, p. 124), deux pourvois séparés ont été présentés en matière civile, le premier contre un arrêt définitif de condamnation, le second contre un arrêt statuant sur une opposition faite contre l'exécution des dépens auxquels le premier arrêt avait condamné le demandeur en cassation. La cour prononça la jonction des deux pourvois comme connexes, mais n'en condamna pas moins le demandeur à deux amendes et à deux indemnités. V. l'arrêt du 13 juillet 1843 (P. 1844, p. 36), prononçant également la jonction de deux pourvois, mais ordonnant la restitution d'une des deux amendes consignées.

Si, au contraire, il n'y a qu'une décision attaquée, il semble qu'un seul pourvoi doive toujours suffire. Arr. 11 novembre 1833. Voir n° **75**.

73. *Quittance constatant la consignation de l'amende.*

Cette quittance délivrée par le receveur de l'enregistrement doit, sous peine de déchéance, être jointe au mémoire en cassation et déposée avec lui. Arrêté du 15 mars 1815, art. 5; arr. 11 mars et 14 août 1841 (P. 1841, p. 353).

L'art. 1ᵉʳ de la loi du 14 brumaire an v a rétabli d'une manière générale, « tant en matière civile qu'en matière correctionnelle et municipale, » l'obligation que l'ordonnance de 1738 imposait au demandeur de consigner une amende de 150 ou de 75 fr., selon que la décision attaquée était contradictoire ou par défaut.

Cette disposition ne distinguant pas, il est raisonnable d'admettre que dès qu'un jugement a été rendu par défaut contre une partie, toute personne, même celle qui a comparu, ne doit, pour se pourvoir, consigner qu'une amende de 75 fr. Voir du reste n° **148**.

La loi du 2 brumaire an iv, art. 17, dispose même : « Que la requête ou mémoire en cassation *ne sera pas reçue au greffe*, et les juges ne pourront y avoir égard, à moins que la quittance de consignation d'amende n'y soit jointe. » Cet article que l'arrêté de 1815 ne semble pas avoir aboli, est rigoureusement observé au greffe de la cour de cassation de France, comme l'atteste le *Manuel* de M. Bernard, greffier en chef à cette cour, p. 130.

74. Aux termes de l'article 6 de l'arrêté de 1815, les administrations qui agissent dans l'intérêt du gouvernement, telles que l'administration des eaux et forêts, de l'enregistrement, des domaines et autres, sont dispensées de la consignation d'amende. Il a été jugé, le 12 janvier 1833, que la *Société Générale pour favoriser l'industrie nationale* ne devait pas être comprise dans cette dispense ; et le 31 juillet 1845 (P. 1846, p. 189), que l'agent du gouvernement qui, quoique ayant posé un acte à raison de ses fonctions, a été condamné en nom personnel, ne peut, alors même que l'État est intervenu en instance d'appel pour ratifier ce qu'il a fait, se pourvoir en cassation sans consigner l'amende.

74*bis*. Une seconde dispense existe en faveur des indigents ; mais, pour en jouir, ceux-ci doivent produire un certificat d'indigence, délivré par l'administration communale de leur domicile ; « ce certificat, dit la loi du 14 brumaire an v, art. 2, sera visé et approuvé par l'administration centrale du département, et il y sera joint un extrait de leurs impositions. »

Le visa et l'approbation doivent aujourd'hui, en vertu de cette disposition, émaner du gouverneur de la province. Ce sont là des formalités substantielles qui, malgré l'arrêté royal du 4 janvier 1849, sont encore de rigueur, et sans lesquelles le pourvoi ne peut être reçu. V. n° **146**.

Il a été jugé que le visa du commissaire d'arrondissement et son approbation sont insuffisants. Arr. 28 décembre 1836 (P. à sa date);

Qu'il en est de même de la simple légalisation, par le gouverneur, de la signature du bourgmestre de la commune. Arr. 8 décembre 1859 (P. 1860, p. 52); ainsi que du visa émanant du gouverneur, mais non accompagné de l'approbation. Arr. 17 mars 1833;

Que c'est l'indigence au temps du pourvoi, qui doit être constatée, et non celle où se trouvait le demandeur lors des procédures antérieures, par exemple, quinze mois avant le dépôt de la requête. Arr. 13 février 1845 (P. 1845, p. 386).

Il résulte du texte de l'art. 5 de l'arrêté du 15 mars 1815, que le certificat d'indigence, dans les formes que nous venons de déterminer, doit, pour que le pourvoi soit recevable en matière civile, être déposé au greffe en même temps que la requête en cassation; ainsi jugé le 14 août 1841 (P. 1841, p. 354).

Rappelons aussi que l'indigence régulièrement constatée, si elle dispense le demandeur de la consignation d'amende, laisse au moins subsister pour lui l'obligation de la payer s'il succombe dans son pourvoi.

75. Il se peut que dans une même cause il y ait plus d'une amende à consigner; deux ou plusieurs demandeurs, qui n'ont pas un intérêt commun et collectif au procès, doivent chacun consigner leur amende ; il ne serait même pas exact de dire que, dès qu'il n'y a qu'un pourvoi, il ne faut déposer qu'une amende. C'est ce qui semble résulter des arrêts, rendus en matière répressive, du 11 mars 1836 (P. à sa date) et du 21 novembre 1864 (P. 1864, p. 446). V. toutefois arr. 11 novembre 1833 (P. à sa date). C'est du reste la nature de la cause, la communauté d'intérêt qu'il faut consulter, et non l'identité des moyens présentés à l'appui du pourvoi. Arr. cour de cass. de France, 3 avril 1839 (Sirey, 1, 257).

Un arrêt du 19 juillet 1831 (P. à sa date) a décidé qu'il ne faut qu'une amende, lorsque le pourvoi est formé par une seule personne contre un seul et même arrêt, mais contre plusieurs personnes, eussent-elles même des intérêts distincts quoique non opposés.

Une seule amende est due, chaque fois qu'un seul pourvoi est dirigé même contre plusieurs décisions distinctes, si elles sont rendues dans la même cause et sont l'une préparatoire et l'autre définitive, ou l'une par défaut et l'autre contradictoire par suite d'opposition à la première. Arr. 7 mars 1833 (P. à sa date) ; 19 décembre 1840 (P. 1841, p. 83) ; 21 mars 1845 (P. 1845, p. 243); 24 janvier 1853 (P. 1853, p. 275); 10 mai 1861 (P. 1861, p. 416). Voy. nos observations et les arrêts cités aux n°s **72** et **149**. Voy. aussi, sur tout cela, Merlin, *Questions de droit,* v° *Cassation,* § XIX, VIII.

Insistons du reste sur ce que, dans le doute, il vaut mieux consigner plusieurs amendes, la consignation ne donnant, même en cas de rejet du pourvoi, aucun droit acquis à l'État, et la cour pouvant toujours ordonner la restitution des amendes qui ne sont pas dues au trésor.

Il est arrivé, en France, que plusieurs demandeurs ayant le même intérêt à la cassation, avaient déposé une seule amende et que l'un d'eux s'étant désisté, et la cour ayant ordonné en sa faveur la restitution de la part à lui afférente dans l'amende consignée, une fin de non-recevoir fut opposée aux autres demandeurs, parce que l'amende n'était plus entière. La cour déclara le pourvoi recevable, « attendu que ce qui s'était passé depuis la consignation n'avait pu préjudicier aux demandeurs en cassation restés en cause. » Arr. 6 novembre 1821 (P. fr. 1821, 1, à sa date). V. n° **113**.

76. *Copie signifiée ou, à défaut de signification, expédition de l'arrêt ou du jugement attaqué.*

C'est une règle générale et ne comportant aucune exception, que pour que, en matière civile, le pourvoi soit recevable , la copie signifiée ou, à défaut de consignation, l'expédition de l'arrêt ou du jugement attaqué soit déposée au greffe de la cour de cassation, en même temps que la requête introductive.

Il se peut toutefois que cette pièce ait déjà été déposée antérieurement par la même partie, dans une autre cause ; en ce cas, la procédure semble être tout à fait régulière, si le demandeur rappelle dans sa requête la production antérieure, et si la pièce porte en marge une seconde mention du greffe, indiquant sa nouvelle destination et remplissant ainsi le vœu des articles 5 et 20 combinés de l'arrêté du 15 mars 1815.

77. Lorsque plusieurs arrêts, rendus dans la même cause, sont l'objet d'un même pourvoi, la copie signifiée ou l'expédition de chacun de ces arrêts doit être jointe à la requête. Il ne suffit pas que les qualités du dernier arrêt contiennent le texte de l'autre ou des autres, et même les conclusions des parties, prises lors de ces arrêts antérieurs ; voy. arr. 11 août 1842 (P. 1843, p. 15); 8 juin 1844 (P. 1844, p. 205).

Mais si, dans l'arrêt attaqué, le juge d'appel a adopté les motifs du premier juge, il n'est pas nécessaire pour cela que l'expédition ou la copie signifiée du jugement de première instance soit produite ; il suffit en ce cas, mais il est aussi de rigueur, que les motifs de ce jugement soient transcrits aux qualités de l'arrêt. Arr. 16 mars 1846 (P. 1847, p. 58); 30 mai 1840 (P. à sa date).

78. La loi, en exigeant la production dont il s'agit, a évidemment voulu qu'on déposât une pièce régulière ; ainsi l'expédition doit être conforme aux prescriptions des articles 141, 142 et 143, C. proc. civ. ; mais il ne faut pas qu'elle soit revêtue de la formule exécutoire. V. M. Bernard, greffier en chef à la cour de cassation de France, *Manuel des pourvois en matière civile*, p. 134 et 135.

Il a été jugé, dans cet ordre d'idées, qu'une expédition est irrégulière et ne satisfait pas au vœu de l'art. 5 de l'arrêté du 15 mars 1815, lorsque les qualités qu'elle contient n'ont pas été signifiées à la partie adverse conformément aux art. 142 et 143, C. proc. civ., l'avoué de cette partie fût-il même décédé. Arr. 11 avril 1846 (P. 1847, p. 153);

Qu'un simple extrait de la feuille d'audience, revêtue à la vérité de la formule exécutoire, mais contenant uniquement les noms des parties, les motifs et le dispositif du jugement dénoncé, est insuffisant et qu'en ce cas le pourvoi doit être rejeté. Arr. 20 février et 11 novembre 1833 (P. à leur date). Ces deux derniers arrêts ont été rendus en matière d'enregistrement ; le demandeur, pour échapper aux conséquences de l'irrégularité de sa production, invoquait cette circonstance que dans l'espèce d'une procédure écrite où les avoués n'interviennent pas, les parties ne prennent aucune part à la rédaction des qualités, et que dès lors on ne peut les rendre responsables des vices entachant l'expédition d'un jugement. Mais, ainsi que le disait M. Plaisant, procureur général, dans ses conclusions conformes à l'arrêt du 20 février 1833, c'est au demandeur en cassation à exiger qu'on lui délivre une expédition à l'abri de toute critique, qu'on ne peut lui refuser : c'est là son droit, et et c'est aussi son devoir.

Mais ce qui ne peut plus être imputé au demandeur , c'est l'irrégularité de l'expédition qu'il n'a pas levée lui-même et que son adversaire lui a signifiée. Le demandeur satisfait à la loi en déposant avec son mémoire la copie signifiée de l'arrêt, dans l'état où il l'a reçue. Arr. 5 août 1839 (P. à sa date). Ce principe est vrai aussi longtemps que l'irrégularité n'altère pas la décision attaquée de manière qu'il ne soit plus possible à la cour de statuer en connaissance de cause. Voy. arr. 3 mars 1833 (P. à sa date).

Voici ce qui donna lieu à ce dernier arrêt, et ce que la cour décida. Une expédition signifiée à la partie succombante contenait, par une singulière méprise, les motifs d'un arrêt étranger à la cause, substitués aux véritables motifs qui avaient déterminé le juge. La partie qui reçut pareille signification fit un pourvoi en cassation se fondant sur le défaut de motifs sérieux dont était entaché l'arrêt attaqué, et elle joignit à sa requête la copie qui lui avait été signifiée; la cour après avoir ordonné la production de la minute de la décision qui formait l'objet du pourvoi, et s'être assurée ainsi que l'erreur ne provenait pas de l'arrêt lui-même, mais de l'expédition, déclara que le pourvoi n'était pas recevable, parce qu'il n'avait pas été produit une expédition régulière; elle ajouta, toutefois, que le demandeur n'était pas déchu de son droit de faire un nouveau pourvoi, la signification de l'expédition dont il s'agissait n'ayant pu faire courir le délai contre lui ; elle ordonna la restitution de l'amende, et ne condamna le demandeur ni à l'indemnité ni aux frais.

79. Le décret du 29 août 1813 donne à la cour le droit de condamner à une amende de vingt-cinq francs l'huissier qui a signifié une copie illisible, et en général de rejeter de la taxe toute pièce qui ne serait pas correcte et lisible.

§ IV. Signification du pourvoi.

80. « Quinze jours après l'introduction de la cause, dit l'art. 13 de l'arrêté du 15 mars 1815, le premier président de la cour ordonnera que la requête et le mémoire ampliatif, s'il y en a, seront signifiés au défendeur, pour y répondre dans le délai de deux mois à compter du jour de la signification. Cette signification sera faite dans un mois à dater du jour de l'ordonnance, et dans les formes prescrites pour les exploits d'ajournement, à peine de déchéance. »

« Art. 14, même arrêté. Le demandeur lèvera à cet effet au greffe une expédition du mémoire ampliatif, s'il y en a, ainsi que l'ordonnance du premier président qui sera enregistrée. »

« Art. 15 *ibidem*. Les pièces à l'appui ne seront pas signifiées, sauf au défendeur à en prendre communication au greffe dans les formes ordinaires. »

L'ensemble de ces dispositions prouve, à l'évidence, qu'il y a une lacune dans la rédaction de l'art. 14 ; c'est par erreur qu'il n'y est parlé que de l'expédition du mémoire ampliatif, s'il y en a ; la requête introductive doit avant tout être expédiée.

Quinze jours francs doivent s'écouler entre le dépôt de la requête et l'ordonnance du premier président. Le pourvoi étant du premier du mois, cette ordonnance ne peut pas être rendue avant le dix-sept du même mois. Mais elle pourrait l'être après ; il serait même à désirer qu'il en fût ainsi, dans l'intérêt du demandeur, si, malgré les diligences du greffe, il était impossible de délivrer immédiatement l'expédition de la requête

et de l'ordonnance, car le délai d'un mois, fixé à peine de déchéance pour la signification, commence à courir du jour de
cette ordonnance.

En pratique, on signifie toujours, avec la requête en cassation
et le mémoire ampliatif, l'ordonnance elle-même de signification. Il ne semble pas, cependant, que la loi ait rien ordonné à
cet égard sous peine de déchéance; dans un arrêt du 10 août
1848 (P. 1848, p. 456), cette question est indiquée, mais
l'arrêt s'abstient de la résoudre, parce qu'il constate qu'il était
suffisamment établi que copie de l'ordonnance avait été laissée.

La déchéance résultant du défaut de signification peut être
suppléée d'office par la cour, « attendu que la cour de cassation étant instituée principalement dans l'intérêt de la loi, les
déchéances en matière de cassation sont d'ordre public. « Arr.
20 mai 1833 (P. à sa date).

Le délai de la signification n'est pas un délai franc; si l'ordonnance est rendue le 1er du mois, le dernier jour utile pour
la signification est le 1er du mois suivant. C'est ce qu'a jugé la
cour par l'arrêt du 20 mai 1833 (P. à sa date), sur les conclusions conformes de M. le procureur général Plaisant, en écartant ainsi l'applicabilité de l'art. 5, titre I, 2e partie du règlement de 1738, d'après lequel tous les délais fixés par ce règlement ne pouvaient comprendre ni le *dies a quo* ni le *dies ad quem*.

Il a été jugé, le 31 octobre 1816 (P. à sa date), qu'il n'y a
pas lieu d'augmenter ce délai à raison des distances pour tous
les habitants du royaume.

81. Quant aux formes de la signification, elles sont surtout
réglées par les art. 61 à 70, C. proc. civ., l'arrêté du 1er avril
1814 et la loi du 26 mars 1833.

Par application de ces principes, la cour a déclaré irrégulière et nulle :

1° La signification d'un pourvoi faite à une commune en la
personne du secrétaire communal. Arr. 18 mars 1848 (P. 1848,
p. 133).

2° La signification qui n'indique pas la personne à laquelle copie de l'exploit a été remise, quoiqu'il contienne le nom de celle qui a reçu copie de la requête. Arr. 2 novembre 1848 (P. 1848, p. 434).

3° La signification du pourvoi faite au domicile élu même dans l'acte de signification de la décision attaquée, cette élection ne pouvant s'appliquer, dans le doute, qu'à l'exécution de cette décision. Arr. 12 février 1857 (P. 1857, p. 198).

4° La signification du pourvoi faite à un défunt qui a obtenu gain de cause, alors que l'héritier de celui-ci a fait signifier l'arrêt attaqué à l'adversaire , en lui faisant connaître le décès de son auteur et sa qualité d'héritier. Arr. 1er août 1846 (P. 1847, p. 219); 7 mars 1861 (P. 1861, p. 240).

5° La signification du pourvoi faite à une femme seule, quoique, depuis l'arrêt attaqué, elle ait contracté mariage, et cela alors même que le demandeur a ignoré cette circonstance. Arr. 22 janvier 1848 : « Attendu que le recours en cassation, dit cet arrêt, n'étant pas la continuation d'une instance préexistante, mais le principe d'une instance nouvelle, les règles de procédure relatives au changement d'état qui survient chez l'une des parties, durant le cours d'une instance, sont inapplicables à l'espèce actuelle, où le changement d'état de la défenderesse s'est opéré avant l'existence du pourvoi ; qu'il n'existait donc pas d'obligation pour la défenderesse de faire notifier son changement d'état à l'administration (demanderesse) , et que celle-ci doit s'imputer de ne s'être point assurée de l'état et de la capacité de la personne qu'elle appelait en justice. »

6° La signification du pourvoi dont le *parlant à....* se trouvait en blanc dans la copie de l'exploit, bien que dans l'original l'huissier eût déclaré avoir laissé la copie au défendeur, *en personne*. Arr. 27 février 1838 (P. à sa date).

7° La signification dont l'acte n'avait pas été enregistré dans les quatre jours, conformément aux art. 20 et 34 de la loi du 22 frimaire an VII. Arr. 2 mai 1827 (P. à sa date).

8° La signification d'un pourvoi dont l'orignal portait la date réelle, mais dont la copie portait une date évidemment erronée, puisqu'elle était antérieure à l'ordonnance du premier président. Arr. 4 février 1833 (P. à sa date); attendu, dit cet arrêt, qu'il est de principe que la copie tient lieu de l'original pour la partie signifiée.

82. Mais faut-il appliquer à l'espèce l'art. 61 du code de procédure civile, jusqu'à dire que l'acte de signification du pourvoi doit contenir « l'objet de la demande, l'exposé sommaire des moyens, l'indication du tribunal qui doit connaître de la demande et du délai pour comparaître ? » La cour par arrêt du 31 juillet 1833 (P. à sa date) a jugé que non; elle dit même formellement, dans cet arrêt, que l'acte de signification ne doit pas contenir assignation. Avant 1832, il y avait sous ce rapport, à la cour supérieure de Bruxelles, une autre jurisprudence. V. arr. 22 février 1819 et 4 avril 1825 (P. à leur date).

En pratique, les actes de signification contiennent toujours avec la sommation de répondre dans le délai de deux mois, assignation à comparaître, après l'accomplissement des formalités légales, à la première audience utile de la cour de cassation, pour y entendre adjuger les conclusions prises dans le pourvoi et fondées sur les moyens qui y sont exposés.

Il a été jugé encore : que l'huissier ne doit pas laisser double copie du pourvoi à celui qui a, au procès, une double qualité; qu'il suffit d'énoncer que l'acte lui est signifié en sa double qualité. Arr. 6 juillet 1848 (P. 1848, p. 421);

Que la requête en cassation ne doit pas sous peine de nullité, en matière de fondation de bourses d'études, être signifiée au bureau du receveur de ces fondations, l'art. 69, § 3, C. proc. civ., n'étant applicable qu'aux adminstrations publiques. Arr. 8 avril 1839 (P. à sa date);

Que la loi n'exige pas, sous peine de nullité, que la qualité en laquelle le défendeur au pourvoi procède dans la contestation, soit rappelée dans la signification de la requête, lorsque d'ailleurs cette requête elle-même ne laisse aucun doute à cet égard. Même arrêt.

83. En dehors des formalités que nous venons de rappeler, et qui résultent de l'art. 13 de l'arrêté du 15 mars 1815, renvoyant aux formes prescrites pour les exploits d'ajournement, il en est une autre d'une origine plus ancienne, celle que mentionnait l'art. 17, titre I, 2ᵉ partie de l'ordonnance de 1738, ainsi conçu (1) : « Les avocats seront tenus de signer les originaux et les copies de tous les actes, requêtes ou procédures qui seront signifiés pendant le cours des instances, ce qui sera observé à peine de nullité de ladite signification : défenses sont faites aux greffiers du conseil et à leurs commis de délivrer aucunes expéditions sur les cédules non signées, et aux huissiers dudit conseil de signifier aucunes écritures ou actes, soit d'instruction ou autres, s'ils ne sont signés desdits avocats, à peine de nullité et de deux cents livres d'amende. »

« Comme le ministère des avocats au conseil, dit Tolozan (*Règlement du conseil*), ne consiste pas seulement à défendre les parties, mais qu'il est aussi de leur devoir de les conduire et de diriger leurs procédures, ils sont obligés de signer les originaux et copies de tous actes, requêtes et autres procédures qu'on signifie pendant l'instance. »

Trois arrêts, rendus à de courts intervalles, ont décidé que cette disposition est encore en vigueur aujourd'hui, en prononçant la déchéance du pourvoi, parce que l'avocat du demandeur n'avait pas lui-même signé la copie du pourvoi signifié au défendeur, et en condamnant l'huissier instrumentant à l'amende de 200 francs sur le réquisitoire du procureur général. Arr. 1ᵉʳ février 1840 (P. à sa date); 16 juillet 1840 et 6 mai 1841 (P. 1841, p. 121). Dans l'affaire jugée par

____

(1) L'art. 29, titre IV, 2ᵉ partie de l'ordonnance de 1738, déclare l'avocat responsable « en son propre et privé nom » de ce que les copies signifiées des requêtes et des autres actes et procédures d'instruction ne seraient pas conformes aux originaux.

le dernier de ces arrêts, l'huissier au lieu de laisser à la partie la copie qui lui avait été remise, signée de l'avocat, avait fait de cette pièce son original et avait notifié une copie non revêtue de cette signature.

84. En règle générale, lorsqu'il y a plusieurs défendeurs, le défaut de signification à l'un d'eux ne peut nuire à la validité du pourvoi vis-à-vis des codéfendeurs.

Il en est autrement lorsque l'objet du litige constitue un droit indivisible; en ce cas, la déchéance acquise à l'un des défendeurs profite à tous les autres; c'est ce qu'a jugé la cour, par arrêt du 7 mars 1861 (P. 1861, p. 240), « considérant qu'il s'agit au procès d'une servitude prétendue sur une maison indivise entre eux (les défendeurs), que cette servitude étant indivisible ne peut être exercée pour partie. (Voy. n° **140**, *in fine*.)

85. N'oublions pas de rappeler ici que la signification du pourvoi, comme tous les exploits de la procédure de cassation, doit être confiée à un huissier de la cour de cassation chaque fois qu'elle a lieu à Bruxelles, qui est le lieu ou siége la cour (loi du 27 ventôse an VIII, art. 70, et loi du 4 août 1832, art. 32). Nous ne pensons pas que notre cour de cassation ait déjà eu l'occasion de décider que l'exploit qui serait fait, en ce cas, par un autre huissier serait nul. Il ne peut exister cependant aucun doute à cet égard; M. Bernard, greffier en chef de la cour de cassation de France, cite, dans son *Manuel des pourvois* (p. 192 et 193), deux arrêts de cette cour qui le décident: du 8 novembre 1831 (Sirey, 1831, 1, 420), et du 8 mai 1850; il en cite un troisième, du 4 février 1852, « qui a considéré cette nullité comme purement relative et a jugé qu'elle était tardivement proposée quand la cour avait déjà statué sur une autre fin de non-recevoir. »

86. L'art. 17 de l'arrêté du 15 mars 1815 dispose que : « passé le délai prescrit en l'article précédent (le délai de deux mois accordé au défendeur pour répondre au pourvoi), le demandeur rétablira au greffe l'expédition de sa requête avec l'exploit de notification. » Il ne résulte nullement de ce texte que le demandeur ne pourrait pas opérer ce rétablissement avant l'expiration de ce délai. Dans l'esprit de l'arrêté, il est même à désirer qu'il le fasse, ou tout au moins que la requête ne soit pas rétablie après que le défendeur a répondu, puisque, d'après l'art. 23, le rapporteur doit être nommé lorsque le mémoire en défense est déposé, et qu'alors le dossier doit être complet.

§ V. Effet du pourvoi au point de vue de l'exécution de la décision attaquée.

87. En matière civile, le pourvoi en cassation n'est pas suspensif. C'est là un ancien principe, auquel il n'a été que fort peu dérogé et dont nous avons déjà signalé les injustes conséquences (v. n° **58**). Nous n'y reviendrons plus sous ce rapport. Les lois qui le proclament sont tellement formelles, les raisons dont il est appuyé sont tellement générales, que, sans une disposition législative expresse, aucune exception n'y est admissible. Quand même il serait certain que le préjudice résultant de l'exécution serait irréparable, le devoir du juge serait encore de refuser au pourvoi tout effet suspensif.

L'art. 29, t. IV, 1re partie de l'ordonnance de 1738 s'exprimait ainsi : « Les demandes en cassation, ni même les arrêts qui interviendront pour demander les motifs ou pour ordonner que la requête sera communiquée à la partie, ne pourront empêcher l'exécution des arrêts ou jugements en dernier ressort dont la cassation sera demandée ; et ne seront données aucunes défenses ni surséance en aucun cas, si ce n'est par ordre exprès de Sa Majesté. »

Quelque rare que fût, au dire de Tolozan (*Règlement du conseil*, p. 278), l'exercice de la prérogative que cette disposition accordait au souverain, il était dans l'esprit de notre époque de la faire disparaître ; aussi l'art. 16 de la loi du 1er décem-

bre 1790 s'exprime-t-il ainsi : « En matière civile, la demande
en cassation n'arrêtera pas l'exécution du jugement, et dans
aucun cas et sous aucun prétexte il ne pourra être accordé de
surséance. »

L'art. 47 de l'arrêté de 1815 vient de son côté proclamer
aussi : « qu'en matière civile le pourvoi en cassation n'est suspensif que dans les cas prévus par la loi. »

88. Les textes législatifs dérogatoires au principe que nous
rappelons sont :

1° L'art. 263 du code civil, qui proclame suspensif
le pourvoi en cassation contre le jugement en dernier ressort, admettant la demande en divorce; et il résulte des
art. 264 et 265, que l'épouse qui a obtenu le divorce
ne peut le faire prononcer devant l'officier de l'état civil,
qu'après l'expiration du délai du pourvoi en cassation. Ce
n'est donc pas seulement le pourvoi en cassation, c'est aussi
le délai qui est suspensif. V. arr. cour de Liége, cass.,
28 novembre 1822 (P. à sa date). Signalons à cette occasion
une inexactitude qui s'est glissée dans la rédaction de l'art. 265:
cet article ne se préoccupe que du recours en cassation contre
les arrêts contradictoires, comme si les arrêts par défaut
n'étaient pas non plus, après l'expiration du délai d'opposition,
susceptibles d'être attaqués en cassation (v. n° **47**). Aussi,
malgré les expressions de ce texte, le devoir de l'officier de
l'état civil est-il de se refuser à prononcer le divorce qu'aurait
admis un arrêt par défaut, s'il n'a la preuve que les délais de
l'opposition et du recours en cassation sont l'un et l'autre expirés, et qu'il n'y a pas eu de pourvoi déposé en temps utile au
greffe de la cour de cassation. Deux pièces sont nécessaires
pour que l'officier de l'état civil puisse passer outre à la prononciation du divorce : l'acte de signification de l'arrêt à
partie, et un certificat du greffier en chef de la cour de cassation, constatant qu'aucun pourvoi n'est déposé contre cette
décision.

2° La loi du 16 juillet 1793, dont l'article unique est ainsi conçu : « Il ne sera fait par la trésorerie nationale et par les caisses des diverses administrations de la république, aucun payement en vertu des jugements qui seront attaqués par la voie de la cassation, dans les termes prescrits par la loi, qu'au préalable ceux au profit desquels lesdits jugements auraient été rendus n'aient donné bonne et suffisante caution pour sûreté des sommes à eux adjugées. »

On est d'accord pour ne pas donner à cette loi une interprétation extensive : il a été jugé qu'une commune ne pourrait pas en invoquer le bénéfice; arr. Aix, 28 juin 1825 (P. fr. à sa date); que cette disposition ne pourrait s'appliquer non plus au cas où l'État ne serait que dépositaire des sommes qu'il est condamné à payer; arr. Paris, 22 novembre 1831; ni au cas où le jugement attaqué ordonnerait la radiation d'une inscription prise au profit de la régie de l'enregistrement; arr. Br. cass., 10 novembre 1818 (P. à sa date); ni au cas où la partie condamnée serait une compagnie de chemin de fer, quoique, à certains égards, celle-ci soit substituée à l'État; arr. c. de Toulouse, 24 août 1863 (Dalloz périod., 1864, 2, 78).

3° L'art. 241, C. pr. c., faisant partie des règles de la procédure sur l'inscription de faux, d'après lequel il doit être sursis, pendant les délais pour se pourvoir en appel, en requête civile ou en cassation, à l'exécution de tout jugement ordonnant la suppression, la lacération, la radiation, la réformation ou le rétablissement des pièces déclarées fausses.

Les articles suivants, 242 et 243, en disent autant de la remise soit aux parties, soit aux témoins, soit aux dépositaires publics, des pièces prétendues fausses, lorsqu'elles ne seront pas jugées telles, et des pièces de comparaison ou autres, sauf qu'à l'égard de ces dernières, le tribunal pourra en ordonner autrement à la requête des intéressés.

De nombreuses mais impuissantes tentatives ont été faites, pour soustraire à l'application du principe général, les jugements rejetant une opposition au mariage, ou prononçant la nullité d'un mariage (1), ou allouant des choses mobilières à un étranger ou à un insolvable, ou enfin ordonnant la radiation d'une inscription hypothécaire (2).

§ VI. Réponse au pourvoi. — Nomination du rapporteur. — Marche de la procédure jusqu'a l'arrêt de la cour.

89. La réponse au pourvoi se fait sous forme de mémoire adressé à la cour, et signifié à l'avocat du demandeur avant son dépôt au greffe.

Il n'est donc pas nécessaire ici, comme pour la requête en cassation, d'en lever une expédition au greffe. L'acte de signification de ce mémoire doit être produit et joint au dossier (arrêté royal du 15 mars 1815, art. 16, 19, 22).

Aux termes de l'art. 12, tit. Ier, 2e partie de l'ordonnance de 1738, la simple remise faite à un avocat de la copie signifiée de l'acte introductif d'instance, lui tient lieu de pouvoir suffisant à l'effet d'occuper pour le défendeur.

Le défendeur peut joindre à sa réponse les pièces à l'appui. Ces pièces, comme celles qui émanent du demandeur, ne sont censées faire partie de la procédure que lorsqu'elles ont été déposées au greffe, et que ce dépôt est constaté par la mention en marge de chaque pièce, imposée au greffier par l'art. 20 de l'arrêté de 1815.

L'état de ces pièces doit être transcrit au bas du mémoire en réponse, et elles doivent être elles-mêmes cotées par première et dernière (arrêté de 1815, art. 3.) Voy. n° **69**.

---

(1) Un arrêt généralement approuvé de la cour de Rennes, du 14 août 1851, a toutefois décidé que le pourvoi contre un arrêt qui déclare un mariage dissous par la mort civile d'un des époux, est suspensif. V. *Journal des avoués*, Paris, 1852, art. 1399.

(2) Voir Merlin, *Questions de droit*, v° *Cassation*, § XXXI, IV.

La copie du mémoire en réponse, laissée à l'avocat du demandeur, doit porter la signature de l'avocat du défendeur en conformité de l'art. 17, tit. Ier, 2e partie de l'ordonnance de 1738. V. n° **83** ; voy. aussi le n° **70***bis* contenant le texte des articles 25, 27 et 28, tit. IV, 2e partie de l'ordonnance de 1738.

90. L'ordonnance que rend le premier président aux termes de l'article 13 de l'arrêté de 1815, et qui, ainsi que nous l'avons vu, enjoint au défendeur de répondre au pourvoi, dans les deux mois à compter du jour de sa signification, peut être méconnue sans grand danger. La seule sanction établie par la loi résulte des art. 18, 19, 23 et 44 de l'arrêté de 1815. Les deux mois expirés, le demandeur peut lever un certificat du greffier en chef constatant le défaut de production de la part du défendeur, et ce certificat produit par son dépôt au greffe, le premier président nomme un rapporteur ; alors le défendeur ne peut plus répondre, et il doit faire défaut, à moins qu'il n'ait remboursé au demandeur la moitié des frais préjudiciaux taxés, pour toutes les causes, à 80 francs par l'art. 41 du même arrêté, soit 40 francs.

Un arrêt du 10 avril 1833 (P. à sa date) appliqua ce principe, même dans une espèce où il y avait eu nomination du rapporteur sans production du certificat dont parle l'art. 23.

Il est assez rare que le demandeur use de ce moyen que la loi lui donne pour obtenir prompte justice devant la cour suprême. Aussi l'arrêté de 1815 présente-t-il sous ce rapport une véritable lacune qu'a comblée la loi du 25 mai 1838. Cet arrêté laisse la cour impuissante devant la négligence des parties, et ne lui permet pas de se dessaisir des causes qui lui sont soumises, quelque longue que soit l'inaction du demandeur et du défendeur.

Le gouvernement, dans un projet de loi inséré au *Moniteur* du 24 novembre 1837, avait proposé d'enjoindre au demandeur, sous peine de déchéance de son pourvoi, de lever dans le délai *de six mois* le certificat de non-production, et de dire que, ce délai écoulé, le greffier ferait d'office la déclaration qu'il n'a pas été répondu par le défendeur, le premier président nommerait un rapporteur et la cour prononcerait, dans les délais ordinaires, la déchéance du pourvoi.

La section centrale de la chambre des représentants, chargée d'examiner ce projet, et dont le rapporteur fut M. Hubert Dolez, aujourd'hui bâtonnier de l'ordre des avocats à la cour de cassation, le jugea trop sévère à un double point de vue ; elle préféra le délai d'un an à celui de six mois (1) et elle trouva exorbitante la peine de la déchéance comminée contre le demandeur. Le ministre de la justice se rallia à cette manière de voir et les chambres votèrent, à l'unanimité, la loi du 25 mai 1838, conçue dans les termes suivants :

« Art. 1er. Lorsque le certificat prescrit par l'art. 18 de l'arrêté royal du 15 mars 1815 n'aura pas été levé dans le délai d'un an, à partir de l'ordonnance du premier président, mentionnée dans l'art. 13 du même arrêté, il sera donné suite à l'affaire comme si cette formalité avait été remplie.

« Art. 2. A l'égard des pourvois actuellement introduits, le délai d'un an courra du jour où la présente loi sera obligatoire.

« Art. 3. Après l'expiration du délai ci-dessus, le greffier sera tenu d'en justifier par un certificat joint au dossier, et d'en avertir le premier président. »

Faisons remarquer : 1° que tandis que le délai de deux mois, pour la réponse au pourvoi, court à partir de la signification du pourvoi, celui d'un an remonte au jour de l'ordonnance du premier président ;

---

(1) Il nous paraît bien difficile de justifier la longueur de ce délai d'un an. Dans le système du projet de loi, en supposant que le demandeur épuisât son délai d'un mois pour signifier la requête en cassation, le défendeur aurait eu encore cinq mois entiers pour faire sa réponse ! Et c'eût été là un délai insuffisant, alors que le demandeur lui-même n'a, pour faire sa requête en cassation, que trois mois depuis la signification de l'arrêt attaqué !

2° Qu'après l'expiration de l'année qui suit cette ordonnance, le greffier en chef n'a pas seulement le droit, mais est obligé de suppléer à l'action des parties et de suivre la marche tracée par l'art. 3 de la loi de 1838 ;

3° Que le texte de cette loi ne semble pas exclure l'applicabilité à l'espèce de l'art. 44 de l'arrêté de 1815 qui permet toujours au défendeur de répondre, même après la nomination du conseiller rapporteur, s'il a remboursé au demandeur la moitié des frais préjudiciaux.

Nous devons dire toutefois que le rapport de la section centrale ne prévoit pas l'hypothèse de cette réponse, car appréciant le système qu'a consacré la loi nouvelle, il s'exprime ainsi : « Ce système consiste à faire suivre l'affaire *par défaut,* quand le défendeur sera en retard de produire ses défenses, après l'expiration du délai déterminé par la loi. L'expiration de ce délai équivaudra de plein droit à la levée du certificat de non-production, et l'affaire marchera comme si ce certificat existait au procès ; la décision portée sera, quant au défendeur, *un arrêt par défaut* dont il ne pourra se faire (restituer) que dans les formes et sous les conditions ordinaires.

« Par ce moyen, la peine portera réellement sur la partie la plus négligente, et cette peine n'aura rien d'odieux, puisqu'elle se bornera au payement *des frais préjudiciaux, si le défendeur succombant croyait avoir intérêt à s'opposer à l'arrêt rendu.* » V. *Moniteur* du 12 avril 1838.

91. Après que le défendeur a fait signifier son mémoire en réponse et qu'il l'a déposé au greffe avec l'acte de signification, ou qu'un certificat de non-production a été joint au dossier soit par le demandeur, soit d'office par le greffier en chef, l'affaire étant alors en état, ce dernier envoie le dossier au premier président, lequel nomme le rapporteur (arrêté de 1815, art. 23 ; règlement de la cour du 10 novembre 1832, art. 7 et 8).

En présence de ces dispositions, il n'est plus nécessaire aujourd'hui à la partie demanderesse de présenter une requête spéciale pour faire commettre un rapporteur, ainsi que le prescrivait l'art. 7, tit. IV, 1re partie du règlement de 1738.

Aucune formalité n'est requise pour cette nomination; il est d'usage aujourd'hui de la constater par la mention qui en est faite sur l'enveloppe du dossier, et qui est signée par le premier président. Celui-ci, en cas d'absence ou d'empêchement du rapporteur désigné, peut en commettre un autre (ordonnance de 1738, art. 7, tit. III, 2e partie). Voy. n° **119**. L'empêchement d'un conseiller rapporteur a donné lieu, le 28 avril 1837, à un arrêt ainsi conçu : « Attendu que la maladie de M. Taintenier, dont on ne prévoit pas le terme prochain, empêche de prononcer sur la demande en règlement de juges formée par la partie publique en cause de Dubois-De Jonghe, et qu'il importe de ne pas laisser plus longtemps en suspens une décision nécessaire pour rendre à la justice son cours; ordonne que nouveau rapport sera fait séance tenante pour être ensuite statué. »

Nous pouvons nous borner ici à citer des articles :

« Art. 25, arrêté du 15 mars 1815. Le rapport contiendra un exposé des faits qu'il importe de connaître, les motifs et le dispositif du jugement ou de l'arrêt attaqué, et une indication précise des moyens de cassation ou de défense. Les observations que le rapporteur fera sur les uns et sur les autres n'auront pour objet que de rectifier les faits qu'on pourrait avoir dénaturés, soit de la part du demandeur, soit de celle du défendeur.

« Le rapporteur n'énoncera son opinion sur le mérite du pourvoi que lors de la délibération. »

« Art. 26, même arrêté. Aussitôt que le conseiller chargé du rapport l'aura terminé, il le déposera au greffe avec les pièces de la procédure. »

« Art. 9, règlement du 10 novembre 1832. Les rapporteurs rétabliront les pièces au greffe, avec leurs notes ou extraits, au plus tard dans les quinze jours de la distribution, pour les affaires urgentes, et dans le mois du jour de la distribution pour les autres affaires.

« Il pourra toutefois leur être accordé par la chambre une prolongation de délai après avoir entendu leurs explications sur les motifs du retard ; à cet effet, le greffier présentera tous les quinze jours, en chambre du conseil, le relevé des causes distribuées et non rétablies. »

« Art. 10, même réglement. Les affaires sont urgentes lorsque la loi en ordonne la prompte expédition en cassation. » (Voy. n° **154**.)

« Art. 27, arrêté du 15 mars 1815. Le greffier mettra le tout sous le yeux du procureur général qui s'en chargera lui-même ou désignera l'un des avocats généraux pour porter la parole dans l'affaire. »

« Art. 28, même arrêté : Il fera part au greffier de la désignation qu'il aura faite, et le greffier adressera les pièces avec le rapport au membre désigné du parquet. »

« Art. 3, règlement du 30 novembre 1839. Quinze jours après (la désignation du membre du parquet), la cour, en chambre du conseil, après avoir entendu le ministère public et le rapporteur, fixera le jour où l'affaire sera appelable, en laissant au moins quinze jours d'intervalle.

« L'affaire ainsi fixée sera immédiatement portée au rôle d'audience.

« Le dossier sera rétabli au greffe huit jours avant celui où l'affaire est appelable, et sera renvoyé sur-le-champ au rapporteur avec indication de ce jour.

« Le premier jour d'audience de chaque semaine, le greffier remettra au président de la chambre civile la liste des affaires distribuées depuis plus de quinze jours au ministère public. »

« Art. 12, règlement de 1832. Le tableau des causes portées au rôle d'audience sera affiché au greffe et dans les salles d'audience ; il contiendra les noms des parties, du rapporteur, des avocats, et du membre du parquet chargé de donner ses conclusions, ainsi que les dates et les numéros de l'inscription de l'affaire au rôle général, au rôle de distribution et au rôle d'audience.

« Ce tableau sera renouvelé tous les quinze jours, en faisant disparaître les affaires terminées. Il sera signé par le président et le greffier. Chaque nouvelle inscription d'affaires, dans l'intervalle d'une quinzaine à l'autre, sera également signée par le président et le greffier. »

L'inscription d'une affaire au rôle d'audience a, dans la procédure de la cour de cassation, une importance exceptionnelle. Devant la première comme devant la seconde chambre, c'est elle qui seule doit apprendre aux deux parties le jour de l'audience publique. C'est-ce que dit expressément l'art. 31 de l'arrêté de 1815.

92. Nous l'avons vu, depuis la nomination du rapporteur, l'affaire est en état, et aux termes de l'art. 23, toute production ultérieure de mémoires est interdite (v. arr. 2 mai 1856, P. 1856, p. 361). Une première exception existe à ce principe pour le cas où le défendeur n'a pas encore répondu et qu'il a remboursé au demandeur la moitié des frais préjudiciaux (art. 44). Une autre exception a été reconnue par l'arrêt du 8 février 1862, cité au n° **70**, en faveur du demandeur qui, après la nomination du rapporteur, peut encore répondre à une fin de non-recevoir opposée par le défendeur, et qu'il n'a pu ni prévoir ni combattre, sans toutefois que ce dernier ait encore le droit de lui répliquer.

La règle est donc que de même que le demandeur ne peut développer son pourvoi que dans la requête en cassation et le mémoire ampliatif (art. 12), de même le défendeur a épuisé son droit de défense par la signification de son mémoire en réponse, qui est immédiatement suivie de la nomination du rapporteur. La jurisprudence a même parfois étendu ce principe au delà des expressions légales, et tandis que les art. 12 et 23 n'interdisent que « les développements ultérieurs, les répliques , les productions ultérieures de mémoires, " un arrêt de la cour supérieure de Bruxelles jugeant en degré de cassation, du 25 juin 1828, J. C. de B. 1828, II, p. 24), a décidé qu'après la nomination du rapporteur, on ne peut plus même produire aucune pièce à l'appui des conclusions des parties; c'est en combinant cès art. 11, 12 et 23 avec l'art. 3 de l'arrêté de 1815, lequel dit « qu'au bas de chaque mémoire on transcrira l'état des pièces à l'appui, " que l'arrêt de 1828 est arrivé à cette conséquence.

La déduction toutefois ne semble pas tout à fait logique; ce n'est pas parce que les pièces à l'appui d'un mémoire doivent être mentionnées au bas de celui-ci que les parties ne pourraient plus, en d'autres temps, joindre des pièces au dossier; s'il en était ainsi, il faudrait même soutenir que ce n'est pas jusqu'à la nomination du rapporteur, que les parties ont la faculté de produire des pièces, mais que le dépôt respectif des mémoires est, pour chaque partie, le seul moment utile pour la production de toute pièce. Ce serait ajouter à la loi; sauf pour la quittance constatant la consignation de l'amende et pour l'expédition ou la copie signifiée de la décision attaquée que le demandeur doit déposer en même temps que son pourvoi, l'arrêté de 1815 se borne, en effet, à exiger, pour qu'une pièce fasse partie de la procédure, son dépôt au greffe, constaté par la mention en marge, signée du greffier.

Aussi arrive-t-il souvent que des pièces ne sont jointes au dossier qu'après la mise en rapport de l'affaire, et on peut dire que la pratique est contraire à la théorie de l'arrêt de 1828 (1). Nous ne prétendons pas cependant qu'il n'y ait à cela aucun inconvénient; car, si ce n'est pas la nomination du rapporteur qui clôt pour les parties le délai de toute production, il n'y a plus de limite aux retards imputables aux parties, si ce n'est

---

(1) Voir cependant l'arrêt du 8 février 1862, cité plus haut au texte; par cet arrêt, le mémoire tardif du défendeur n'est pas seulement exclu de la procédure, mais aussi les pièces qui étaient jointes à ce mémoire.

toutefois le droit d'appréciation de la cour, qui pourrait peut-être empêcher que l'on ne produise, à la dernière heure d'une procédure que la loi déclare écrite et qui avant l'audience publique est légalement complète (arrêté de 1815, art. 3 et 32), des documents qu'aucune circonstance de force majeure n'aurait empêché d'être déposés plus tôt, et qu'il ne serait plus temps d'apprécier en connaissance de cause. A un nouveau point de vue encore, la jonction de pièces au dossier, à d'autres moments que lors du dépôt des mémoires, pourrait dégénérer en abus, aucune loi ne prescrivant qu'il en soit fait communication préalable à la partie adverse, qui pourrait ainsi complétement ignorer ce dépôt.

L'art. 20, titre IV, 2ᵉ partie de l'ordonnance de 1738 contient cependant, sous ce rapport, une sanction que rien dans la législation postérieure n'a fait disparaître ; il est ainsi conçu :
« Les parties qui auraient négligé de produire leurs pièces par les requêtes ci-dessus marquées, ou qui auront affecté de les produire dans la suite, pour éloigner le jugement de l'instance, seront condamnées, lors du jugement d'icelle, à tels dommages et intérêts qu'il appartiendra envers les autres parties, et en telle amende que le conseil jugera à propos, laquelle pourra même être prononcée d'office, ce qui aura lieu dans toutes les instances sans exception. »

93. L'art. 33 de l'arrêté du 15 mars 1815 est ainsi conçu : « Les mémoires écrits ou imprimés que la partie voudra distribuer porteront le nom et la signature de l'avocat. Ils seront remis au rapporteur et au ministère public au moins trois jours avant le rapport de l'affaire, et aux autres membres de la cour au plus tard à l'ouverture de l'audience à laquelle l'affaire sera rapportée. »

Cette disposition semble, à première vue, peu conciliable avec l'art. 23 qui déclare qu'après la nomination du rapporteur « toute production de mémoire est interdite. » Nous ne voyons pas, quant à nous, dans les productions autorisées par l'art. 33,

de véritables mémoires ou conclusions dans le sens de l'art. 23 ;
ils ne peuvent non-seulement contenir aucun moyen nouveau,
mais ils ne font pas partie de la procédure écrite, ils ne doivent
pas même être déposés au greffe, comme l'exige l'art. 21 pour
toute pièce destinée à faire partie de la procédure, ni signifiés
à la partie adverse, ni analysés par le conseiller rapporteur ;
leur caractère et leur utilité est plutôt de faciliter, de compléter
ou de remplacer le travail de la plaidoirie. Ils diffèrent encore
des vrais mémoires formant l'instruction écrite, par l'obligation
résultant de l'art. 33 de les remettre, par copie ou exemplaires
séparés, au rapporteur et au ministère public au moins trois
jours avant le rapport, et aux autres membres de la cour au
plus tard à l'ouverture de l'audience. Voilà pourquoi, pensons-
nous, il se peut que la cour rejette du dossier, en vertu de
l'art. 23, des mémoires signifiés, produits tardivement, sans les
admettre au moins comme *mémoires écrits ou imprimés* permis
par l'art. 33. Arr. 2 mai 1856 (P. 1856, p. 361).

Il a été jugé, le 10 décembre 1838, que pour qu'un mémoire
puisse être admis au procès en vertu de l'art. 33, il doit être
signé de l'avocat qui occupe pour la partie au nom de laquelle
il est produit.

94. L'art. 32 de l'arrêté du 15 mars 1815 est ainsi conçu :
« Les avocats qui prétendront qu'ils ne sont pas prêts à plaider
dans telle ou telle affaire, pourront obtenir la remise d'un
jour à l'autre, et s'adresseront à cet effet au ministère public
qui est chargé de faire la liste pour chaque audience ; mais les
affaires portées une fois sur le tableau pour être jugées pendant
la session ne seront jamais remises à l'une des sessions suivantes ;
la présence des avocats ou avoués n'étant pas indispensablement
nécessaire pour juger une affaire instruite par écrit et les plaidoiries n'étant que facultatives, la cour jugera sur le rapport
et sur les conclusions du ministère public, tant en absence
qu'en présence des avocats ou avoués des parties. »

La première partie de cette disposition n'est plus suivie ; elle se rapporte, du reste, à un état de choses que la création d'une cour de cassation proprement dite a fait disparaître; l'arrêté du 15 mars 1815 était, en effet, édicté pour la cour supérieure de Bruxelles qui ne jugeait en cassation que périodiquement ou par sessions. Sur le même objet, l'art. 14 du règlement de 1832 est conçu comme suit :

« Lorsqu'une affaire inscrite au rôle d'audience sera appelée pour être jugée, les avocats pourront, pour motifs graves et dûment justifiés, demander qu'elle soit continuée à une autre audience à jour fixe. Il ne sera accordé aucun nouveau délai, et l'ordre soit du rôle, soit de la remise sera invariablement suivi pour le rapport et pour le jugement. »

Il est d'usage que les avocats qui sollicitent une remise s'adressent avant l'audience au président de la chambre civile, au rapporteur et au membre du parquet chargé de l'affaire.

La cour est toujours composée du nombre fixe de sept conseillers, y compris le président (loi du 4 août 1832, art. 21). Le rapporteur est placé à côté du président pendant le rapport et l'instruction (règlement de la cour de 1832, art. 16).

Les audiences de la cour sont publiques, à moins qu'il n'en résulte un danger pour l'ordre ou les mœurs, ce que la cour déclare alors par un arrêt. En matière de délits politiques et de presse, le huis clos ne peut être prononcé qu'à l'unanimité (Constitution belge, art. 96).

95. Nous continuerons à rappeler ici quelques dispositions de l'arrêté du 15 mars 1815, qui n'ont pas besoin de commentaires.

« Art. 34. La discussion commence par la lecture en audience publique du rapport. Seront ensuite entendus, les avocats des parties s'ils se trouvent à l'audience ; d'abord le demandeur, ensuite le défendeur et enfin le ministère public dans ses conclusions. »

« Art. 35. La cour n'ayant à juger en cassation que les questions de droit et devant puiser les faits dans le jugement ou l'arrêt dont le rapporteur a donné lecture et qui sera d'ailleurs mis sous les yeux de la cour, lors de la délibération, il est défendu aux avocats de résumer les faits de la cause. Ils se renfermeront strictement dans les questions de droit que les moyens de cassation présenteront à décider.

« Le président rappellera à l'ordre ceux qui s'écarteront de cette règle, ainsi que ceux qui s'abandonneraient à des répétitions inutiles ou emploieraient des moyens évidemment mal fondés. »

« Art. 38. Comme rien n'est aussi contraire à l'esprit de justice qui doit animer les avocats, comme les magistats mêmes, que le désir de surprendre la religion des juges et de dissimuler jusqu'au dernier moment une partie des moyens pour n'en faire usage qu'après que le ministère public sera entendu, et qu'il est dans l'intérêt des parties d'éviter les inconvénients d'une instruction secrète, par laquelle on s'attache à dénaturer le véritable état de la question sans que la partie adverse ait le moyen de se défendre, aucune note écrite ni imprimée ne sera reçue après que le ministère public aura donné ses conclusions, et en cas qu'il en soit adressé d'une manière quelconque à l'un des membres de la cour, l'avocat ou l'avoué de la partie que cette note concerne pourra être suspendu de ses fonctions pour un terme d'un mois à neuf mois, sur les conclusions du ministère public qui est chargé de tenir la main à la stricte exécution de cet article. »

L'art. 15 du règlement de la cour, du 10 novembre 1832, vise spécialement ces deux dernières dispositions. « Les présidents, dit-il, tiendront strictement la main à ce que les avocats se conforment aux dispositions des articles 35 et 38 du règlement du 15 mars 1815. Les avocats, pendant les audiences, ne s'adresseront à la cour et ne seront admis à plaider que revêtus de leur costume et en tenue convenable. »

Les avocats aux cours d'appel peuvent, concurremment avec les avocats à la cour de cassation et assistés de ceux-ci, développer à l'audience les conclusions des parties. Les parties ne le peuvent pas elles-mêmes. Arr. 3 mars 1834 (P. à sa date) et 7 mars 1840 (P. 1841, p. 352). Voy. n° 4.

Il n'y a point de répliques à la cour de cassation.

A moins que le procureur général n'ait demandé lui-même la cassation, le magistrat occupant le siége du ministère public n'est entendu qu'après les plaidoiries ; il ne donne que des conclusions et ne peut être considéré comme partie (arrêté du 15 mars 1815, art. 37).

Après le réquisitoire du ministère public, la cause est entendue ; la cour délibère et prononce autant que possible le même jour, conformément à l'art. 39 de l'arrêté du 15 mars 1815. Le ministère public et le greffier assistent à la délibération.

Les art. 88 à 92, C. proc. civ., sur la police des audiences, sont considérés comme applicables aux audiences de la cour de cassation.

§ VII. Fins de non-recevoir et exceptions a opposer au pourvoi.

96. Nous avons déjà exposé dans le cours de ce traité les principales fins de non-recevoir dont les pourvois sont susceptibles ; sans vouloir en donner une énumération complète, nous les rassemblons ici en les rappelant succinctement.

La non-recevabilité du pourvoi peut résulter : 1° de la nature de la décision attaquée ; celle-ci n'est-elle pas rendue en dernier ressort ou n'a-t-elle pas le caractère définitif suivant les règles établies aux n°s **47** et **48**, le recours en cassation n'est pas ouvert, et le pourvoi doit être déclaré non recevable ;

2° De la personne qui demande la cassation ; il en est ainsi lorsqu'elle n'a pas été partie au jugement ou à l'arrêt attaqué (v. n° **41**); lorsque ses conclusions principales lui ayant été adjugées, elle se trouve légalement sans intérêt à exercer son recours (v. n° **43**); lorsque par un acquiescement exprès ou tacite à la décision attaquée, elle a renoncé au droit de se pourvoir (v. n° **44**); ou enfin lorsque, sans capacité d'ester en justice, elle ne se présente pas avec l'autorisation prescrite ou n'est pas légalement représentée (v. n° **41** *bis*);

3° De l'expiration du délai établi pour l'exercice du recours en cassation (v. n^{os} **59** à **66**) ;

4° De l'inobservation des prescriptions légales quant aux énonciations que doit contenir la requête en cassation (v. n^{os} **66** à **73**); du défaut de production, au moment du dépôt du pourvoi, de la quittance constatant la consignation de l'amende (v. n^{os} **73** à **76**), et de l'expédition ou de la copie signifiée de la décision attaquée (v. n^{os} **76** à **80**); de l'absence de signification régulière du pourvoi dans le mois à dater de l'ordonnance du premier président (v. n^{os} **80** à **87**).

A côté des fins de non-recevoir opposables au pourvoi lui-même, il en est d'autres qui ne se dirigent que contre les moyens présentés par les parties à l'appui du pourvoi. Telles sont celles que l'on tire de la souveraineté de la décision en fait et de l'interprétation de contrat (v. n^{os} **33** à **38**); de ce que le moyen ne se trouve pas exposé avec l'indication des textes violés dans la requête en cassation (v. n° **68**); de ce qu'il n'a pas été présenté devant le juge du fond, à moins qu'il n'intéresse l'ordre public (v. n^{os} **31**, **38** et **39**); du défaut d'intérêt (v. n° **43**).

96*bis*. Toutes ces fins de non-recevoir peuvent être présentées par la partie défenderesse dans son mémoire en réponse ; il est de principe que le juge ne peut accueillir d'office que celles qui intéressent l'ordre public. Mais il en est peu, croyons-nous, que l'on ne puisse ranger dans cette catégorie ; en effet, un arrêt du 20 mai 1833 déclare que les déchéances en matière de cassation sont d'ordre public, « la cour de cassation étant instituée principalement dans l'intérêt de la loi. »

Dans cette cause, la cour prononça d'office la déchéance du pourvoi, parce que la signification en avait eu lieu le lendemain de l'expiration du délai d'un mois. Les simples nullités de forme semblent toutefois être purement relatives et pouvoir même être couvertes par une défense au fond; aussi lisons-nous dans l'arrêt du 27 février 1838, cité au n° **81**, le considérant suivant : « Attendu que la partie défenderesse, dans son mémoire en réponse, et avant toute défense au fond, a proposé l'exception de déchéance et conclu à ce qu'il plaise à la cour la déclarer. » Voir, du reste, l'ordonnance de 1738, titre VII, 2ᵉ partie, art. 7.

96*ter*. Il est une autre exception autorisée par la procédure de cassation : c'est celle par laquelle le défendeur peut exiger qu'avant le jugement de la cause, le demandeur, s'il est étranger, fournisse caution de payer les frais, l'indemnité et autres dommages-intérêts auxquels il pourrait être condamné. C'est l'article 16 du code civil qui accorde d'une manière générale cette protection aux nationaux, sans distinguer entre les diverses instances où ils peuvent se trouver engagés ; il n'y a d'exception à cette règle que pour les affaires commerciales, et au cas où l'étranger possède en Belgique des immeubles suffisants pour assurer le payement des frais et dommages-intérêts.

Contrairement à ce qui est admis pour l'instance d'appel, la cour de cassation, par arrêt du 12 août 1836 (P. à sa date), a décidé que l'étranger, fût-il même originairement défendeur, doit, s'il se pourvoit en cassation, être considéré comme demandeur dans le sens de la loi, et peut être contraint à donner caution : « Attendu que le recours en cassation est un remède extraordinaire et forme une instance nouvelle et séparée des instances antérieures. »

La demande de caution est régulière lorsqu'elle est faite dans le mémoire en réponse; la cour a, en effet, décidé que les demandes incidentes et spécialement la demande de caution *judicatum solvi*, ne doivent plus être faites et instruites conformément aux articles 3 et suivants, titre VII, 2ᵉ partie de l'ordonnance de 1738, qu'il suffit qu'elles soient opposées dans le

mémoire en défense. Arr. 13 novembre 1837 (P. à sa date);
voy. n° **114**. Quant au demandeur, quoique depuis la nomination du rapporteur, laquelle suit toujours le dépôt de la réponse,
toute production ultérieure de mémoire soit interdite en vertu
de l'article 23 de l'arrêté de 1815, il se trouve alors dans un
de ces cas d'exception reconnus par l'arrêt déjà cité du 8 février
1862 (P. 1862, p. 161), et il peut, pour combattre la demande de caution, faire encore une production recevable.
Voy. n° **70**.

97. On s'est demandé si les instances en cassation sont susceptibles de péremption, en d'autres termes, si les art. 397 et
suivants du code de procédure civile leur sont applicablés.

Cette question ne semble plus avoir d'intérêt pratique depuis
la loi du 25 mai 1838, qui par la délivrance d'office du certificat de non-production qu'elle impose au greffier en chef, après
l'expiration de l'année à partir de l'ordonnance du premier président, a efficacement prévenu les lenteurs excessives des plaideurs. Quoi qu'il en soit, d'après l'opinion générale, si, le droit
objet du litige étant éteint par la prescription trentenaire,
la procédure ne peut lui survivre, la simple péremption de
l'instance, par suite d'une inaction de trois années, n'est basée
que sur l'art. 397 du code de procédure civile, et ne peut
être étendue qu'aux matières régies par ce code. Voir Dalloz,
v^{is} *Péremption*, n° 101, et *Cassation*, n° 1113.

§ VIII. Arrêt sur le pourvoi en cassation. — Rejet. —
Indemnité. — Amende. — Cassation. — Renvoi. — Feuille
d'audience. — Expédition.

98. Conformément à l'art. 39 de l'arrêté du 15 mars 1815,
la cour rend, autant que possible, son arrêt le jour même de la
clôture des débats.

L'arrêt est rendu en audience publique; il doit être motivé
(arrêté du 15 mars 1815, art. 45; constitution belge, art. 97).

Les arrêts de la cour de cassation ne sont plus soumis à aucun contrôle; aucune juridiction, aucun pouvoir ne peut détruire, en tout ou en partie, l'autorité de ces décisions suprêmes; la cour de cassation elle-même ne le pourrait pas; son seul droit consiste, sous ce rapport, à revoir, sur opposition régulière, les arrêts qu'elle a rendus par défaut (voy. n°s **104** et suivants), et à rectifier des erreurs purement matérielles qui peuvent avoir été commises par elle (voy. n° **163**); voir, quant aux changements dans la désignation de la juridiction de renvoi, le numéro suivant.

La cour peut prononcer des arrêts préparatoires, interlocutoires, de rejet ou de cassation.

Arrêts de rejet. — Lorsque le pourvoi n'est pas fondé, qu'il n'est pas recevable ou qu'il est frappé de déchéance, la cour en prononce le rejet; elle condamne le demandeur aux dépens et à l'amende suivant les principes établis aux n°s **73** et **75**, s'il n'est point dans les cas d'exception prévus par l'article 6 de l'arrêté du 15 mars 1815; elle peut aussi, si elle a prononcé la jonction de deux affaires où les demandeurs auraient des intérêts communs, ordonner la restitution d'une des deux amendes consignées. Arr. 13 juillet 1843 (P. 1844, p. 36); voy. toutefois arr. 26 octobre 1849 (P. 1851, p. 124).

L'art. 37, tit. IV, 1re partie de l'ordonnance de 1738 s'exprime ainsi : « L'amende sera acquise de plein droit; quand même il aurait été omis d'y prononcer, et en quelques termes que l'arrêt qui rejettera la demande soit conçu... »

Nous avons vu, au n° **75**, que plusieurs demandeurs peuvent n'avoir qu'une amende à consigner; que faudrait-il décider quant à l'amende, si le pourvoi n'était rejeté qu'à l'égard de quelques-uns, notamment pour cause de déchéance, et si à l'égard des autres il y avait cassation ?

Nous n'avons trouvé, sous ce rapport, aucun précédent dans les recueils des arrêts de notre cour de cassation. C'est là, du reste, un cas dont les exemples doivent être rares; car si la position des deux demandeurs est identique, et il le faut pour qu'ils ne doivent consigner qu'une amende, leur sort sera ordinairement commun dans le recours qu'ils ont exercé. Quoi qu'il en soit, il semble que la partie dont le pourvoi est rejeté doive être condamnée à l'amende du taux uniforme de 150 francs, sauf à l'autre partie à demander à la première le remboursement de la part. qu'elle a consignée. Voir toutefois Dalloz, v° *Cassation*, n° 779; voy. aussi notre n° **113**.

Aux termes de l'article 58 de la loi du 4 août 1832, en cas de rejet, la cour de cassation condamne le demandeur à payer au défendeur une indemnité de 150 francs, si l'arrêt ou le jugement attaqué a été rendu contradictoirement, et une indemnité de 75 francs, si cet arrêt ou ce jugement a été rendu par défaut.

Cette indemnité est due au défendeur dès que le pourvoi lui a été signifié. Elle lui est due sans qu'il la réclame et alors même qu'il n'a pas répondu ni comparu. Arr. 23 décembre 1845 et 2 juin 1846 (P. 1846, p. 36 et 374).

Elle est due également lorsque le rejet du pourvoi est prononcé pour cause de non-consignation de l'amende. Arr. 29 décembre 1862 (P. 1862, p. 453).

Si le pourvoi n'avait pas été notifié, il n'y aurait pas lieu de prononcer la condamnation à l'indemnité ; arr. 22 juillet 1851 (P. 1851, p. 469); mais il n'en serait pas ainsi s'il y avait eu en réalité notification, mais si cette notification n'était pas régulière. Arr. 28 juillet 1851 (P. 1851, p. 470).

Lorsqu'il y a plusieurs défendeurs ayant des intérêts communs au litige et de nature à ne faire l'objet que d'une défense unique, il ne faut leur allouer à tous qu'une seule indemnité. V. arr. 10 février 1842 (P. 1842, p. 135); 5 janvier 1856 (P. 1856, p. 328); idem, si une des parties défenderesses n'était qu'accessoirement en cause. Arr. 17 avril 1845 (P. 1846, p. 471).

Mais si les intérêts sont distincts pour chaque défendeur, il y a lieu d'allouer une indemnité à chacun d'eux. Arr. 27 décembre 1849 (P. 1850, p. 53). Ainsi le garant qui se pourvoit en cassation et succombe, doit l'indemnité au garanti et à celui contre lequel le recours est dirigé. Arr. 3 juillet 1841 (P. 1841, p. 320).

Il y aurait de même lieu à plusieurs indemnités , s'il y avait en réalité plusieurs pourvois, bien qu'à l'audience la cour les eût joints et n'eût rendu qu'un arrêt. Arr. 26 octobre 1849 (P. 1851, p. 124). Voir toutefois arr. 13 juillet 1843 (P. 1844, p. 36), qui, prononçant la jonction de deux pourvois qu'il rejette l'un et l'autre, ne condamne qu'à une amende et ordonne la restitution de l'autre.

Un arrêt du 13 janvier 1848 (P. 1848, p. 41), qui a déclaré un pourvoi non recevable parce qu'il aurait fallu déposer deux requêtes en cassation, a condamné le demandeur à deux indemnités envers le défendeur.

L'art. 39, tit. IV, Ire partie de l'ordonnance de 1738 s'exprimait ainsi : « Après qu'une demande en cassation d'un arrêt ou jugement aura été rejetée par arrêt sur requête ou contradictoirement, la partie qui l'aura formée ne pourra plus se pourvoir en cassation contre le même arrêt ou jugement, encore qu'elle prétendît avoir de nouveaux moyens, ni pareillement contre l'arrêt qui aura rejeté ladite demande ; ce qui sera observé à peine de nullité, et même sous telle autre peine qu'il appartiendra, notamment contre les avocats qui, après avoir signé la première requête en cassation, auraient aussi signé la seconde. »

Il résulte de cette disposition non abrogée aujourd'hui (voy. arr. 23 décembre 1835 P. à sa date), que le pourvoi unefois rejeté, un nouveau recours ne peut plus être porté devant la cour, le défaut de signification de l'arrêt attaqué eût-il même laissé le demandeur dans le délai pour le former ; et il importe peu, sous ce rapport, que le rejet ait eu pour cause le non-fondement, la non-recevabilité ou la déchéance du pourvoi. Ainsi, une fois que le rejet du pourvoi aurait été prononcé, par exemple pour défaut de signification régulière de la requête en cassation, un nouveau pourvoi dûment signifié ne serait plus recevable. Voy. arrêts de la cour de cassation de France, 25 thermidor an XII (Sirey 7, II, 814); idem 11 mai 1807 (1). L'arrêt de notre cour de cassation du 3 mars 1833, rappelé au n° **78**, ne porte pas atteinte au principe que nous rappelons ici.

99. *Arrêts de cassation.* — L'arrêt par lequel la cour casse la décision attaquée contient :

1° Les motifs (constitution belge, art. 97);

2° Le texte de loi violé : c'est ce qu'exige l'art. 17 de la loi du 1er décembre 1790 ;

3° La cassation et l'annulation de la décision attaquée, ce qui implique la disparition des décisions et des actes qui l'ont suivie, sans qu'il soit besoin que le pourvoi ait été aussi dirigé contre ces décisions. C'est ce qu'a expressément décidé l'arrêt du 12 février 1848 (P. 1848, p. 217). Voy. Merlin, *Questions de droit*, v° *Cassation*, § 31, 1 ; Bernard, *Manuel des pourvois en matière civile*, p. 296 et suivantes; Tarbé, p. 145; voy. surtout l'arrêt du 16 juin 1845, cour de cassation de France (P. fr. 1845, p. 737), qui décide que la cour de renvoi doit prononcer la nullité des décisions qui sont la suite de l'arrêt annulé, et que ces décisions ne peuvent avoir acquis l'autorité de la chose jugée.

Les arrêts de la même cour du 28 août 1837 (P. fr. 1837 à sa date) et du 20 février 1843 (P. 1843, p. 356) ne semblent pas contredire ce système ; ils décident seulement que si un nouveau pourvoi est formé contre la décision qui n'est que la conséquence d'un arrêt cassé, les frais occasionnés par le pourvoi ne sont pas frustratoires, parce que la nullité qui en résulte, n'existe pas de plein droit. Il n'y a réellement en sens contraire

---

(1) Lorsqu'une signification de pourvoi n'est pas valable et que le délai utile pour faire une nouvelle signification est expiré, mais que le demandeur se trouve encore dans le délai pour se pourvoir en cassation, il peut faire un nouveau pourvoi et renoncer au premier en s'en désistant. Voy. toutefois n° 158*bis*.

qu'un seul arrêt des chambres réunies de la cour d'Agen, du 29 avril 1841 (P. fr. 1841, II, p. 437), lequel décide que si des jugements ou arrêts non cassés ont jugé le fond du litige, la cour de renvoi n'a pas à statuer aussi longtemps que ces jugements ou arrêts ne sont pas annulés sur un pourvoi spécial.

Quoi qu'il en soit, ces difficultés ne peuvent se présenter que lorsque la cour de cassation a simplement annulé la décision qui lui a été déférée; mais si, comme elle en a le droit et comme elle le fait quelquefois, elle déclare dans son arrêt qu'elle annule l'arrêt dénoncé et *tout ce qui s'en est suivi*, il n'y a plus d'hésitation possible, et la nullité est définitivement prononcée.

4° L'ordre de restituer l'amende consignée, même dans le cas où le rejet du pourvoi est prononcé sur d'autres chefs. Le receveur de l'enregistrement effectue cette restitution sur la production par la partie d'un certificat du greffier en chef de la cour de cassation, constatant qu'il y a eu cassation (ordonnance de 1738, tit, IV, Ire partie, art. 38) (1).

5° L'ordre de transcrire l'arrêt de cassation sur un registre *ad hoc* de la juridiction dont le jugement ou l'arrêt annulé émane et d'en faire mention en marge de cette décision.

6° L'ordre à la partie défenderesse de restituer tout ce qui a été perçu en exécution du jugement ou de l'arrêt annulé, restitution qui serait, du reste, de droit. V. Dalloz, v° *Cassation*, n°s 2014 et 2015.

C'est ce qu'a formellement jugé un arrêt de notre cour de cassation du 10 août 1849 (P. 1849, p. 384), V. n° **55**.

Le défendeur au pourvoi qui a exécuté l'arrêt annulé doit les intérêts des sommes perçues, à partir de la signification du pourvoi en cassation; il a été du moins jugé en France (arr.

---

(1) Cet article est ainsi conçu : « Lorsque le demandeur aura obtenu la cassation par lui demandée, l'amende consignée lui sera rendue sans aucun délai, en quelques termes que l'arrêt qui aura égard à ladite demande sera conçu, et quand même il aurait été omis d'ordonner que ladite amende serait rendue. »

29 avril 1839) que le point de départ de l'obligation de payer ces intérêts est la signification de l'arrêt d'admission. Voir, dans le même sens, Dalloz, v° *Cassation,* n°s 2019 et suiv., et Tarbé, p. 147. Une autre conséquence de l'arrêt de cassation serait la résolution des droits consentis sur l'objet du litige en exécution de l'arrêt annulé. V. Merlin, *Quest. de droit,* v° *Cassation,* § XXXI, III. Mais il n'en serait pas ainsi à l'égard des créanciers ou du tiers saisi, lorsque la décision cassée a pour objet le payement d'une somme d'argent ou d'une autre chose fongible. Merlin, *ibid.,* IV (1).

7° La condamnation du défendeur aux dépens de l'instance en cassation et de l'arrêt annulé, pour le tout ou pour partie, suivant que la cassation est totale ou partielle.

La cour peut aussi, par application de l'art. 131, C. proc. civ., compenser les dépens entre conjoints, ascendants, descendants, frères et sœurs ou alliés au même degré.

La condamnation d'une partie aux dépens de l'instance en cassation est définitive, et il n'appartiendrait pas à la cour de renvoi qui, statuant au fond, donnerait gain de cause à cette partie, de mettre ces frais à la charge de l'autre partie en la condamnant à tous les dépens du litige.

Il a été jugé par la cour supérieure de Bruxelles, le 23 juin 1830 (P. à sa date), que lorsque les parties sont d'accord pour dire que le jugement doit être cassé, c'est la partie qui a fait signifier le jugement avec sommation de s'y conformer qui doit être condamnée aux dépens de l'instance en cassation.

8° Le renvoi de la cause et des parties devant une autre juridiction. Loi des 27 novembre-1er décembre 1790, art. 21, rectifié par le décret du 14 avril 1791 ; loi du 2 brumaire an IV, art. 24 ; loi du 27 ventôse an VIII, art. 87 ; loi du 4 août 1832,

---

(1) C'est là un des nombreux cas où, faute d'effet suspensif du pourvoi en cassation, le recours devant la juridiction suprême peut être complétement illusoire. V. n°s 58, 87 et 88.

art. 17. Cette dernière disposition est ainsi conçue : . . .

. . . .

« Elle renvoie le fond du procès à la cour ou au tribunal qui doit en connaître. »

Ces expressions, un peu vagues, doivent être interprétées en ce sens que le renvoi doit être prononcé devant une juridiction autre que celle qui a rendu la décision attaquée, mais de la même nature et du même degré. Dans ces limites, la cour apprécie, du reste, librement, et ne doit plus, comme le prescrivait la loi du 27 ventôse an VIII, renvoyer devant la cour ou le tribunal le plus voisin.

Il appartient à la cour de cassation, si l'intérêt des parties l'exige, de rapporter la disposition de l'arrêt qu'elle a rendu relative au renvoi. V. Dalloz, v° *Cassation*, n° 2140; voir aussi notre n° **163**. C'est ce que la cour a fait par arrêt rendu en séance publique, le 22 juin 1865, sur une requête signée par les avocats des deux parties.

Lorsque la cassation est fondée sur l'incompétence, c'est devant la juridiction qui est compétente pour connaître du litige que le renvoi doit être prononcé (art. 13, titre V, 1re partie, ordonnance de 1738; art. 429, C. instr. crim.). V. n°s **53, 54** et **169**.

Nous nous référons également aux observations présentées aux numéros que nous venons de citer, en ce qui concerne les cassations sans renvoi. Notons toutefois que l'usage semble avoir fait du droit de casser sans renvoi le privilége exclusif de la chambre criminelle; nous ne connaissons pas un seul exemple de cassation sans renvoi prononcée par la chambre civile de notre cour. Voir, pour la France, arr. 6 avril 1830 (v. Tarbé, p. 143) et arr. 26 novembre 1845 (Dalloz périodique 1846, I, 32).

Ces deux arrêts ne prononcent aucun renvoi parce que, sur le chef de cassation, il s'agissait, d'après la cour, d'une contestation qui n'intéressait pas le défendeur et ne devait pas être débattue contradictoirement avec lui. Les arrêts suivants, cités par M. Bernard, *Manuel des pourvois*, p. 302, et indiqués par cet auteur comme n'ayant pas prononcé de renvoi, ont été, il est vrai, rendus par la chambre civile de la cour de cassation de France, mais ils statuent en des matières disciplinaires qui présentent une grande analogie avec les affaires répressives : arr. 30 juillet 1850 (Journ. du Pal. 1850, 2, 276) ; 27 août 1851 (Journ. du Pal. 1852, 2, 380) ; 1er mars 1853 (Journ. du Pal. 1853, 1, 428).

Nous croyons utile de rappeler ici l'arrêt de notre cour du 10 août 1849 (P. 1849, p. 384), que nous venons de rappeler et qui refuse de casser sans renvoi, quoique l'arrêt annulé eût à tort méconnu qu'un arrêt antérieur de cassation avait eu pour conséquence d'entraîner la restitution de tout ce qui avait été perçu en exécution de la première décision cassée.

100. *Feuille d'audience*. — Les art. 36, 37 et 38 du décret du 30 mars 1808 sont considérés comme applicables, faute de disposition spéciale, à la cour de cassation.

Ils sont relatifs aux mentions que doit contenir la feuille d'audience, et à la signature du président et du greffier dont celle-ci doit être revêtue dans les vingt-quatre heures après l'audience.

Le procureur général près la cour de cassation se fait représenter tous les mois les minutes des arrêts et vérifie s'il a été satisfait à ces dispositions (art. 140, C. proc. civ.).

En France, aux termes de l'art. 41 de l'ordonnance du 15 janvier 1826, les rapporteurs doivent remettre au greffe, chaque semaine, la rédaction des motifs et du dispositif des arrêts rendus, sur leur rapport, la semaine précédente : ces motifs et ce dispositif sont écrits de leur main dans la minute des arrêts ; cette minute est signée du président, du rapporteur et du greffier.

« Aucune qualification, dit l'art. 19 de la loi du 1er décembre 1790, ne sera donnée aux plaideurs dans l'intitulé des jugements ; on n'y inscrira que leurs noms patronymiques et de famille, et la désignation de leurs fonctions ou de leurs professions. »

La loi du 6 juillet 1810, art. 38, dispose toutefois que l'on pourra ajouter aux noms et prénoms « les titres de prince, de duc, comte, baron ou chevalier qui auront été conférés par nous ou par nos successeurs, avec les grades aussi par nous conférés et l'état et profession des parties, » et rend cette disposition commune au ministère public portant la parole à l'audience.

Les arrêts de cassation ou de rejet ne doivent pas être enregistrés sur minute (loi du 22 frimaire an vii, art. 7).

101. *Expédition de l'arrêt.* — Le greffier en chef ne peut délivrer aucune expédition des arrêts de la cour avant que ces arrêts soient signés au plumitif (art. 139, C. proc. civ.).

Les qualités des arrêts sont faites à la cour de cassation par le greffier de la chambre civile (art. 3, tit. XIII, 2e partie de l'ordonnance de 1738), et non par les avocats des parties qui n'ont pas dès lors à se les faire signifier.

Les expéditions sont soumises au droit d'enregistrement; mention doit être faite, sur la minute de l'arrêt, de la date de l'enregistrement de l'expédition et du droit payé (voy. l'art. 45 de la loi du 22 frimaire an vii).

Toute personne, même étrangère à la cause, a le droit d'obtenir l'expédition d'un arrêt en consignant le montant des frais qui en résultent. Ce principe général se trouve déposé dans l'art. 853, C. proc. civ. Mais il ne s'agit là que d'une expédition simple sans formule exécutoire (1).

---

(1) L'art. 1er de l'arrêté royal du 22 juillet 1831 détermine les termes de la formule exécutoire :

« Nous Léopold premier, roi des Belges,

« A tous, présents et à venir, faisons savoir :

(*Texte.*)

« Mandons et ordonnons à tous huissiers, à ce requis, de mettre le présent arrêt à exécution;

« A nos procureurs généraux et à nos procureurs près les tribunaux de pre-

Aussi sont-ce les parties seules qui peuvent obtenir une expédition exécutoire ou grosse, et la même partie ne peut en obtenir une seconde sans une ordonnance du premier président (art. 854, C. proc. civ.).

Les art. 9 et 10 de l'ordonnance de 1738, tit. XIII, 2ᵉ partie, sont ainsi conçus : « Art. 9. Aucun arrêt du conseil ne pourra être mis à exécution contre une partie, s'il n'a été préalablement signifié à l'avocat au conseil qui aura occupé pour elle en l'instance jugée par ledit arrêt, et ce quand même il aurait été signifié à ladite partie à personne ou domicile; ce qui aura lieu à peine de nullité de toutes les procédures et exécutions qui pourraient être faites avant la signification audit avocat.

« Art. 10. En cas néanmoins que ledit avocat fût décédé avant que l'arrêt eût été mis à exécution, celui qui l'aura obtenu pourra le faire exécuter, en conséquence de la seule signification faite à la partie à son domicile, sans qu'il soit nécessaire d'attendre que ladite partie ait constitué un nouvel avocat, ou de faire aucunes poursuites pour l'obliger à en constituer. » Les art. 147 et 148, C. proc. civ., consacrent le principe contenu dans ces dispositions.

§ IX. Effets du renvoi après cassation.

102. En cas de renvoi devant une cour d'appel en matière civile, l'affaire est jugée par deux chambres réunies (art. 22, loi du 4 août 1832).

Ce principe n'est vrai que lorsque la cour d'appel est saisie par un premier renvoi; lorsque, au contraire, l'affaire est revenue à l'audience, chambres réunies, de la cour de cassation,

---

mière instance d'y tenir la main, et à tous commandants et officiers de la force publique d'y prêter main-forte, lorsqu'ils en seront légalement requis.

« En foi de quoi le présent arrêt a été signé et scellé du sceau de la cour. »

et qu'il y a encore cassation avec renvoi, la nouvelle cour d'appel, devant laquelle le second renvoi est prononcé, doit juger en audience ordinaire. (Voy n° **212**; art. 3 de la loi du 7 juillet 1865.)

103. Les art. 20 et 21 de la loi du 1er décembre 1790, rectifiés par le décret du 14 avril 1791, et l'art. 24 de la loi du 2 brumaire an IV, quoique abrogés en partie, proclament deux principes encore vrais aujourd'hui : le premier, que lorsqu'une procédure a été jugée vicieuse et qu'elle a été annulée, elle doit être recommencée devant le juge de renvoi, à partir du premier acte où les formes n'auront pas été observées; le second, que lorsque le jugement seul a été cassé, la juridiction devant laquelle le renvoi est prononcé procédera au jugement, sans nouvelle instruction ni forme de procédure, et sans que les parties puissent plaider sur le point réglé par un premier jugement.

C'est un principe général, en matière civile, que les décisions même contradictoires ne peuvent être exécutées sans qu'elles aient été signifiées à la partie contre laquelle l'exécution est poursuivie. Aussi pour appeler la partie adverse devant la juridiction de renvoi, la partie la plus diligente doit-elle lui signifier l'arrêt de cassation.

Le juge de renvoi a toutes les attributions du juge dont la décision est cassée, et celui-ci se trouve dessaisi à tous égards de l'action qui avait été portée devant lui.

« Le renvoi a pour effet, dit un arrêt du 22 mars 1860 (P. 1860, p. 114), de substituer à la cour ou au tribunal dont la décision est annulée, une autre cour ou un autre tribunal devant lequel les parties se trouvent au même état où elles se trouvaient devant la première cour ou le premier tribunal, avant la décision annulée. »

« Les parties remises au même état qu'avant l'arrêt cassé, dit un arrêt de la cour de cassation de France du 14 mai 1851 (Dal. pér., 1851, 1, 262), peuvent prendre devant la cour

(de renvoi) toutes les conclusions qu'elles auraient été rece-
vables à prendre devant la cour primitivement saisie. »
Voy. aussi arrêt du 9 juin 1826, cour supérieure de Bruxelles
Recueil 1826, 2, 149.)

Ces principes ne doivent recevoir d'exception que lorsque la
cassation n'a été que partielle; en ce cas, l'autorité de la chose
jugée protége les chefs de l'arrêt annulé qui ne sont pas
frappés par la cassation.

Sauf au cas de règlement de juges, le renvoi après cassation n'est pas, par lui-même, attributif de juridiction, et le juge
désigné est tenu, avant tout, d'examiner sa compétence. Voir
arr. c. de Bruxelles, 22 février 1852 (P. 1853, 2, 153; cour de
cassation de France, 2 février 1850 (P. fr. 1850, 1, 315); et
si, malgré l'arrêt de renvoi, le juge saisi se déclarait incompétent, il y aurait lieu à règlement de juges; V. n° **181**, en note.

Si le nouveau jugement est conforme à l'arrêt de cassation,
le pourvoi n'est plus recevable contre cette seconde décision;
mais il faut pour cela qu'elle ait adopté purement et simplement la doctrine consacrée par la cour de cassation (art. 21,
loi du 1ᵉʳ décembre 1790); arr. 7 novembre 1840 (P. à sa date).

La première et la seconde chambre de notre cour de cassation ont constamment suivi la doctrine de cet arrêt
remarquable, législativement consacrée par l'art. 1ᵉʳ de la loi
du 7 juillet 1865 (voy. n° **212**). Arr. 5 novembre 1851
(P. 1852, p. 178); 5 janvier 1857 (P. 1857, p. 35); 24 octobre 1864 (P. 1864, p. 401). La même unanimité n'existe pas
en France : le 17 janvier 1835, la cour de cassation de
France se prononça en faveur du système admis en Belgique;
mais le 21 février de la même année, la même chambre, sur
les conclusions de M. le procureur général Dupin, sanctionna
l'opinion contraire. V. Dalloz, v° *Cassation*, n°ˢ 126 et 222.

Si, au contraire, le juge de renvoi s'est rallié au système de la
décision cassée, et que son jugement est attaqué par le moyen
qui a servi de base à la première cassation, la cause doit être

portée devant les chambres réunies. Voy. n^os **212** et **213**.

Mais si le juge de renvoi s'est attaché à d'autres moyens pour ne pas accueillir la doctrine de la cour de cassation, ou bien si sa décision n'est attaquée que par des moyens différents de celui ou de ceux qui ont servi de base à l'arrêt de cassation, il n'y a lieu qu'à examen de l'affaire par la cour de cassation en audience ordinaire.

§ X. Arrêt par défaut. — Opposition et Tierce opposition (1).

104. « Quoique le défendeur ait fait défaut, dit l'article 40 de l'arrêté du 15 mars 1815, le mérite du pourvoi n'en sera pas moins examiné avec la même exactitude. La cour rejettera toujours le pourvoi, lorsqu'elle trouvera que les moyens de cassation ne sont pas fondés. »

Cette disposition, qui repose sur un principe commun à toutes les juridictions, reçoit, à la cour de cassation, une complète et rigoureuse exécution. Le silence d'une des parties sur les faits de la cause rend bien difficile, pour les autres cours et tribunaux, le contrôle des allégations non contredites de son adversaire ; mais devant la cour de cassation, le droit seul est jugé, et ici le travail et la science du magistrat peuvent suppléer à l'inaction de la partie. Aussi, en France comme en Belgique, n'y a-t-il que de bien rares exemples d'une opposition à un arrêt par défaut.

105. Constatons d'abord que le demandeur en cassation ne peut, en règle générale, être considéré comme défaillant. S'il n'a pas notifié dans le délai son pourvoi en cassation (voy. n^os **80** et suivants), il n'est pas défaillant, mais il est déchu ; si, au contraire, cette notification a eu lieu, sa défense est rigou-

____

(1) Voir les n°s 162 et suiv., du chapitre des *Pourvois soumis à la seconde chambre de la cour.*

reusement complète, car la comparution à l'audience par un avocat de la cour n'est que facultative (arrêté du 15 mars 1815, art 3). Dans un cas toutefois, ainsi que nous le disons plus loin, au n° **162**, l'arrêt qui rejetterait son pourvoi ne pourrait être considéré comme contradictoire à son égard : c'est celui où le jour de l'appel de la cause à l'audience n'aurait pas été porté à sa connaissance par la mise au rôle.

106. Quant au défendeur, nous avons vu, au n° **90**, que même après la nomination du conseiller rapporteur, il a encore le droit de répondre, en remboursant au demandeur la moitié des frais préjudiciaux.

Mais s'il a persisté dans son silence, ou si, tout en répondant après l'expiration du délai légal, il néglige de justifier du remboursement de la moitié des frais préjudiciaux, la parole lui est refusée à l'audience, et il est considéré comme défaillant (arrêté du 15 mars 1815, art. 44).

Les art. 41, 42 et 43 de l'arrêté de 1815 portent pour ce cas les dispositions suivantes :

« Art. 41. Le défendeur qui aura succombé après avoir fait défaut sera reçu à demander la restitution en entier contre l'arrêt qui prononce la cassation, en justifiant toutefois du remboursement ou qu'il a fait des offres réelles des frais préjudiciaux qui seront taxés dans toutes les causes à 80 francs.

« Le remboursement ou les offres réelles pourront être faits indifféremment au demandeur ou à son avoué, à personne ou domicile.

« Art. 42. La restitution en entier sera ordonnée par arrêt de la cour rendu sur requête et sur les conclusions du ministère public.

« Art. 43. La requête sera accompagnée de la quittance constatant le remboursement, ou de l'acte établissant les offres réelles des frais préjudiciaux ; l'expédition de l'arrêt qui accorde la restitution en entier sera aux frais du demandeur en restitution. »

107. Il n'existe dans l'arrêté de 1815 aucune disposition déterminant le délai endéans lequel doit se faire l'opposition à un arrêt par défaut. Dans l'ordonnance de 1738, il y avait à cet égard les art. 11 et 12, tit. II, 2ᵉ partie, sur l'applicabilité actuelle desquels nous n'oserions nous prononcer (1); ces articles sont ainsi conçus :

« Art. 11. En rapportant la quittance de l'avocat, ou l'acte d'offre portant consignation, ladite partie sera restituée par lettre ou par arrêt, qu'elle sera tenue d'obtenir et même de faire signifier à l'avocat de l'autre partie dans les délais suivants, à compter du jour de la signification de l'arrêt par défaut faite à la personne ou domicile du défaillant : savoir, de trois mois quand l'assignation aura été donnée à deux mois, de deux mois quand elle aura été donnée à un mois, et d'un mois quand elle aura été donnée à quinzaine...

« Art. 12. Après les délais marqués par l'article précédent, ledit défaillant ne sera plus reçu à se prévaloir contre ledit arrêt par aucune autre voie (que celle de la demande en cassation)... (2). »

Ce qui semble certain, c'est qu'aujourd'hui encore, après l'expiration du délai de l'art. 11 que nous venons de citer, l'opposition ne serait plus recevable. Ce délai en Belgique sera uniformément de trois mois, la notification du pourvoi, qui tient lieu d'assignation, laissant au défendeur deux mois pour répondre.

Mais l'art. 11 allait plus loin ; il exigeait qu'avant l'expiration de ce délai, la partie défaillante eût obtenu et même fait signifier à l'avocat de l'autre partie l'arrêt de restitution qui

______

(1) Outre l'espèce d'arrêts par défaut dont il est question ici, et dont parle le titre II, 2ᵉ partie de l'ordonnance de 1738, en réglant les conditions et les formes de la demande en restitution de ces arrêts, l'ordonnance de 1738 prévoyait le cas d'arrêts par défaut rendus sans que la partie intéressée eût été appelée ; c'est l'objet du titre X de la 1ʳᵉ partie. V. Tolozan, p. 395 et suiv. Application devrait encore être faite de ce titre, si par impossible, la cour avait accueilli par défaut un pourvoi qui n'eût pas été dûment notifié.

(2) Les arrêts de la cour de cassation ne sont plus susceptibles aujourd'hui d'aucun recours ; cette partie de la disposition est donc certainement abrogée.

s'accordait sur-le-champ, et dont l'effet était de remettre la partie dans le même état où elle se trouvait avant le jugement par défaut, et de lui permettre un nouvel examen du pourvoi par la production de ses moyens de défense. Cette disposition devrait, sous ce rapport, encore être observée, si comme le pensent l'auteur du *Manuel de cassation*, p. x et xi, et M. Delebecque, *Bulletin usuel* (en note sous l'art. 11 précité), l'arrêté du 15 mars 1815, qui a supprimé d'une manière générale les arrêts d'admission, a laissé subsister la nécessité d'obtenir, avant l'examen du mérite de l'opposition, un arrêt préalable de restitution. Mais, dans l'espèce que nous allons rappeler, notre cour de cassation n'a pas suivi la marche que ces auteurs indiquent.

Le 26 avril 1860, la cour a accueilli comme fondée une opposition à un arrêt de cassation par défaut rendu par elle le 22 décembre 1859, qui avait étendu la condamnation aux dépens à des défendeurs défaillants, lesquels n'avaient aucun intérêt au maintien de l'arrêt annulé, et n'avaient été mis en cause dans l'instance en cassation qu'afin que l'arrêt leur fût commun.

Ces défendeurs s'étaient, le 3 février 1860, adressés à la cour par requête déposée au greffe, à laquelle étaient jointes la quittance des frais préjudiciaux et l'expédition de l'arrêt de cassation et de l'arrêt cassé. Cette requête concluait à la restitution en entier des requérants, contre la condamnation aux dépens dont ils avaient été l'objet.

Le 6 février suivant, le premier président rendit une ordonnance ainsi conçue : « Il est ordonné à la partie demanderesse de signifier la requête qui précède à qui de droit. »

Aucun arrêt préalable de restitution en entier ne fut rendu, et, le 26 avril, la cour rendit un arrêt dont le dispositif est ainsi conçu : « Rapportant la disposition de son arrêt du 22 décembre dernier, en ce qui concerne la condamnation aux frais de l'arrêt cassé et aux dépens de l'instance en cassation, dit que le baron Adrien-Servais de Heusch est et reste seul condamné à ces frais et dépens envers les demandeurs en cassation, parties de Mᵉ Martou, et, vu l'article 43 de l'arrêté du 15 mars 1815, déclare que les frais de la demande en restitution et ceux du présent arrêt demeurent à la charge des demandeurs en restitution en entier (1). »

En cas de rejet de la demande en restitution, il n'y a pas lieu de condamner l'opposant à l'amende ou à l'indemnité. Arr. 17 août 1835 (P. à sa date).

108. Les défauts *profit-joint* ne sont pas connus dans la procédure de la cour de cassation. Lorsqu'il existe plusieurs défendeurs au pourvoi, et que les uns ont répondu tandis que les autres font défaut, la cour rend vis-à-vis de tous un seul et même arrêt, « et il ne sera, dit l'art. 14, titre II, 2ᵉ partie de l'ord. de 1738, accordé aucune restitution contre les arrêts donnés par défaut contre quelques-unes des parties de l'instance, lorsqu'ils auront été rendus contradictoirement avec d'autres parties qui avaient le même intérêt que les parties défaillantes, à l'égard desquelles ils seront réputés contradictoires (2)... »

109. D'après l'art. 30, tit. VII, 2ᵉ partie de l'ordonnance de 1738, « lorsque, par des arrêts rendus contradictoirement

---

(1) Voir, quant aux frais de la demande en restitution, l'art. 15 de l'ordonnance de 1738, 2ᵉ partie, titre II. Cet article est ainsi conçu : « Les sommes payées pour la refusion des frais ci-dessus marqués (frais préjudiciaux), même pour ceux qui auront été faits à l'occasion de la restitution demandée, ne pourront être répétés par le demandeur en restitution, quand même il lui aurait été adjugé des dépens par l'arrêt définitif, si ce n'est seulement lorsque la procédure sur laquelle le défaut aurait été obtenu sera déclarée nulle, auquel cas ladite somme sera rendue au demandeur en restitution ; et si elle était demeurée entre les mains de l'huissier, suivant ce qui a été dit ci-dessus, il sera tenu de la remettre au demandeur ou à son avocat ; à quoi faire il sera contraint par toutes voies de droit même par corps. »

(2) « Comme l'arrêt se trouve alors, dit Tolozan, *Règlement du conseil*, p. 442, avoir été rendu sur une instruction contradictoire, et par conséquent en connaissance de cause, on le répute contradictoire à l'égard de la partie défaillante. On présume, dans ce cas, qu'elle s'en est remise aux soins de ses coïntéressés. On n'accorde en conséquence aucune restitution contre ces arrêts. »

Ces motifs donnés par le commentateur presque officiel de l'ordonnance de 1738, nous prouvent que l'opposition du défendeur défaillant serait encore recevable, si les défendeurs qui ont comparu et vis-à-vis desquels il a été statué consur la demande principale, il aura été statué par défaut sur des demandes incidentes, lesdites demandes seront réputées jugées contradictoirement, sans que les parties soient reçues à se pourvoir par opposition contre lesdits arrêts, sous prétexte qu'elles n'ont pas défendu à la demande incidente. »

110. C'est un principe général de procédure civile, qu'une partie peut former tierce opposition à une décision judiciaire qui préjudicie à ses droits, et lors de laquelle, ni elle ni ceux qu'elle représente n'ont été appelés (art. 474, C. proc. civ.). Aussi l'ordonnance de 1738, titre X, 1re partie, s'occupe-t-elle spécialement de cette voie extraordinaire de recours (voy. notamment les art. 1, 2 et 7 de ce titre, et 14, 15 et 17, tit. VII, 2e partie). Rien, dans la législation postérieure, n'a placé les arrêts de la cour de cassation à l'abri de la tierce opposition. Mais la doctrine et surtout l'expérience prouvent que devant la cour de cassation, telle qu'elle est organisée aujourd'hui, il est presque impossible que des espèces se présentent encore où la tierce opposition soit recevable. Voy. Dalloz, v° *Cassation*, n° 1962; Tarbé, p. 105 et 106; Bernard, p. 271.

§ XI. Désistement.

111. Ni l'ordonnance de 1738, ni les lois qui l'ont suivie et modifiée ne s'occupent des conditions, des formes et des effets du désistement devant la cour de cassation(1). Il n'existe donc à cet égard aucune règle sacramentelle; aussi l'usage consacré par notre cour diffère-t-il sensiblement de celui qu'avec moins d'uniformité la cour de cassation de France a adopté.

Il ne peut être contesté, en matière civile, que toute partie

tradictoirement avaient au litige un intérêt différent de celui du défendeur défaillant. C'est ainsi que nous concilions l'arrêt rappelé au texte, n° **107**, du 26 avril 1860, avec l'art. 14, titre II, 2e partie de l'ordonnance de 1738.

(1) Voir, quant aux effets du désistement, le n° **158bis** de notre chapitre : *Des pourvois soumis à la seconde chambre de la cour.*

soit maîtresse de son action et qu'elle puisse renoncer au bénéfice résultant pour elle d'une procédure qu'elle a introduite, si elle offre le payement des frais qu'elle a occasionnés.

Lorsque le pourvoi a été notifié au défendeur, le désistement lui est signifié par acte d'avoué à avoué (art. 402, C. proc. civ.), à moins qu'il ne l'accepte spontanément; si, après signification du désistement, le défendeur refuse de l'accepter, c'est à la cour à apprécier les motifs de son refus, dont elle pourrait lui faire supporter les conséquences, si ces motifs n'étaient pas jugés fondés. Arr. c. de cass. de Fr., 30 juin 1851 (Dalloz pér. 51, 1, 180) et 12 décembre 1820 (Sirey, t. 21, 137).

Pour être régulier, le désistement doit émaner de la partie elle-même, ou de son avocat, muni d'une procuration spéciale; et si la partie n'est pas elle-même capable d'ester en justice, elle devra être aussi spécialement autorisée aux fins du désistement. La déclaration de désistement avec les pouvoirs nécessaires, et l'acceptation par le défendeur, doivent être déposées au greffe, où acte est dressé de ce dépôt.

Que le pourvoi ait été notifié ou qu'il ne l'ait pas été, un arrêt de la cour doit décréter le désistement et ordonner que la cause soit retirée du rôle, avec condamnation aux dépens de la partie qui se désiste.

112. La condamnation à l'amende ne doit pas être prononcée contre le demandeur qui se désiste; la cour ordonne, au contraire, la restitution de cette amende en faveur de celui-ci; il y a, à cet égard, une jurisprudence constante et invariable.

Il en est autrement, quant à l'indemnité qui est acquise au défendeur, et doit lui être allouée dès que le pourvoi lui a été notifié; arr. 10 avril 1848 (P. 1848, p. 312); 22 juillet 1851 (P. 1851, p. 469); et même si la notification n'a pas été régulière. Arr. 28 juillet 1851, (P. 1851 p. 470).

Dans le silence de la loi sur les effets du désistement, cette distinction entre l'indemnité et l'amende nous semble toute rationnelle; le principe de l'indemnité a pour base la justice qu'il

y a à dédommager le défendeur des frais de consultation et de
défense que le pourvoi entraîne pour lui; le désistement ne peut
pas venir empirer la position du défendeur, et laisser ces frais
à sa charge; l'amende, au contraire, est une peine comminée par
la loi contre le demandeur téméraire dont le pourvoi est rejeté;
pareille loi, déjà trop sévère, doit être rigoureusement interprétée, et l'équité d'ailleurs ne commande pas d'étendre son application contre le demandeur qui renonce en temps utile à son
recours, sans même que cette renonciation doive toujours être
considérée comme un preuve du non-fondement du pourvoi.

113. Si, de deux défendeurs, l'un accepte le désistement
sans l'indemnité, l'autre a droit à la moitié. Arr. 24 janvier
1862, p. 112.

Mais que décider, quant à l'amende, lorsque de deux demandeurs qui, ayant un intérêt commun au litige, n'ont consigné
qu'une amende, l'un se désiste? Nous avons indiqué la solution
d'une question analogue, à laquelle donnent lieu le rejet du
pourvoi à l'égard d'un des demandeurs et la cassation à l'égard
de l'autre (voy. n° **98**). Le demandeur désistant ne peut avoir
droit à la restitution par l'État de la part contributive de son
amende; si plus tard le pourvoi est rejeté à l'égard du codemandeur, celui-ci sera seul condamné à l'intégralité de l'amende
et l'autre aura, en ce cas, son recours envers lui, pour la part
qu'il a payée dans la consignation de l'amende mise, pour le
tout, à la charge du codemandeur. Cette solution concilie tous
les intérêts et elle prévient une fraude possible; si, en effet, la
présence au litige d'un demandeur qui se désiste, peut produire ce
résultat qu'il n'y aurait plus de consignation d'une amende entière et que l'autre demandeur ne serait condamné qu'à une
partie de l'amende, la loi pourrait se trouver éludée, et le trésor frustré par l'intervention complaisante d'un tiers qui ne
prendrait part au pourvoi que pour se désister ensuite. Voy., toutefois, arr. 6 novembre 1821, c. de cass. de France, cité par
Dalloz, v° *Cassation*, n° 627.

§ XII. Incidents de l'instance en cassation.

114. Sous une rubrique analogue à celle du présent paragraphe, l'ordonnance de 1738, 2ᵉ partie, titre VII, contenait une série de dispositions relatives à divers incidents de procédure, dont les lois postérieures ne se sont pas spécialement occupées, et notamment aux exceptions de qualité, aux demandes de caution, de mise en cause, de jonction ou disjonction d'instance, aux reprises d'instance, aux constitutions de nouvel avocat, à l'exécution des arrêts interlocutoires ; les titres VIII à XII s'occupaient de quatre autres incidents : les interventions, les inscriptions de faux, les désaveux et les récusations. Ce serait certes une étude intéressante que celle qui consisterait dans l'examen minutieux de toutes ces dispositions, au point de vue de ce qui, dans chacune d'elles, serait encore susceptible d'application dans la procédure actuelle. Mais ce serait là sortir du cadre de ce traité : la plupart des incidents prévus sont sans exemple à la cour de cassation ; il n'y aurait donc guère d'utilité pratique à s'en occuper beaucoup, tandis qu'il y aurait de la témérité de notre part à vouloir élucider une matière aussi obscure qu'inexplorée. Espérons d'ailleurs qu'une prochaine révision de cette partie de notre législation fera disparaître les difficultés qui nous arrêtent.

Nous nous bornerons donc à reproduire le texte de ces dispositions et à rappeler quelques principes nouveaux de la procédure qui doivent venir absorber ou modifier les règles édictées pour l'ancien conseil des parties de France ; tel est :

1° Le principe que la cour de cassation ne connaît pas du fond des affaires ; c'est ce qui fait que la cour, par arrêt du 18 mars 1848 (P. 1848, p. 133), a méconnu à un demandeur en cassation auquel on opposait la nullité de la signification du pourvoi, le droit d'attraire en garantie devant elle l'huissier qui avait fait cette signification ; c'est pourquoi encore, il ne peut plus être question, d'après beaucoup d'auteurs, d'enquêtes, d'interrogatoires, de vérification de pièces ou d'expertise. Voir toutefois n° **57**.

2° Le principe contenu dans l'art. 16 de la loi du 2 brumaire an IV, ainsi conçu : « L'instruction au tribunal de cassation se fera par simples requêtes ou mémoires déposés au greffe; ils ne pourront être reçus et les juges ne pourront y avoir égard que lorsqu'on y aura joint, en les déposant, l'original de la signification à la partie ou à son domicile, excepté pour la requête ou mémoire introductif, qui ne sera signifié qu'en cas d'admission. » Cette règle est tout à fait générale; applicable partant à tous les incidents de procédure, elle établit un mode uniforme d'introduction pour toutes les requêtes adressées à la cour.

3° Le principe qui a présidé à la suppression de la chambre des requêtes et qui, ne subordonnant plus le débat contradictoire devant la cour, à l'examen préalable de l'objet de la demande, substitue l'ordonnance de signification du premier président à l'ancien arrêt d'admission de la chambre des requêtes.

4° L'obligation imposée aux plaideurs d'effectuer au greffe le dépôt de toutes les pièces et requêtes pour que celles-ci fassent partie de la procédure.

5° La nécessité de la mise en état de l'instruction contradictoire, par la production respective des mémoires, avant qu'il y ait lieu à la nomination du conseiller rapporteur. C'est pourquoi l'arrêt, cité plus haut, n° **96**ter, du 13 novembre 1837, a déclaré régulière, malgré l'art. 3, titre VII, 2ᵉ partie de l'ord. de 1738, une demande de caution *judicatum solvi* faite par le défendeur dans son mémoire en réponse; « attendu, dit la cour, » que d'après ce règlement (de 1738) la nomination du rapporteur devait toujours précéder l'instruction contradictoire de la demande en cassation entre toutes les parties, tandis que d'après l'art. 23 de l'arrêté du 15 mars 1815, cette nomination ne peut jamais avoir lieu qu'après que l'instruction est terminée et que tous les délais pour produire sont expirés ; d'où il suit que les dispositions des art. 3 et suivants du règlement de 1738, portant que les demandes incidentes sur lesquelles il est nécessaire de statuer préalablement seront remises au rapporteur pour être par lui répondues d'une ordonnance de *soit communiqué*, etc., pouvaient très-bien se concilier avec les autres dispositions du même règlement, mais ne sont plus exécutoires depuis l'arrêté de 1815 et se trouvent ainsi implicitement abrogés ;

« Attendu que l'article précité ne contient aucune disposition spéciale pour l'instruction des demandes incidentes qui pourraient s'élever devant la cour de cassation, et ne fixe pas non plus de délai dans lequel ces demandes doivent être formées ; d'où il suit que ces demandes sont recevables lorsqu'elles sont formées par les mémoires de défense au fond, à moins qu'il n'y ait renonciation expresse ou tacite de la partie qui les propose, sauf, dans tous les cas, aux parties adverses à employer tels moyens et pièces qu'ils jugeront utiles pour faire écarter la demande incidente. »

115. *Titre VII, 2ᵉ partie de l'ordonnance de* 1738. « Art. 1ᵉʳ. Il ne sera formé aucune demande incidente sur les qualités générales et personnelles des parties, comme celle d'écuyer ou autres semblables ; ni pareillement sur celles qui n'auront rapport qu'au fond de la contestation pendante devant les cours et autres juges ; mais seront toutes lesdites qualités censées prises sans préjudice des droits respectifs des parties : et sera la présente disposition observée à peine de nullité de toutes les procédures qui seraient faites pour raison desdites qualités.

« Art. 2. Il ne sera pareillement formé aucune demande en payement des frais préjudiciaux pour des défauts non jugés, lesquels frais seront payés sur une simple sommation faite par l'avocat qui aura obtenu ledit défaut, et sur le pied seulement de 9 livres, y compris les frais de ladite sommation : et faute de payement de ladite somme, il en sera délivré exécutoire, en vertu du présent règlement, sans autre procédure et sans qu'il soit besoin d'ordonnance ni d'arrêt.

« Art. 3. Les demandes incidentes qui naîtront des qualités prises relativement à l'instance qu'il s'agira d'instruire, ou sur des demandes en décharge d'assignation, ou afin d'obliger une partie à donner caution ou à se mettre en état, et autres de pareille qualité, sur lesquelles il sera nécessaire de statuer préalablement, seront formées par une requête sommaire qui sera remise au sieur rapporteur de l'instance pour être par lui répondue d'une ordonnance de : soit communiqué à la partie au domicile de son avocat, pour y répondre dans trois jours pour tout délai (1).

« Art. 4. Le défendeur sera tenu de répondre à ladite requête dans les trois jours de la signification qui lui en aura été faite, sinon il sera passé outre au jugement de l'incident, sans sommation ni autre procédure et sans qu'il puisse être accordé aucun délai.

« Art. 5. Chacune desdites requêtes ne pourra contenir plus de six rôles, et les parties ne pourront faire répondre ni signifier aucune autre requête ou écriture sur ledit incident, à peine de nullité.

« Art. 6. Lesdites requêtes et les pièces y jointes seront remises au sieur rapporteur, sans qu'il soit nécessaire de les produire au greffe; et trois jours après que lesdites requêtes auront été signifiées, il sera statué par arrêt sur ledit incident, sans aucune autre procédure, après néanmoins qu'il en aura été communiqué aux sieurs maîtres des requêtes, etc.

« Art. 7. La partie qui aura défendu au fond, en prenant des conclusions sur la demande principale, ne pourra plus être reçue à former une demande en décharge d'assignation (2).

« Art. 8. Les demandes à fin d'apport de procédures, charges et informations, et autres pièces étant entre les mains de greffiers ou dépositaires publics, seront formées par requête en forme de vu d'arrêt, qui sera remise au sieur rapporteur de l'instance ou à l'un des maîtres des requêtes, en cas qu'il n'y ait pas encore eu de rapporteur commis, pour être, à son rapport, statué sur lesdites demandes au premier conseil, ainsi qu'il appartiendra.

« Art. 9. Toute demande incidente dirigée contre une partie qui n'aura pas encore constitué avocat sur l'instance principale, ne pourra être formée que par une requête en forme de vu d'arrêt, qui sera remise à l'un des sieurs maîtres des requêtes, pour être, à son rapport, statué au premier conseil sur ladite demande, ainsi qu'il appartiendra, ou être ordonné qu'elle sera jointe à la demande principale.

« Art. 10. Les demandes en assistance de cause, en garantie, ou pour voir déclarer un arrêt commun, seront comprises dans les arrêts introductifs de l'instance à laquelle elles seront incidentes, lorsque ce sera

(1) Voy. l'arrêt du 13 novembre 1837, dont nous rappelons le texte au n° 114.
(2) Voy. n° 96 bis.

l'impétrant qui formera lesdites demandes; et en cas qu'il ait négligé de le faire, il ne pourra plus y suppléer que par une requête; et l'arrêt qui sera rendu sur ladite requête ne sera accordé qu'avec la clause : *sans retardation du jugement de l'instance principale,* même, s'il y échet, qu'à la charge que les frais dudit incident ne pourront être répétés par la partie qui aura obtenu ledit arrêt, quand elle obtiendrait par la suite une condamnation de dépens dans l'instance principale (1).

« ART. 11. Lorsque ce sera la partie à qui lesdits arrêts auront été signifiés qui voudra former les demandes portées par l'article précédent, elle ne le pourra faire qu'en vertu de lettres ou d'arrêt, lequel contiendra pareillement ladite clause : *sans retardation du jugement de l'instance principale.*

« ART. 12. Celui qui aura obtenu les lettres ou arrêts mentionnés dans les trois articles précédents sera tenu de les dénoncer aux autres avocats de l'instance, avec les assignations données, ou les significations faites en conséquence, et ce, dans quinze jours au plus tard, à compter du jour de la dernière desdites assignations ou significations, même de leur déclarer le nom de l'avocat des parties nouvellement appelées, s'il s'en est présenté pour défendre à ladite demande.

« ART. 13. Lorsque les défendeurs auxdites demandes se seront présentés, l'instruction et la procédure se feront à leur égard ainsi qu'il a été réglé à l'égard des parties de l'instance.

« ART. 14. Lorsqu'une partie voudra former incidemment opposition à un arrêt du conseil ou d'une cour supérieure ou à un jugement en dernier ressort, dont on prétendra se servir contre elle, elle sera tenue de la former et de l'instruire par les mêmes requêtes qu'elle présentera pour l'instruction de l'instance principale, et non par une requête particu-

----

(1) Lors de l'arrêt rapporté plus haut, n° **114**, du 18 mars 1848, par lequel la cour déclara non recevable une demande de mise en cause, dirigée par le demandeur, contre l'huissier qui avait irrégulièrement signifié le pourvoi, cette demande avait été introduite par une requête adressée à la cour, tendante à obtenir l'autorisation de mettre ledit huissier en cause ; la requête, signée par l'avocat du demandeur, fut déposée au greffe le 9 novembre 1847, et le 3 décembre suivant, le premier président rendit une ordonnance enjoignant au demandeur de signifier la requête tant au défendeur principal qu'à l'huissier, et à ceux-ci d'y répondre dans les deux mois. La cour statua par un seul arrêt sur la demande principale et incidente, et, quant à cette dernière, dans les termes suivants : « Attendu que cette demande nécessiterait l'examen du fond, ce qui n'entre pas dans les attributions de la cour de cassation ; par ces motifs, et sans qu'il soit besoin d'examiner si la demande est régulière en la forme, déclare n'y avoir lieu d'y statuer, condamne le demandeur à l'indemnité de 150 francs envers le défendeur et aux dépens. »

lière, si ce n'est lorsque lesdits arrêts ou jugements n'auront été produits ou allégués que depuis lesdites requêtes signifiées ; auquel cas l'opposition sera formée par une requête qui sera remise au sieur rapporteur de l'instance, pour y être fait droit au premier conseil, soit par jonction de l'opposition à ladite instance, soit par renvoi devant les juges qui doivent connaître de ladite opposition ou autrement, ainsi qu'il appartiendra.

« ART. 15. En cas que la jonction à l'instance principale ait été ordonnée par ledit arrêt, le défendeur à l'opposition pourra donner une requête pour y défendre, et en cas que l'opposant y ait répondu par une autre requête, il sera permis audit défendeur d'en donner une seconde de sa part : le tout sans retardation du jugement le l'instance, et sans qu'il puisse être fait aucune autre procédure pour raison dudit incident, à peine de nullité ; et chacune desdites requêtes ne pourra entrer en taxe pour plus de dix rôles.

« ART. 16. Les dispositions des deux articles précédents auront pareillement lieu à l'égard des demandes en cassation de procédures attentatoires à l'autorité du conseil qui seraient formées dans le cours d'une instance. Et ne pourront être compris dans lesdites demandes d'autres arrêts ou jugements que ceux qui auraient été rendus au préjudice de défenses faites par le conseil, ni pareillement des procédures qui ne seraient que purement conservatoires, telles que de simples saisies ou oppositions pour deniers, des actes de reprises d'instance, ou autres de semblable nature et qualité.

« ART. 17. Les demandes incidentes mentionnées dans les art. 10 et 14 ci-dessus, lorsqu'il n'écherra pas d'en ordonner la jonction par arrêt, suivant ce qui est porté par lesdits articles, demeureront jointes de plein droit à l'instance principale, pour y être statué lors du jugement de ladite instance, ainsi qu'il appartiendra, sans qu'il soit besoin d'ordonnance ou d'arrêt de jonction, et sans que, pour raison desdites demandes incidentes, il puisse être donné, répondu ou signifié aucunes autres requêtes ou écritures, ni fait aucunes autres procédures que celle ci-dessus mentionnées, le tout à peine de nullité.

« ART. 18. Les demandes en jonction ou disjonction de deux ou plusieurs instances seront formées, instruites et jugées ainsi qu'il a été ci-dessus réglé par les articles 3, 4, 5 et 6, pour les incidents qui doivent être jugés préalablement, ce qui aura lieu pareillement à l'égard des demandes en disjonction de demandes incidentes, jointes de droit ou par arrêt à l'instance principale (1).

« ART. 19. Les parties ne pourront être assignées en reprise d'in-

(1) Voir l'art. 2 de l'arrêté du 15 mars 1815.

stance qu'en vertu de lettres ou arrêts obtenus à cet effet (1).

« Art. 20. La partie assignée en vertu desdites lettres ou arrêts sera tenue de reprendre l'instance dans les délais qui y seront prescrits, sinon il sera passé outre au jugement d'icelle, par défaut contre ladite partie, en cas que celui qu'elle représente n'eût pas produit ni fait signifier sa première requête avant son décès ; et en cas qu'il eût produit ou fait signifier ladite requête, ladite instance sera jugée sur la simple remise de l'assignation au sieur rapporteur, sans autre procédure ni formalité, et l'arrêt qui interviendra ne pourra être attaqué que par la voie de la demande en cassation.

« ART. 21. L'instance sera tenue pour reprise avec la partie qui aura été assignée pour la reprendre, en vertu du premier acte qu'elle aura fait signifier dans ladite instance, et sans qu'il soit nécessaire d'une reprise plus expresse ; et en cas de contestation sur ce sujet, il y sera pourvu dans la forme prescrite par les art. 3, 4, 5 et 6 ci-dessus.

« ART. 22. La partie qui voudra reprendre une instance, sans attendre qu'elle soit assignée à cet effet, sera tenue de le déclarer aux autres parties de l'instance, par un simple acte qui vaudra reprise, après quoi elle procédera sur ladite instance suivant les derniers errements.

« Art. 23. En cas que le demandeur soit décédé avant que le défendeur ait comparu, les héritiers, successeurs ou ayants cause dudit demandeur pourront obtenir un arrêt par défaut contre ledit défendeur, en faisant préalablement au greffe un acte de reprise de la demande formée par celui qu'il représenteront, sans qu'il soit besoin, audit cas, de lettres ou arrêts ni d'aucune autre procédure ou formalité.

« ART. 24. Et où il se trouverait que toutes les parties qui se sont présentées dans l'instance seraient décédées, ceux qui voudront la reprendre seront censés l'avoir reprise sans aucun autre acte ni procédure, en obtenant des lettres ou un arrêt pour obliger les héritiers des autres parties à la reprendre.

« ART. 25. Les demandes en constitution de nouvel avocat ne pourront être formées que par lettres ou par arrêt ; et la partie qui aura été assignée en vertu desdites lettres ou arrêts sera tenue de constituer avocat dans les délais qui y sont portés, sinon il sera passé outre au jugement de l'instance sur la simple remise de ladite assignation au rapporteur, et l'arrêt qui interviendra sera réputé contradictoire, en cas que la partie eût produit ou fait signifier sa première requête avant le décès de

---

(1) Voir sur les reprises d'instance, au point de vue des usages de la cour de cassation de France, le *Manuel* de M. Bernard, greffier en chef de cette cour, p. 305 et suiv. Dès que l'affaire est en état par la production respective des mémoires, il n'y a plus lieu à reprise d'instance. Pour qu'un décès puisse, du reste, suspendre l'instruction, il faut qu'il ait été notifié (Tolozan, p. 668).

son avocat, sinon ledit arrêt ne pourra être rendu que par défaut contre elle.

« Art. 26. S'il survient quelque difficulté sur ladite constitution de nouvel avocat, la contestation sera instruite et jugée comme les autres incidents préliminaires, ainsi qu'il a été ci-dessus réglé par les art. 3, 4, 5 et 6.

« Art. 27. En cas que, pendant le cours d'une instance, il ait été ordonné qu'il serait procédé à des enquêtes ou qu'une partie sera tenue de donner caution, ou de faire une affirmation, comme aussi lorsqu'une partie voudra en faire interroger une autre sur faits et articles, ou faire procéder à la vérification ou collation de pièces, ou à d'autres actes de procédure de pareille nature et qualité, l'avocat qui poursuivra prendra une ordonnance du rapporteur, à l'effet de faire assigner les parties intéressées au domicile de leur avocat, pour comparaître devant ledit sieur rapporteur, dans le délai qui sera par lui prescrit, et être procédé aux fins de ladite ordonnance (1).

« Art. 28. Si en procédant aux enquêtes, interrogatoires ou autres actes mentionnés en l'article précédent, il survient quelque contestation à l'occasion des assignations et procédures, il en sera par ledit rapporteur dressé procès-verbal, au pied duquel il les réglera sur-le-champ par son ordonnance, ainsi qu'il appartiendra, si ce n'est qu'il juge à propos d'ordonner qu'il en sera par lui référé au premier conseil, auquel cas, après qu'il en aura été communiqué à l'assemblée des sieurs maîtres des requêtes, le rapport en sera fait sur le contenu audit procès-verbal seulement, sans qu'il puisse être fait aucunes instructions, écritures ou procédures à l'occasion dudit référé; le tout à peine de nullité.

« Art. 29. Les procès-verbaux, enquêtes, interrogatoires ou autres actes de pareille nature, qui seront faits dans les cas portés par les deux articles précédents, seront écrits lisiblement, et chaque rôle contiendra cinquante lignes et chaque ligne douze syllabes, à peine de radiation et de privation des droits fixés par le tarif porté au titre XVI ci-dessous, pour les clercs des sieurs rapporteurs.

« Art. 30. Lorsque par des arrêts rendus contradictoirement sur la contestation principale, il aura été statué par défaut sur les demandes incidentes, lesdites demandes seront réputées jugées contradictoirement sans que les parties soient reçues à se pourvoir par opposition contre lesdits arrêts, sous prétexte qu'elles n'ont pas défendu à la demande incidente; ce qui sera observé à peine de nullité (2).

« Art. 31. En cas que les parties veuillent former pendant le cours

(1) Voy. n° 57.
(2) Voy. n° 100.

d'une instance, et incidemment à icelle, d'autres demandes que celles
dont il a été fait mention dans le présent titre, elles ne pourront se pourvoir que par requête en forme de vu d'arrêt qui sera remise au sieur
rapporteur de ladite instance, pour y être, à son rapport, statué ainsi
qu'il appartiendra. »

116. *Titre VIII.—Des interventions.* « ART. 1er. Ceux qui voudront
intervenir dans une instance ne pourront se pourvoir que par une requête
qui contiendra les conclusions qu'ils entendent prendre en ladite instance,
sans qu'ils puissent se réserver de les prendre après qu'ils auront eu
communication de ladite instance; et ladite requête sera employée avec
les pièces y jointes pour écritures et productions (1).

« ART. 2. La requête d'intervention sera remise au sieur rapporteur
de l'instance, s'il y en a un, sinon à un des sieurs maîtres des requêtes,
pour y être, à son rapport, pourvu par arrêt ainsi qu'il appartiendra.

« ART. 3. Lorsque l'instance principale se trouvera avoir déjà été
communiquée à des commissaires du conseil, ou à l'assemblée des sieurs
maîtres des requêtes étant en quartier au conseil, dans le temps que la
requête d'intervention sera remise au sieur rapporteur, il ne pourra y
être statué qu'après que ladite requête aura été communiquée auxdits
sieurs commissaires ou auxdits maîtres des requêtes.

« ART. 4. En cas qu'il y ait lieu d'avoir égard à l'intervention, il sera
ordonné par l'arrêt qui recevra la partie intervenante, qu'il sera fait
droit sur le surplus de sa demande, ainsi qu'il appartiendra, en jugeant
l'instance principale.

« ART. 5. Ledit arrêt sera signifié aux avocats de toutes les parties
de l'instance et remis au greffe, avec les pièces y jointes, trois jours après
ladite signification, sinon ledit arrêt sera regardé comme non avenu,
et il sera passé outre au jugement de ladite instance.

« ART. 6. En cas que l'une des parties de l'instance forme opposition
audit arrêt, et prétende qu'il n'y a pas lieu de recevoir l'intervention,
ledit incident sera instruit ainsi qu'il a été réglé par les articles 3, 4, 5
et 6 du titre VII, pour les incidents préliminaires.

« ART. 7. Lorsqu'il n'y aura pas de contestation sur l'arrêt qui aura
reçu l'intervention, l'instruction sera faite à l'égard de la partie intervenante, suivant ce qui a été réglé dans le titre IV ci-dessus, à l'égard des
autres parties de l'instance, si ce n'est que lesdites parties n'eussent aucun
moyen particulier à ajouter à ceux dont elles se sont servies dans l'instance principale : auquel cas elles ne pourront donner aucunes requêtes
particulières au sujet de ladite intervention, sauf à employer pour y

---

(1) Voir le *Manuel* de M. Bernard, greffier en chef de la cour de cassation de
France, p. 278 et suiv., et celui de M. Tarbé, p. 136 et suiv.

défendre ce qu'elles ont écrit ou produit en ladite instance, par les requêtes qu'elles y ont données, lesquelles ne pourront être signifiées à l'intervenant en aucun cas ; sauf à lui à en prendre communication entre les mains du sieur rapporteur, le tout à peine de nullité desdites requêtes et significations. »

117. *Titre IX. — Des désaveux* (1). « ART. 1er. La partie qui voudra former un désaveu au conseil sera tenue de consigner préalablement, pour sûreté des dommages et intérêts des autres parties, la somme de cent cinquante livres, entre les mains du greffier du conseil, qui s'en chargera sans droits ni frais, pour être, après le jugement du désaveu, ladite somme délivrée, aussi sans frais, à qui il appartiendra.

« ART. 2. La permission de former ledit désaveu sera demandée par une requête en forme de vu d'arrêt, signée de l'avocat et de la partie même, ou du porteur de sa procuration spéciale, passée devant notaire, dont il restera minute, à laquelle requête seront jointes la quittance de consignation et une expédition de ladite procuration : le tout à peine de nullité.

(1) La cour a eu l'occasion, dans un arrêt du 23 décembre 1834, de reconnaître que les formes prescrites pour le désaveu par le présent titre de l'ordonnance de 1738 sont encore en vigueur aujourd'hui, et notamment en ce qui concerne l'obligation de produire la quittance constatant la consignation d'une amende de 150 francs au moment du dépôt de la requête. Voici les circonstances dans lesquelles cet arrêt intervint : la cour de cassation de France avait rejeté, par arrêt du 13 prairial an x, un pourvoi contre un jugement du tribunal d'appel de Bruxelles du 23 floréal an xi. Les auteurs du premier pourvoi en portèrent un second devant la cour de cassation belge en 1832, et pour être recevables dans leur nouveau pourvoi, ils tentèrent de désavouer l'avocat qui les avait représentés devant la cour de France. Leur requête déposée à cette fin au greffe concluait à ce qu'ils fussent admis à former, devant la cour, leur poursuite en désaveu contre ledit avocat et toutes parties intéressées. La cour statua en ces termes :

« Vu les art. 1 et 2 du titre IX de la 2e partie du règlement de 1738 ;

« Attendu que la requête tendant à être autorisé à former un désaveu contre l'avocat Chabrand et ce qui a été fait au nom des demandeurs devant la cour de cassation de France, lors de l'arrêt qui a été rendu par la section des requêtes le 13 prairial an x, a été déposée au greffe de la cour supérieure de Bruxelles le 18 juin 1832, et que la consignation dont la quittance, aux termes des articles précités, devait y être jointe à peine de nullité, n'a été faite que le 13 décembre 1834 ;

« Déclare la requête nulle, et par suite qu'il n'y a pas lieu d'accorder la permission demandée ; ordonne que la somme consignée sera délivrée aux défendeurs ; ordonne qu'il sera passé outre au jugement de l'instance. »

La *Pasicrisie* et le *Bulletin usuel* citent un autre arrêt du 27 décembre 1835, que la cour aurait rendu sur une requête en désaveu. Cet arrêt n'existe pas, et le texte que la *Pasicrisie* en donne, fait double emploi avec celui qu'elle rapporte sous la date du 23 décembre 1834.

« Art. 3. Ladite requête et les pièces y jointes seront remises au sieur rapporteur de l'instance, pour y être, à son rapport, statué par arrêt au premier conseil ainsi qu'il appartiendra.

« Art. 4. S'il n'y a pas lieu d'accorder la permission de former le désaveu, il sera ordonné que, sans s'arrêter à ladite requête, il sera passé outre au jugement de l'instance, et que la somme de cent cinquante livres, consignée par le demandeur, sera remise et délivrée aux autres parties par le greffier, entre les mains duquel ladite somme a été consignée ; ce qui sera exécuté quand même il aurait été omis d'y prononcer.

« Art. 5. Pourra néanmoins être ordonné, s'il y échet, que ladite requête demeurera jointe à l'instance, pour y être fait droit lors du jugement d'icelle ; auquel cas il ne pourra être fait aucunes écritures ni procédures sur le désaveu jusqu'audit jugement.

« Art. 6. En cas que le désaveu paraisse mériter d'être instruit, il sera ordonné que le demandeur sera tenu de le former dans les vingt-quatre heures, ainsi qu'il sera prescrit ci-après ; sinon, qu'il sera passé outre au jugement de l'instance.

« Art. 7. Dans le cas où le désaveu concernera des procédures faites ailleurs qu'au conseil, l'instruction en pourra être renvoyée, s'il y échet, devant les juges ordinaires, pour y être statué dans le délai qui sera prescrit, après lequel, sur le vu dudit jugement, ou faute de le rapporter, il sera passé outre au jugement de l'instance pendante au conseil, ainsi qu'il appartiendra.

« Art. 8. Lorsque la permission de former le désaveu au conseil aura été accordée, ledit désaveu sera fait au greffe par un acte signé de la partie même, ou du porteur de sa procuration, et ce, dans trois jours, à compter de la date de l'arrêt qui en aura accordé la permission ; sinon ledit désaveu ne pourra plus être formé, et la somme de cent cinquante livres demeurera acquise à la partie, ainsi qu'il a été dit ci-dessus.

« Art. 9. L'arrêt qui aura accordé la permission de former le désaveu sera signifié à la personne désavouée à son domicile, et ladite signification vaudra sommation de défendre audit désaveu, sans qu'il puisse être donné aucune assignation, ni fait aucune sommation, ni autre acte de procédure ; et copie sera donnée par le même exploit de l'acte de désaveu et de la procuration, s'il a été signé par procureur ; sinon il sera passé outre au jugement de l'instance, comme si le désaveu n'avait pas été formé, et la somme consignée demeurera acquise à la partie, ainsi qu'il a été ci-dessus réglé.

« Art. 10. La signification portée par l'article précédent sera faite dans la quinzaine, à compter du jour de la date de l'arrêt, si la personne désavouée est domiciliée dans le lieu où se fera la procédure du conseil, ou dans les délais marqués au titre *des Assignations*, si elle est domiciliée hors dudit lieu ; sinon il sera passé outre au jugement de ladite instance, comme si le désaveu n'avait pas été formé ; et faute par le demandeur de justifier desdites significations à la première réquisition qui lui en sera faite par les autres parties de l'instance, il ne sera plus recevable à poursuivre le jugement du désaveu, et la somme par lui consignée demeurera acquise à la partie dans l'un et l'autre cas, ainsi qu'il a été dit ci-dessus.

« Art. 11. Ledit arrêt sera pareillement signifié aux autres parties de l'instance, au domicile de leurs avocats, dans ledit délai de quinzaine, et dans la forme portée par l'art. 9 ci-dessus ; le tout sous les peines prescrites par l'article précédent.

« Art. 12. La personne désavouée sera tenue de fournir des défenses au désaveu, dans huitaine pour tout délai, à compter du jour de la signification à elle faite dudit arrêt, si elle est domiciliée dans le lieu où se fera la procédure du conseil, ou du jour de l'expiration des délais marqués au titre *des Assignations*, si elle est domiciliée ailleurs.

« Art. 13. A l'égard des parties de l'instance auxquelles ledit arrêt aura été signifié, elles seront pareillement tenues de défendre audit désaveu, dans ledit délai de huitaine à compter du jour de ladite signification.

« Art. 14. Les défenses de chacune des parties mentionnées dans les deux articles précédents seront contenues dans une seule requête, qui sera remise au sieur rapporteur de l'instance, avec les pièces y jointes, pour être par lui répondu d'une ordonnance : *en jugeant et soit signifié* au demandeur au domicile de son avocat, pour y répondre dans trois jours pour tout délai ; et lesdites requêtes et ordonnances seront signifiées dans les délais prescrits par lesdits deux articles précédents, sinon il sera passé outre au jugement du désaveu, sans sommation ni autre procédure.

« Art. 15. Le demandeur en désaveu pourra répondre auxdites requêtes par une seule requête qui sera signifiée auxdites parties dans trois jours au plus tard, à compter du jour de la signification de leurs requêtes ; sinon, il sera passé outre au jugement du désaveu, sans sommation ni autre procédure.

« Art. 16. Les requêtes données par les parties pour l'instruction du désaveu ne pourront excéder six rôles, et il ne sera fait, pour raison dudit incident, aucunes autres écritures ni procédures que celles ci-dessus prescrites, à peine de nullité.

« Art. 17. Le demandeur en désaveu qui succombera en définitive sera condamné en trois cents livres de dommages-intérêts, y compris les cent cinquante livres consignées, savoir : cent cinquante livres envers la personne désavouée, et cent cinquante livres envers les autres parties de l'instance, sauf à augmenter ladite condamnation, s'il y échet. »

118. *Titre X. — Du faux incident aux instances pendantes au conseil.* « ART. 1er. La partie qui voudra obtenir permission de s'inscrire en faux contre une pièce produite dans une instance sera tenue de présenter, à cet effet, une requête en forme de vu d'arrêt, et de consigner préalablement l'amende de cent livres, en se conformant au surplus à ce qui est prescrit par les art. 3, 6 et 7 du titre *du Faux incident* de l'ordonnance du mois de juillet 1737. Et sera ladite requête remise au sieur rapporteur de ladite instance, avec la quittance de consignation de ladite amende, pour en être fait rapport au premier conseil (1).

« ART. 2. La permission de s'inscrire en faux ne pourra être accordée que par arrêt délibéré au conseil, et lorsqu'elle l'aura été, le demansera tenu d'observer tout ce qui est porté par les art. 8, 9, 10 et 11 dudit titre de ladite ordonnance; et notamment par rapport à la sommation qui doit être faite au défendeur, de déclarer s'il entend se servir de la pièce arguée de faux, laquelle sommation lui sera faite au domicile de son avocat au conseil.

« ART. 3. En cas que le défendeur déclare qu'il n'entend pas se servir de la pièce, ou faute par lui de faire sa déclaration ainsi qu'il est porté par ledit article 11, le demandeur en faux pourra se pourvoir par requête

---

(1) Deux arrêts ont été rendus par la cour en matière d'inscription de faux, mais dans des instances répressives, le premier du 8 novembre 1848 (P. 1848, p. 490), le deuxième du 21 mars 1850 (P. 1851, p. 114). Ils décident que les formalités prescrites par le règlement de 1738 doivent encore être observées; le premier, après avoir reproduit le texte des articles 1 et 6 du titre X, s'exprime comme suit : « Considérant que le demandeur Spilthooren ne s'est conformé à l'art. 1er ci-dessus transcrit, ni quant à l'autorisation à obtenir pour s'inscrire en faux, ni quant à la preuve de la consignation ; qu'en conséquence il n'y a pas lieu de s'arrêter à la déclaration par lui faite au greffier du tribunal de première instance d'Anvers, le 4 du présent mois, de s'inscrire en faux contre.le procès-verbal des débats de la cour d'assises ;

« Par ces motifs, sans avoir égard à l'inscription de faux formée par le demandeur Spilthooren, ordonne qu'il soit passé outre à la discussion des moyens de cassation ; condamne ledit demandeur à l'amende de 300 francs et aux dépens de l'incident. »

L'arrêt du 21 mars 1850 déclara non recevable en cour de cassation l'inscription de faux qui aurait pu et dû être faite devant les juges dont la décision est attaquée ; il s'agissait, dans l'espèce, d'une inscription de faux dirigée contre le procès-verbal d'audience du tribunal correctionnel qui avait statué en premier ressort.

Nous renvoyons, pour le surplus, au *Manuel* de M. Bernard. V. p. 317 et s.

en forme de vu d'arrêt, à l'effet de faire ordonner que la pièce maintenue fausse sera rejetée de l'instance par rapport au défendeur, sauf, s'il y a lieu, de procéder par voie d'accusation de faux principal, à être pourvu ainsi qu'il appartiendra; auquel cas le jugement de ladite instance ne pourra être différé, si ce n'est que le conseil en eût ordonné autrement, le tout ainsi qu'il est prescrit par les art. 12, 13 et 14 dudit titre.

« ART. 4. Si le défendeur déclare qu'il veut se servir de ladite pièce, il sera rendu arrêt sur sa requête ou sur celle du demandeur, portant que les parties se pourvoiront aux requêtes de l'hôtel, pour y être ladite pièce arguée de faux, déposée au greffe dans les vingt-quatre heures, à compter du jour de la signification dudit arrêt, et être au surplus l'inscription de faux formée et ledit incident instruit et jugé dans la forme prescrite par ladite ordonnance du mois de juillet 1737, après quoi et le jugement dudit incident rapporté, il sera passé outre au conseil au jugement de l'instance principale.

« ART. 5. N'entend néanmoins Sa Majesté empêcher que dans les instances d'évocation ou de règlement de juges où la pièce arguée de faux, dont le défendeur aura déclaré vouloir se servir, se trouverait entièrement inutile au jugement desdites instances, il ne puisse être ordonné qu'il sera passé au jugement d'icelles; sans préjudice au demandeur en faux d'en poursuivre, si bon lui semble, l'instruction et le jugement en tel tribunal qu'il appartiendra, à l'effet de quoi les parties y seront renvoyées.

« ART. 6. Le demandeur en faux qui succombera sera condamné en trois cents livres d'amende, y compris les cent livres consignées; laquelle amende sera appliquée et réglée conformément à ce qui est prescrit par les articles 49, 50 et 51 du titre *du Faux incident* de ladite ordonnance du mois de juillet 1737. »

119. *Titre XI. — Des Récusations* (1). « ART. 1er. Les récusations ne pourront être formées au conseil que par une requête : défenses sont

---

(1) L'art. 4 du titre III, 2e partie de l'ordonnance de 1738, permettait aux parties de joindre à leur requête aux fins de nomination d'un rapporteur, « un mémoire contenant les noms des sieurs maîtres des requêtes qui leur seront suspects, jusqu'au nombre de trois seulement, pour y avoir par M. le chancelier tel égard que de raison. » Il ne reste plus rien de cette disposition; le droit des parties est d'écarter les conseillers rapporteurs comme les autres membres de la cour, et l'officier du ministère public, par la voie de la récusation, dans les cas déterminés par la loi.

Quant aux causes de récusation, suivant une observation de M. Tarbé, les anciens règlements ne doivent être considérés comme maintenus qu'en ce qui concerne la faites aux parties de former lesdites récusations par aucun acte particulier, à peine de cinq cents livres d'amende, même de telle réparation ou condamnation de dommages-intérêts qu'il appartiendra, suivant l'exigence des cas.

« ART. 2. Ladite requête sera remise à M. le chancelier, qui en chargera celui des sieurs maîtres des requêtes qu'il jugera à propos de choisir, pour en faire le rapport au conseil.

« ART. 3. Il ne sera fait aucune signification de ladite requête, mais elle sera seulement communiquée par le sieur rapporteur à celui qui aura été récusé, pour être par lui fait sa déclaration sur les moyens de récusation ; à l'effet de quoi il sera entendu au conseil avant le jugement de ladite récusation, sans autre formalité et sans qu'il puisse être fait à ce sujet aucune procédure, à peine de nullité.

« ART. 4. Celui dont les récusations auront été déclarées impertinentes et inadmissibles, ou qui en aura été débouté faute de preuve, sera condamné en deux cents livres d'amende, moitié envers Sa Majesté et moitié envers les parties de l'instance : et sera ladite amende acquise de plein droit, en quelques termes que l'arrêt soit conçu, et quand même il aurait été omis d'y prononcer, sans qu'en aucun cas elle puisse être remise ni modérée, et sauf à l'augmenter, s'il y échet.

« ART. 5. Les dispositions du titre XXIV de l'ordonnance du mois d'avril 1667 seront au surplus observées au conseil, selon leur forme et teneur, à l'égard des récusations qui y sont formées. »

§ XIII. DÉPENS DE L'INSTANCE CIVILE EN CASSATION.

120. Les dépens de l'instance en cassation sont encore aujourd'hui réglés en grande partie par le titre XVI, 2e partie de l'ordonnance du 28 juin 1738, et par le règlement arrêté le 12 septembre 1739, en exécution de l'article 27 du prédit

forme de se pourvoir et de procéder; dès lors, c'est au code de procédure civile (art. 378 et suiv.), qui contient le principe général sur les causes de récusation dans la législation moderne, qu'il faut recourir. Aussi la cour a-t-elle, par arrêt du 3 décembre 1852, admis la récusation d'un conseiller par application de l'article 378 du code de procédure civile. Dans l'espèce, ce conseiller avait déclaré d'office, à l'audience publique, s'être rappelé, à la suite des plaidoiries, qu'il se trouvait dans l'un des cas de récusation prévus par la loi, pour avoir dîné chez l'une des parties depuis le commencement du procès.

titre XVI. Ce dernier·règlement n'est pas même inséré à la *Pasinomie* ni au *Bulletin usuel*, quoiqu'il soit obligatoire au même titre que l'ordonnance du 28 juin 1738; c'est pourquoi nous en donnons le texte ci-après, au n° **122** (1).

Il est déplorable, de l'avis de tous les hommes compétents, que l'on n'ait pas jusqu'ici fait subir une réforme complète à ces tarifs surannés, créés pour une procédure toute différente de la nôtre, et parfois conçus en des termes presque inintelligibles aujourd'hui. Cependant l'application qui en est faite ne donne guère lieu à des contestations, tant elle est prudente et modérée (2).

121. Le chiffre des dépens taxés est inséré dans l'expédition des arrêts de la cour de cassation; que, du reste, une expédition de l'arrêt soit levée ou non, un état des dépens est fait

(1) Nous avons vu, au n° 58, qu'en présence de l'article 60 de l'arrêté du 15 mars 1815, maintenu provisoirement par l'art. 58 de la loi du 4 août 1832, le réglement du 28 juin 1738, quoique non publié en Belgique, doit y être considéré comme obligatoire; il doit en être dès lors de même du réglement de 1739, pris en exécution de l'art. 27, titre XVI, 2ᵉ partie de l'ordonnance de 1738, et qui était comme celle-ci, dont il est inséparable, en vigueur à l'époque de l'occupation de la Belgique.

(2) Aussi la plupart des postes de ces tarifs ne servent-ils plus de base aujourd'hui à aucune perception; en ce qui concerne notamment les droits de greffe, les usages de notre cour sont même plus avantageux aux parties que ceux de la cour de cassation de France, et hâtons-nous d'ajouter cependant que là, certainement, on n'a pas dépassé les limites du tarif de l'ancien conseil; les états des droits de greffe y ont, en effet, été dressés par M. Fiefvé, lequel, après avoir été attaché pendant quinze ans aux dépôts civils de ce conseil, exerça durant quarante ans les fonctions de greffier de chambre à la cour de cassation de France, et à la longue et précieuse expérience duquel Adolphe Chauveau rendait·déjà hommage dans son *Commentaire du tarif;* Paris, 1832, p. 42. Voir le résumé de ces états dans le *Manuel* de M. Bernard, greffier en chef à la cour de·cassation de France, Paris, 1858, p. 375 et suivantes.

Remarquons aussi qu'en France les droits de greffe sont versés intégralement dans les caisses de l'État, et que par conséquent l'interprétation des anciens tarifs est toute désintéressée au greffe de la cour suprême de France.

Nous n'avons pu faire la même comparaison pour les droits alloués aux avocats de la cour, parce qu'en France les déboursés seuls des avocats sont taxés.

dans toutes les affaires, et une copie de cet état est délivrée à l'avocat de chaque partie; excellent usage non prescrit par la loi, mais auquel les avocats de la cour se sont eux-mêmes astreints.

L'état des dépens, dressé au greffe, est signé par le président de la chambre qui a rendu l'arrêt intervenu et par le greffier en chef.

Les parties pourraient-elles se pourvoir en révision contre la taxe des dépens?

Nous ne connaissons pas un exemple d'une contestation de ce genre portée devant la cour; les art. 3 à 21 du titre XVI, 2e partie de l'ordonnance de 1738, déterminaient un mode de liquidation des dépens qui n'exigeait l'intervention du rapporteur qu'en cas de désaccord entre les parties, et accordait alors à celui-ci le droit de statuer contradictoirement et définitivement. Une demande en révision était recevable contre l'ordonnance du rapporteur (voy. Tolozan, *Règlement du conseil*, p. 723); les formes en étaient réglées par les articles 34 et suivants du titre XVI, et nous n'oserions dire qu'aujourd'hui encore une opposition ne pourrait pas être portée devant la cour contre la taxe des dépens.

122. L'état des dépens comprend, pour l'avocat de chaque partie, le détail des déboursés faits par celui-ci, au nom de la partie qu'il représente, et des droits qui doivent lui être alloués en sa qualité d'officier ministériel seulement (1).

____

(1) Outre les dépens taxés, la partie qui a chargé un avocat de la défense de sa cause doit évidemment à celui-ci les honoraires qui, devant toute juridiction, reviennent aux avocats sans être recouvrables contre la partie adverse. En cas de contestation quant au chiffre des honoraires demandés par l'avocat à la cour de cassation, que ce soit ou non du chef d'une instance en cassation, c'est le conseil de discipline du barreau de cette cour qui statue, sans préjudice du droit de la partie de recourir à la juridiction compétente, et par application de l'art. 43 du décret du 14 décembre 1810, non abrogé par le règlement spécial du 31 décembre 1836. Voy. n° 5.

Voici l'énumération de ces droits :

Droit de correspondance, 5, 10 ou 15 francs, suivant les distinctions établies aux trois premiers paragraphes du tarif contenu dans l'art. 22, titre XVI, 2ᵉ partie de l'ordonnance de 1738 (voy. l'art. 23 du même titre).

Droit de consultation, 10 francs (§ 7, même tarif).

Acte de présentation au greffe, fr. 6-75 (§ 8 et 9, même tarif) ; voy. plus loin, tarif des droits de greffe, en note sous le n° 1 de ce tarif.

Mémoires en cassation, réponses et autres requêtes adressées à la cour, fr. 2-50 par rôle (§ 13 et 14, même tarif (1).

Copie de ces requêtes à signifier, fr. 0-25 par rôle (§ 15, même tarif).

Mémoires imprimés, y compris les frais de l'impression, 36 francs par feuille (§ 16, même tarif).

Signification d'avocat à avocat, 1 franc (§ 44, même tarif).

Examen des productions, 3 francs (§ 46, même tarif).

Retrait des pièces, 3 francs (§ 47, même tarif).

États des dépens, fr. 0-75 par rôle et fr. 0-25 par article (§§ 55, 56 et 57, même tarif).

Les déboursés portés à l'état des dépens comprennent les frais de timbre et d'enregistrement, les salaires des huissiers et les droits de greffe.

Quant aux frais de timbre et d'enregistrement, ils sont faits soit directement par l'avocat, pour les actes ou pièces qu'il dépose au greffe pour être joints au dossier et dont le greffier ne peut dresser acte de dépôt que s'ils sont sur timbre et enregistrés, sauf les exemptions prononcées par la loi (loi du 13 brumaire an VII, art. 24 et 26 ; loi du 22 frimaire an VII, arti-

____

(1) Jugé le 3 février 1852 (P. 1852, p. 237) que les frais occasionnés par l'insertion dans la requête en cassation du texte de la décision attaquée n'entrent pas en taxe ; voy. art. 12 et 13, titre IV, 2ᵉ partie de l'ordonnance de 1738, quant au nombre de rôles qui peuvent être admis en taxe pour les requêtes.

cles 42 et 43; loi du 17 avril 1835, sur l'expropriation pour cause d'utilité publique, art. 24);

Soit par les huissiers pour les exploits qu'ils sont requis de dresser;

Soit par le greffier en chef de la cour pour les actes qu'il dresse lui-même, les ordonnances et arrêts émanés de la cour et les expéditions et extraits qu'il délivre.

Quelles sont, sous ce rapport, les obligations du greffier?

Soumettre au droit de timbre tous les actes dressés par lui, les procès-verbaux d'audience et les arrêts de la cour, les extraits, copies ou expéditions qui s'en délivrent aux parties (loi du 13 brumaire an VII, art. 12); faire enregistrer, sur minute, dans les 20 jours, les ordonnances rendues sur requete et les actes dressés par lui, ne les délivrer, même avant l'expiration de ce délai, en brevet, copie ou expédition qu'après enregistrement préalable, et ne délivrer aux parties aucune expédition ou extrait des actes judiciaires non soumis à l'enregistrement sur minute, comme le sont les arrêts de la cour de cassation, sans que ces expéditions ou extraits aient été enregistrés (loi du 22 frimaire an VII, art. 7, 8, 41 et 42) (1).

Le règlement du 12 septembre 1739, sur les droits de greffe, pris en exécution de l'art. 27, titre XVI, 2e partie de l'ordonnance de 1738, contenait les dispositions suivantes, dont nous croyons devoir reproduire le texte qui n'est inséré ni à la *Pasinomie,* ni au *Bulletin usuel.*

---

(1) Le greffe doit transcrire, sur les secondes et subséquentes expéditions des arrêts assujettis au droit proportionnel, la quittance du droit payé pour la première expédition, et mentionner sur la minute, à chaque délivrance d'expédition, la date de l'enregistrement et le droit payé (loi du 22 frimaire an VII, art. 45).

Il doit tenir un répertoire à colonnes pour y inscrire, jour par jour, sans blancs ni interligne, et par ordre de numéros, tous les actes qui doivent être enregistrés sur minute; ce répertoire doit être présenté au receveur de l'enregistrement, pour être visé par lui, dans les dix premiers jours de chaque trimestre, et doit de plus être communiqué aux préposés de l'enregistrement, à toute réquisition (loi du 22 frimaire an VII, art. 49 à 52).

Nous indiquons en note les perceptions qui, par application de ce tarif, se pratiquent encore au greffe de la cour de cassation, dans la marche des affaires ordinaires (1).

« ART. Iᵉʳ. Les actes et expéditions qui seront faites et délivrées au greffe du conseil des parties seront payées aux greffiers dudit conseil, au premier commis du greffe, aux commis pour écrire les arrêts et autres expéditions du greffe, aux greffiers gardes-sacs et contrôleurs des pièces et productions du conseil, et aux commis porte-sacs, sur le pied réglé par le tarif suivant :

« Sçavoir :

« Pour chaque acte de présentation au greffe, trois livres, dont deux livres au greffier et une livre au premier commis (2), ci . . . . **3** »

« Pour l'expédition d'une ordonnance de committitur d'un rapporteur, au greffier, trois livres (3), ci . . . . **3** »

« Pour l'expédition d'une ordonnance portant nomination des commissaires pour la visite d'une instance, au greffier, neuf livres, ci . . . . **9** »

« Pour un défaut levé au greffe, cinq livres, dont deux livres 18 sols 2 deniers au greffier et deux livres un sol dix deniers au premier commis, ci . . . . **5** »

« Pour un acte de reprise d'instance dans le cas où ladite reprise doit être faite au greffe, neuf livres, dont six livres au greffier et trois livres au premier commis, ci . . . . . **9** »

« Pour la signature d'un acte de désaveu, d'inscription de faux, de soumission de caution, de comparution personnelle, et autres de pareille nature non compris dans les arti-

---

(1) Aujourd'hui les droits de greffe reviennent intégralement au greffier en chef de la cour, sauf le droit alloué au greffier siégeant à la chambre civile pour la confection des qualités des arrêts, qui ne peuvent être rédigés que par ce dernier, aux termes de l'art. 3, titre XIII, 2ᵉ partie de l'ordonnance de 1738.

(2) Cet article ne sert plus de base à aucune perception ; l'acte de présentation est celui par lequel, dans la procédure de l'ancien conseil, un avocat déclarait au greffe avoir charge d'occuper pour le demandeur ou pour le défendeur (art. 13, titre I, 2ᵉ partie de l'ordonnance de 1738). Il semble qu'aujourd'hui le droit alloué au greffier, du chef de cet acte de présentation, devrait se percevoir au moment du dépôt d'un pourvoi ou d'un mémoire en réponse qui donne de plus droit à la perception indiquée à la note 2, page 223.

(3) Du chef de chaque mise en rapport, il est perçu quatre francs, se décomposant comme suit : trois francs en vertu du poste ci-dessus du tarif, et un franc en vertu du dernier § de l'art. 1ᵉʳ dudit tarif.

cles précédents, treize livres, dont sept livres quinze sols ... Livres. Sols.
au greffier et cinq livres cinq sols au premier commis, ci.   13   »

« Pour la signature de l'expédition d'un arrêt du conseil,
de quelque nature qu'il soit, douze livres, dont sept livres
dix sols au greffier et quatre livres dix sols au premier
commis (1), ci.   12   »

« Pour un arrêt en commandement entre parties, douze
livres, dont sept livres dix sols au greffier et quatre livres
dix sols au premier commis, ci   12   »

« Pour la signature de l'expédition d'une commission sur
arrêt, douze livres, dont sept livres dix sols au greffier et
quatre livres dix sols au premier commis, ci   12   »

« Pour le certificat mentionné en l'article XX du titre XVI
de la seconde partie du règlement du conseil, portant qu'il
ne s'est présenté aucun avocat sur l'assignation donnée pour
la taxe de dépens, au greffier, quatre livres, ci   4   »

« Pour la signature d'un exécutoire de dépens, lorsqu'il
y a eu séjour ou voyage passé dans la déclaration de dépens, vingt livres, dont douze livres sept sols au greffier et
sept livres treize sols au premier commis, ci   20   »

« Et lorsqu'il n'y a ni séjour ni voyage passé dans ladite
déclaration de dépens, douze livres, dont sept livres dix sols
au greffier et quatre livres dix sols au premier commis(2), ci.   12   ›

« Pour le droit de recherche d'un arrêt ou d'une déclaration de dépens d'une année antérieure à la courante, au greffier, trois livres (3), ci   3   ›

« Pour la remise d'une déclaration de dépens à la partie
qui se pourvoit en révision de la taxe desdits dépens, au
greffier, trois livres (4), ci   3   »

(1) Il est perçu 12 francs pour la signature de chaque expédition d'arrêt de la
cour de cassation demandée par les parties, en quelque matière que ce soit.

(2) Il est perçu 12 francs pour la signature d'un exécutoire de dépens.

(3)   »   3 francs pour ledit droit de recherche.

(4) Pour chaque état de dépens délivré aux parties, outre les droits résultant
du tarif contenu dans l'ordonnance de 1738 (voy. note 1, page 225), il est perçu
1 franc 50 centimes, ce qui ne fait que la moitié de la somme autorisée par le texte
du tarif; le tarif, il est vrai, ne parle que de l'état de dépens délivré à la partie
qui se pourvoit en révision de la taxe; mais devant l'ancien conseil ce n'était guère
qu'en vue de l'opposition à la taxe qu'un état de dépens était demandé par les
parties. Le tarif parle donc, de ce cas, comme *de eo quod plerumque fit*. Il serait
déraisonnable de ne pas interpréter en ce sens cette disposition du tarif, et de ne
pas l'appliquer chaque fois que les parties requièrent un état de dépens dans

« Au commis pour écrire les arrêts et autres expéditions *Livres. Sols.*
du greffe, de quelque nature qu'elles soient, dix sols, ci. .   » 10

« Sans qu'il puisse en aucun cas être exigé un plus
grand nombre de rôles qu'il n'y en a réellement dans lesdites
expéditions (1). . . . .

« Pour l'enregistrement de chaque production au greffe,
au greffier garde-sacs, quatre livres (2), ci   4   »

« Pour le retrait de chacune desdites productions après le
jugement de l'instance, audit greffier, quatre livres (3), ci .   4   »

« Pour le contrôle de chaque requête qui doit être produite au greffe, audit greffier, par chaque rôle desdites requêtes, quatre sols (4), ci . . . .   »   4

« Pour un certificat de non produit ou autres qui se délivrent par ledit greffier, audit greffier, quatre livres (5), ci .   4   »

« Pour le port des productions faites au greffe, chez le
rapporteur qui aura été commis ou subrogé, au commis
porte-sacs pour chacune desdites productions, une livre (6), ci.   1   »

« ART. II. Les actes et les expéditions qui se feront et se délivreront
au greffe des commissions extraordinaires du conseil seront payés aux
greffiers desdites commissions sur le pied réglé par le tarif suivant :

« Sçavoir :

« Pour l'enregistrement des productions au greffe, lorsque
les parties jugeront à propos de les y remettre, et pour le
port desdites productions chez le rapporteur de l'instance, *Livres. Sols.*
deux livres, ci.   2   »

quelque but que ce soit. Du reste, le préambule du tarif qui doit naturellement
en éclaircir le sens, s'occupant du droit alloué pour la remise d'une déclaration
de dépens, n'en limite pas l'application au seul cas de pourvoi en révision de
la taxe.

(1) Pour chaque expédition de requête ou d'arrêt, délivrée par le greffe, il est
perçu, outre le droit de signature quant aux expéditions d'arrêts (voy. note 1,
p. 222), 50 centimes par rôle d'expédition.

(2) Pour chaque dépôt de pièces, il est dû au greffe un droit de sept francs qui
se décompose comme suit : 4 francs, alloués au texte du tarif, pour la mention de
la production dans les registres du greffe, et 3 francs, alloués par le tarif inséré
dans l'ordonnance du 28 juin 1738, pour l'entrée des productions des parties.

(3) Il est perçu quatre francs pour le retrait des pièces de chaque partie.

(4) Sous le nom de droit de contrôle, il est perçu 20 centimes par rôle pour chaque requête adressée à la cour et déposée au greffe, mais pour aucune autre pièce.

(5) Il est perçu 4 francs pour tout certificat délivré aux parties, notamment
le certificat de non-production, le certificat constatant qu'il n'y a pas de pourvoi,
le certificat pour retirer l'amende en cas de cassation ou de désistement.

(6) Voir note 3, page 221.

« Pour le retrait desdites productions après le jugement Livres. Sols.
de l'instance, une livre, ci. . . . . 1 »

« Pour la minute d'un jugement de remise d'une adjudication, trois livres, ci . . . . 3 »

« Pour la minute d'un jugement d'adjudication, vingt-quatre
livres, ci . . . . 24 »

« Pour chaque acte d'opposition, de soumission de caution, de dépôt de pièces ou d'affiches, de déclaration de l'avocat au profit d'un adjudicataire, d'acceptation de l'adjudication lorsqu'elle est faite séparément de ladite déclaration, de
désaveu, d'inscription de faux ou autres actes de pareille
nature et qualité, y compris le droit de signature, quatre
livres, ci . . . . 4 »

« Pour la signature d'un jugement de quelque nature
qu'il puisse être, quatre livres, ci. . . . . 4 »

« Pour l'expédition desdits actes et jugements, pour chaque rôle, dix sols, ci. . . . . » 10

« Sans qu'en aucun cas il puisse être exigé un plus grand
nombre de rôles qu'il ne s'en trouvera réellement dans l'expédition desdits jugements et actes.

« Pour l'assistance à un procès-verbal de scellé, d'inventaire ou
autres, lorsque le sieur commissaire aura jugé à propos d'y appeler un
des greffiers, aux lieu et place de son secrétaire, les mêmes droits que
ceux qui seraient dus audit secrétaire, suivant le règlement du conseil, sçavoir :

« Pour le procès-verbal, lorsqu'il n'excédera pas six rôles, Livres. Sols.
trois livres, ci. . . . . 3 »

« Lorsqu'il excédera six rôles, par chaque rôle, dix
sols, ci . . . . » 10

« Et en cas que ledit procès-verbal ait été déposé audit
greffier, pour chaque expédition qui en sera délivrée, sçavoir :
pour le droit de signature, quatre livres, ci. 4

« Et pour chaque rôle, dix sols, ci. . . . . » 10

« ART. III. Les papier et parchemin timbrés qui auront été fournis
pour les minutes et expéditions mentionnées dans les articles précédents,
seront remboursés outre et par-dessus les droits qui y sont réglés, et ce
sur le pied porté par le timbre.

« ART. IV. Les dispositions contenues en l'article VII du titre XIII
de la seconde partie du règlement du conseil seront observées selon leur
forme et teneur, tant à l'égard des expéditions des arrêts ou jugements
qui seront expédiées et délivrées dans le greffe du conseil ou des commissions extraordinaires, que pour ce qui concerne toutes autres expéditions

desdits greffes, de quelque nature qu'elles puissent être, lesquelles seront payées sur le pied d'un rôle, encore qu'elles ne le continssent en entier, le tout sous les peines portées par ledit article.

« Fait Sa Majesté très-expresses inhibitions et défenses à tous greffiers du conseil et à leurs commis, et aux greffiers desdites commissions d'exiger d'autres ni plus grands droits que ceux portés par le présent arrêt, à peine de restitution du quadruple et de telle autre condamnation qu'il appartiendra suivant l'exigence des cas (1). »

123. Pour contraindre au payement des dépens taxés la partie qui y a été condamnée par l'arrêt de la cour, l'autre partie ne doit pas nécessairement lever une expédition de cet arrêt; il lui suffit, à cet effet, d'avoir un exécutoire des dépens que délivre le greffier, et qui consiste en une expédition de l'état des dépens taxé, avec la formule exécutoire (art. 16, titre XVI, 2ᵉ partie, ord. 1738).

124. La distraction des dépens peut être demandée par l'avocat conformément à l'art. 18, titre XVI, 2ᵉ partie de l'ordonnance de 1738.

Il existe une procédure toute spéciale pour l'action que l'avocat à la cour de cassation a le droit d'exercer contre la partie qu'il a représentée devant la cour, et qui refuse ou néglige de lui payer ses déboursés et honoraires. Suivant un usage constant, c'est la cour de cassation qui statue sur les demandes de cette nature, conformément, d'ailleurs, au principe général contenu dans l'art. 60, C. proc. civ. (2). Une requête à

----

(1) A côté des droits de greffe, alloués par le tarif du 12 septembre 1739, se trouvent ceux qu'a fixés le tarif inséré au titre XVI, 2ᵉ partie de l'ordonnance de 1738, et dont celui de 1739 n'est que le complément, savoir:

1º Pour l'entrée des productions de chaque partie, 3 francs ;

2º Pour chaque communication de ces productions, 3 francs ;

3º Pour les qualités d'un arrêt par défaut, 3 francs ;

4º Pour les qualités d'un arrêt contradictoire, 12 francs ;

5º Pour chaque poste de l'état des dépens dressé au greffe, 15 centimes.

(2) Il a été jugé aussi en France que les avocats à la cour de cassation ne sont justiciables que de cette cour, à raison des faits de charge qu'ils auraient commis dans l'exercice de leurs fonctions près cette cour. Arr. 15 juillet 1812, (P. fr. à sa date).

cet effet est adressée à la cour par l'avocat poursuivant, pour obtenir l'autorisation d'assigner. Le premier président, sur réquisitoire du procureur général, rend une ordonnance permettant d'assigner dans la quinzaine et ordonne au futur assigné de répondre, dans le mois à compter de la signification de ladite ordonnance, à la demande formée à sa charge. Après cette réponse, ou l'expiration du délai et la levée d'un certificat de non-production, un rapporteur est désigné et la cause suit son cours ordinaire.

La cour a décidé, le 27 octobre 1835, qu'une demande en payement de frais et honoraires ne peut lui être soumise que par un acte contenant une conclusion motivée à fin de condamnation; qu'elle n'est pas saisie par le simple dépôt au greffe d'une sommation de payer.

Rappelons aussi que l'avocat, comme mandataire des parties qu'il représente, a une action solidaire contre chacune d'elles pour le payement de ses déboursés et honoraires. Arr. cour d'appel de Bruxelles, 30 juillet 1862, *Belg. jud.*, 1862, page 1037.

§ XIV. Pourvois contre les arrêts de la cour des comptes.

125. L'art. 13 de la loi du 29 octobre 1846, remplaçant l'art. 12 de la loi du 30 décembre 1830, est ainsi conçu :

« Les arrêts de la cour des comptes contre les comptables sont exécutoires; ils peuvent être déférés à la cour de cassation pour violation des formes ou de la loi.

« Dans le cas où un comptable se croit fondé à attaquer un arrêt pour violation des formes ou de la loi, il doit se pourvoir dans les trois mois pour tout délai à compter de la notification de l'arrêt. Le pourvoi est jugé sur requête et sans plaidoirie. Si l'arrêt est cassé, l'affaire est renvoyée à une commission *ad hoc*, formée dans le sein de la chambre des représentants et jugeant sans recours ultérieur, selon les formes établies par la cour des comptes. »

Remarquons d'abord, qu'aux termes de cette disposition, le comptable seul peut se pourvoir en cassation contre les arrêts de la cour des comptes.

C'est la première chambre de la cour de cassation qui juge les pourvois contre les arrêts de la cour des comptes, ces pourvois étant relatifs à de véritables contestations civiles.

Toutes les règles sur la recevabilité des pourvois, les délais et la procédure à suivre en matière civile sont ici applicables; deux exceptions sont faites par l'article que nous venons de citer : la première, c'est que l'affaire est jugée sans plaidoirie, et la cour a décidé, le 2 mai 1856 (P. 1856, p. 361), que, malgré la suppression des plaidoiries, l'art. 23 de l'arrêté de 1815 interdisant toute production de mémoire après la nomination du rapporteur, doit, être rigoureusement appliqué, et que les parties, après le dépôt de leur mémoire respectif, n'ont plus d'autre moyen de s'adresser à la cour, que de recourir aux mémoires écrits ou imprimés dont parle l'art. 33 du même arrêté (voir n° **93**).

La seconde exception, c'est que le personnel de la cour des comptes ne permettant pas, s'il y a cassation de l'arrêt rendu, le renvoi de l'affaire devant la même cour autrement composée, c'est à une commission formée dans le sein de la chambre des représentants que la cour de cassation doit renvoyer le fond du litige. Jusqu'ici la cour suprême n'a encore rendu que des arrêts de rejet en cette matière. Arr. 2 janvier 1852, et 2 mai 1856.

§ XV. Pourvois du ministère public en matière civile.

126. Il est certain que le rôle normal du ministère public dans les procès civils est d'éclairer la marche de la justice, et non pas d'y intervenir par voie d'action directe; mais il est des cas exceptionnels où, dans un intérêt général, le ministère public peut agir comme partie principale, et partant être demandeur ou défendeur dans une instance en cassation. Quels sont ces cas? Sont-ce ceux seulement où une loi spéciale lui en attribue le droit, comme ceux que prévoient les articles 184, 191, 491 du code civil, ou bien faut-il dire que le § 2 de l'art. 46 de la loi du 20 avril 1810 autorise le ministère public, d'une manière générale, à agir directement au civil chaque fois qu'un intérêt d'ordre public a besoin d'être protégé? Question grave et délicate, sur laquelle la jurisprudence est très-hésitante, et que notre cour suprême n'a pas encore eu l'occasion de trancher (1).

Bornons-nous à dire que ces causes doivent naturellement s'introduire et s'instruire comme les autres instances civiles, et que l'officier du ministère public, demandeur ou défendeur en cassation, doit se conformer en tous points aux règles ordinaires de la procédure; rappelons aussi que le procureur général de la cour de cassation, aux termes de l'art. 37 de l'arrêté de 1815, ne peut jamais, même en matière criminelle, être considéré comme partie, et que par conséquent, dans les affaires où le ministère public est en cause comme dans toutes les autres, il ne donne que de simples conclusions.

Aux termes de l'art. 101 de l'arrêté royal du 18 juin 1853, portant règlement général sur les frais de justice, « les frais d'actes et procédures faits sur la poursuite d'office du ministère public en matière civile ou disciplinaire, dans tous les cas prévus par la loi, seront taxés, payés et recouvrés sur le pied et suivant le modèle fixés par le présent arrêté; et les actes

---

(1) Le 19 juin 1861, la cour d'appel de Bruxelles a rendu un arrêt dans le sens du système qui attribue la portée la plus large à l'art. 46 de la loi du 20 avril 1810. M. Corbisier, premier avocat général à la cour d'appel de Bruxelles, a énergiquement et savamment soutenu cette théorie dans son discours prononcé, le 15 octobre 1861, à l'audience de rentrée.

La chambre des requêtes de la cour de cassation de France repousse cette théorie. Voy. arr. 21 novembre 1861 (P. fr. 1861, 1, 19); voyez aussi ce que nous disons plus haut au n° 41.

auxquels ces procédures donneront lieu, seront visés pour timbre et enregistrés en débet, conformément aux lois des 13 brumaire et 22 frimaire an VII.

127. Les pourvois en matière disciplinaire présentent plus d'une analogie avec ceux dont il est ici question; mais quoique s'instruisant comme les pourvois faits en matière civile, ils sont jugés par la seconde chambre de la cour; c'est ce qu'a formellement décidé un arrêt du 19 novembre 1845. Nous y reviendrons donc plus loin. Voir n^{os} **175** et suiv.

CHAPITRE IV.

POURVOIS SOUMIS A LA SECONDE CHAMBRE DE LA COUR.

§ 1er. OBSERVATIONS GÉNÉRALES.

128. L'art. 20 de la loi du 4 août 1832, en déterminant la compétence respective des deux chambres de la cour de cassation, accorde à la seconde chambre, quelquefois appelée, mais à tort chez nous, chambre criminelle, des attributions aussi importantes que variées.

A part les rares affaires soumises aux chambres réunies (voir n^{os} **211** et suiv.), toutes celles qui n'ont pas pour objet des droits civils proprement dits, lui sont confiées; la justice répressive de l'ordre civil et militaire tout entière vient aboutir à cette haute magistrature; la saine interprétation des lois pénales, l'exacte observation des formes légales protectrices de l'innocence, le respect des droits de la défense sont l'objet constant de sa surveillance, et son droit de casser sans renvoi, dans les cas que nous énumérerons, rend son action plus efficace et plus directe. Les décisions des députations permanentes en matière de contributions directes, de patentes, de milice, de recensement de la garde civique, de listes électorales pour les chambres, le conseil provincial et le conseil communal, et de listes des éligibles au sénat sont contrôlées par elle. Le recueil de ses arrêts est là pour nous convaincre de la salutaire influence qu'exerce, dans le pays entier, cette intervention sage, impartiale et éclairée.

Ajoutons qu'une procédure simple, rapide, n'entraînant que des frais insignifiants, presque toujours dispensée de l'amende et n'exigeant même pas l'intervention d'officiers ministériels ni d'avocats, puisque aucune production de moyens n'y est légalement requise, a incontestablement pour résultat d'augmenter l'utilité sociale de cette haute institution.

Cette procédure, quelque simple qu'elle soit, peut-être un peu parce qu'on la dit si simple, est généralement ignorée. Les questions que nous signalons immédiatement à l'attention spéciale du lecteur, comme les plus importantes au point de vue de la validité et de la déchéance du pourvoi, sont : Où et dans quel délai la déclaration de se pourvoir en cassation doit-elle se faire? comment se fait-elle? dans quels cas une notification du pourvoi est-elle requise? à qui et dans quel délai cette notification doit-elle se faire? quelles sont les affaires dispensées de l'amende à consigner et quel est le taux de cette amende?

Les lois qui règlent la procédure de l'instance en cassation, pour les affaires soumises à la seconde chambre de la cour, sont peu nombreuses. Quelques dispositions du code d'instruction criminelle et de l'arrêté du 15 mars 1815, s'occupant des pourvois en matière criminelle, correctionnelle et de simple police, ont tracé les règles essentielles, et la jurisprudence dont nous avons essayé, avec soin, de recueillir dans ce traité les nombreux éléments, a fait le reste (1). Mais laconique

(1) Les règlements édictés autrefois pour l'ancien conseil des parties de France n'ont jamais été expressément abrogés ; ainsi que nous l'avons dit au n° **59**, le décret du 1er décembre 1790 et l'arrêté du 15 mars 1815 les ont, au contraire, formellement maintenus « pour tous les cas non prévus, » et ce, sans distinguer entre les affaires civiles et les affaires pénales ; il n'est dès lors pas exact de dire, d'une manière absolue, que ce renvoi aux anciennes ordonnances

déjà pour les matières répressives, le législateur devient pour ainsi dire muet, lorsqu'il s'agit du recours en cassation contre les arrêtés des députations permanentes. Les lois spéciales qui autorisent ce recours, dans les diverses matières que nous venons d'indiquer, sont d'une insuffisance reconnue, et cela sans qu'il soit fait aucun renvoi, soit aux règles établies pour les affaires civiles, soit à celles qui sont déterminées pour les matières répressives. Dans le silence de la loi, c'est à ces dernières que l'on a eu recours pour compléter l'œuvre législative, et il en est résulté une telle communauté de principes entre les pourvois en matière pénale et ceux des diverses matières administratives, qu'il nous eût été bien difficile, à part ce qui concerne le pourvoi lui-même, de les exposer séparément.

Que ce soit à la procédure déterminée pour le recours en matière pénale qu'il ait fallu recourir pour le jugement des pourvois relatifs à toutes ces matières spéciales, c'est ce qu'il n'est pas possible de méconnaître. Les motifs en sont aussi nombreux que péremptoires : c'est la seconde chambre qui les juge, car la loi de 1832 (art. 20) lui attribue la connaissance de toutes les affaires autres que les affaires civiles; les formes du pourvoi, établies par les diverses lois spéciales, sont presque identiques à celles que détermine le code d'instruction criminelle; elles n'exigent pas l'intervention des avocats ou officiers

concerne exclusivement la procédure en matière civile. En réalité, toutefois, les principes qui régissent aujourd'hui les pourvois en matière répressive constituent, dans leur ensemble, une modification si profonde de l'ancienne procédure, que ce n'est que bien rarement qu'il doit être possible de combler les lacunes des lois nouvelles, par les dispositions de cette législation surannée ; mais, nous le répétons, il n'existe aucune abrogation expresse. Nous citerons même, comme étant encore applicables, les dispositions suivantes, mais à titre d'exemple seulement, et sans que nous ayons la prétention de faire une énumération complète : art. 19, titre IV; 13, titre V, et 6, titre VI, de la 1re partie de l'ordonnance du 28 juin 1738, concernant le renvoi après cassation. V. n° **170** et l'arrêt du 6 juin 1859 (P. 1860, p. 180), qui applique le premier de ces articles. Titre X, 2e partie de l'ordonnance de 1738 sur l'inscription de faux. Voy. n°s **30** et **118**, et l'arrêt du 8 novembre 1848.

ministériels, intermédiaires obligés lorsqu'il s'agit d'un pourvoi civil ; ces mêmes lois veulent aussi une procédure sommaire, expéditive, peu coûteuse surtout, puisqu'elles prononcent, pour tous les actes que cette procédure entraîne, l'exemption des frais de timbre, d'enregistrement et d'amende, et que la loi électorale du 1er avril 1843 renvoie même, pour le salaire des huissiers, au décret du 18 juin 1811, sur les frais de justice criminelle. A tous ces points de vue, le doute n'était pas possible et l'intention du législateur, plus claire que le texte de la loi, justifie pleinement les nombreux emprunts faits à la procédure criminelle, pour le jugement des pourvois contre les arrêtés des députations permanentes (1).

Tous les pourvois soumis à la seconde chambre de la cour suivent donc une marche uniforme, celle que la loi a spécialement tracée en matière criminelle, et sont régis par les règles que nous exposons dans ce chapitre. Il n'y a à cela qu'une seule exception ; elle est relative aux pourvois en matière disciplinaire, dont nous nous occupons spécialement aux nᵒˢ **175** et suivants.

Dans la partie générale des attributions de la cour de cassation, nous avons parlé des ouvertures en cassation, des décisions contre lesquelles un pourvoi en cassation peut être dirigé et des personnes appelées à se pourvoir (voir chap. II, §§ 1, 2 et 3). Nous nous abstenons ici de revenir à ces questions fondamentales.

_____

(1) Voir le réquisitoire de M. l'avocat général Delebecque, précédant l'arrêt du 13 juillet 1847 (P. 1848, p. 152).

§ II. Pourvoi. — Délai. — Formes, notification, mise en état préalable.

I. *Pourvoi en matière criminelle, correctionnelle, de simple police, militaire et de garde civique.*

129. *Délai.* — Il existe, sur les délais, quelques principes généraux que nous rappellerons ici, et dont l'application s'étend à toutes les matières dont nous avons à traiter dans ce chapitre.

Et d'abord, quoique certaines dispositions ne le disent pas expressément, les délais de tout pourvoi sont prescrits à peine de déchéance. Il n'y a pas de contestation possible sur ce point.

La circonstance qu'un jour férié est compris dans un délai, n'est pas de nature à en faire prolonger la durée d'un jour, et cela même, si ce jour férié était le dernier jour utile ; ce principe a été étendu au cas où le délai n'est que de 24 heures. Arr. 26 octobre 1846 (P. 1847, p. 199); 3 juin 1856 (P. 1856, p. 355). La cour, pour arriver à cette conséquence rigoureuse, s'est surtout basée sur ce que l'expédition des affaires criminelles est exceptée de la règle qui consacre les dimanches et autres jours fériés au repos des fonctionnaires publics, et qu'ainsi, en cette matière, les officiers ministériels sont tenus de dresser les actes de leur ministère, lorsqu'ils en sont requis par les intéressés. Nous nous effrayerions des conséquences de ce système, s'il n'était certain que des événements de force majeure proprement dite peuvent empêcher une déchéance d'être prononcée. Voir, en ce sens, Dalloz, v° *Cassation,* n°s 535 et 536. La cour a reconnu ce principe en décidant que « la preuve que le condamné détenu, dont le pourvoi a été inscrit tardivement, a déclaré en temps utile vouloir recourir en cassation, peut résulter d'une enquête. » Arr. 2 avril 1850 (P. 1850,

p. 317). En règle générale cependant, l'absence du greffier ou le refus de la part de celui-ci de recevoir la déclaration de recours, devraient être constatés par huissier (voir n° **132**). Si donc le dernier jour du délai était un jour férié, la partie qui voudrait se pourvoir n'aurait qu'à sommer par huissier le greffier de dresser acte de son recours, et soit que celui-ci y consente, soit qu'il refuse, il serait constaté que le demandeur a fait ce qu'il a pu, et il n'aurait dès lors pas encouru la déchéance.

Y a-t-il lieu d'augmenter, à raison des distances, les différents délais que nous allons énnmérer, lorsque la personne qui veut se pourvoir n'habite pas le lieu où la déclaration de recours doit se faire? En l'absence d'une disposition expresse, cette extension ne semble pas admissible. Voir l'arrêt du 16 mars 1846 (P. 1847, p. 79) rendu en matière civile, n° **60**. Il faudrait pour cela, en effet, appliquer l'art. 1033 du code de procédure civile, dont le texte, quelque général qu'il soit, doit évidemment se restreindre aux actes qui se font à personne ou à domicile. Dans les cas les plus ordinaires, du reste, l'instruction contradictoire de l'affaire exigera la présence de la partie au lieu du jugement, et dans le cas contraire, elle peut conférer à un mandataire le droit éventuel de se pourvoir en son nom contre la décision à intervenir.

Le texte de l'art. 418 du code d'instruction criminelle, qui ne se préoccupe des distances que dans son § 3 où il s'agit du délai de la notification, nous paraît enlever tout doute à cet égard.

Remarquons toutefois que l'augmentation du délai de trois jours, à raison d'un jour par trois myriamètres, est formellement prescrite, pour le délai d'appel, par l'art. 203, C. instr. crim., et pour le délai de se pourvoir en cassation contre les arrêts de renvoi devant la cour d'assises, dans les matières spéciales réglées par les lois du 6 avril 1847, du 20 décembre 1852 et du 12 mars 1858.

130. En matière répressive, le délai pour se pourvoir en cassation est, en règle générale, de trois jours (art. 177 et 373, C. instr. crim.; loi du 29 janvier 1849, art. 8).

Il commence à courir du jour où le jugement ou l'arrêt contradictoire a été prononcé; il en est même ainsi lorsque le juge ayant remis pour prononcer à une autre audience, sans indiquer le jour, le demandeur n'était pas présent à cette prononciation. C'est ce que la cour a jugé le 10 août 1857, sur les conclusions conformes de M. Cloquette, avocat général. (P. 1857, p. 400); ainsi le veulent les principes rigoureux du droit, puisqu'un jugement, pour être contradictoire, ne doit pas être rendu en présence des parties. Il semble certain toutefois que le législateur, en n'exigeant pas, pour faire courir les délais d'appel et de cassation, la notification des décisions contradictoires en matière répressive, a désiré que ces décisions fussent rendues séance tenante ou à une audience rapprochée des débats et indiquée au prévenu (1).

Les principes sont tout différents lorsqu'il s'agit de jugements ou d'arrêts par défaut. Nous avons vu aux n°s **47** et **65** *bis*, que le pourvoi en cassation contre les décisions de cette nature n'est recevable qu'après l'expiration du délai d'opposition, et que dès lors le délai du pourvoi ne commence à courir, à l'égard de ces décisions, qu'à partir du jour où l'opposition ne peut plus être formée. Le décret du 31 décembre 1830, sur la garde civique, s'exprimait formellement sous ce rapport, et sous l'empire de ce décret, un arrêt du 14 novembre 1833 (P. à sa date) a déclaré non recevable un pourvoi en cassation formé pendant le délai de l'opposition; aussi ne pouvons-nous comprendre les motifs pour lesquels la loi du 8 mai 1848,

______

(1) La cour, par arrêt du 24 octobre 1865, vient de décider que l'expiration du délai ne peut être opposée à une partie, dans le cas où il résulte du plumitif, que le jugement ou l'arrêt attaqué a été rendu avant le jour indiqué à l'audience par le président, pour le prononcé; dans l'espèce, le demandeur était l'administration des contributions, représentée par un avoué et exerçant l'action publique.

art. 101, fait courir, de la signification du jugement, le délai
de dix jours pour se pourvoir contre les jugements par défaut
des conseils de discipline. Quoi qu'il en soit, un arrêt du 27 avril
1833 (P. à sa date) a déclaré, en matière de simple police, un
pourvoi non recevable, le jugement attaqué, susceptible encore
d'*opposition* et d'appel, n'étant ni *définitif* ni rendu en dernier
ressort. Voir, dans le même sens, Dalloz, v° *Cassation*, n°s 193,
194 et 584. Il résulte des arrêts que cite M. Dalloz, que non-
seulement la partie condamnée par défaut ne peut se pourvoir
qu'après l'expiration du délai d'opposition, mais encore que,
même en cas d'acquittement, le ministère public n'est recevable
en son pourvoi, qu'après qu'il a fait notifier, à la partie qui n'a
pas comparu, le jugement qui la renvoie des fins de la prévention. (Voir l'art. 101 de la loi du 8 mai 1848, sur la garde
civique, cité au n° **131**). Il a été cependant jugé, le 8 avril 1836,
que le délai du pourvoi contre un jugement de condamnation
prononcé par défaut, court vis-à-vis du ministère public à
partir du jour de la prononciation, ce jugement n'eût-il même
pas été notifié.

Rappelons en terminant sur ce point, que le délai d'opposition est de trois jours pour les jugements rendus en matière de
simple police, et de cinq jours pour ceux des cours d'appel,
après leur notification (art. 150, 151 et 187 du code d'instruction criminelle).

Le délai de trois jours, pour toute personne condamnée par
arrêt de la cour militaire, ne court que du moment où l'arrêt
lui a été signifié par l'auditeur militaire (art. 8, loi du 29 janvier 1849).

Il n'est pas douteux, malgré le silence de cette loi, que
l'auditeur général, conformément aux principes généraux,
ait aussi le droit de se pourvoir, et ce droit ne lui a pas été
contesté, lors des arrêts des 5, 12, 26 mars et 14 juin 1860
et 25 mars 1862. Mais dans quel délai devrait-il le faire?
La loi du 29 janvier 1849 ne s'expliquant pas à cet égard,

il semble que ce devrait être dans le délai d'un ou de trois
jours, suivant les distinctions faites en matière ordinaire, et
signalées ci-après, pour les pourvois régis par les art. 373 et
374, C. instr. crim. Aussi l'arrêt du 25 mars 1862 a-t-il
été rendu sur un pourvoi fait dans les vingt-quatre heures,
contre un arrêt d'acquittement. Dans l'espèce des autres arrêts
que nous venons de citer, la décision attaquée était un arrêt
de condamnation, et le pourvoi ne fut fait que le troisième
jour.

Quant aux arrêts de contumace rendus par la cour d'assises,
ils ne peuvent être attaqués, dans le délai de l'art. 373, que par
le ministère public et la partie civile en ce qui la concerne
(art. 473, C. instr. crim.).

Mais que faut-il entendre par les mots *trois jours francs,*
employés par la loi? C'est que trois jours entiers peuvent
s'écouler entre celui de la prononciation du jugement et celui
de l'acte de pourvoi; ainsi, si le jugement est du 1er du mois,
le pourvoi formé le 5 est recevable; c'est ce qui est admis en
France et en Belgique. Arr. 25 mai 1833 (P. à sa date);
8 septembre 1848 (P. 1848, p. 498); 29 juin 1857 (P. 1857,
p. 346).

131. A côté de ce délai de trois jours qui est, comme nous l'avons
dit, le délai ordinaire, se placent des délais plus étendus ou
plus restreints pour des cas particuliers.

Ainsi, 1° l'accusé et le ministère public, usant du droit
inscrit dans l'article 299, C. instr. crim. pour se pourvoir
contre les arrêts de renvoi devant la cour d'assises, peuvent
l'exercer dans les cinq jours, à compter de l'interrogatoire de
l'accusé (art. 292, 297 et 298, C. instr. crim.); mais ici
ce ne sont plus cinq jours francs. Arr. cour de cassation de
France, 12 juin 1828 (P. franç. à sa date); l'interrogatoire
ayant eu lieu le premier du mois, le dernier jour utile pour le
pourvoi serait le 6. Voir n° **48**.

Le délai de cinq jours étant exceptionnel, tout pourvoi contre un arrêt de la chambre des mises en accusation, autre que celui que règle l'art. 299, est soumis au délai de l'art. 373, ou, quant au ministère public pour les arrêts de non lieu, au délai de l'art. 374. Le point de départ vis-à-vis du ministère public est toujours alors la date à laquelle l'arrêt a été rendu. Brux. cass., arr. 31 octobre 1825 (J. C. de B. 1827, p. 291).

Aux termes de l'art. 98 de la constitution, la connaissance des délits politiques et de la presse appartient au jury, et le décret du 19 juillet 1831 rétablissant le jury, dit, dans son art. 8, « qu'il sera procédé à l'instruction et au jugement de ces affaires comme en matière criminelle. » Tout ce qui concerne donc le pourvoi contre les arrêts de la chambre des mises en accusation et les arrêts de la cour d'assises est applicable à ces matières. Voir Schuermans, *Code de la presse*, p. 468 et suiv., et p. 486.

Des exceptions spéciales y ont été apportées par l'art. 7 de la loi du 6 avril 1847 sur la répression des offenses envers la personne du roi et les membres de sa famille, par l'art. 4 de la loi du 20 décembre 1852 sur les offenses envers les chefs des gouvernements étrangers, et par l'art. 11 de la loi du 12 mars 1858.

2° N'est que de vingt-quatre heures le délai qu'accorde l'art. 374 au procureur général ou à la partie civile, pour se pourvoir dans les cas prévus par les art. 409 et 412.

C'est surtout ici que la diversité des délais, si peu justifiée du reste, fait naître des difficultés sérieuses.

Il n'est question dans les art. 409 et 412 que du pourvoi du ministère public dans l'intérêt de la loi, et de la partie civile contre les ordonnances d'acquittement rendues par le président de la cour d'assises, et du pourvoi de la partie civile contre les arrêts d'absolution; d'un côté, quel sera le délai dont dispose le ministère public pour se pourvoir contre les arrêts d'absolution? Il n'est aussi que de vingt-quatre heures. C'est ce qu'ont décidé les arrêts du 19 décembre 1839 et surtout du 29 mars

1838 (P. à leur date); d'un autre côté, l'art. 177, § 2, C. instr. crim., dit que le recours contre les jugements en matière de simple police aura lieu *dans les délais qui seront prescrits*, et l'art. 216, s'occupant des jugements en matière correctionnelle (aujourd'hui les arrêts des cours d'appel), ne détermine aucun délai, pas plus que l'art. 413. On admet l'applicabilité, en ces deux matières, de l'art. 373, au cas où il y a eu condamnation. Mais que décider lorsqu'il y a eu acquittement? Sera-ce à l'art. 373 ou bien à l'art. 374 qu'il faudra se conformer? Question délicate, dont la discussion est devenue inutile chez nous, tellement la jurisprudence qui l'a tranchée est constante et invariable. Contrairement à ce qui est admis en France, la cour de cassation de Belgique n'accorde qu'un délai de vingt-quatre heures au ministère public et à la partie civile, pour se pourvoir contre les jugements d'acquittement en·matière correctionnelle et de simple police. Arr. 25 janvier et 2 février 1833; 9 janvier 1834; 19 novembre 1837; 29 mars, 9 juillet et 22 novembre 1838; 6 avril 1840; 2 mai 1842; 16 mai 1843; 26 octobre 1846; 10 septembre 1847 (P. 1848, p. 441); 20 mars 1848; 8 novembre 1848; 28 mai 1849 (P. 1849, p. 132 et 243); 5 juin 1856 (P. 1856, p. 355); 8 décembre 1862 (P. 1862, p. 454). Et il doit en être ainsi, même si l'action du ministère public ou de la partie civile a été déclarée purement et simplement non recevable; arr. 19 mars 1860 (P. 1861, p. 271).

Toutefois, l'art. 374 n'est plus applicable si le prévenu n'est pas renvoyé des fins de la poursuite, mais que le jugement statue sur une exception d'incompétence. En ce cas, le délai pour le ministère public est de trois jours francs. Arr. 14 janvier 1836 (P. à sa date).

Le délai de vingt-quatre heures doit se compter *de die ad diem* et non *de momento ad momentum;* toute la journée du lendemain est laissée pour faire le pourvoi. L'opinion contraire, qui est celle de Dalloz, nous semble inadmissible : il n'est prescrit nulle part, et il n'est du reste pas d'usage que l'on indique dans les feuilles d'audience l'heure à laquelle un jugement est rendu ; comment, dès lors, la mise en pratique de ce système pourrait-elle exactement se faire? Alors que la brièveté du délai, tel que nous l'entendons, semble déjà si exagérée, suffit-il, pour supposer au législateur l'intention de le restreindre encore, qu'au lieu de dire *un jour*, il ait dit *vingt-quatre heures?* C'est par erreur que M. Anspach (*Procédure devant la cour d'assises*, p. 270) cite un arrêt du 20 mars 1848 (P. 1848, p. 195) comme ayant confirmé l'opinion que nous combattons ; cet arrêt se borne à déclarer non recevable un pourvoi, fait le 18, contre un arrêt d'acquittement du 15 ; c'est par erreur aussi que le même auteur représente comme isolé, un arrêt du 12 février 1828 de la cour de Bruxelles, qui décide que le délai doit se compter *de die ad diem;* dans un autre arrêt, du 28 mars 1848 (P. 1848, p. 163), la cour de cassation a statué dans le même sens.

Mais ce qui est certain, c'est que le pourvoi fait contre un jugement d'acquittement le surlendemain de ce jugement est non recevable ; arr. 28 mai 1849 (P. 1849, p. 243) : jurisprudence constante).

3° Un troisième délai d'exception est celui qu'accorde l'article 101 de la loi du 8 mai 1848, sur la garde civique, à l'officier rapporteur et à la partie condamnée, pour les pourvois contre les jugements des conseils de discipline. « Ce pourvoi doit, dit l'art. 101, à peine de déchéance, être formé dans les dix jours, soit du prononcé du jugement s'il est contradictoire, soit de la signification s'il est par défaut .. Le délai est le même pour les deux parties. »

Ne faudrait-il pas dire, malgré les expressions finales un peu vagues de ce texte, que même quand le jugement est par défaut, le délai court contre l'officier rapporteur du jour du jugement, le jugement étant toujours contradictoire vis-à-vis de celui-ci? V. n° **130**.

Remarquons aussi que la loi n'accorde pas dix jours francs :

lorsque le jugement est du 1er du mois, le dernier jour utile est donc le 11 du même mois.

132. *Formes du pourvoi.* — L'art. 417, C. instr. crim., applicable aux affaires criminelles, correctionnelles et de simple police, est ainsi conçu :

« La déclaration de recours sera faite au greffier par la partie condamnée et signée d'elle et du greffier ; et si le déclarant ne peut ou ne veut signer, le greffier en fera mention.

« Cette déclaration pourra être faite dans la même forme par l'avoué de la partie condamnée ou par un fondé de pouvoir spécial ; dans ce dernier cas, le pouvoir demeurera annexé à la déclaration.

« Elle sera inscrite sur un registre à ce destiné ; ce registre sera public, et toute personne aura le droit de s'en faire délivrer des extraits. »

Les mêmes formalités doivent être remplies pour les pourvois du ministère public et de la partie civile (art. 373, C. instr. crim.).

C'est donc, en règle générale et à la différence des affaires civiles, au greffe de la cour ou du tribunal dont l'arrêt ou le jugement est attaqué que se fait la déclaration de pourvoi ; elle est reçue par le greffier du conseil de discipline de la garde civique, pour les pourvois contre les jugements de ces conseils, et par l'auditeur militaire pour les pourvois dirigés par la partie condamnée contre les arrêts de la cour militaire (loi du 29 janvier 1849, art. 9). Cette première loi ne règle la forme du pourvoi que pour le cas où il est fait par le condamné ; quant au recours que, malgré le silence de la loi, l'auditeur général a, d'après les principes généraux (voy. n° **41**), incontestablement le droit d'exercer, la déclaration doit en être faite, par ce magistrat, au greffier, délégué près la cour militaire par le greffier en chef de la cour d'appel de Bruxelles. Cette interprétation de la loi est consacrée par l'usage : arr. 5, 12, 26 mars et 14 juin 1860, et 25 mars 1862.

A quel greffe doivent se faire les déclarations de pourvoi contre les arrêts de la chambre des mises en accusation, dans les cas prévus par l'art. 299, C. instr. crim.?

L'art. 300 du même code ne s'explique pas à cet égard autrement qu'en disant : « La déclaration doit être faite au greffe. » Il nous semble difficile de méconnaître qu'en s'exprimant ainsi, le législateur ait eu en vue le greffe de la cour d'assises, qui doit être saisi du dossier dans les vingt-quatre heures après la notification de l'arrêt de renvoi (avant même par conséquent que commence à courir le délai pour se pourvoir contre cet arrêt), qui reçoit les déclarations de l'accusé dans l'interrogatoire que lui fait subir le président de la cour d'assises, et qui surtout est toujours situé dans la ville même où l'accusé est transféré (art. 292, C. instr. crim.). Aussi lorsque le renvoi n'est pas prononcé à la cour d'assises du lieu où siége la cour d'appel, est-ce toujours au greffe de cette cour d'assises que le pourvoi en cassation est reçu. Mais dans le cas contraire, l'acte émane ordinairement du greffe de la cour d'appel. Ce dernier usage, qui repose sur une distinction dont il n'y a pas de trace dans la loi, nous est resté peut-être du temps où, dans le chef-lieu du ressort de la cour d'appel, c'était le greffe de cette cour qui faisait le service des assises. (Voyez Legraverend, t. II, p. 151.)

En toute matière de la compétence de la seconde chambre, le greffe de la cour de cassation est absolument sans qualité pour recevoir des déclarations de pourvoi, et c'est à tort que l'on invoquerait en sens contraire l'art. 424, C. instr. crim. V. arr. cour de cassation de France, 3 octobre 1822 (Dalloz, v° *Cassation*, n° 819). Ainsi serait complétement nul, le pourvoi adressé au greffier en chef de la cour de cassation. Arr. 4 octobre 1858 (P. 1858, p. 325).

Sous aucun prétexte les greffiers ou l'auditeur militaire ne pourraient refuser de recevoir une déclaration de pourvoi; la cour de cassation est seule juge de la régularité et de la recevabilité du recours que les parties entendent porter devant elle. En cas de refus de la part de ces fonctionnaires, il serait prudent de faire notifier par exploit d'huissier la volonté de se pourvoir ; voir l'arrêt du 2 avril 1850, cité au n° **129**.

Il a même été jugé, en matière électorale, que le refus de la part du greffier de recevoir la déclaration de recours doit être constaté par un officier ministériel. Arr. 9 septembre 1836 (P. à sa date).

Si la partie ne se présente pas elle-même, la personne qui la remplace doit être munie d'un pouvoir spécial, à moins qu'elle ne soit l'avoué de la partie condamnée. Si ce pouvoir spécial fait défaut, le pourvoi n'est pas recevable.

Pour pouvoir être considéré comme l'avoué de la partie condamnée, il ne semble pas nécessaire que cet officier ministériel l'ait assistée ou représentée durant l'instance. V. Dalloz, v° *Cassation*, n°ˢ 845 et 846.

L'huissier faisant la déclaration au greffe au nom de la partie, même par exploit, doit être muni d'un pouvoir spécial : arr. 7 mars 1833 ; 19 février 1836 (P. à leur date) ; 28 juin 1838.

Cependant le père de l'accusé mineur tient de la loi le pouvoir de faire de son chef un recours en cassation dans l'intérêt de son enfant : arr. 21 janvier 1850 (P. 1850, p. 90).

Il a été jugé aussi que les avocats nommés par une administration publique, avec mission de se pourvoir en cassation, dans tous les cas où cette administration aura succombé, ont par là même un pouvoir spécial pour chaque affaire, et que ce mandat ne doit pas être annexé à la déclaration de recours : arr. 13 juin 1834 (P. à sa date).

Les membres du ministère public sont, comme les parties, obligés de faire dans la même forme leur déclaration au greffe. Une lettre de leur part au greffier ne remplit pas le vœu de la loi (9 septembre 1836), pas plus qu'une déclaration laissée au domicile du greffier absent : arr. 19 juillet 1838 ; 31 mai 1847 (P. 1847, p. 289).

Lorsque la personne qui désire se pourvoir est détenue, le greffier ou l'auditeur militaire doivent se transporter à la prison pour recevoir sa déclaration ; si ces fonctionnaires refusaient ou négligeaient de le faire, on rentrerait dans l'hypothèse de l'arrêt cité plus haut du 2 avril 1850 (P. 1850, p. 317).

La loi n'exige aucune production de moyens dans la déclaration de pourvoi ; et si des moyens étaient indiqués, la cour pourrait en suppléer d'autres. Mais il n'en serait pas ainsi, si l'on ne s'était pourvu que contre tel ou tel chef de la décision attaquée ; la compétence de la cour serait alors circonscrite dans le seul examen des chefs qui lui sont dénoncés.

D'après l'art. 419, C. instr. crim., la partie civile qui se sera pourvue en cassation est tenue de joindre aux pièces une expédition authentique de l'arrêt. Aucun délai n'est établi pour cette production, sans laquelle cependant il semble que la partie civile ne serait pas admise à solliciter l'annulation de la décision attaquée.

L'art. 424, C. instr. crim., dont nous devons examiner le texte plus loin, n'exige nullement l'intervention d'un avocat à la cour de cassation pour la déclaration de pourvoi à faire par la partie civile ; c'est ce que confirme un usage constant établi en Belgique. C'est à tort que le *Répertoire* de M. Dalloz, v° *Cassation*, n° 842, s'appuyant sur un arrêt de la cour de cassation de France du 18 septembre 1828, en fait une condition de recevabilité du pourvoi. On ne comprendrait pas que des déclarations de pourvoi, qui peuvent avoir lieu dans les localités les plus reculées du pays, exigeassent le concours d'un avocat habitant toujours la capitale, d'autant moins qu'ordinairement la partie civile n'a que vingt-quatre heures pour exercer son recours.

133. *Notification du pourvoi.* — L'art. 418, C. instr. crim., prescrit par quel mode le pourvoi doit être porté à la connaissance de la partie contre laquelle il est dirigé. « Lorsque, dit-il, le recours en cassation contre un arrêt ou jugement en dernier ressort, rendu en matière criminelle, correctionnelle

16

ou de police, sera exercé, soit par la partie civile, s'il y en a une, soit par le ministère public, ce recours, outre l'inscription énoncée dans l'article précédent, sera notifié à la partie contre laquelle il sera dirigé, dans le délai de trois jours.

« Lorsque cette partie sera actuellement détenue, l'acte contenant la déclaration de recours lui sera lu par le greffier ; elle le signera, et si elle ne le peut ou ne le veut, le greffier en fera mention.

« Lorsqu'elle sera en liberté, le demandeur en cassation lui notifiera son recours par le ministère d'un huissier, soit à sa personne, soit au domicile par elle élu ; le délai sera en ce cas augmenté d'un jour par chaque distance de trois myriamètres. »

L'obligation qu'impose cet article de notifier le pourvoi n'existe que pour le ministère public et la partie civile, mais non pour le condamné ; celui-ci, s'il se pourvoit, n'a donc aucune notification à faire, pas même à la partie civile. C'est ce que l'usage, s'appuyant du reste sur le silence de la loi, a depuis longtemps consacré. Un arrêt du 27 juillet 1816, de la cour supérieure de Bruxelles, l'a formellement décidé en rejetant une fin de non-recevoir de la partie civile, tirée du défaut de notification (1).

Dans ces limites, le principe de l'art. 418 est général ; il s'applique, en matière de garde civique, aux pourvois de l'officier rapporteur : arr. du 7 janvier 1856 (P. 1856, p. 147), et en matière militaire, aux pourvois de l'auditeur général ; l'article 9 de la loi du 29 janvier 1849 disant que le recours en cassation contre les arrêts de la cour militaire sera exercé suivant le mode prévu en matière criminelle.

134. L'inobservation du délai établi pour la notification, par l'art. 418, n'entraîne pas la déchéance du pourvoi. Ce point est de jurisprudence constante : arr. 18 et 25 avril 1832

----

(1) Cet arrêt n'est reproduit dans aucun recueil : nous en avons lu le texte au plumitif de l'ancienne cour.

(J. B. 1833, p. 167 et 169); 19 janvier 1852 (P. 1852, p. 85).

M. le premier avocat général Faider, dans un réquisitoire prononcé lors de ce dernier arrêt et contenant l'exposé complet de cette question, considère toutefois comme un devoir pour les officiers du ministère public aussi bien que pour les administrations publiques et les parties civiles, de faire la notification de leurs pourvois dans le plus bref délai possible; tout retard non justifié serait une faute.

Si donc il y a défaut de notification, la cour peut surseoir à la décision sur le fond du pourvoi jusqu'à ce qu'il ait été régulièrement notifié : arr. 7 janvier 1856 (P. 1856, p. 147), rendu en matière de garde civique.

135. Mais qu'est-ce que notifier le pourvoi? Ce n'est pas seulement faire connaître que l'on s'est pourvu, mais c'est signifier le texte même de l'acte de pourvoi; cela n'est point contestable, et cependant cette règle, si souvent sanctionnée par la cour, est fréquemment méconnue par les parties.

La notification se fait par huissier et dans la forme des exploits, telle qu'elle est déterminée par les lois de la procédure ordinaire; la cour a jugé notamment que l'art. 68, C. proc. civ., doit être observé pour ce genre d'exploit : arr. 15 juin 1859 (P. 1859, p. 239). La notification doit avoir lieu à la requête du demandeur lui-même et non de son mandataire. Arr. 26 août 1854 (P. 1854, p. 408).

Est nul le pourvoi dirigé contre une société, s'il n'a été notifié qu'à son directeur-gérant en nom personnel et sans indiquer qu'il est formé contre la société : arr. 31 juillet 1854 (P. 1854, p. 356).

La notification ne doit pas, pour être régulière, contenir assignation. Arr. 9 janvier 1854 (P. 1854, p. 52).

136. *Mise en état préalable.* — Une autre condition de recevabilité des pourvois est introduite, pour certains cas, par l'art. 421, C. instr. crim., ainsi conçu :

« Les condamnés, même en matière correctionnelle ou de police, à une peine emportant privation de la liberté, ne seront pas admis à se pourvoir en cassation, lorsqu'ils ne seront pas actuellement en état, ou lorsqu'ils n'auront pas été mis en liberté sous caution.

« L'acte de leur écrou ou de leur mise en liberté sous caution sera annexé à l'acte de recours en cassation.

« Néanmoins, lorsque le recours en cassation sera motivé sur l'incompétence, il suffira au demandeur, pour que son recours soit reçu, de justifier qu'il s'est actuellement constitué dans la maison de justice du lieu où siége la cour de cassation; le gardien de cette maison pourra l'y recevoir, sur la représentation de sa demande adressée au procureur général près cette cour et visée par ce magistrat. »

Nous n'avons pas à justifier, ce qui serait du reste difficile, cette disposition qui porte la plus sérieuse atteinte au principe, qu'en matière répressive le pourvoi en cassation est suspensif. Notons que la loi sur la garde civique du 8 mai 1848, art. 101, et celle du 29 janvier 1849, art. 9, sur la cour militaire, sont entrées dans une voie nouvelle et ont aboli, pour ces deux matières spéciales, la nécessité de la mise en état préalable.

L'article 2 d'un projet de loi déposé le 28 juin 1865, par MM. Lelièvre et Dupont, sur le bureau de la chambre des représentants, est ainsi conçu :

« Par dérogation à l'art. 421 du code d'instruction criminelle, les condamnés à l'emprisonnement ne devront se constituer que dans le cas où cette peine aura été prononcée pour un terme excédant six mois. »

Cette proposition, non encore votée par les chambres, est soumise en ce moment à la commission chargée de l'examen du projet de loi d'organisation judiciaire (1).

Il a été jugé que, quoique l'emprisonnement préalable ne puisse jamais avoir lieu pour de simples délits politiques ou de

____

(1) Voir un article que nous avons publié sur ce projet dans la *Belgique judiciaire*, 1865, p. 817.

la presse (décret du 19 juillet 1831, art. 8), l'art. 421 n'en est pas moins applicable à ceux qui sont condamnés de ce chef. Arr. 19 novembre 1836, 2 mai 1839 et 10 août 1840 (P. à leur date).

137. La formalité de cet art. 421 est d'autant plus rigoureuse et regrettable, qu'il a semblé impossible à notre cour de cassation, de méconnaître qu'en présence du texte de cette disposition, la mise en état soit déjà indispensable au moment même du recours. Arr. 18 janvier 1833; 10 juin 1834 (J. B. 1835, p. 90); 9 octobre 1835 (P. à sa date); 22 février 1838 (J. B. 1838, p. 485); 20 janvier 1846 (P. 1846, p. 134); 11 juin 1860 (P. 1860, p. 271). Il a même été jugé que la prescription de la peine n'a pas pour effet de valider un pourvoi frappé originairement de déchéance, à défaut par le demandeur de s'être mis en état; arr. 3 mars 1836 (P. à sa date); et d'un autre côté, que le condamné à l'emprisonnement, en état au moment de sa déclaration de pourvoi, encourt la déchéance de son recours, s'il s'évade de la prison avant la décision de la cour : arr. 3 avril 1835 (P. à sa date).

En France, d'après Dalloz (v° *Cassation*, n°ˢ 720 et suiv.), il est d'usage d'exiger seulement que le demandeur se constitue au moment où la cour doit statuer sur le pourvoi. L'on y soutient même qu'une fois que la durée de la peine prononcée est expirée, l'obligation de demeurer en état ne peut plus subsister. Mais tout cela est beaucoup plus équitable que juridique. Le seul moyen de tempérer la rigueur de l'art. 421 se trouve dans la mise en liberté sous caution.

Ceux qui auront été mis en liberté sous caution sont, d'après l'art. 421, dispensés de se constituer. Il suffit pour cela d'avoir été mis en liberté pendant le procès; il n'est pas nécessaire de former, après le jugement de condamnation, une nouvelle demande à cet effet. Arr. dú 16 octobre 1848; concl. conf. de M. Delebecque (P. 1849, p. 59). Le même arrêt a décidé que l'acte qui justifie de la mise en liberté provisoire ne doit pas, à peine de nullité, être annexé à l'acte de pourvoi au moment de sa rédaction.

Lorsque, du reste, après le jugement de condamnation, cette mise en liberté est demandée, il n'est pas nécessaire, pour pouvoir l'obtenir, de se mettre en état. Arr. du 3 août 1846 (P. 1847, p. 50).

C'est à la cour ou au tribunal qui a prononcé la condamnation qu'elle doit être demandée; c'est ce que dit formellement l'art. 8 de la loi du 18 février 1852, sur la détention préventive, sauf pour le cas où la condamnation émane d'une cour d'assises; dans cette hypothèse, c'est devant le tribunal du lieu où siégeait cette cour que la demande devrait être portée.

Quelle est la portée du dernier paragraphe de l'art. 421? Ce paragraphe semble apporter, pour le cas où le recours est motivé sur l'incompétence, une double exception au principe énoncé dans le § 1er. La première, que le condamné peut se constituer dans la prison du lieu où siége la cour de cassation; la seconde, que pour que le recours soit recevable, cette constitution ne doit pas nécessairement avoir eu lieu au moment même du pourvoi, dont le greffier des juridictions de provinces, seul compétent, ne pourrait évidemment venir dresser acte dans la prison de Bruxelles (voir Legraverend, *Traité de la législation criminelle*, t. IV, chap. I, § 4, p. 30); c'est ce qui, du reste, résulte indirectement de l'arrêt du 3 mars 1836 (P. à sa date). Mais ce que cet arrêt décide surtout, c'est que, pour que le demandeur puisse invoquer le bénéfice de cette disposition, il faut que l'acte de recours lui-même soit motivé sur l'incompétence.

138. L'art. 421 du code d'instruction criminelle proclame d'une manière tout à fait générale la non-recevabilité du pourvoi, lorsque la partie condamnée à l'emprisonnement n'est pas en état ou n'a pas obtenu sa liberté provisoire. Faudrait-il en conclure qu'en ce cas la non-recevabilité du pourvoi pourrait même profiter à la partie civile, en faveur de laquelle ledit article n'est évidemment pas édicté? Ce serait là une conséquence bien rigoureuse d'une disposition qui n'est déjà en elle-même que trop sévère. La question n'a jamais été agitée, pensons-nous; même lors de l'arrêt du 3 août 1846 (P. 1847, p. 50), une fin de non-recevoir opposée par la partie civile, et tirée de l'inobservation de l'art. 421, fut examinée par la cour, qui la rejeta comme non fondée, sans contester la recevabilité de cette exception, dans le chef de la partie civile.

II. *Pourvoi en matière de milice, de patentes, de listes électorales, de listes des éligibles au sénat, de recensement de la garde civique et de contributions directes.*

139. Plusieurs principes que nous venons de rappeler étant communs à cette matière, nous nous bornerons à citer ici les textes de lois avec de courtes observations.

Loi du 18 *juin* 1849 *sur le recours en cassation en matière de milice.* « Art. 4. Le gouverneur de la province et tous les intéressés pourront attaquer ces décisions (des députations permanentes) par la voie du recours en cassation.

« Le pourvoi devra être formé à peine de déchéance: par le gouverneur, dans les quinze jours à partir de la décision, par toutes autres personnes, dans les quinze jours à partir de la première publication ordonnée par l'article précédent. (C'est-à-dire la publication de la décision attaquée.) Le pourvoi ne sera pas suspensif.

« Art. 5. Les jours où auront lieu les publications seront inscrits, dans chaque commune, dans un registre à ce destiné.

« Il en sera délivré extrait aux parties intéressées.

« Si la déclaration du pourvoi est faite plus de quinze jours après la décision, cet extrait sera joint à la déclaration qui en mentionnera la remise.

« Art. 6. La déclaration du recours est faite au greffe du

conseil provincial par le demandeur en personne ou par un fondé de pouvoir spécial, et, dans ce dernier cas, le pouvoir demeure annexé à la déclaration. Celle-ci est inscrite dans un registre à ce destiné.

« Art. 7. Le pourvoi est signifié par huissier dans les dix jours, à peine de déchéance, à toute personne nominativement en cause.

« La cour de cassation statuera toutes affaires cessantes.

« Art. 8. Tous les actes de cette procédure sont exempts de frais de timbre, d'enregistrement et d'amendes.

« Le rejet du pourvoi ne donnera pas lieu à l'indemnité énoncée à l'art. 58 de la loi du 4 août 1832.

« Art. 9. Si la cassation est prononcée, la cause est renvoyée à la députation permanente d'un autre conseil provincial. »

Loi sur les patentes, 22 janvier 1849. « Art. 4. Par modification à l'art. 28 de cette dernière loi (du 21 mai 1819), le recours en cassation peut être exercé, soit par le contribuable, soit par l'administration des contributions, contre les décisions des députations permanentes en matière de patente.

« Les parties intéressées doivent se pourvoir dans le délai de quinze jours après la notification.

« La déclaration du pourvoi est faite en personne, ou par fondé de pouvoirs, au greffe du conseil provincial, et les pièces sont envoyées immédiatement au procureur général près la cour de cassation.

« Le pourvoi est notifié dans les dix jours, à peine de déchéance, à la partie contre laquelle il est dirigé.

« Les actes de cette procédure sont exempts des frais de timbre, d'enregistrement et d'amendes.

« Le rejet du pourvoi ne donnera pas lieu à l'indemnité énoncée en l'art. 58 de la loi du 4 août 1832.

« Si la cassation est prononcée, la cour renvoie la cause à la députation permanente d'un autre conseil provincial. »

Loi électorale pour la formation de la chambre des représen-tants et du sénat, 3 *mars* 1831. « Art. 14. Le recours en cas-sation sera ouvert contre les décisions de la députation du conseil provincial.

« Les parties intéressées devront se pourvoir dans le délai de cinq jours après la notification.

« La déclaration sera faite en personne, ou par fondé de pouvoirs, à la secrétairerie du conseil provincial, et les pièces seront envoyées immédiatement au procureur général près la cour de cassation. Le pourvoi sera notifié dans les cinq jours à celui contre lequel il est dirigé.........

« Si la cassation est prononcée, l'affaire sera renvoyée à la députation du conseil provincial le plus voisin.

« Art. 47. Les dispositions des articles 12, 13 et 14 de la présente loi sont applicables aux réclamations qui pourraient être faites contre les listes des éligibles (au sénat). »

Loi du 1er *avril* 1843 *revisant la loi précédente.* « Art. 9. Le gouverneur pourra de même se pourvoir en cassation dans le délai de dix jours, à partir de la décision de la députation permanente.

« La déclaration du pourvoi sera faite en personne par le gouverneur ou son délégué, à la secrétairerie du conseil pro-vincial, et les pièces seront envoyées immédiatement au procu-reur général près la cour de cassation. Le pourvoi sera notifié dans les cinq jours à la partie intéressée. L'exploit sera, dans ce cas, dispensé du droit de timbre et enregistré gratis, et les salaires des huissiers seront fixés d'après l'art. 71, n⁰ˢ 1 et 2 du décret du 18 juin 1811 (arrêté royal du 18 juin 1853). Il sera procédé sommairement, et toutes affaires cessantes, avec exemption des frais de timbre, d'enregistrement, d'amende et d'indemnités. »

Loi provinciale du 30 *avril* 1836. « Art. 5. Sont électeurs ceux qui réunissent les conditions prescrites par la loi électo-rale pour la formation des chambres.

« Les listes électorales, formées en exécution de cette loi, serviront pour l'élection des conseils provinciaux. »

Loi communale du 30 *mars* 1836 (1). « Art. 18. Le recours en cassation sera ouvert contre les décisions de la députation permanente du conseil provincial. Les parties intéressées devront se pourvoir dans les cinq jours à partir de celui de la notification.

« La déclaration sera faite en personne, ou par fondé de pouvoirs, au greffe du conseil provincial. Le greffier recevra la déclaration du recours et en dressera immédiatement acte, lequel sera signé par la partie et le greffier. Si la partie ne peut signer, il en sera fait mention.

« Dans le cas où la déclaration serait faite par un fondé de pouvoirs spécial, la procuration demeurera annexée à cette déclaration, qui sera inscrite par le greffier sur un registre à ce destiné; ce registre sera public, et toute personne aura le droit d'en prendre des extraits.

« Le greffier enverra immédiatement la déclaration et les pièces à l'appui au procureur général près la cour de cassation, en y joignant un inventaire. Le pourvoi sera, par le déclarant et sous peine de déchéance, notifié dans les cinq jours à celui contre lequel il est dirigé.

« Il sera procédé sommairement, et toutes affaires cessantes, avec exemption des frais de timbre, d'enregistrement et d'amende; si la cassation est prononcée, l'affaire sera renvoyée à une autre députation provinciale. »

Loi du 13 *juillet* 1853, *section III, sur les conseils de recensement de la garde civique.*

« Art. 19⁵. Le gouverneur de la province et le garde qui a succombé peuvent attaquer la décision de la députation permanente par la voie du recours en cassation.

____

(1) Aux termes de l'art. 2 de la loi du 31 mars 1848, dans les communes où le cens pour les élections communales est le même que celui qui est fixé pour les élections générales, les listes formées pour ces dernières servent également pour

« Le pourvoi doit être formé, à peine de déchéance, par le gouverneur, dans les quinze jours à partir de la décision, et par le garde, dans les quinze jours à partir de la signification à lui faite, conformément à l'article précédent.

« Le pourvoi n'est pas suspensif.

« 19⁴. La déclaration du recours est faite au greffe du conseil provincial par le demandeur en personne ou par un fondé de pouvoir spécial, et, dans ce dernier cas, le pouvoir est annexé à la déclaration. Celle-ci est inscrite dans un registre à ce destiné.

« 19⁵. Le pourvoi est signifié, conformément au § 3 de l'article 19², dans les dix jours, à peine de déchéance, au garde contre lequel il est dirigé.

« La cour de cassation statue toutes affaires cessantes.

« 19⁶. Tous les actes de cette procédure sont exempts des frais de timbre, d'enregistrement et d'amendes. Le rejet du pourvoi ne donne pas lieu à l'indemnité énoncée à l'art. 58 de la loi du 4 août 1832.

L'art. 19², § 3, que rappelle l'avant-dernier article que nous venons de citer, renvoie à l'article 98 de la même loi, ainsi conçu : « Les fonctions d'huissier près le conseil de discipline sont remplies par les tambours-majors, tambours-maîtres, ou par un huissier ordinaire, au choix du chef de la garde.

« Les contrevenants peuvent employer un huissier à leur choix. »

Loi du 22 juin 1865, relative aux réclamations en matière de contributions directes. « Art. 2. Le recours en cassation contre leurs décisions (les décisions des députations permanentes en matière de contributions directes) pourra être exercé, en se conformant aux dispositions de l'art. 4 de la loi du 22 janvier 1849, sur le droit de patente. »

l'élection au conseil communal. En ce cas, on fait cependant une liste supplémentaire pour ceux qui auraient droit à être électeurs communaux, en vertu des art. 7, 8 et 10 de la loi du 30 mars 1836 ; ceux-ci y seront portés, soit d'office, soit en adressant la réclamation dans le délai fixé par cette loi.

140. Au point de vue des conditions requises pour la régularité du pourvoi, nous compléterons les diverses lois dont nous venons de donner le texte, par les observations suivantes :

1° *Personnes qui peuvent se pourvoir* (voy. n° **40**). — Le gouverneur a le droit de se pourvoir dans les affaires de milice, de listes électorales pour les chambres et le conseil provincial, de listes des éligibles au sénat et de recensement de la garde civique. Il ne l'a pas dans les affaires de patentes, de contributions directes et de listes électorales pour le conseil communal.

Jamais les conseils communaux ne peuvent eux-mêmes se pourvoir contre les décisions des députations permanentes qui annulent leurs actes. Arr. 26 juillet 1838 (P. à sa date); 5 août 1845 (P. 1846, p. 202).

Les parties intéressées ont toujours le droit de se pourvoir; mais pour cela il faut, sauf en matière de milice, qu'elles aient été parties devant la députation permanente. L'individu jouissant des droits civils et politiques, quoique pouvant réclamer contre la formation des listes électorales, en vertu de l'art. 15 de la loi communale et de l'art. 12 de la loi du 1ᵉʳ avril 1843, est non recevable à se pourvoir en cassation, s'il n'a pas été partie devant la députation permanente. Voy. arr. 26 juin 1843 (P. 1843, p. 300), arr. 7 juin 1864 et 27 juin même année (P. 1864, p. 309); la jurisprudence est constante aujourd'hui sur ce point; le 30 décembre 1832 (P. à sa date), un arrêt en sens contraire fut rendu; le système qu'il consacre, combattu par M. Delebecque, *Commentaire sur les lois électorales*, p. 112, fut développé par M. le procureur général Leclercq, dans des conclusions qu'il prit lors d'un arrêt du 2 juillet 1836 (P. à sa date) (1).

---

(1) Voir, sur les caractères et la matière de cette action, le savant réquisitoire prononcé par M. le procureur général Leclercq, le 8 août 1864 (P. 1864, p. 337), et dont il est parlé au n° **42**.

Mais en matière de milice, la loi ne se sert pas des expressions *parties intéressées*, mais des mots *tous les intéressés;* aussi n'est-il pas douteux que tout milicien qui justifie d'un véritable intérêt est recevable à se pourvoir. C'est pourquoi les décisions des députations permanentes doivent être par la publication portées à la connaissance de tous les intéressés, tandis que, dans les autres matières, la notification aux parties en cause est seule exigée.

Il a été jugé, le 29 juin 1863 (P. 1863, p. 419), qu'en matière électorale il faut entendre aussi par *parties intéressées* celles dont l'inscription sur les listes électorales a été demandée par un tiers; et le 31 mars 1859 (P. 1860, p. 178), qu'en matière de milice, celui qui a été exempté sans protestation par la députation permanente, est non recevable à se pourvoir en cassation.

2° *Délai.* — Le délai du pourvoi est pour toutes les parties de quinze jours dans les affaires de patente, de milice, de recensement de la garde civique et de contributions directes. Dans les affaires des listes électorales pour les chambres, le conseil provincial et des listes des éligibles au sénat, ce délai est de cinq jours pour les parties intéressées, et de dix jours pour le gouverneur; dans les affaires des listes électorales pour le conseil communal, ce délai est également de cinq jours.

Les lois réglant les pourvois en matière de milice et de recensement de la garde civique prononcent seules la déchéance du pourvoi fait après l'expiration du délai prescrit; il est certain toutefois que la volonté du législateur a été toujours la même, et qu'il a fait de l'observation du délai du pourvoi une condition de la régularité et de la recevabilité du recours, en quelque matière que ce soit. Ce point est de jurisprudence constante.

Ces divers délais commencent à courir, pour le gouverneur, du jour où la décision attaquée a été rendue, et pour les autres parties, du jour de la notification qui leur est faite de cette décision.

La notification de la décision se fait ordinairement par les soins de l'administration provinciale, sans intervention d'huissiers et sur *récépissé* délivré par la partie notifiée (loi du 3 mars 1831, art. 13, et loi du 30 mars 1836, art. 17). V. Delebecque, *Commentaire sur les lois électorales*, p. 107. Que cette notification ne doive pas nécessairement se faire par exploit d'huissier, c'est ce qui ne pourrait être sérieusement contesté. La notification de la décision d'une députation permanente fait partie de la procédure toute spéciale tracée pour les juridictions de l'ordre du contentieux administratif, et se conciliant peu avec les règles sévères de la procédure judiciaire. Aussi le législateur, dans la loi du 1er avril 1843, règle-t-il seulement le coût de l'exploit de notification du pourvoi, ce qui prouve que, dans sa pensée, le ministère d'un officier ministériel n'est pas indispensable pour la notification de la décision intervenue.

Mais au moins faut-il que la remise à la partie intéressée d'une copie de la décision rendue soit constatée par une pièce probante quelconque. Ainsi un *récépissé* non signé par la partie elle-même ou par une personne autorisée par elle à cet effet, ne serait pas régulier. C'est ce qui se présentait lors d'un arrêt du 7 novembre 1865, rendu en matière de patente; si donc la partie refusait de signer le projet de *récépissé* qu'on lui présente, force serait à l'administration chargée de la notification de recourir au ministère d'un huissier.

Il a été jugé, le 5 août 1845, qu'on ne peut considérer comme une notification régulière, l'envoi par la poste de la décision rendue.

La même notification, en matière de recensement de la garde civique, a lieu par les tambours-majors, tambours-maîtres, ou par un huissier ordinaire (loi du 13 juillet 1853, art. 19² et 98). V. arr. 7 novembre 1859 (P. 1860, p. 297).

Dans les affaires de milice, cette notification est remplacée par la publication, au moyen de la lecture et de l'affiche, prescrite aux autorités communales par l'art. 150 de la loi du 8 janvier 1847 ; un extrait du registre spécial, destiné à ces publications, est délivré aux parties intéressées et doit être joint au pourvoi, si celui-ci a eu lieu plus de quinze jours après la décision. En ce cas, si l'extrait ne se trouve pas au dossier, la cour prononce la déchéance, se trouvant, par la négligence du demandeur, dans l'impossibilité de vérifier si le pourvoi a eu lieu en temps utile.

Mais voici une question que la cour n'a pas encore, pensons-nous, résolue : d'après l'art. 150 de la loi du 8 janvier 1847, la première publication a lieu le dimanche qui suit l'envoi par le gouverneur, à l'autorité communale, de la décision intervenue. En supposant que le pourvoi fût de plus de quinze jours postérieur à la date de la décision attaquée, mais non au premier dimanche suivant, faudrait-il encore prononcer la déchéance pour cause de non-production de l'extrait constatant la publication ? Ce serait là trop de rigueur, semble-t-il ; telle ne peut être la portée de l'art. 5 de la loi du 18 juin 1849.

Les quinze, dix ou cinq jours accordés pour la déclaration de pourvoi ne sont pas des jours francs comme ceux de l'art. 373, C. instr. crim. ; toutefois, le jour où la décision a été rendue, notifiée ou publiée, n'est pas compris dans le délai ; si donc ce jour est le 1er du mois, le dernier jour utile pour se pourvoir est le 16, le 11 ou le 6, suivant que le délai est de quinze, de dix ou de cinq jours.

Ces délais n'augmentent pas à raison soit des distances, soit de la circonstance que le dernier jour utile serait férié. Voir n° **129**. Arr. 6 octobre 1860 (P. 1861, p. 106).

3° *Formes du pourvoi.* — La diversité des dispositions légales que nous avons citées quant à la manière de former les pourvois, pourrait donner lieu à de nombreuses difficultés, s'il ne s'était établi une pratique assez uniforme, pour les diverses affaires dont il s'agit, dans les greffes des députations provinciales.

La marche généralement suivie est celle que prescrivait une circulaire du 15 mars 1833, rendue par le ministre de l'intérieur, et rappelée par M. Delebecque dans son *Commentaire sur les lois électorales*, p. 113; elle est, du reste, tracée avec précision par la loi communale, et ne s'éloigne guère de celle que prescrit l'art. 417, C. instr. crim. Le greffier dresse acte de la déclaration de pourvoi qui doit lui être faite par le demandeur en personne ou représenté par un fondé de pouvoir spécial muni de procuration, et l'acte est signé par le déclarant ou mention est faite de l'impossibilité de signer de la part de celui-ci. La déclaration est inscrite par le greffier sur un registre à ce destiné.

Ce qui est surtout nécessaire pour la validité du pourvoi, c'est que le demandeur se présente en personne au greffe provincial pour faire sa déclaration, ou qu'il soit remplacé, à cet effet, par un mandataire muni de sa procuration; ainsi, l'envoi d'une déclaration par écrit de recours en cassation que ferait le demandeur, de son domicile, au greffe provincial ne remplirait pas le vœu de la loi. Arr. 16 septembre 1836 (P. à sa date). Ainsi encore le pourvoi fait par un avoué non porteur d'une procuration ne serait point valable, l'article 417, C. instr. crim., n'étant pas applicable aux matières spéciales : arr. 20 juillet 1863 (P. 1863, p. 362); de même, l'huissier signifiant le pourvoi au greffier provincial doit, au moins, s'il n'a pas une procuration écrite, faire signer l'exploit qu'il dresse par son requérant (arr. 27 octobre 1836); mais est-il aussi nécessaire, pour la validité du pourvoi, que le greffier dresse un acte spécial signé par lui et par le demandeur? C'est, sans nul doute, la forme la plus régulière et la plus usitée, prescrite du reste expressément pour les pourvois dans les affaires électorales pour la commune, par l'art. 18 de la loi communale. Il résulte cependant d'un arrêt du 20 décembre 1832

(P. à sa date), rendu en matière électorale, que le pourvoi est valable lorsqu'une lettre du greffier provincial au procureur général près la cour de cassation, lettre écrite dans le délai utile pour le pourvoi, constate que le demandeur s'est présenté en personne au greffe et a remis une déclaration écrite de recours.

Le refus, de la part du greffier provincial, de recevoir le recours en cassation devrait être constaté par un officier ministériel : arr. 9 septembre 1836 (P. à sa date); c'est ce qui avait eu lieu pour le pourvoi, en matière électorale, jugé par l'arrêt du 30 septembre 1836 (P. à sa date).

Quant aux moyens de cassation, ils ne doivent pas être indiqués dans la déclaration de pourvoi ; ils peuvent être présentés dans un mémoire ultérieur, ainsi que nous le verrons au n° **152**, et la cour peut même les suppléer d'office : arr. 13 juillet 1847 (P. 1848, p. 152), rendu en matière électorale.

4° *Notification du pourvoi.* — Cette notification doit toujours être faite aux parties qui sont intéressées au maintien de la décision attaquée, à celles par conséquent contre lesquelles il est dirigé, mais non au gouverneur de la province, et encore moins à la députation permanente dont l'arrêté fait l'objet du pourvoi : arr. 29 juin 1863 (P. 1863, p. 347), décidant que les frais de notification du pourvoi à la députation permanente sont frustratoires et doivent rester à la charge du demandeur, si même la décision qu'il attaque est frappée de cassation.

Un arrêt récent, du 25 juillet 1864, déclare qu'en matière électorale, si un arrêté de députation permanente a été rendu sur appel d'office du commissaire d'arrondissement, le pourvoi en cassation dont il est l'objet doit être notifié à ce fonctionnaire. Voy. aussi arr. 18 juillet 1848 (P. 1848, p. 357).

Il n'est pas douteux qu'en matière de patente, le pourvoi du patenté doive être notifié au ministre des finances en sa qualité de partie intéressée. Tel est l'usage constant. Arr. 7 janvier

1850 (P. 1850, p. 131). Il doit, dès lors, en être de même en matière de contributions directes.

Le texte de l'art. 7 de la loi du 18 juin 1849 étant formel, il est certain qu'en matière de milice, la notification doit se faire à toute personne nominativement en cause devant la députation permanente : arr. 16 octobre 1865. Mais devrait-elle également avoir lieu, dans les autres matières, aux personnes qui étaient en cause devant la députation, si le pourvoi *n'était pas dirigé contre elle?* par exemple, faudrait-il notifier le pourvoi fait par un tiers contre un arrêté rayant un nom des listes électorales à la personne qui porte ce nom? Nous croyons que, pour le soutenir, il faudrait donner à la loi une extension que son texte ne comporte pas; l'arrêt cité plus haut du 29 juin 1863 (P. 1863, p. 419), en ne prononçant pas la déchéance, semble confirmer cette manière de voir.

Remarquons toutefois que, si l'art. 18 de la loi communale et l'art. 14 de la loi du 3 mars 1831 n'exigent la notification du pourvoi qu'à la partie *contre laquelle le pourvoi est dirigé,* l'art. 9 de la loi du 1er avril 1843, s'occupant du cas spécial du pourvoi par le gouverneur, s'exprime ainsi : « Le pourvoi sera notifié dans les cinq jours *à la partie intéressée.* » Or, en citant l'arrêt du 29 juin 1863 (P. 1863, p. 419), nous avons fait connaître que la cour interprétant le § 2 de l'art. 14 de la loi du 3 mars 1831, qui se sert aussi des mots *partie intéressée,* comprend également, sous cette dénomination, les personnes de l'inscription ou de la radiation desquelles il s'agit.

Le délai de la notification est de cinq jours pour les affaires électorales, et de dix jours pour les autres. Le *dies a quo* n'est pas compris dans ce délai; mais la circonstance que le dernier jour du délai serait férié demeurerait sans influence sur la durée du délai. Arr. 6 octobre 1860 (P. 1861, p. 106). « Attendu, dit cet arrêt, que la loi n'interdit pas, en matière électorale, de procéder les jours fériés. » Le texte de l'art. 417, C. instr. crim., et le principe général de l'art. 1033, C. proc.

civ., ne permettent pas de douter que ce délai doive être augmenté, à cause des distances, à raison d'un jour par trois myriamètres.

La notification se fait par exploit d'huissier, visé pour timbre et enregistré gratis ; dans la commune de Bruxelles, les huissiers de la cour de cassation sont seuls compétents pour pareille notification (loi du 4 août 1832, art. 32). Voy. n° **85.**

Lorsque le gouverneur se pourvoit dans une affaire de recensement de la garde civique, il peut requérir la notification par les tambours-majors ou tambours-maîtres tout aussi bien que par un huissier ordinaire, mais seulement dans la commune de la légion à laquelle ils sont attachés. Arr. 15 juin 1859 (P. 1859, p. 239). Le même arrêt décide que ces exploits doivent se faire dans les formes déterminées par l'art. 68, C. proc. civ., et le 25 mai 1863 (P. 1863, p. 254), la cour déclarait non recevable un pourvoi signifié au fils, alors que c'était le père qui, au nom de son fils, avait été en cause devant la députation permanente.

Il a été jugé aussi, en matière électorale, que lorsqu'un bourgmestre a été seul et en nom personnel en cause devant la députation, la notification du pourvoi qui serait faite au collége des bourgmestre et échevins serait nulle. Arr. 5 août 1845 (P. 1846, p. 198).

Il serait contraire à la loi, ainsi qu'au principe *qu'on ne peut plaider par procureur,* de faire une notification de pourvoi à la requête d'un mandataire ; cette notification doit se faire à la requête du demandeur lui-même : arr. 26 août 1854 (P. 1854, p. 408); elle doit aussi contenir la copie entière de l'acte de pourvoi, et non pas simplement mentionner que le requérant s'est pourvu en cassation, ce qui est absolument insuffisant, ainsi que la cour a souvent encore l'occasion de le proclamer : arr. 18 octobre 1865 (chambres réunies).

Le défaut de la notification dans le délai prescrit entraîne la déchéance, contrairement à ce qui est de jurisprudence constante en matière répressive; c'est ce que stipulent expressément les diverses lois que nous venons de citer, à l'exception de la loi électorale pour les chambres du 3 mars 1831, revisée par celle du 1ᵉʳ avril 1843; il n'en est pas moins admis par la cour de cassation que, même dans le cas prévu par cette dernière loi, la notification dans le délai déterminé est nécessaire pour la recevabilité du pourvoi. Arr. 26 juin 1843 (P. 1843, p. 298); 25 mars 1844 (P. 1844, p. 202); 12 juillet 1864.

Il a été jugé, en matière de milice, que l'absence de signification du pourvoi à l'une des personnes nominativement en cause devant la députation permanente, entraîne la déchéance à l'égard des autres. Arr. 16 juin 1862 (P. 1862, p. 362); 26 mai 1863 (P. 1863, p. 254). Nous trouvons l'explication de ce système dans le principe consacré encore récemment par la chambre civile, le 7 mars 1861, qu'*en matière indivisible,* l'exception tirée de l'irrégularité de la signification du pourvoi, à l'un des défendeurs, profite à tous les autres (P. 1861, p. 240).

§ III. Effet suspensif du pourvoi.

141. Le caractère de voie extraordinaire du recours en cassation, la présomption que le jugement en dernier ressort a pour lui la vérité et la justice, ont déterminé le législateur à ne point donner, en règle générale, au pourvoi pour effet de suspendre l'exécution de la décision contre laquelle il est dirigé. C'était le principe suivi devant le conseil des parties en France, même dans les matières pénales, où l'on ne pouvait obtenir que par une faveur du prince, un sursis à l'exécution d'une sentence attaquée; c'est encore celui qu'il faut appliquer aujourd'hui à toutes les matières où la loi n'a pas exprimé une volonté contraire; elle l'a fait pour la juridiction répressive dans l'art. 373, C. instr. crim.; l'art. 101 de la loi du 8 mai 1849, sur la garde civique; et l'art. 9 de la loi du 29 janvier 1849 sur la cour militaire, qui se réfère aux dispositions existantes en matière criminelle.

L'art. 301, C. instr. crim., fait une exception à cette règle, pour le pourvoi spécial autorisé par l'art. 299 du même code.

Il est à remarquer que, d'après le texte de l'art. 373, C. instr. crim., l'exécution de l'arrêt de condamnation est suspendue non-seulement par le fait du pourvoi, mais aussi pendant le délai fixé pour le recours, et que ce sursis se prolonge jusqu'à ce que l'officier du ministère public, chargé de l'exécution de la condamnation, ait reçu l'arrêt de la cour de cassation qui a statué sur le pourvoi.

Il a été jugé par notre cour de cassation, que l'art. 373 s'applique aux affaires correctionnelles et de simple police comme aux affaires criminelles. Arr. 31 juillet 1850 (P. 1850, p. 427).

Malgré l'arrêt du 31 juillet 1850 et la jurisprudence française, deux arrêts de la cour d'appel de Bruxelles, du 15 novembre 1854 et du 9 juin 1855 (P. 1855, p. 75 et 367), ont décidé que l'art. 373, C. instr. crim., ne peut être étendu aux matières correctionnelles; ces deux arrêts n'ont pas été soumis au contrôle de la cour de cassation. Ce qui nous touche le moins dans le système que préconisent ces arrêts, c'est l'argument tiré de l'art. 421, C. instr. crim., sur la mise en état. Ce n'est certes pas parce que la loi accorde à la société cette garantie de la nécessité d'une mise en état préalable, qu'il faut dire qu'elle a refusé aussi au prévenu, d'une manière absolue, le bénéfice de tout effet suspensif des pourvois en matière correctionnelle. Avec combien plus de raison ne pourrait-on pas soutenir que le législateur a pu trouver suffisante pour la société la garantie de la mise en état? Ne pourrait-on pas surtout rétorquer l'objection et dire que si la loi n'avait pas voulu de l'effet suspensif des pourvois en matière correctionnelle et de simple police, elle n'aurait pas édicté l'art. 421 qui serait superflu et ne présenterait plus aucune utilité ni aucune garantie nouvelle ?

Signalons, à ce point de vue, les principales différences qui existent entre la position que fait à la personne condamnée l'art. 421, C. instr. crim., et celle dans laquelle cette partie se trouverait si l'art. 373, C. instr. crim., sur l'effet suspensif, n'était pas applicable aux matières correctionnelles et de simple police : 1° le condamné qui se met en état conformément à l'art. 421, ne peut être soumis qu'au régime de la détention préventive ; celui au contraire contre lequel on exécuterait le jugement de condamnation, commencerait déjà à subir sa peine et aurait, dans la prison, le sort des personnes condamnées ; 2° si le pourvoi n'était pas suspensif, ce ne serait pas seulement au moment du pourvoi que le condamné devrait être en état, il pourrait être arrêté à l'instant même de la prononciation de l'arrêt ou du jugement qui le condamne ; 3° dans le cas de l'art. 421, c'est à la juridiction qui a rendu la décision attaquée à statuer sur la demande de mise en liberté sous caution ; si, au contraire, le pourvoi n'était pas suspensif, le parquet seul pourrait apprécier, et il aurait le droit absolu d'ordonner l'arrestation sans que la cour ou le tribunal ait à se prononcer. C'est assez dire que l'art. 421, quelque rigoureux qu'il soit, n'enlève pas au condamné tous les bénéfices de l'effet suspensif du pourvoi.

142. Les expressions générales de l'art. 373 doivent s'appliquer au pourvoi du ministère public et de la partie civile aussi bien qu'à celui du prévenu et à toutes les parties du jugement, à celles mêmes qui concernent le recouvrement des frais, la contrainte par corps et les condamnations civiles.

Mais quelles conditions un pourvoi doit-il réunir pour produire cet effet suspensif, sans lequel, en matière pénale, le droit de recours en cassation ne serait que trop souvent une amère dérision ? Faut-il qu'il soit régulier, fait dans les délais prescrits, recevable ?

Ce sont là des questions d'une solution bien difficile et auxquelles il serait dangereux de répondre d'une manière absolue. Il est certain qu'en principe il appartient à la cour de cassation seule, de statuer sur la régularité et la recevabilité d'un pourvoi, et que dès lors les parties ou le ministère public ne pourraient passer outre à l'exécution du jugement ou de l'arrêt frappé d'un pourvoi qu'ils prétendraient être irrégulier ou non recevable. Mais il faut d'abord, pour cela, que l'acte auquel on veut faire produire cet effet suspensif, soit un véritable pourvoi, reçu par le fonctionnaire compétent; sinon, il n'y aurait pas de recours proprement dit, la cour de cassation ne serait pas même saisie et n'aurait pas à statuer; et en supposant même qu'il y ait pourvoi, si la non-recevabilité de ce pourvoi était évidente, comme elle le serait si la cour avait déjà statué dans la même affaire sur un pourvoi identique dirigé contre la même décision, ou si le délai était expiré sans qu'aucune circonstance fît supposer l'impossibilité pour la partie de se pourvoir plus tôt, alors il serait difficile de ne pas reconnaître le droit de passer outre à l'exécution du jugement; le législateur, dont il faut toujours, en définitive, rechercher le but et l'intention, aurait-il pu vouloir, en attribuant un effet suspensif au pourvoi, qu'un simulacre de recours profitât de cette faveur exceptionnellement accordée en matière répressive? Mais ce qui est hors de tout doute, c'est que, sauf dans les hypothèses analogues à celles que nous venons de citer, on ne pourrait, sans excès de pouvoir, ne point tenir compte d'un pourvoi qui n'aurait pas été rejeté par la cour de cassation.

Reste un cas d'application qui s'est présenté quelquefois, celui d'un pourvoi contre des jugements non définitifs dans le sens de l'art. 416, C. instr. crim.; pareil pourvoi n'est pas recevable; est-il suspensif? La négative et l'affirmative peuvent l'une et l'autre s'appuyer sur un arrêt de la cour. La première a pour elle l'arrêt du 21 mai 1851 (P. 1851, p. 270); la seconde, celui du 30 décembre 1850 (P. 1851, p. 70)

Dans le sens du premier système, on peut dire que le but de l'art. 416, qui est d'empêcher les longueurs de la procédure, ne serait pas atteint si les pourvois que cet article interdit devaient avoir un effet suspensif, que du reste cet effet suspensif est surtout introduit dans les seules affaires répressives, en vue des jugements de condamnation dont l'exécution a un caractère flétrissant et irréparable que l'on ne retrouve pas dans les autres jugements, et notamment dans ceux qui terminent des incidents de procédure.

Le second système, moins pratique mais plus juridique, repose tout entier sur la nécessité de laisser juger par la cour de cassation ce qui est de sa compétence exclusive, et cet argument nous touche, parce qu'enfin plus d'une opinion est possible sur la portée des termes de l'art. 416, et la divergence qui existe à cet égard entre la cour de cassation de France et celle de Belgique en est la meilleure preuve (voir n° **48**).

142bis. Quelle serait la voie à suivre par le condamné contre lequel on procéderait à l'exécution d'un jugement frappé d'un pourvoi en cassation? Dalloz, v° *Cassation*, n° 1200, critique un arrêt du 30 brumaire an XIV, par lequel la cour de cassation de France prononçait elle-même la nullité d'un procès-verbal d'emprisonnement exécuté malgré l'effet suspensif d'un pourvoi, et frappait de la suspension l'huissier instrumentant; il se fonde sur ce que c'est là une décision qu'il n'appartient qu'au juge du fond de rendre; nous n'oserions nous associer à ce reproche, pour les motifs exposés au n° **56**; toutefois dans les affaires qui donnèrent lieu aux arrêts du 31 juillet 1850 (P. 1850, p. 427), du 15 novembre 1854 et du 9 juin 1855 (P. 1855, II, p. 75 et 367), le condamné s'était adressé non à la cour de cassation, mais par voie d'opposition à la cour d'appel, dont émanait l'arrêt de condamnation, opposition qui fut chaque fois considérée comme recevable.

143. Le caractère suspensif n'appartient, nous l'avons vu, qu'aux pourvois en matière pénale. Dans les affaires de milice, de recensement de la garde civique, la loi elle-même déclare les pourvois non suspensifs, et les principes généraux suffisent pour en dire autant des pourvois en matière de patente, de contributions directes et de listes électorales. Le rapporteur de la section centrale de la chambre des représentants, chargée de l'examen du projet de loi promulgué le 1er avril 1843, M. Malou, l'a du reste reconnu dans son rapport. (*Moniteur belge* du 13 mars 1843.)

Le caractère non suspensif du pourvoi, en matière électorale, produit évidemment cette conséquence, qu'au moment de l'élection, la décision attaquée doit recevoir son exécution si un arrêt de cassation n'est pas encore intervenu. Mais que décider, si l'arrêté de la députation permanente venait à être cassé, et si l'exécution que cet arrêté aurait reçue avait pu déplacer la majorité dans l'élection? Qu'une élection régulièrement et définitivement validée ne puisse plus être infirmée par un arrêt de la cour de cassation, c'est ce que l'on ne pourrait peut-être pas sérieusement contester; mais M. Delebecque (*Commentaire des trois lois électorales,* nos 511 et suiv.) va jusqu'à refuser tout effet à un arrêt de cassation, alors même que la vérification des pouvoirs ne serait pas accomplie. L'éminent jurisconsulte invoque, à l'appui de son opinion, un vote de la chambre des représentants qui refusa, en 1832, de suspendre la vérification des pouvoirs d'un de ses membres quoiqu'un pourvoi en cassation restât à juger par la cour suprême, concernant la capacité électorale d'un certain nombre d'électeurs, du vote desquels le résultat de l'élection avait pu dépendre. (*Moniteur* du 17 novembre 1832.)

§ IV. Consignation de l'amende.

144. Il est inutile d'insister sur l'importance pratique de ce paragraphe. Faute de consigner une amende dans le cas où l'obligation lui en incombe, le demandeur est non-seulement déclaré déchu de son pourvoi, il est de plus condamné à payer l'amende ainsi que l'indemnité, s'il y a lieu. Arr. 29 décembre 1862 (P. 1862, p. 453).

Faisons, du reste, remarquer que, dès qu'il y a doute, il est prudent de consigner l'amende. La cour, si elle juge cette consignation inutile, ordonne la restitution de l'amende, lors même qu'elle rejette le pourvoi. Arr. 28 décembre 1863 (P. 1863, p. 373).

L'amende dont il s'agit ici ne constitue pas une peine, dans le sens légal du mot; il en résulte que lorsque pour cause de non-consignation, la cour prononce le rejet du pourvoi et condamne le demandeur à payer ladite amende, celui-ci ne peut, par une requête en grâce, en obtenir du roi la remise ou la réduction.

Le motif principal de l'obligation imposée au demandeur de consigner une amende est la nécessité de prévenir les pourvois téméraires; peut-être qu'une amende moins élevée que celle que fixe l'art. 419, C. instr. crim., mais étendue à plusieurs autres matières qui en sont aujourd'hui entièrement dispensées, serait un moyen à la fois plus efficace d'atteindre le but du législateur, et plus conforme à nos principes d'équité et d'égalité (1). La consignation d'amende, requise autrefois, fut abolie par la loi des 2-3 juin 1791, pour toutes les affaires pénales; il paraît que la conséquence de cette réforme fut d'augmenter, d'une façon tout à fait abusive, le nombre des pourvois non recevables ou non fondés, en matière correctionnelle ou de simple police. Aussi l'art. 1ᵉʳ de la loi du 14 brumaire an v rétablit-il l'ancien principe, en disant : « L'art. 5 du titre IV, 1ʳᵉ partie du règlement de 1738, qui assujettit les demandeurs en cassation à consigner l'amende de 150 livres ou de 75 livres selon la nature des jugements, sera strictement observé, tant en matière civile qu'en matière correctionnelle et de police muni-

______

(1) Voir ce que nous disons de l'amende au n° 58, page 131, et le nouveau projet de loi sur le taux de l'amende (*Belg. jud.*, 1865, p. 817).

cipale. » Les articles 419 et 420, C. instr. crim., reproduisent le même principe, qui est encore en vigueur aujourd'hui.

145. La règle est donc que tous les pourvois sont astreints à la consignation préalable d'une amende, à moins d'une exemption prononcée par la loi. Arrêt du 9 novembre 1863 (P. 1863, p. 402).

Sont dispensés de l'amende : 1° les pourvois en matière criminelle proprement dite, faits par les personnes poursuivies ou condamnées. Les pourvois contre les arrêts de la cour militaire sont assimilés, sous ce rapport, à ceux qui se font en matière criminelle (loi du 29 janvier 1849, art. 9). A ne consulter que le texte rigoureux du § 1er de l'art. 420, C. instr. crim., l'on ne pourrait attaquer l'arrêt de renvoi devant la cour d'assises qu'en se soumettant à l'obligation de consigner une amende, puisque cet article ne parle que des *condamnés* en matière criminelle.

Mais cette disposition ne comporte pas pareille interprétation, lorsqu'on la combine avec la législation antérieure et surtout avec la loi du 14 brumaire an v. Arr. 2 avril 1849 (P. 1849, p. 200), et 28 décembre 1863 (P. 1863, p. 373).

Il est de jurisprudence constante que le condamné qui se pourvoit contre un arrêt de la cour d'assises ne prononçant contre lui qu'une peine correctionnelle est tenu de consigner l'amende, bien que la poursuite originaire et la mise en accusation devant la cour d'assises aient eu lieu pour un crime; il en est également ainsi en matière de délits politiques ou de la presse, dont le jugement appartient au jury. Arr. 28 juin 1852 (P. 1852, p. 443).

2° Les pourvois faits par les agents publics pour affaires qui concernent directement l'administration et les domaines ou revenus de l'État. Il a été jugé que l'agent du gouvernement qui, quoique ayant posé un acte à raison de ses fonctions, a été condamné en nom personnel, ne peut, alors même que l'État est intervenu en instance d'appel, pour ratifier ce qu'il a fait, se pourvoir en cassation sans consigner l'amende : 31 juillet 1845 (P. 1846, p. 189).

3° Les pourvois dans les affaires de milice (loi du 18 juin 1849, art. 8), de patentes (loi du 22 janvier 1849, art. 4), de listes électorales pour les chambres, le conseil provincial et le conseil communal (loi du 30 mars 1836, art. 18 ; loi du 1er avril 1843, art. 9), de listes des éligibles au sénat (loi du 3 mars 1831, art. 47), de recensement de la garde civique (loi du 13 juillet 1853, art. 19) et de contributions directes (loi du 22 juin 1865). L'arrêt du 9 novembre 1863, cité plus haut, condamne à l'amende, faute de l'avoir consignée, celui qui se pourvoit contre un arrêté de la députation permanente, validant les élections de la garde civique ; on le sait, le recours en cassation contre pareilles décisions n'est pas recevable, il ne rentre donc pas dans l'exception prévue par l'art. 19 de la loi du 13 juillet 1853 ; la condamnation à l'amende devait donc être prononcée ; mais le taux de cette amende a été fixé par l'arrêt à fr. 37-50, qui est celle dont la consignation est exigée pour les pourvois contre les jugements des conseils de discipline de la garde civique.

146. L'article 420 du code d'instruction criminelle contient une autre exception en faveur des indigents ; sans les soustraire à l'obligation de payer l'amende en cas de rejet de leur pourvoi, il les dispense d'en faire la consignation, s'ils produisent devant la cour : « 1° un extrait du rôle des contributions, constatant qu'ils payent moins de six francs, ou un certificat du percep-teur de leur commune, portant qu'ils ne sont point imposés ; 2° un certificat d'indigence à eux délivré par le maire de la commune de leur domicile ou par son adjoint, visé par le sous-préfet et approuvé par le préfet de leur département. »

La production de ces pièces, le visa du certificat d'indigence par le commissaire d'arrondissement et son approbation par le gouverneur, sont encore des formalités essentielles sans lesquelles la cour rejette invariablement les pourvois, et de plus condamné à l'amende; remarquons qu'en matière civile le visa et l'approbation doivent émaner l'un et l'autre du gouverneur de la province, l'art. 420, C. instr. crim., ne dérogeant pas sous ce rapport à l'art. 2 de la loi du 14 brumaire an v. L'arrêté royal du 4 janvier 1849 n'a nullement aboli, pour le cas dont nous nous occupons, l'obligation du visa et de l'approbation. M. Delebecque, après avoir considéré cette partie de l'art. 420, C. instr. crim., comme abrogée, est revenu de son opinion dans l'édition de 1857 des *Cinq codes en vigueur en Belgique*. Voir arr. 9 novembre 1857 (P. 1857, p. 470), et les conclusions de M. le premier avocat général Faider.

Mais aujourd'hui le visa devrait-il encore émaner du commissaire d'arrondissement, pour les certificats d'indigence délivrés aux habitants des villes soustraites à l'administration de ce fonctionnaire? Il serait difficile de le soutenir et de méconnaître qu'en ce cas l'approbation du gouverneur doive suffire. En pratique, toutefois, les commissaires d'arrondissement ne refusent jamais leur visa.

Il a été jugé que l'autorité administrative a seule compétence pour apprécier si la partie qui requiert un certificat d'indigence est ou non dans le cas de l'obtenir. Arr. 19 novembre 1849 (P. 1850, p. 130);

Que c'est l'indigence du demandeur au temps du pourvoi qui doit être considérée, et non celle où il se trouvait lors des procédures antérieures. Arr. 13 février 1845 (P. 1845, p. 386);

Que les certificats d'indigence, suffisants pour dispenser de la consignation de l'amende, ne peuvent éviter au demandeur d'y être condamné, s'il succombe dans son pourvoi. Arr. 20 janvier 1846 (P. 1846, p. 199).

Remarquons ici que la dispense de consigner l'amende est la seule faveur que la loi fasse aux indigents, pour les affaires qui sont de la compétence de la seconde chambre de la cour, à moins qu'ils n'y agissent comme partie civile; le bénéfice du *pro Deo,* d'après la législation existante, ne s'accorde que pour les procès civils. Arr. 25 juillet 1859 (P. 1859, p. 274), conclusions de M. Cloquette, avocat général (P. 1859, p. 54; loi du 1er juin 1849, art. 5); mais pour ne pas devoir consigner l'amende, il ne faut pas, comme pour l'obtention du *pro Deo,* être Belge ou appartenir à une nation avec laquelle il existe un traité de réciprocité (arrêté du 26 mai 1824, art. 1er). V. nos **220** et suiv.

147. L'amende se consigne au bureau du receveur de l'enregistrement des actes judiciaires; la consignation ne doit pas nécessairement se faire à Bruxelles; la quittance que délivre le receveur est la pièce au moyen de laquelle la preuve de la consignation doit se faire devant la cour.

Cette quittance ou les attestations exigées par l'art. 420, § 2, ne doivent pas être jointes à la déclaration de pourvoi, comme l'art. 5 de l'arrêté du 15 mars 1815 l'exige en matière civile; il suffit qu'elles soient produites au greffe de la cour de cassation avant l'audience. Toutefois un arrêt du 15 juillet 1840 (P. 1840, p. 439) décide que la consignation de l'amende, faite par le demandeur en cassation après le rapport, les plaidoiries et les conclusions du ministère public, est tardive.

Nécessaire pour la recevabilité du pourvoi, la consignation de l'amende ne l'est cependant pas pour que la cour puisse décréter le désistement. Arr. 29 mars 1858 (P. 1858, p. 124); 18 et 24 octobre 1858 (P. 1858, p. 341).

148. Le taux ordinaire de l'amende est de 150 francs si la décision attaquée est contradictoire, et de 75 francs si elle est par défaut; c'est ce que dispose l'art. 5, titre IV, de l'ordonnance du 28 juin 1738, visé par la loi du 14 brumaire an v (1). Cette amende doit se réduire au quart pour les pourvois contre

---

(1) L'art. 1er d'un projet de loi déposé, le 28 juin dernier, à la chambre des représentants, par MM. Lelièvre et Dupont, est ainsi conçu :

« L'amende énoncée aux articles 419 et 420 du code d'instruction criminelle et celle mentionnée au paragraphe final de l'art. 105 de la loi du 8 mai 1848 sur la

les jugements des conseils de discipline de la garde civique.
(loi du 8 mai 1848, art. 101). Elle sera donc de fr. 37-50 ou
de fr. 18-75, suivant que le jugement sera contradictoire ou
par défaut.

Mais la partie qui a comparu ne devrait-elle aussi consigner
que l'amende de 75 fr., si le jugement a été rendu par défaut à
l'égard d'une autre personne? On dit avec raison, à l'appui de
l'affirmative, que l'art. 5, titre IV, de l'ordonnance de 1738 ne
distingue pas, et que le texte de l'art. 419, C. instr. crim., qui
parle des jugements par contumace contre lesquels, dans aucun
cas, le condamné contumace ne peut se pourvoir, le suppose
nécessairement. Voir Dalloz, v° *Cassation*, n° 608; Merlin,
Quest. de droit, v° *Cassation*, § XIX, X.

149. Lorsque deux ou plusieurs personnes ont un intérêt identique dans une même affaire, elles ne doivent consigner qu'une
amende pour la recevabilité du pourvoi contre le jugement
qu'elles attaquent. Arr. 27 octobre 1856 (P. 1856, p. 470);
9 août 1858 (P. 1858, p. 233); 11 juin 1860 (P. 1860, p. 272).
Voir, pour le cas contraire, l'arrêt du 11 mars 1836 (P. à sa
date) ; il ne faut non plus qu'une amende, lorsqu'on se
pourvoit contre plusieurs décisions rendues dans la même
cause, et que les unes sont préparatoires et l'autre définitive. Arr. 7 octobre 1850 (P. 1851, p. 35). Mais si les jugements ne sont pas rendus dans la même cause, s'ils portent,
par exemple, sur des contraventions distinctes, il est nécessaire de consigner autant d'amendes qu'il y a de jugements
attaqués; et la cour, appliquant ce principe dans toute sa rigueur,
décidait, le 25 août 1854 (P. 1854, p. 409), que lorsqu'une
seule amende a été consignée pour le pourvoi contre deux
jugements, on ne peut l'appliquer au recours spécialement

garde civique, sont réduites à 20 francs. Le taux de ces amendes est fixé à 10 fr.,
si la décision contre laquelle le pourvoi est dirigé a été rendue par défaut. »
Voir n° 58, et un article que nous avons publié sur ce projet dans la *Belgique
judiciaire*, 1865, p. 817.

dirigé contre un de ces jugements, et qu'il est nécessaire alors de déclarer le pourvoi non recevable pour le tout.

Si même il n'y avait qu'une décision attaquée, mais con-damnant les deux personnes qui en demandent la cassation, pour deux contraventions distinctes quoique semblables, il y aurait lieu à la consignation de deux amendes; ainsi jugé le 21 novembre 1864 (P. 1864, p. 452). Voir n° **75**.

§ V. Instruction des affaires devant la cour.

150. La simplicité et la célérité, c'est ce qui distingue la procédure suivie devant la seconde chambre de la cour de cas-sation.

Cette procédure est surtout réglée par les articles 422 à 426, C. instr. crim., les articles 25, 31, 34 à 40, 50 à 53 de l'arrêté du 15 mars 1815, et les articles 6 à 16 du règlement de la cour du 10 novembre 1832.

Les articles que nous venons de citer du code d'instruction criminelle sont ainsi conçus :

« Art. 422. Le condamné ou la partie civile, soit en faisant sa déclaration, soit dans les dix jours suivants, pourra déposer, au greffe de la cour ou du tribunal qui aura rendu l'arrêt ou le jugement attaqué, une requête contenant ses moyens de cassation.

« Le greffier lui en donnera reconnaissance, et remettra sur-le-champ cette requête au magistrat chargé du ministère public. Voir art. 419, § 1.

« Art. 423. Après les dix jours qui suivront la déclaration, ce magistrat fera passer au grand juge ministre de la justice les pièces du procès et les requêtes des parties, si elles en ont déposé.

« Le greffier de la cour ou du tribunal qui aura rendu l'arrêt ou le jugement attaqué rédigera sans frais et joindra un inventaire des pièces, sous peine de cent francs d'amende, laquelle sera prononcée par la cour de cassation.

« Art. 424. Dans les vingt-quatre heures de la réception de ces pièces, le grand juge, ministre de la justice, les adressera à la cour de cassation, et il en donnera avis au magistrat qui les lui aura transmises.

« Les condamnés pourront aussi transmettre directement au greffe de la cour de cassation, soit leurs requêtes, soit les expéditions ou copies signifiées tant de l'arrêt ou du jugement que de leurs demandes en cassation.

« Néanmoins la partie civile ne pourra user du bénéfice de la présente disposition, sans le ministère d'un avocat à la cour de cassation.

« Art. 425. La cour de cassation, en toute affaire criminelle, correctionnelle ou de police, pourra statuer sur le recours en cassation, aussitôt après l'expiration des délais portés au présent chapitre, et devra y statuer dans le mois, au plus tard, à compter du jour où ces délais seront expirés. »

Cette dernière disposition est-elle encore en vigueur aujourd'hui? Des doutes sérieux peuvent exister à cet égard. Il est même certain que la première partie de l'article, qui permet à la cour de statuer sur le pourvoi immédiatement après la réception des pièces, est formellement abrogée en Belgique, par l'art. 52 de l'arrêté du 15 mars 1815, qui rend applicables aux affaires criminelles, correctionnelles et de simple police, les règles établies par cet arrêté « quant au dépôt du rapport au greffe, la communication qui en sera faite au procureur général, *la fixation du jour de l'audience* et l'affiche au tableau. » Or, d'après les dispositions de cet arrêté, ainsi que nous le verrons, un intervalle de quinze jours doit exister entre la mise au rôle d'audience et l'appel de la cause, et cette mise au rôle elle-même ne peut avoir lieu qu'après que le conseiller rapporteur a terminé son examen du dossier et déposé son rapport au greffe. Il faudrait même en conclure, semble-t-il, qu'en présence de ce texte, la seconde partie de l'art. 425, C. instr. crim., se trouve également abolie, et que la cour n'est plus obligée de statuer dans le mois, à compter du jour de la réception des pièces ; ce qui confirme cette opinion, c'est que l'article 50 de l'arrêté de 1815 ne renvoie au code d'instruction criminelle que « quant à la déclaration du pourvoi, la consignation de l'amende et l'enregistrement (1). »

151. C'est au parquet de la cour de cassation que le ministère de la justice transmet les dossiers des affaires soumises à la cour par un pourvoi en cassation; du parquet, ils sont envoyés immédiatement au greffe de la même cour, où l'on enregistre chaque affaire au rôle général (règlement de la cour, art. 6), et d'où l'on envoie, sur-le-champ, le dossier au premier président, pour la nomination d'un rapporteur ; celui-ci, dès qu'il est désigné, reçoit le dossier par la voie du greffe. Son rapport fait, il rétablit le dossier au greffe et y joint le rapport. Le greffier met alors l'affaire au rôle d'audience, en laissant au moins un intervalle de quinze jours entre la mise au rôle et l'appel de la cause à l'audience de la cour. Arr. 6 décembre 1832 (P. à sa date). Aucune assignation n'est nécessaire pour faire connaître aux parties le jour des plaidoiries ; la mise au rôle public d'audience est jugée suffisante, à cet effet, par le législateur (arrêté du 15 mars 1815, art. 31 et 52).

Cette marche est la même pour toutes les affaires soumises à la seconde chambre, en matière de patente, de milice, de listes électorales, etc., aussi bien qu'en matière pénale. Toutefois

____

(1) En France, où l'arrêté de 1815 ne régit pas la matière, on considère comme maintenue l'obligation pour la cour de cassation de statuer dans le mois ; on semble d'un autre côté d'accord pour ne reconnaître aucune sanction à cette prescription légale. Il est évident, en effet, que l'expiration du délai ne peut exercer aucune influence sur la recevabilité du pourvoi. Mais ici une question récemment agitée se présente : en cas de rejet du pourvoi, la durée de la peine ne doit se compter qu'à partir de l'arrêt de la cour ; si cependant cet arrêt n'a pas été rendu dans le mois, la loi peut-elle avoir voulu que l'accusé subisse une détention plus longue, et pâtisse ainsi de ce que, sans son fait, la prescription de l'art. 425 n'a pas reçu son exécution?

dans les matières autres que les matières pénales, immédiatement après le pourvoi, le dossier est directement envoyé au parquet de la cour de cassation par le gouverneur ou le greffier provincial sans l'intermédiaire du ministre de la justice; cet intermédiaire n'est pas exigé non plus, dans le cas des art. 299 et 300, C. instr. crim.

Aussitôt après la mise au rôle, le dossier est renvoyé au procureur général qui se charge lui-même de l'affaire, ou la distribue à un des avocats généraux, auquel le dossier est sans retard adressé. Celui-ci le rétablit au greffe, au moins deux jours avant l'audience, pour être renvoyé au conseiller rapporteur (règlement de la cour, art. 11).

152. L'instruction des pourvois portés devant la cour de cassation, est indépendante des plaidoiries des parties, qui ne peuvent pas à l'audience, par des productions nouvelles, compléter le dossier (arrêté du 15 mars 1815, art. 3). Tel est le caractère essentiel de cette instruction. Les usages de la cour sont rigoureusement conformes à ce principe; le devoir des parties est de faire joindre au dossier toutes les pièces, quelles qu'elles soient, et les mémoires qu'elles jugent utile de produire, de manière que, avant l'audience, le rapporteur, le ministère public et les adversaires aient pu en prendre connaissance.

Les parties qui désirent obtenir communication du dossier s'adressent au greffe; c'est là qu'elles peuvent en faire l'examen, à l'exception toutefois du rapport rédigé par le conseiller rapporteur.

Le demandeur et le défendeur font joindre au dossier, en les remettant au greffe, leurs pièces et mémoires, ces derniers signés par eux ou par leur avocat.

Le nombre des mémoires que chaque partie peut produire n'est pas limité.

Il est d'usage au greffe de la cour de cassation, à moins que les parties ne le requièrent, de ne pas dresser acte de ces remises, qui ne doivent pas être considérées comme de véritables dépôts dans le sens de l'art. 43 de la loi du 22 frimaire an VII, mais comme un simple recours à l'intermédiaire du greffe, pour faire passer des documents quelconques sous les yeux de la cour; il en est autrement en matière civile, parce que là, aux termes de l'art. 21 de l'arrêté du 15 mars 1815, aucune pièce n'est censée faire partie du dossier, si le dépôt au greffe n'en a été constaté par le greffier. Il a été jugé, le 4 janvier 1836, que cet article n'est applicable qu'aux affaires civiles.

L'intervention des avocats à la cour de cassation n'est nécessaire que pour le dépôt des mémoires et les plaidoiries, au nom d'une partie civile (C. instr. crim., art. 424).

La loi n'exige pas que les parties se signifient les mémoires qu'elles adressent à la cour de cassation; pour en obtenir connaissance, il n'y a d'autre moyen que de s'adresser au greffe de la cour.

Une personne étrangère à l'instance en cassation ne pourrait évidemment faire aucune production utile; il a même été jugé que les députations permanentes ne peuvent fournir, devant la cour de cassation, des mémoires à l'appui des arrêtés qu'elles ont pris. Arr. 26 juin 1854 (P. 1854, p. 286).

Aucune forme sacramentelle n'est, du reste, requise pour la rédaction de ces mémoires, et la cour peut examiner et accueillir des moyens qui ne s'y trouvent pas mentionnés.

Il a été jugé, notamment, qu'en matière électorale aussi bien qu'en matière pénale, la cour de cassation est appelée à examiner d'office si la loi n'a pas été violée, et si toutes les formalités substantielles ou prescrites à peine de nullité ont été observées. Arr. 13 juillet 1847 (P. 1848, p. 152).

L'art. 53 de l'arrêté du 15 mars 1815 dit que « le demandeur en cassation ou la partie civile qui voudra plaider l'affaire, indiquera ses moyens dans un mémoire qui sera préalablement communiqué au ministère public, huit jours au moins avant l'audience. » Cette communication au ministère public se fait, comme toutes les autres productions, par la voie du greffe; remarquons que cette obligation, qui d'ailleurs n'est pas imposée au défendeur, n'est pas dépourvue de sanction; la cour a le droit de refuser la parole à l'avocat qui ne s'y serait point conformé.

153. L'instruction de l'affaire à l'audience commence par la lecture du rapport que fait le conseiller à ce désigné. L'article 25 de l'arrêté du 15 mars 1815 s'exprime ainsi au sujet de cet acte : « Le rapport contiendra un exposé des faits qu'il importe de connaître, les motifs et le dispositif du jugement ou de l'arrêt attaqué, et une indication précise des moyens de cassation ou de défense. Les observations que fera le rapporteur sur les uns et sur les autres n'auront pour objet que de rectifier les faits qu'on pourrait avoir dénaturés soit de la part du demandeur, soit de la part du défendeur.

« Le rapporteur n'énoncera son opinion sur le mérite du pourvoi que lors de la délibération. »

Les avocats aux cours d'appel ont tous le droit de plaider devant la cour de cassation; ils ne doivent être assistés d'un avocat de la cour, nous l'avons vu, que lorsqu'ils développent les conclusions de la partie civile (voir le chapitre Ier, n° **4**.) Il n'est point d'usage à la cour d'exiger des avocats la production de leur procuration, pour les plaidoiries; mais cette pièce est indispensable pour que l'avocat puisse, au nom du demandeur, se désister du recours en cassation ou renoncer à un chef du pourvoi.

Les parties ne doivent pas être présentes à l'audience; elles n'y pourraient plaider elles-mêmes leur cause. Arr. 3 avril 1835 (P. à sa date).

Le droit de faire plaider sa cause devant la cour de cassation n'appartient qu'à ceux qui agissent en nom personnel, et nullement aux fonctionnaires qui, à titre de leur office, ont été parties devant la juridiction dont la décision est attaquée. Ceux-ci agissent dans l'intérêt général que représente seul, devant la cour de cassation, le ministère public attaché à cette cour; l'usage leur a toutefois consacré le droit d'adresser des mémoires à la cour suprême. Lors d'un arrêt du 28 juin 1847, un gouverneur de province, demandeur en cassation, avait chargé un avocat de soutenir le pourvoi à l'audience de la cour de cassation; mais le ministère public près cette cour, ayant fait connaître l'intention de s'y opposer, l'avocat du gouverneur ne se présenta pas devant la cour (P. 1848, p. 137, *note*).

L'instruction écrite étant l'objet principal de la procédure dont nous nous occupons, il n'y a point de répliques à la cour de cassation (arrêté du 15 mars 1815, art. 34).

Il n'est point d'usage que les avocats, autres que ceux de la partie civile, prennent à l'audience des conclusions écrites.

Nous croyons pouvoir nous borner ici à renvoyer pour le surplus au n^{os} **94** et **95** du chapitre : *Des pourvois soumis à la première chambre*. Nous ne signalerons que l'art. 37 de l'arrêté du 15 mars 1815 qui dit que, même en matière criminelle, le procureur général près la cour de cassation ne peut être considéré comme partie dans l'instance; qu'il n'y donne que des conclusions, à moins qu'il n'ait demandé lui-même la cassation dans les cas prévus par certaines dispositions spéciales. (V. n° **41**.) Le procureur général parle donc le dernier.

Les articles 504 et suivants et surtout l'article 507 du code d'instruction criminelle, sur la police des audiences et la répression des délits qui s'y commettent, sont ici applicables.

154. Les lois spéciales que nous avons citées disposent que les pourvois en matière de milice, de listes électorales et de recensement de la garde civique seront jugés par la cour « toutes affaires cessantes. » L'art. 300, C. instr. crim. et les lois des 6 avril 1847, 20 décembre 1852 et 12 mars 1858, prescrivent la même célérité pour l'expédition des pourvois contre les arrêts de renvoi devant la cour d'assises. La cour a constamment admis que le délai fixé par l'arrêté du 15 mars 1815, entre la mise au rôle d'audience et le jugement, doit être

respecté dans ces affaires comme dans toutes les autres ; elle
l'a formellement décidé ainsi, dès le 6 décembre 1832, à sa
première audience de la seconde chambre ; mais si, au jour fixé,
d'autres affaires, non déclarées urgentes, figurent au rôle de
l'audience, et si l'examen de ces affaires peut empêcher l'expédition des premières, la priorité doit être accordée à celles-ci
(art. 13 du règlement de la cour) ; aussi sont-elles ordinairement instruites et jugées avec la plus grande célérité, à moins
que les parties intéressées à la prompte expédition ne demandent elles-mêmes la remise.

Cependant, malgré l'empressement qu'y met la cour, il est
souvent impossible aux parties, en matière électorale pour les
chambres, d'obtenir justice en temps utile. Voici ce que contient
à cet égard le rapport de la section centrale chargée de l'examen
de la loi promulguée le 1er avril 1843 :

« Deux sections se sont préoccupées de la longueur des
délais ; elles ont craint que beaucoup d'électeurs ne fussent
privés de l'exercice de leurs droits, parce qu'il n'aurait pas été
statué sur les réclamations avant l'époque du renouvellement
partiel des chambres.

« Ces craintes n'ont point paru fondées à la section centrale ;
en effet, les listes doivent être revisées du 1er au 15 avril (article 7 de la loi) ; elles doivent être affichées pour le premier
dimanche suivant au plus tard, c'est-à-dire, cette année, le
16 avril ; le délai des réclamations auprès du collége communal est de quinze jours ; il expirera donc, en 1843, le 1er mai
(art. 8 de la loi). Dix jours sont accordés pour l'appel, dix jours
pour la réponse à la notification (art. 12 de la loi) ; les affaires
seront donc en état, pour être jugées sur l'appel, le 21 mai au

---

(1) L'obligation que la loi impose à la députation permanente de statuer dans
les cinq jours n'a pas de sanction ; arr. 8 et 26 août 1864 (P. 1864, p. 337, et 264) ;
elle est du reste sans portée aucune, chaque fois qu'il y a lieu, pour la députation
permanente, d'ordonner une enquête ; l'interlocutoire étant rendu dans les cinq
jours, il n'existe plus aucun délai pour la décision définitive.

plus tard; la députation est tenue de statuer dans les cinq jours (1) (art. 13.) Dans la supposition, peu vraisemblable d'ailleurs, que chacun épuise entièrement le délai qui lui est accordé, la députation aura donc statué avant la fin du mois de mai.

« Il n'est guère possible, à la vérité, que la cour de cassation prononce avant le deuxième mardi de juin, ni surtout que la députation, à laquelle l'affaire est renvoyée lorsque la première décision est cassée, ait prononcé à son tour. Mais on ne doit pas perdre de vue que le pourvoi n'est point suspensif; l'électeur maintenu sur la liste par la députation peut voter.

« Si par suite du pourvoi son droit était reconnu ne pas avoir existé, la seule question qui pourrait s'élever se rattacherait à la vérification des pouvoirs de l'élu; il n'y aurait même de question sérieuse que dans le cas, très-rare assurément, où le suffrage ainsi annulé aurait formé la majorité. » (V. *Moniteur* du 13 mars 1843.) Les considérations qui, dans ce rapport, suivent celles que nous venons de citer, sont impuissantes à détruire la réalité de l'aveu que nous transcrivons ici, et dont il résulte que les réclamations contre la formation des listes électorales pour les chambres, faites surtout en vue des élections générales du mois de juin, ne peuvent que rarement profiter de l'intervention de la cour de cassation; ajoutons que d'après M. Delebecque (*Commentaire des lois électorales*, n° 511) et la majorité de la chambre en 1832, l'arrêt de la cour de cassation annulant, après l'élection, un arrêté de députation permanente, en vertu duquel des personnes auraient pris part au vote, ne lie pas la juridiction chargée de la vérification des pouvoirs (v. n° 144).

Nous ne pourrions que difficilement nous convaincre qu'un pareil état de choses soit sans remède.

155. D'après M. Godard de Saponay (*Manuel de cassation*, p. 112) et le *Manuel de cassation*, publié à Bruxelles en 1832, sans nom d'auteur (p. 63), la péremption d'un pourvoi doit être prononcée si, depuis la déclaration de pourvoi faite au greffe, il s'est écoulé en matière criminelle plus de dix ans, en matière correctionnelle plus de trois ans, et en matière de simple police plus d'un an sans que la cour ait statué. Il y a là une confusion évidente; il est certain qu'en matière répressive il ne peut jamais être question de péremption d'instance, ni surtout de la péremption de l'instance en cassation qui, à un double titre, ne saurait être soumise à l'application de l'art. 397, C. proc. civ. Arr. 23 juin 1830, cour de cassation de France.

Mais si le pourvoi ne peut être périmé, n'est-il pas possible que l'action publique soit prescrite si, depuis la notification du pourvoi ou tout autre acte d'instruction ou de poursuite, il n'est pas intervenu d'arrêt de la cour de cassation dans les délais fixés par les art. 637, 638 et 640, C. instr. crim., et d'autres lois spéciales, notamment l'art. 18 de la loi du 26 février 1846 sur la chasse?

M. Dalloz penche pour la négative, à cause de la nature toute spéciale de l'instance en cassation (*Rép., v° Prescription criminelle,* n° 126). L'affirmative pourrait difficilement se concilier avec le système adopté par un arrêt de notre cour du 11 mars 1836. V. *Traité de la prescription en matière criminelle,* chap. IV, par M. Cousturier, aujourd'hui conseiller à la cour d'appel de Liége; arr. cour de cassation de France, 21 octobre 1830 et 16 juin 1836; voir aussi arr. cour de cassation de Belgique, 3 mars 1836 (P. à sa date.)

§ VI. Désistement du pourvoi.

156. Il n'est pas question du désistement dans les lois relatives à la procédure de la cour de cassation. La pratique et les principes généraux du droit sont donc les seules règles à suivre en cette matière.

Il est de jurisprudence constante que le ministère public, qui n'est pas maître de l'action publique quoiqu'il ait le droit de la mettre en mouvement, ne peut se désister du pourvoi qu'il a formé. Arr. 8 mars 1838 (P. à sa date); 6 décembre 1858 (P. 1859, p. 30).

On a mis en doute si, en matière criminelle, un accusé peut se désister du pourvoi qu'il a formé contre un arrêt de condamnation. Dalloz dit que la négative est généralement admise pour des motifs d'ordre public et d'humanité (v° *Désistement*, n° 218). Toutefois la cour de cassation belge a bien des fois décrété des désistements en matière criminelle, et notamment encore le 31 juillet 1865, et nous ne comprenons pas pourquoi elle n'eût pas pu le faire. Le condamné peut même avoir un intérêt évident à ce que son désistement soit accueilli, lorsqu'il est détenu et que la peine prononcée est temporaire. (V. notre n° **44**, sur l'acquiescement.)

157. C'est surtout quant à la forme du désistement que l'on ne saurait établir des règles bien certaines. La loi étant complétement muette sur ce point, on peut dire qu'ici il n'y a pas de forme *sacramentelle*; toutefois, la voie la plus régulière serait, semble-t-il, de faire la déclaration de désistement au greffe même où l'acte de pourvoi a été dressé, et c'est sous cette forme qu'ont eu lieu, en matière répressive, plusieurs désistements récemment décrétés par la cour. Arr. 28 janvier 1861, 23 septembre 1864, 23 janvier, 31 juillet et 30 octobre 1865. Une déclaration à l'audience, faite par l'avocat de la partie, muni d'un pouvoir spécial sur timbre et enregistré, a déjà été admise par la cour en matière correctionnelle (arr. 25 janvier 1864), et c'est même ainsi que se fait, d'ordinaire, le désistement du pourvoi contre un arrêté de députation permanente. L'intervention d'un avocat n'étant, du reste, pas indispensable, une déclaration de désistement, signée par le demandeur et remise au greffe de la cour de cassation, serait également régulière (arr. 15 mai 1865, en matière correctionnelle; 10 juillet 1865, en matière électorale); mais s'il y a un défendeur en cause, cette déclaration doit lui être notifiée; en ce cas, le désistement pourrait aussi se faire par acte d'huissier signifié à la partie adverse, et par le dépôt de l'original de cet acte au greffe de la cour de cassation, pour être joint au dossier; il a été jugé, en matière électorale, qu'il n'y a pas lieu de s'arrêter à un désistement inséré dans une lettre· au procureur général, et non notifié à la partie adverse; 5 août 1845 (P. 1846; p. 198).

Quelle que soit la forme du désistement, s'il émane d'un mandataire du demandeur, la production d'un pouvoir spécial est toujours nécessaire.

L'avoué de la partie, lui-même, ainsi que l'huissier ne sont point dispensés de pareille production. Arr. 20 mars 1854 (P. 1854, p. 145); cour de cassation de France, 14 mars 1845 (P. fr. 1845, 1, 560).

158. La cour étant saisie par le pourvoi, il faut, pour s'en dessaisir, qu'elle rende un arrêt décrétant le désistement. C'est elle seule, du reste, qui est juge de la régularité du désiste-ment. V. toutefois arr. cour de Bruxelles, 16 déc. 1829 (p. 327).

Dans l'arrêt , qui le décrète, elle condamne le deman-deur aux dépens entraînés par son pourvoi; mais non à l'amende, et elle en ordonne la restitution, si cette amende a été consignée; ce n'est, en effet, que le demandeur qui suc-combe qui soit passible de cette condamnation (C. instr. crim., art. 420). Nous renvoyons au n° **113** pour le cas où l'un des demandeurs s'est désisté et où l'autre a maintenu son pourvoi rejeté par la cour.

Mais on décide autrement quant à l'indemnité que la loi accorde au défendeur suivant les distinctions établies au para-graphe suivant, si le pourvoi lui a été notifié. Arr. 10 avril 1848 (P. 1848, p. 209); 20 juin 1845 (P. 1846, p. 510); 23 décembre 1845 (P. 1846, p. 361); 21 janvier 1864.

158 *bis*. Le désistement n'entraîne pas toujours nécessai-rement l'acquiescement à la décision attaquée; son but et son effet peuvent n'être que de faire tomber un pourvoi irréguliè-rement formé, et qui serait remplacé en temps utile par un nouveau recours. On a toutefois mis en doute la recevabilité de ce second recours, destiné à suppléer aux imperfections du premier, en présence des art. 30 et 39, tit. IV, et 5, tit. IX, 1re partie de l'ordonnance de 1738, dont l'un d'eux est reproduit par l'article 438, C. instr. crim. Cette recevabilité se trouve même formellement contestée par un arrêt de la cour de cassation de France du 19 fructidor an XI, rendu en matière civile et approuvé par Merlin (*Répert.*, v° *Cassation*, § VIII, n° 4.) Cette théorie nous paraît peu admissible; elle repose sur la confusion, d'une part, entre un arrêt de rejet et un arrêt de désistement, et, d'autre part, entre la déchéance du pourvoi et la déchéance du droit de se pourvoir. Notre cour de cassation ne s'est jamais associée aux rigueurs de cette jurisprudence, quoiqu'elle en ait eu souvent l'occasion en matière civile comme en toute autre matière (1).

§ VII. Arrêt sur le pourvoi en cassation. — Rejet. — Indemnité. — Cassation. — Dépens.

159. L'arrêté du 15 mars 1815, art. 39, est ainsi conçu : « La cour jugera autant que possible séance tenante. En matière de cassation, le ministère public a le droit d'assister à la délibération lorsqu'elle n'a pas lieu à l'instant et dans la salle même d'audience, mais il n'a pas voix délibérative. »

Les arrêts de la cour de cassation sont toujours motivés (arrêté du 15 mars 1815, art. 45; constitution belge, art. 97). L'article 17 de la loi du 1er décembre 1790 dit que, lorsqu'ils prononcent la cassation, ils doivent contenir la citation du texte de loi violé.

La cour peut rendre des arrêts d'instruction ou interlocutoires, de rejet ou de cassation. Comme exemple d'arrêts inter-

---

(1) Ces lignes étaient écrites, lorsque ce point a été remis en question, par une fin de non-recevoir soulevée d'office par M. De Cuyper, conseiller rapporteur, dans les affaires civiles, *le ministre des finances*, c. *Megens veuve Van Roy*, et *le ministre des finances*, c. *Bruggemans-Megens*. La cour n'a pas encore rendu son arrêt.

locutoires, nous citerons ceux du 2 avril 1850 (P. 1850, p. 317),
du 29 mai 1845 (P. 1845, p. 426), du 20 octobre 1862 (P. 1863,
p. 112), rendus en matière criminelle, et l'arrêt du 13 juillet
1847 (P. 1848, p. 152), rendu en matière électorale.

Si la cour rejette le pourvoi, elle condamne le demandeur
aux dépens, à moins qu'il ne représente le ministère public, à
l'amende, d'après les principes établis au § 4 de ce chapitre,
et à l'indemnité de 150 francs au profit de la partie défenderesse, si le demandeur est une partie civile ou une administration
publique quelconque (C. instr. crim., art. 436) .

Dalloz (v° *Cassation*, n° 766), interprétant l'art. 436, § 2, dit que
lorsque le ministère public est demandeur, il y a lieu, en cas de
rejet du pourvoi, à condamner l'État à l'indemnité envers la partie défenderesse. Nous croyons cette opinion tout à fait isolée.
La cour de cassation belge ne condamne même pas à l'indemnité
les administrations publiques demanderesses, alors qu'elles ont
agi en vertu de lois spéciales qui leur accordent le droit de
poursuite pour la répression, par des peines pécuniaires, de
certaines contraventions. V. plus haut n° **41**.

L'indemnité n'est que de 75 francs si l'arrêt ou le jugement
attaqué a été rendu par défaut (loi du 4 août 1832, art. 58).
Cet article 58 n'a pas introduit un droit nouveau, et n'a nullement dérogé à l'art. 436, C. instr. crim., quant aux personnes
qui sont soumises au payement de l'indemnité et celles qui en
sont exemptées; c'est pourquoi si c'est le prévenu qui succombe
dans son pourvoi, la partie civile défenderesse n'a pas droit à
l'indemnité. Arr. 9 mai 1833, 15 juillet 1840 (P. à leurs dates);
27 octobre 1856 (P. 1856, p. 470); 13 avril 1858 (P. 1858,
p. 138).

Pour qu'un pourvoi puisse donner lieu à l'indemnité au profit
du défendeur, il faut qu'il ait été notifié à celui-ci; arr. 22 juillet 1851 (P. 1851, p. 469); sans qu'il soit nécessaire toutefois
que cette notification ait été régulière. Arr. 28 juillet 1851
(P. 1851, p. 470).

Il a été jugé que le défaut de consignation de l'amende entraîne aussi la condamnation à l'indemnité. 29 décembre 1862 (P. 1862, p. 453);

Que lorsqu'un colonel de la garde civique s'est pourvu en cassation, sans avoir qualité à cet effet, contre un jugement du conseil de discipline, il n'y a pas lieu de le condamner à l'indemnité ni aux dépens, si rien ne prouve qu'il ait eu d'autres vues que l'intérêt de la loi et la discipline. Arr. 15 février 1841 (P. 1841, p. 147).

Une seule indemnité est due lorsque le demandeur s'est pourvu par un même pourvoi contre un seul arrêt, dans lequel les défendeurs avaient un intérêt identique et une défense commune. 10 février 1842 (P. 1842, p. 135); 5 juin 1856 (P. 1856, p. 328).

Lorsqu'il y a deux pourvois contre deux arrêts, quoique rendus entre les mêmes parties et ayant résolu les mêmes questions, il y a lieu de condamner le demandeur à une double indemnité. Arr. 12 mars 1846 (P. 1847, p. 37).

Il n'y a jamais lieu de condamner à l'indemnité dans les affaires électorales, de contributions directes, de patente, de milice et de recensement de la garde civique. Les lois spéciales s'occupant de ces matières le disent expressément, sauf la loi communale, dont il a fallu, par une disposition législative nouvelle du 16 mars 1854, compléter le texte.

Le rejet du pourvoi a un effet tout à fait définitif; il empêche, aux termes de l'art. 438, C. instr. crim., la partie qui l'a formé de faire une nouvelle demande en cassation contre la même décision, sous quelque prétexte et par quelque moyen que ce soit. La disposition que nous citons ne fait que rappeler pour les affaires criminelles un principe vrai en toute matière et que consacre l'art. 39, tit. IV, 1re partie de l'ordonnance de 1738. (V. n^{os} **98** et **158** *bis*.)

160. Lorsque la cour casse, elle ordonne la restitution de l'amende consignée, restitution qu'opère le receveur de l'enregistrement des actes judiciaires, sur la présentation d'un certificat, sur timbre et enregistré, émanant du greffier en chef de la cour.

Aux termes de l'art. 437, C. instr. crim., la restitution devrait avoir lieu si même la cour avait omis de l'ordonner. La cour, en cassant la décision attaquée, condamne aussi le défendeur aux dépens (1).

Les arrêts de cassation sont transcrits sur des registres *ad hoc* des cours et tribunaux dont émanent les jugements ou arrêts cassés ; mention en est faite en marge des arrêts ou jugements annulés (loi du 4 août 1832, art. 30). Mais si la cassation n'est que partielle, la partie de l'arrêt relative à l'annulation doit seule être transcrite. Arr. 29 octobre 1857 (P. 1857, p. 423).

Lorsque la cassation est prononcée pour omission ou violation de formalités substantielles ou prescrites à peine de nullité, il y a lieu à annulation de l'arrêt de condamnation et de tout ce qui l'a précédé (C. instr. crim., art. 408).

En matière criminelle, si l'arrêt de la cour d'assises est annulé pour avoir prononcé une peine autre que celle que commine la loi contre les faits constatés par le jury, la déclaration du jury reste valable, et l'arrêt de condamnation seul est cassé (C. instr. crim., art. 434). En matière correctionnelle, au contraire, le fait étant examiné avec le droit, l'application illégale d'une peine doit entraîner la cassation pour le tout. Arr. 7 janvier 1856 (P. 1856, p. 23). V. nᵒˢ **173** et suiv.

Le cas d'application d'une peine illégale, prévu par l'art. 434, C. instr. crim., n'est pas le seul où la déclaration du jury ne doive pas être annulée avec l'arrêt de la cour d'assises ; il est évident qu'il devrait en être ainsi chaque fois que les nullités

____

(1) Jugé le 6 juin 1859 (P. 1860, p. 180) que, ne doit pas être condamné aux dépens, le défendeur qui n'a pas été partie devant la députation permanente et qui n'est pas intervenu, devant la cour, pour défendre au pourvoi dont il aurait reçu la notification.

entacheraient seulement ce dernier arrêt. V. Legraverend, *Législation criminelle*, t. IV, chap. I, § 4, p. 38.

Lorsque la cour annule une procédure, elle peut ordonner que les frais de l'instruction qui doit être refaite, seront à la charge de l'officier ministériel ou du juge qui aura commis la nullité par une faute très-grave. (C. instr. crim., art. 415); arr. 7 mars 1835 (P. à sa date), condamnant un huissier aux dépens, sur les réquisitions du ministère public; arr. 1er mai 1849 (P. 1849, p. 213); 20 février 1843 (P. 1843, p. 110), condamnant le greffier à l'amende de 500 francs par application de l'art. 372, C. instr. crim.

La cassation peut aussi ne porter que sur une partie de la décision attaquée, lorsque la nullité ne vicie qu'une ou quelques-unes de ses dispositions (C. instr. crim., art. 434, § 3); arr. des 5 et 12 mars 1860, cassant des arrêts de la cour militaire pour n'avoir pas prononcé la contrainte par corps en cas de non-recouvrement des frais.

Il importe de remarquer ici qu'en matière pénale, le pourvoi du ministère public saisit la cour d'une manière plus complète que le pourvoi de la partie condamnée. Si celle-ci a seule déféré à la cour la décision attaquée, l'arrêt de la cour de cassation ne peut recourir à des moyens dont le succès devrait aggraver la position du condamné. V. Dalloz, v° *Cassation*, n°s 354 et 2071. On ne pourrait, pour des moyens de ce genre, casser que dans l'intérêt de la loi.

La cour, en cassant un arrêt, frappe également d'annulation tout ce qui a été la suite ou la conséquence de la décision annulée. Les jugements subséquents peuvent venir ainsi à disparaître sans avoir été l'objet d'un pourvoi en cassation. V. arr. 12 février 1848 (P. 1848, p. 217). Merlin (*Questions de droit*, v° *Cassation*, § XXXI, 1°).

Mais l'inverse n'est point vrai; saisie du pourvoi contre un arrêt définitif, la cour ne peut casser les arrêts préparatoires ou d'instruction qui ont été rendus dans la même cause. Arr. 31 mars 1836 (P. à sa date).

Nous nous occuperons, dans un paragraphe spécial, des nombreuses questions qui se rattachent au renvoi après cassation. V. nᵒˢ **168** et suiv.

161. Les arrêts de la cour de cassation sont prononcés en audience publique (constitution belge, art. 97). Ils sont inscrits sur la feuille d'audience du jour où ils sont rendus, et signés dans les 24 heures par le président et le greffier qui y ont assisté (décret du 30 mars 1808, art. 36). Les membres des chambres correctionnelles des tribunaux de première instance, des cours d'appel et des cours d'assises doivent tous signer les jugements auxquels ils ont pris part, aux termes des art. 196, 211 et 370, C. instr. crim. Il n'en est pas ainsi pour les arrêts que rend, en matière répressive, la deuxième chambre de la cour de cassation.

Si le président se trouvait dans l'impossibilité de signer la feuille d'audience, cette formalité devrait être remplie, dans les 24 heures suivantes, par le plus ancien des conseillers. Si l'impossibilité de signer existait de la part du greffier, il suffirait que le président en fît mention en signant (décret du 30 mars 1808, art. 37).

La loi ne prescrit pas la notification aux parties intéressées des arrêts de cassation ou de rejet, pour qu'ils puissent recevoir leur exécution, sauf le cas exceptionnel des art. 531, 532 et 538, C. instr. crim. Cette absence de notification qui constitue une économie de temps et d'argent, ne présente aucun inconvénient sérieux ; le demandeur ne peut ignorer l'existence d'un pourvoi qu'il a fait, le défendeur en est informé par la notification de ce pourvoi ; l'un et l'autre peuvent dès lors apprendre par le rôle d'audience, qui est publiquement affiché, quand la cause sera appelée devant la cour, et celle-ci presque toujours rend son arrêt séance tenante ou fait connaître par l'organe de son président, et par une nouvelle inscription au rôle d'audience, à quel jour la cause est remise pour le prononcé de l'arrêt.

L'arrêt qui rejette la demande en cassation est délivré, dans les trois jours, au procureur général près la cour de cassation, par simple extrait signé du greffier ; cet extrait dans les affaires répressives est adressé au ministre de la justice, et envoyé par celui-ci au magistrat chargé du ministère public près la cour ou le tribunal qui a rendu l'arrêt ou le jugement attaqué (C. instr. crim., art. 439); dans les autres affaires, cet extrait est envoyé au gouvernement provincial.

Tout arrêt portant condamnation à l'amende ou à des frais est aussi délivré, par extrait, dans les trois jours, au receveur de l'enregistrement (arrêté royal du 18 juin 1853, art. 40).

Une double expédition des arrêts de cassation est délivrée au procureur général ; l'une, destinée à la juridiction qui a rendu la décision annulée, pour la transcription de l'arrêt ; l'autre à la juridiction saisie par le renvoi. Si donc il y a cassation sans renvoi, une seule expédition est ordinairement requise.

161 *bis*. Les frais qu'entraîne le recours en cassation pour toutes les affaires soumises à la seconde chambre de la cour sont minimes ; nous en donnons ici l'énumération :

1° Le droit à payer pour l'acte de pourvoi, au greffe de la cour ou du tribunal dont l'arrêt ou le jugement est attaqué ; toutefois, cet acte est gratuit pour tous les pourvois contre les décisions des députations permanentes.

2° Le coût de l'exploit de notification du pourvoi, aux cas où cette notification est nécessaire suivant les règles déterminées aux n°⁵ **133** et **140**; cet exploit est d'ailleurs exempt, dans tous les cas, des frais de timbre et d'enregistrement, et le salaire de l'huissier, pour toutes les matières répressives, est déterminé par les art. 56 et 64 de l'arrêté du 18 juin 1853, remplaçant le décret du 18 juin 1811, que la loi du 1ᵉʳ avril 1843, art. 9, rend expressément applicable aux matières électorales.

3° Le coût des extraits ou expéditions à délivrer de l'arrêt de la cour de cassation, suivant les distinctions établies au n° **161**. C'est l'administration de l'enregistrement qui fait au greffier en chef de la cour l'avance des droits que la loi lui alloue en cette matière (arrêté royal du 18 juin 1853, art. 1 et 2). Le coût de ces expéditions et extraits, qui, du reste, ne sont soumis ni au timbre ni à l'enregistrement, est fixé par les art. 38 et 41 du même arrêté. Il est de 25 centimes pour l'extrait délivré au receveur de l'enregistrement, de 50 centimes pour les autres extraits et de 50 centimes par rôle pour les autres expéditions. Le visa du procureur général est apposé sur ces expéditions et extraits avec la mention du montant des droits (art. 46 du même arrêté).

Les dispositions prérappelées de l'arrêté du 18 juin 1853, quoique spécialement édictées pour les frais de justice criminelle, sont également appliquées aux expéditions et aux extraits à délivrer par le greffier en chef de la cour de cassation au procureur général et au receveur de l'enregistrement, dans les affaires jugées sur pourvoi contre des décisions de députations permanentes.

Les parties ont toujours aussi le droit d'exiger, à leurs frais, une expédition de l'arrêt rendu en leur cause; cette expédition est alors soumise au timbre et à l'enregistrement; mais, pour toutes les affaires jugées sur pourvoi contre des décisions de députations permanentes, le visa pour timbre et l'enregistrement sont gratuits, en vertu d'exemptions formelles prononcées par chacune des lois spéciales qui règlent ces différents recours; et ils ne sont pas exigés lorsqu'il s'agit de pourvois contre les décisions des conseils de discipline de la garde civique (loi du 13 juillet 1853, art. 103). Quant aux droits de greffe, en quelque matière que ce soit, l'expédition délivrée à la partie donne lieu aux perceptions autorisées par le tarif de 1739, soit 12 francs pour la signature et 50 centimes par rôle. V. n° **122**.

Ne sont pas compris dans les frais qui précèdent:

1° Ceux qu'entraîne l'intervention d'une partie civile dans les affaires répressives, et qui sont soumis aux règles de la liquidation des dépens en matière civile. V. n°ˢ **120** et suiv. La partie civile demanderesse dont le pourvoi est rejeté est également condamnée à une indemnité de 150 francs envers le défendeur. V. n° **159**.

2° L'amende dans les cas où la consignation en est exigée, c'est-à-dire dans les affaires correctionnelles, de simple police et de contravention en matière de garde civique. V. n°ˢ **144** et suiv. Lorsque la restitution de l'amende est due par suite d'un arrêt de cassation, cette restitution ne s'opère que sur la production d'un certificat délivré par le greffier en chef de la cour de cassation et dont les frais sont déterminés au n° **122**.

§ VIII. Arrêt par défaut et voies de recours contre les arrêts de la cour de cassation (1).

162. Les arrêts de la cour de cassation ne sont en règle générale susceptibles d'aucun recours. Les arrêts de rejet surtout, ne préjudiciant qu'au demandeur, ne peuvent faire l'objet d'une opposition fondée sur ce que le demandeur n'aurait pas fourni de mémoire ou qu'il n'aurait pas été représenté à l'audience de la cour ; l'arrêt de rejet, en effet, prononce toujours contradictoirement contre lui, car devant la cour de cassation l'instruction est écrite, et dès lors il n'y a d'arrêt par défaut possible que lorsque la partie n'a pas produit au procès ; le demandeur, auteur du pourvoi, ne peut évidemment se trouver dans ce cas. Aussi l'art. 438, C. instr. crim., dispose-t-il que « lorsqu'une demande en cassation aura été rejetée, la partie qui l'avait formée ne pourra plus se pourvoir en cassation contre le même arrêt ou jugement sous quelque prétexte et par quelque moyen que ce soit. »

Quant aux arrêts de cassation, le défaut de la part du défendeur d'avoir répondu au pourvoi ne donnerait à celui-ci le

---

droit d'y faire opposition, que dans le seul cas où le demandeur ne lui aurait pas fait la notification prescrite du pourvoi en cassation.

Il existe, à cet égard, une différence essentielle entre les affaires soumises à la seconde chambre et les affaires civiles; pour ces dernières, l'arrêté du 15 mars 1815, art. 41, accorde formellement au défendeur le droit de demander la restitution en entier, s'il n'a pas répondu au pourvoi. V. n^{os} **104** et suiv.

Les articles 528 du code d'instruction criminelle et 57 de l'arrêté du 15 mars 1815, sur les règlements de juges, contiennent une application du principe que nous venons de rappeler. Arrêt du 17 juillet 1835 (P. à sa date). « Attendu, dit la cour, que la communication de la demande en règlement de juges, formée le 3 mars 1835, par le procureur général de Gand, n'a pas été ordonnée; qu'en conséquence les demandeurs sont recevables à former opposition à l'arrêt qui statua sur cette demande. »

Il serait aussi bien difficile de ne pas admettre l'opposition du demandeur ainsi que celle du défendeur, si les parties n'avaient pas été appelées à l'audience, par la mise au rôle, que prescrivent les articles 31 de l'arrêté du 15 mars 1815, 11, 12 et 13 du règlement de la cour du 10 novembre 1832. Devant la cour de cassation, il est vrai, l'instruction est écrite, et les parties ne doivent pas être considérées comme défaillantes parce qu'à l'audience elles ne font pas plaider leurs moyens par un avocat qui les représente; mais, au moins, en ont-elles le droit (arrêté du 15 mars 1815, art. 3), et si elles n'ont pas été mises à même d'user d'une faculté que la loi leur donne, on peut dire que leur défense n'a pas été entière.

La non-recevabilité de l'opposition dans tous les autres cas est admise par la jurisprudence; elle est surtout justifiée dans l'arrêt de la cour de cassation de France du 4 juin 1836 (Dalloz, v° *Cassation*, n° 1188 en note; Tarbé, p. 115). V. toutefois Dalloz, v° *Cassation*, n° 223, et l'arrêt du 14 juin 1811.

163. Nous ne connaissons qu'un seul arrêt de la deuxième chambre de notre cour de cassation qui ait accueilli une opposition ou une demande de restitution en entier : c'est celui qui a été rendu par application de l'art. 528, C. instr. crim., et que nous venons de rappeler. Arr. 17 juillet 1835 (P. à sa date).

Mais il existe plus d'un exemple d'une rétractation d'arrêt pour cause d'erreur matérielle ; rétractation que la cour peut prononcer même d'office, ainsi que le prouve M. le procureur général Leclercq, dans un réquisitoire prononcé en 1855 (P. 1855, p. 373). Arr. 13 août 1855 (à la suite de ce réquisitoire) ; 7 mai 1861 (P. 1861, p. 268). Par le premier de ces arrêts, la cour revint sur une déchéance prononcée par elle et fondée sur ce que l'acte de notification du pourvoi ne lui avait pas été adressé, alors qu'il avait été déposé en temps utile au greffe du gouvernement provincial. Le second arrêt rectifie une erreur matérielle commise en décrétant le désistement de tous les demandeurs, au nombre de treize, alors qu'en réalité douze demandeurs s'étaient seulement désistés ; il ordonne que mention de cette nouvelle décision soit faite en marge de l'arrêt rectifié.

Tout récemment, le 16 juillet 1864, une requête a été présentée par une partie contre laquelle un arrêt de cassation avait été prononcé, pour prier la cour de désigner, au vœu de l'art. 14 la loi électorale de 1831, une autre députation permanente comme plus rapprochée que celle devant laquelle la cour avait renvoyé l'affaire.

Cette requête fut présentée au greffe, le quatrième jour après la prononciation de l'arrêt ; elle n'avait pas été notifiée aux autres parties en cause, la désignation de la juridiction de renvoi étant une disposition réglementaire et d'administration intérieure plutôt qu'un acte judiciaire, dans l'acception légale du mot (Dalloz, v° *Cassation*, n° 2140). Le surlendemain, 18 juillet, la cour, sans contester la recevabilité de cette demande, la rejeta comme non fondée (P. 1864, p. 355). Voir arr. 22 juin 1865 au n° **99**.

164. Les formes de l'opposition ne sont réglées par aucune loi ; elles devraient, semble-t-il, être celles que la loi établit pour les pourvois en cassation. C'est en ce sens qu'est conçu l'art. 533, C. instr. crim., pour le cas spécial de l'opposition à un arrêt de règlement de juges (voir Dalloz, v° *Cassation*, n° 1189); cependant nous pensons que, dans l'absence d'une disposition légale expresse, la cour ne déclarerait pas non recevable une opposition faite sous forme d'une requête à elle adressée, et notifiée à la partie adverse.

Quant au délai pour former opposition, d'après le *Manuel de cassation*, publié sans nom d'auteur à Bruxelles, en 1832 (p. 62), il ne doit pas être réglé par l'art. 533, C. instr. crim., modifié d'ailleurs par l'art. 57 de l'arrêté du 15 mars 1815, et dont l'objet est spécial pour les règlements de juges. « Il doit l'être, dit l'auteur de ce Manuel, par les dispositions générales du même code sur les jugements par défaut. Ainsi, en matière de police, ce délai doit être de trois jours, à compter de la notification de l'arrêt de cassation (art. 151). En matière de police correctionnelle, il doit être de cinq jours (art. 187 et 208). En matière criminelle enfin, il doit être de huit jours, d'après la règle établie par les anciennes lois pour toute opposition à des jugements en dernier ressort rendus par défaut. »

La cour en rejetant une opposition à un arrêt ne condamne pas l'opposant à l'amende ni à l'indemnité. Arr. 17 juillet et 17 août 1835 (P. à sa date).

De ce chef, l'ordonnance de 1738 elle-même ne prononçait aucune amende. « On ne peut regarder comme un plaideur téméraire, dit Tolozan, *Règlement du conseil,* p. 398, celui qui s'est opposé à un arrêt qui n'a été rendu que sur l'exposé d'une seule partie. »

IX. Des fins de non-recevoir a opposer au pourvoi.

165. Nous réunissons ici, au point de vue des affaires à juger par la deuxième chambre de la cour, les diverses fins de non-recevoir qui peuvent être opposées à un pourvoi, et aux moyens produits à l'appui; nous nous bornerons à les indiquer, en renvoyant aux diverses parties de ce traité qui en contiennent l'exposé.

Quant au pourvoi lui-même, quels que soient les moyens produits, sa non-recevabilité peut résulter :

1° De la nature de la décision attaquée; nous avons vu, aux n°ˢ **45** à **49**, quelles sont les juridictions dont les décisions sont soumises au contrôle de la cour de cassation, et quels caractères ces décisions doivent avoir; nous avons dit notamment qu'elles doivent être rendues en dernier ressort, et être définitives dans le sens de l'art. 416, C. instr. crim.

2° De la personne qui demande la cassation; pour être recevable à se pourvoir, cette personne doit avoir été partie à la décision qu'elle attaque (v. n° **41**), sauf en matière de milice (v. n° **140**); elle doit avoir légalement intérêt à exercer son recours (v. n° **43**); ne pas avoir expressément ou tacitement acquiescé à la décision attaquée, dans les matières où l'acquiescement peut produire des effets (v. n° **44**); être légalement capable d'ester en justice ou se présenter avec les autorisations nécessaires (v. n° **41** *bis*).

3° De l'expiration du délai établi pour le recours en cassation (v. n°ˢ **129** à **132** et **140**).

4° De l'inobservation des formalités prescrites pour la régularité du recours; il en sera ainsi, si l'acte de pourvoi n'a pas été régulièrement dressé; si le demandeur ne s'est pas présenté lui-même et n'a pas été remplacé par un mandataire muni d'un pouvoir spécial (v. n°ˢ **132** et **140**); si le pourvoi n'a pas été notifié dans le délai et par acte régulier (v. n°ˢ **133** à **135** et **140**); si le demandeur en matière répressive ne s'est pas conformé à l'article 421, C. instr. crim. (v. n^os **136** à **138**); s'il n'y a pas eu de consignation d'amende dans les cas et les matières qui n'en sont pas exemptés (v. n^os **144** à **149**).

166. Il est des fins de non-recevoir qui ne frappent pas le pourvoi lui-même, mais seulement les moyens de cassation. Un moyen n'est pas recevable : s'il ne signale pas une contravention à la loi, une omission d'une formalité substantielle ou prescrite à peine de nullité; s'il n'allègue qu'un mal jugé ou une erreur en fait (v., sur tout cela, n^os **21** à **40**); s'il est nouveau, à moins qu'il ne soit d'ordre public, ou s'il repose sur des pièces nouvelles non produites devant le juge du fond (v. n^os **31** et **39**); s'il manque d'intérêt dans le sens indiqué au n° **43**; si, enfin, en matière criminelle, il est relatif à la procédure antérieure à l'arrêt de renvoi devant la cour d'assises (v. n^os **31** et **48**).

167. Il existe une différence profonde, au point de vue de la recevabilité des moyens et des pourvois, entre les affaires soumises à la deuxième chambre et les affaires civiles. En matière civile, un moyen pour pouvoir être accueilli par la cour, doit avoir été signalé, avec l'indication des textes violés, dans la requête introductive; tout autre moyen, intéressât-il même l'ordre public au premier chef, serait non recevable (v. n° **68**); dans les autres matières, au contraire, la cour n'est pas liée par l'œuvre des parties; celles-ci peuvent même se borner a lui déférer une décision, sans invoquer aucun moyen, en laissant à sa haute sagesse le soin de relever les illégalités commises. Ceci est certain en matière pénale où tout est d'intérêt social et d'ordre public; et il ne doit pas en être autrement dans toutes ces matières jugées par les députations permanentes où l'intérêt général, beaucoup plus que l'intérêt individuel, a déterminé le législateur à introduire le recours en cassation. C'est ce qui a été décidé, notamment en matière électorale, par l'arrêt du 13 juillet 1847, précédé d'un intéressant réquisitoire de M. Delebecque (P. 1848, p. 152).

D'un autre côté, le défendeur peut comme le demandeur, avec la même confiance, s'en rapporter à l'appréciation de la cour : il n'y a pas de fin de non-recevoir opposable au pourvoi comme aux moyens de cassation que la cour n'ait le droit d'examiner et d'accueillir d'office.

§ X. Renvoi. — Cassation sans renvoi. — Effets du renvoi.

168. Les articles 427 à 430 du code d'instruction criminelle sont ainsi conçus :

« Art. 427. Lorsque la cour de cassation annulera un arrêt ou un jugement rendu soit en matière correctionnelle, soit en matière de police, elle renverra le procès et les parties devant une cour ou un tribunal de même qualité que celui qui aura rendu l'arrêt ou le jugement annulé.

« Art. 428. Lorsque la cour de cassation annulera un arrêt rendu en matière criminelle, il sera procédé comme il est dit aux sept articles suivants.

« Art. 429. La cour de cassation prononcera le renvoi du procès, savoir : devant une cour royale autre que celle qui aura réglé la compétence et prononcé la mise en accusation, si l'arrêt est annulé pour l'une des causes exprimées en l'art. 299; devant une cour d'assises autre que celle qui aura rendu l'arrêt, si l'arrêt et l'instruction sont annulés pour cause de nullités commises à la cour d'assises; devant un tribunal de première instance autre que celui auquel aura appartenu le juge d'instruction, si l'arrêt et l'instruction sont annulés aux chefs seulement qui concernent les intérêts civils : dans ce cas, le tribunal sera saisi sans citation préalable en conciliation.

« Si l'arrêt et la procédure sont annulés pour cause d'incompétence, la cour de cassation renverra le procès devant les juges qui en doivent connaître et les désignera : toutefois si la compétence se trouvait appartenir au tribunal de première instance où siége le juge qui aurait fait la première instruction, le renvoi sera fait à un autre tribunal de première instance.

« Lorsque l'arrêt sera annulé parce que le fait qui aura donné lieu à une condamnation se trouvera n'être pas un délit qualifié par la loi, le renvoi, s'il y a une partie civile, sera fait devant un tribunal de première instance autre que celui auquel aura appartenu le juge d'instruction; et, s'il n'y a pas de partie civile, aucun renvoi ne sera prononcé.

« Art. 430. Dans tous les cas où la cour de cassation est autorisée à choisir une cour ou un tribunal pour le jugement d'une affaire renvoyée, ce choix ne pourra résulter que d'une délibération spéciale prise en la chambre du conseil immédiatement après la prononciation de l'arrêt de cassation, et dont il sera fait mention expresse dans cet arrêt (1). »

Ces dispositions confirment le principe général que le renvoi après cassation doit être prononcé en toute matière devant une autre juridiction de la même nature et du même degré que celle dont émane la décision attaquée.

La loi du 27 ventôse an VIII ajoutait que la cour de cassation devait renvoyer devant la cour ou le tribunal *le plus voisin*. Mais ni le code d'instruction criminelle, ni l'arrété de 1815, ni la loi de 1832 ne reviennent sur cette injonction; il en est de même des lois particulières réglant les attributions spéciales de la cour de cassation, sauf la loi du 3 mars 1831, sur les listes électorales pour les chambres; l'art. 14 de cette loi dispose que « si la cassation est prononcée, l'affaire sera renvoyée à la députation du conseil le plus voisin. » Voir, sur ce point, l'arrêt du 18 juillet 1864, rappelé au n° **163**.

(1) L'objet principal de cette disposition était d'exiger une délibération de la cour sur la juridiction à laquelle le renvoi doit être prononcé, pour que ce choix important ne fût pas abandonné à l'appréciation du conseiller rapporteur ou du greffier; l'usage a complété cette garantie, et aujourd'hui la désignation du tribunal de renvoi se fait immédiatement après la délibération sur le sort du pourvoi, et se trouve déjà insérée dans l'arrêt au moment du prononcé en audience publique.

Des dispositions tout exceptionnelles existent pour le cas d'annulation d'un arrêt de la cour militaire ou d'un jugement d'un conseil de discipline de la garde civique. La cause doit être renvoyée alors devant la cour militaire ou devant le même conseil de discipline, composé d'autres juges; et en ce cas il est évident que la juridiction doit être renouvelée non-seulement quant aux simples juges, mais aussi quant au président. Arr. 13 février 1865.

169. Lorsque la cassation est prononcée pour cause d'incompétence, faut-il aussi renvoyer devant une juridiction de même nature pour qu'elle se déclare incompétente, ou bien n'entre-t-il pas dans l'intention du législateur, qu'en ce cas, le renvoi soit fait directement devant la juridiction qui doit, en définitive, connaître du litige? L'art. 429 précité ne répond à cette question que pour les affaires criminelles; toutefois le principe qu'il énonce et qui était déjà celui de l'ordonnance de 1738, art. 13, tit. V, 1re partie, semble considéré aujourd'hui comme général. Arr. 28 décembre 1832; 10 septembre 1847 (P. 1848, p. 440). V., dans le même sens, Dalloz, v° *Cassation*, n°s 2132 et 2133. V. aussi ce que nous disons aux n^{os} **53**, **54** et **99**. *Contra* arr. 17 juillet 1848 (P. 1848, p. 403). Il résulte du premier de ces arrêts, celui du 28 décembre 1832, que lorsque la juridiction compétente est inférieure en degré à celle dont la décision est cassée pour cause d'incompétence, le choix en doit être fait en dehors du ressort de cette dernière.

170. Suivant une opinion qui interprète, de la manière la plus restrictive, l'art. 429, C. instr. crim., il ne peut y avoir de cassation sans renvoi que dans le seul cas où la décision annulée contient une condamnation pour un fait non qualifié crime par la loi.

Il existe des arrêts de la cour de cassation qui, adoptant cette manière de voir, ont prononcé le renvoi notamment en matière correctionnelle, quoique, dans le système que consacraient ces arrêts, le fait qui avait entraîné les poursuites ne constituât ni délit ni contravention. V. arr. 26 novembre 1835 (P. à sa date); 30 juillet 1850 (P. 1851, p. 31).

Mais la jurisprudence de la cour semble de plus en plus repousser ce système; c'est dans l'arrêt du 25 janvier 1854 (P. 1854, p. 90) que la question est décidée, en ce sens, de la manière la plus explicite. En toute matière donc, il n'y a pas lieu à renvoi, si le moyen qui entraîne la cassation rend toute poursuite et la continuation de l'instance inutiles.

Il a été jugé qu'il en est ainsi : lorsqu'il y a eu condamnation pour un fait qui ne constitue ni un délit ni une contravention; arr. 29 juillet 1851 (P. 1851, p. 456); 31 décembre 1855 (P. 1856, p. 38); 3 novembre et 7 décembre 1863 (P. 1864, p. 22); et ce également en matière de garde civique; 11 juillet 1854 (P. 1854, p. 317);

Lorsque le fait objet des poursuites est prescrit; 17 février 1851 (P. 1851, p. 111); 4 janvier 1858 (P. 1858, p. 65);

Lorsqu'il y a eu condamnation illégale à une seconde peine; 14 juin 1858 (P. 1858, p. 197);

Lorsque l'action du ministère public est jugée par la cour *hic et nunc* non recevable; 24 février 1845 (P. 1845, p. 107) (1); 14 janvier 1856 (P. 1856, p. 60);

Lorsque la cassation a lieu parce qu'une cour d'appel a statué à tort sur l'appel d'un jugement en dernier ressort; 3 août 1863 (P. 1863, p. 305); 9 janvier 1865; *contra* 27 avril 1852 (P. 1852, p. 325);

Et en matière criminelle, lorsque la condamnation est basée sur une question résolue affirmativement par le jury, mais qui ne pouvait lui être posée comme ne résultant pas de l'acte d'accusation; 23 août 1861 (P. 1862, p. 15);

Lorsque, en matière de milice, par l'effet de la cassation d'un

_____

(1) La cause qui, dans l'espèce de cet arrêt, rendait l'action du ministère public *hic et nunc* non recevable, étant venue à disparaître, la cour, sur réquisitoire du procureur général déposé en chambre du conseil, prononça le renvoi par arrêt ultérieur, du 19 mai 1845 (P. 1846, p. 29).

arrêté de députation permanente irrégulièrement saisie de l'appel, la décision du conseil de milice est passée en force de chose jugée; 6 juin 1859 (P. 1860, p. 180). V. aussi arr. 4 août 1840 rendu en matière électorale (P. à sa date); 18 juillet 1864 (P. 1864, p. 291).

Lorsqu'on s'est à tort adressé directement à la députation permanente, au lieu de saisir d'abord un collége échevinal, toute autre députation permanente étant alors incompétente et aucun collége échevinal n'ayant été saisi; 18 janvier 1858 (P. 1858, p. 51).

Nous croyons pouvoir résumer de la manière suivante les· arguments qui justifient ce système :

I. Dans les affaires répressives, il ne faut pas facilement supposer que le législateur ait voulu prolonger des poursuites qui ne peuvent aboutir qu'à un acquittement ou à une absolution.

II. La nécessité du renvoi ne résulte pas toujours du principe que la cour ne connaît pas du fond des affaires. Sinon, on ne pourrait pas même appliquer l'art. 429, C. instr. crim., aux affaires criminelles, ce qui n'a jamais été soutenu : cet article serait inconstitutionnel. Pourquoi cependant en décide-t-on autrement? Parce que dans ce cas, comme dans d'autres cas spéciaux, le fond disparaît; impossible dès lors et surtout inutile d'appliquer l'art. 17 de la loi du 4 août 1832, qui ordonne de renvoyer le fond du procès à la juridiction qui doit en connaître. V. n^os **53** et **54**.

III. La question de constitutionnalité écartée, il s'agit de savoir si le bon sens et l'esprit de la loi ne doivent pas faire appliquer aux espèces énumérées plus haut, le principe de l'art. 429, 6°, prévoyant un cas spécial identique, plutôt que l'art. 17 de la loi de 1832 qui est, avant tout, une disposition générale, et ne s'occupe que *de eo quod plerumque fit.*

IV. Les art. 19, titre IV, et 6, t. VI, 1re partie de l'ordonnance du 28 juin 1738, peuvent du reste, avec beaucoup de

fondement, être considérés comme étant encore en vigueur.
V. arr. 6 juin 1859 (P. 1860, p. 180), rendu en matière de
milice; le Manuel de cassation (p. XL) signale ces dispositions
comme étant encore aujourd'hui applicables, même aux matières civiles. Or, ces articles n'autorisent aucun renvoi, lorsque la cassation est prononcée soit pour contrariété d'arrêts
ou jugements rendus en dernier ressort par des tribunaux différents, soit parce que l'arrêt ou le jugement attaqué a illégalement reçu l'appel d'un jugement en dernier ressort, et ce, par le
motif, dit Tolozan (*Règlement du conseil*, p. 331), que dans ces
deux cas *il ne reste plus rien à juger*.

De son côté, l'art. 13, t. V, 1re partie de la même ordonnance, proclame un principe qui est encore aujourd'hui généralement suivi, et qu'applique à un cas spécial l'art. 429, 5°,
C. instr. crim.; il est ainsi conçu : « S'il y a lieu de casser
le jugement de compétence, le procès sera renvoyé par-devant
le juge auquel la connaissance du crime doit appartenir suivant
les règles établies par les ordonnances. » Ce n'est donc pas,
d'après ce principe, devant un juge de même catégorie que
celui qui aurait dû se déclarer incompétent qu'il faut, en cas
de cassation, renvoyer le fond, mais devant le juge qui doit
réellement en connaître. V. arr. 20 décembre 1832, 10 septembre 1847 (P. 1848, p. 440); or, lorsqu'un fait qui forme
l'objet de poursuites répressives est déclaré par la cour ne
constituer ni délit ni contravention, n'en résulte-t-il pas que
toutes les juridictions répressives sont également incompétentes
pour connaître de ce fait, et que partant il n'y a aucun renvoi à
prononcer?

V. Se plaçant dans l'hypothèse la plus favorable au système
contraire, celle où la cassation sans renvoi entamerait toujours
sous un certain rapport le fond du procès, l'arrêt du 4 août
1840 (P. à sa date) n'en arrive pas moins à la même conséquence : « Attendu, dit-il, que quelque indéfinis que soient
les termes de l'art. 17 de la loi du 4 août 1832, suivant lesquels

la cour de cassation ne connaît pas du fond des affaires, et renvoie, après cassation, le fond du procès à la cour ou au tribunal qui doit en connaître, cette disposition est cependant soumise à une exception, résultant de l'essence même des choses, c'est qu'il ne peut y avoir lieu à renvoi, lorsque le fond est de nature telle, qu'il se trouve nécessairement jugé par l'arrêt même qui casse le jugement attaqué, comme dans les cas prévus aux §§ 5 et 6 de l'art. 429, C. instr. crim.; qu'il en est de même au cas où la cour casse une décision contraire à un jugement passé en force de chose jugée, et précédemment rendu entre les mêmes parties et sur le même objet; qu'en pareil cas le fond du procès consiste uniquement dans la question de savoir s'il y a, entre la décision attaquée et le jugement précédemment rendu et passé en force de chose jugée, une contrariété telle, que la décision ne puisse être maintenue; que pour lors la cour de cassation ne peut, d'après l'essence même des choses, casser cette décision sans juger le fond, et par une conséquence ultérieure elle ne peut, en prononçant cette cassation, renvoyer le fond, dans l'espèce actuelle, devant la députation permanente d'un autre conseil provincial. »

171. D'après l'art. 429, lorsque, dans le cas dont nous nous occupons, il y a une partie civile, le renvoi est fait devant un tribunal de première instance autre que celui auquel a appartenu le juge d'instruction. Cette partie de la disposition doit-elle également s'appliquer aux affaires correctionnelles ou de simple police? La cour a décidé que non, par arrêt du 7 décembre 1863 (P. 1864, p. 22), qui n'a pas prononcé de renvoi; le motif de cette différence est que, devant la cour d'assises seule, il peut encore être alloué des dommages-intérêts à la partie civile, malgré l'acquittement ou l'absolution.

172. Lorsque la cour casse sans renvoi, son arrêt a évidemment pour effet, ce que souvent elle déclare même explicitement, de faire disparaître, avec la décision attaquée, tout ce qui l'a précédée; l'action publique étant éteinte, la poursuite est annulée dans son principe, et par conséquent aussi le jugement de condamnation rendu en premier ressort, les ordonnances de prise de corps, les ordonnances ou arrêts de renvoi, etc. Les arrêts du 27 septembre 1846 (P. 1847, p. 54) et du 23 août 1861 (P. 1862, p. 15), cassant sans renvoi des arrêts de condamnation, ordonnent expressément la mise en liberté de la partie condamnée.

173. Les principes exposés précédemment, au n° **103**, sur les effets du renvoi, doivent recevoir ici leur application. Signalons toutefois une différence essentielle résultant de la nature particulière des affaires respectivement soumises à la première et à la seconde chambre de la cour de cassation : tandis qu'en matière civile, le juge de renvoi n'est appelé à statuer, à la suite de l'arrêt de cassation, qu'à la requête de la partie la plus diligente, les affaires renvoyées par la seconde chambre de la cour de cassation, n'étant jamais du domaine exclusif des intérêts privés, sont déférées d'office au juge de renvoi, à la diligence du procureur général près la cour de cassation, qui transmet, suivant les cas, par l'intermédiaire du ministre de la justice ou directement, une expédition de l'arrêt de cassation avec le dossier à l'officier du ministère public près la juridiction compétente, ou au gouverneur de la députation permanente devant laquelle le renvoi est prononcé.

Ainsi que nous l'avons dit plus haut, au n° **161**, la signification au défendeur, de l'arrêt de cassation, n'est pas nécessaire pour que le juge de renvoi soit régulièrement saisi. Rappelons aussi que la cour peut, ainsi qu'elle l'a fait en matière civile, par l'arrêt du 22 juillet 1865, changer, pour des motifs graves, la désignation de la juridiction de renvoi. V. n°ˢ **99** et **163**.

174. Les articles 431 à 435, C. instr. crim., contiennent sur les effets de la cassation et du renvoi en matière criminelle, une série d'applications des principes rappelés au n° **103**. Ils sont ainsi conçus :

« Art. 431. Les nouveaux juges d'instruction auxquels il

pourrait être fait des délégations pour compléter l'instruction des affaires renvoyées, ne pourront être pris parmi les juges d'instruction établis dans le ressort de la cour dont l'arrêt aura été annulé.

« Art. 432. Lorsque le renvoi sera fait à une cour impériale, celle-ci, après avoir réparé l'instruction en ce qui la concerne, désignera, dans son ressort, la cour d'assises par laquelle le procès devra être jugé.

« Art. 433. Lorsque le procès aura été renvoyé devant une cour d'assises, et qu'il y aura des complices qui ne seront pas en état d'accusation, cette cour commettra un juge d'instruction, et le procureur général, l'un de ses substituts, pour faire, chacun en ce qui le concerne, l'instruction, dont les pièces seront ensuite adressées à la cour impériale, qui prononcera, s'il y a lieu, ou non la mise en accusation.

« Art. 434. Si l'arrêt a été annulé pour avoir prononcé une peine autre que celle que la loi applique à la nature du crime, la cour d'assises à qui le procès sera renvoyé, rendra son arrêt sur la déclaration déjà faite par le jury.

« Si l'arrêt a été annulé pour autre cause, il sera procédé à de nouveaux débats devant la cour d'assises à laquelle le procès sera renvoyé.

« La cour de cassation n'annulera qu'une partie de l'arrêt, lorsque la nullité ne viciera qu'une ou quelques-unes de ses dispositions.

« Art. 435. L'accusé dont la condamnation aura été annulée, et qui devra subir un nouveau jugement au criminel, sera traduit, soit en état d'arrestation, soit en exécution de l'ordonnance de prise de corps, devant la cour impériale ou d'assises à qui son procès sera renvoyé. »

Parmi ces dispositions, l'art. 434 surtout est important par son objet et les difficultés auxquelles son application peut donner lieu.

Deux principes y sont proclamés, dont l'un est général,

applicable à toutes les matières, et dont l'autre est spécial aux causes jugées par les cours d'assises.

Le premier est contenu dans le § 3, d'après lequel la cassation ne doit être que partielle, si la nullité ne vicie pas dans son entier la décision attaquée. La partie non annulée acquiert ainsi l'autorité de la chose jugée.

Le second principe découle de la procédure des cours d'assises que rend toute spéciale l'intervention du jury. Lorsque la nullité n'est pas de nature à vicier la procédure antérieure à l'arrêt de la cour d'assises, lorsque, par exemple, la loi a été mal appliquée aux faits légalement constatés par le jury, la déclaration du jury reste debout, et la cour d'assises devant laquelle le renvoi est prononcé n'est chargée que de l'application du droit aux faits définitivement établis. Telle serait encore la marche à suivre au cas où, sur un verdict affirmatif du jury, le président de la cour d'assises aurait rendu une ordonnance d'acquittement. V. n° **41**, *note* 1.

Si la nullité vicie toute la procédure et s'il y a lieu partant à procéder à de nouveaux débats, quel doit être le sort des réponses favorables à l'accusé? Ne doivent-elles pas être protégées par le principe de l'art. 409, C. instr. crim., et lui demeurer définitivement acquises?

Une distinction est nécessaire : il est généralement admis que les réponses négatives sur des questions principales, ayant pour objet des chefs d'accusation distincts, doivent survivre à la procédure annulée et constituent des acquittements partiels qui ne sont susceptibles d'aucun recours. Arr. 20 février 1843 (P. 1843, p. 110). La question est plus délicate, quant aux circonstances atténuantes ou aggravantes se rattachant au fait principal qui a entraîné la condamnation annulée.

En Belgique comme en France, la jurisprudence est hésitante. Le 22 avril 1856 (P. 1856, p. 197), la cour de cassation de Belgique s'est, à cet égard, prononcée en ces termes : « Renvoie la cause devant la cour d'assises de Namur pour y être soumise à de nouveaux débats sur le pied de l'arrêt de renvoi et de l'acte d'accusation, sauf en ce qui concerne la troisième question relative à la préméditation, dont la réponse négative reste acquise à l'accusé. V. dans le même sens, arr. 29 mai 1845 (P. 1845, p. 426). En d'autres circonstances, et notamment le 16 janvier 1865, la cour, dans une espèce identique, n'a fait aucune réserve en faveur de l'accusé. Voir, pour la France, Dalloz, v° *Cassation*, n°ˢ 2091 et suiv.

§ XI. Pourvois en matière disciplinaire.

175. La cour suprême peut prendre part, à plus d'un titre, au jugement des actions disciplinaires; dans le domaine des simples fautes professionnelles, son rôle peut être celui de juge unique et définitif (1), ou de juge d'appel (2) ou de cour régulatrice veillant au maintien des prescriptions légales. Ce n'est qu'à ce dernier point de vue que nous nous plaçons ici.

Il est de principe que tous les jugements et arrêts rendus en dernier ressort sont soumis, quant au droit, au contrôle de la cour de cassation (3). Aussi le pourvoi en cassation est-il recevable contre les décisions de cette nature, rendues en matière disciplinaire.

Le 16 août 1842 (P. 1842, p. 496), la cour accueillit un pourvoi dirigé contre un arrêt de cour d'appel, réformant une décision du conseil de discipline des avocats, et infligeant à un avocat une peine disciplinaire; le 19 novembre 1845 (P. 1846, p. 115) et le 2 août 1847 (P. 1848, p. 312), elle statua sur des pourvois du même genre dans des affaires de discipline notariale.

(1) Voir n° **17**.

(2) L'art. 15 de l'arrêté royal du 31 décembre 1836, contenant le règlement de l'ordre des avocats à la cour de cassation, pris en exécution de la loi du 22 ventôse an XII, dispose que " le procureur général et l'avocat intéressé ont respectivement le droit d'interjeter appel devant la cour de cassation des décisions du conseil. "

(3) V. n° **45**.

La loi du 20 mai 1845, dans le chapitre sur la mise à la retraite des membres inamovibles des cours et tribunaux, dispose également que « le magistrat intéressé et le ministère public pourront, si les formes n'ont pas été observées, se pourvoir en cassation contre les décisions des cours d'appel, dans les cinq jours à partir de celui où les décisions seront devenues définitives (art. 12). » Le même article ajoute : « Le premier président de la cour de cassation donnera, par écrit, connaissance des motifs du pourvoi au magistrat intéressé ou au ministère public près la cour d'appel. »

Mais il a été jugé par l'arrêt du 14 novembre 1865 (1), que le pourvoi en cassation n'est pas recevable contre une décision d'une chambre de discipline des notaires, cette décision ne constituant pas un véritable jugement, et l'art. 53 de la loi du 25 ventôse an xi n'ayant d'ailleurs ouvert un recours que contre les jugements rendus en matière disciplinaire par les tribunaux, jugements qu'il déclare susceptibles d'appel. Un arrêt de la cour de cassation de France du 4 décembre 1833 (P. fr. à sa date) a statué dans le même sens : « Considérant, dit cet arrêt, que les décisions par forme de discipline concernant soit des magistrats, soit des membres du barreau ou des notaires, ne sont que des mesures de police intérieure ; que toute publicité y est interdite ; que la plupart des formes judiciaires ne leur sont pas applicables ; qu'elles n'ont ni les caractères ni les effets de la juridiction ordinaire des tribunaux ; d'où il suit qu'elles ne sauraient être rangées dans la classe des jugements proprement dits, contre lesquels est ouvert le pourvoi en cassation. »

____

(1) Dans l'espèce de cet arrêt, la chambre des notaires s'était déclarée incompétente pour statuer disciplinairement sur un fait reproché à un notaire et étranger aux fonctions notariales. C'était le procureur du roi qui avait déféré cette décision à la cour suprême.

La question jugée par cet arrêt ne serait plus la même si la décision attaquée contenait un excès de pouvoir ; on rentrerait alors dans le cas de l'art. 80 de la loi du 27 ventôse an viii. V. n° **180**.

L'art. 103, § 2, du décret du 30 mars 1808, de son côté, s'exprime ainsi : « Les mesures de discipline à prendre sur les plaintes des particuliers ou sur les réquisitoires du ministère public, pour cause de faits qui ne se seraient point passés ou qui n'auraient pas été découverts à l'audience, seront arrêtées en assemblée générale, à la chambre du conseil, après avoir appelé l'individu inculpé. Ces mesures ne seront point sujettes à l'appel, ni au recours en cassation, sauf le cas où la suspension serait l'effet d'une condamnation prononcée en jugement. »

176. Il résulte surtout d'un arrêt du 19 novembre 1845, que les pourvois en matière disciplinaire sont jugés par la deuxième chambre, ayant dans ses attributions toutes les affaires spéciales qui ne sont pas purement civiles (loi du 4 août 1832, art. 20).

Toutefois, quant au délai, l'amende à consigner, la forme, la notification et l'instruction du pourvoi, ce sont les règles édictées par l'arrêté du 15 mars 1815 pour les affaires civiles, qui doivent être suivies (1); tel est l'usage reçu à la cour de cassation; il en serait autrement si, comme dans l'espèce de l'arrêt du 11 novembre 1862 (P. 1863, p. 114), le pourvoi était dirigé contre un arrêt de la juridiction correctionnelle, prononçant, pour un fait d'audience, une peine disciplinaire.

Aux termes de l'art. 101 de l'arrêté royal du 18 juin 1853 sur les frais de justice criminelle, les frais des actes et procédures faits sur la poursuite d'office du ministère public en matière civile ou disciplinaire dans tous les cas prévus par la loi, doivent être taxés, payés et recouvrés sur le pied et suivant le modèle fixés par cet arrêté; et les actes auxquels ces procédures donnent lieu doivent être visés pour timbre et enregistrés en débet, conformément aux lois des 13 brumaire et 22 frimaire an VII.

____

(1) Voir chapitre III, n°ˢ **58** et suivants.

CHAPITRE V.

---

§ Ier. Pourvoi en cassation dans l'intérêt de la loi.

177. L'art. 29 de la loi du 4 août 1832 est ainsi conçu :
« Le procureur général peut, après l'expiration des délais,
dénoncer à la cour de cassation les arrêts et jugements contre
lesquels aucune des parties ne s'est pourvue. Nonobstant les
dispositions de l'art. 16, il peut dans tous les cas, après l'expiration des délais accordés aux parties, dénoncer à la cour de
cassation les jugements rendus en dernier ressort par les juges
de paix. »

En proclamant ce principe, la loi de 1832 n'a fait que conserver à la cour de cassation un droit aussi ancien, en
France, qu'elle-même (décret des 27 novembre - 1er décembre
1790, art. 25 ; loi du 27 ventôse an VIII, art. 88 ; C. instr.
crim., art. 442 ; arrêté du 15 mars 1815, art. 59) ; ce principe est nécessaire pour le maintien de la saine interprétation
des lois et de l'unité de la jurisprudence, qui est la raison d'être
de l'institution d'une cour régulatrice. Le vœu du législateur
a toutefois été que le pourvoi en cassation dans l'intérêt de la
loi fût une mesure exceptionnelle, et ne servît qu'à faire dé-

férer à la cour les erreurs importantes et certaines ; il a préféré dès lors ne pas en confier l'exercice à tous les officiers du
ministère public près les tribunaux comme près les cours, et il
a chargé des intérêts élevés de la loi et du droit, le procureur
général à la cour de cassation, dont l'intervention prudente et
éclairée saura toujours conserver à ce recours son vrai caractère.

Le texte de l'art. 409, C. instr. crim., ne permet pas, d'après
une opinion généralement adoptée, d'appliquer ce principe au
cas d'acquittement par la cour d'assises. Le procureur général
ou le procureur du roi près cette cour peut, dans ce seul cas,
demander aussi la cassation dans l'intérêt de la loi.

Aucune autre exception n'existe à cette règle ; c'est ainsi
qu'il a été jugé que les gouverneurs de province ne peuvent,
dans l'intérêt de la loi, se pourvoir contre les décisions des
députations permanentes. Arr. 8 juin 1863. Il en est de même
des officiers rapporteurs de la garde civique, contre les jugements du conseil de discipline.

178. La première condition de recevabilité du pourvoi dans
l'intérêt de la loi, est qu'il soit dirigé contre un jugement proprement dit ; la seconde, que les délais pour l'exercice d'un recours quelconque par les parties soient expirés, ou que les
parties, si les délais n'étaient pas expirés, aient acquiescé à la
décision. Dalloz, v° *Cassation*, n° 998.

Mais il n'est pas nécessaire que, d'après les principes généraux, la décision soit susceptible d'être attaquée en cassation ;
c'est pourquoi la loi de 1832 admet, dans tous les cas, le pourvoi,
après l'expiration des délais accordés aux parties, contre les
jugements rendus en dernier ressort par les juges de paix :
Par arrêt du 27 novembre 1834 (P. à sa date), la cour de cassation cassait aussi, dans l'intérêt de la loi, un arrêt de la haute
cour militaire non susceptible alors d'une cassation ordinaire.

Aucun délai n'est imposé par la loi au procureur général
près la cour de cassation, pour l'exercice de ce recours. Il

semble donc que ce magistrat soit toujours recevable à demander le redressement d'une erreur de droit commise par les diverses juridictions du pays. Quant au ministère public près la cour d'assises, l'art. 374, C. instr. crim., nè lui accorde qu'un jour pour faire son pourvoi autorisé par l'art. 409 du même code.

179. La procédure à suivre, excluant tout débat contradictoire, est ici plus simple que jamais. L'art. 59 de l'arrêté du 15 mars 1815 est la seule disposition législative qui s'en occupe; en voici le texte : « Lorsque le procureur général demandera la cassation d'un arrêt, il fera déposer le réquisitoire au greffe. Le premier président nommera le rapporteur, et on procédera au surplus dans les formes ci-dessus prescrites, après avoir entendu le ministère public. » On ne doit évidemment suivre, au vœu de la dernière partie de cet article, que les formes qui ne sont pas prescrites dans l'intérêt des parties en cause, pour les affaires ordinaires, telles que l'observation d'un délai de quinze jours entre la mise au rôle et le jour de l'examen de la cause à l'audience. Jamais, en effet, l'intervention des parties ne pourrait être admise dans cette procédure; l'arrêt qui doit être rendu n'intéresse que la loi, il ne peut leur préjudicier ni leur nuire. V. Merlin, *Questions de droit*, v° *Opposition (tierce)*, § 5. On ne saurait méconnaître cependant que, moralement, dans certains cas, les parties pourraient avoir à souffrir de la publicité et du prestige d'un arrêt, quoique exclusivement rendu dans l'intérêt de la loi; mais il n'est pas moins vrai que les principes du droit s'opposent à ce qu'elles interviennent, puisqu'elles ne sont pas légalement en cause; toutefois la sagesse du magistrat que la loi charge du soin de ce recours exceptionnel, et la lumière dont la cour s'entoure toujours pour apprécier le fondement du pourvoi, constituent sous ce rapport, on peut le dire, les garanties les plus sérieuses.

Le dépôt, au greffe de la cour, d'un réquisitoire demandant la cassation dans l'intérêt de la loi, n'est prescrit que pour l'introduction d'une affaire dont la cour n'est pas saisie; mais il est généralement admis que lorsque, dans une affaire ordinaire, le pourvoi de la partie est entaché d'une nullité ou a encouru une déchéance, le magistrat du parquet occupant le siége du ministère public peut aussi, tout en concluant au rejet du pourvoi, demander incidemment que la cour casse, dans l'intérêt de la loi, la décision qui lui est soumise, si cette décision contient une contravention à la loi; arr. 15 février 1841 (P. 1841, p. 148); dans ce cas, le réquisitoire du procureur général n'est pas préalablement déposé au greffe.

La première et la deuxième chambre connaissent, suivant les règles de leur compétence respective, des pourvois dans l'intérêt de la loi; mais ne faudrait-il pas que la cour statuât, chambres réunies, lorsque l'arrêt a été rendu sur renvoi après cassation, et que le moyen invoqué est celui qui a servi de base à cette première annulation? Cette question, qui ne s'est pas encore présentée, pensons-nous, en Belgique, est résolue affirmativement par Dalloz et par un arrêt de la cour de cassation de France du 25 mars 1845, sur les conclusions conformes de M. le procureur général Dupin. V. Dalloz, v° *Cassation,* n° 991.

Puisque la décision annulée dans l'intérêt de la loi continue à produire tous ses effets à l'égard des parties pour lesquelles elle vaut transaction, la cour ne prononce jamais de renvoi en cette matière. Mais elle ordonne, comme toujours, la transcription de la décision annulée sur les registres de la juridiction qui l'a rendue.

Nous citons, à la fin du paragraphe suivant, un grand nombre d'arrêts rendus en cette matière par notre cour de cassation.

§ II. Dénonciation a la cour de cassation des actes et
jugements sur l'ordre formel du gouvernement.

180. Nous avons à traiter ici d'une attribution des plus
importantes, satisfaisant à un besoin réel et impérieux, mais
auquel heureusement il n'a pas été souvent nécessaire de recourir jusqu'ici en Belgique. De graves illégalités peuvent enta-
cher des actes judiciaires qui ne constituent pas de véritables
jugements, et dont, par conséquent, la loi n'a pu, sans méconnaître les principes et surtout sans entraver la marche de la
justice, permettre aux parties de faire l'objet d'un recours quelconque; il en est de même de certains jugements, notamment
des décisions préparatoires ou d'instruction. Il est possible que
l'exécution de ces actes judiciaires et de ces jugements, s'ils
sont illégaux, produise les plus déplorables conséquences; et
quant aux décisions susceptibles même d'un pourvoi ordinaire,
la cassation dans l'intérêt de la loi ne pourrait que très-im-
parfaitement suppléer à la négligence des parties qui n'exerce-
raient pas leur recours en temps utile. La lacune que nous
signalons, les articles 80 de la loi du 27 ventôse an VIII et 441,
C. instr. crim., viennent la combler; ces dispositions dont la
première, depuis la promulgation du code d'instruction criminelle, est exclusivement applicable aux matières civiles, sont
conçues comme suit :

« Art. 80, loi du 27 ventôse an VIII. Le gouvernement, par
la voie de son commissaire, et sans préjudice du droit des parties intéressées, dénoncera au tribunal de cassation, section
des requêtes, les actes par lesquels les juges auront excédé
leurs pouvoirs, ou les délits par eux commis relativement à
leurs fonctions. La section des requêtes annulera ces actes, s'il
y a lieu, et dénoncera les juges à la section civile, pour faire
à leur égard les fonctions de jury d'accusation : dans ce cas, le
président de la section civile remplira toutes celles d'officier

de police judiciaire et de directeur de jury; il ne votera pas.

« Il pourra déléguer sur les lieux, à un directeur du jury, l'audition des témoins, les interrogatoires et autres actes d'instruction seulement. »

« Art. 441, C. instr. crim. Lorsque sur l'exhibition d'un ordre formel à lui donner par le grand juge ministre de la justice, le procureur général près la cour de cassation dénoncera à la section criminelle des actes judiciaires, arrêts ou jugements contraires à la loi, ces actes, arrêts ou jugements pourront être annulés, et les officiers de police ou les juges poursuivis, s'il y a lieu, de la manière exprimée au chapitre III du titre IV du présent livre. »

L'art. 29 de la loi du 4 août 1832, cité dans le paragraphe précédent, en ne parlant que du droit du procureur général à la cour de cassation de se pourvoir dans l'intérêt de la loi, abroge-t-il les deux dispositions dont nous venons de transcrire le texte? La volonté du législateur de 1832 de ne rien innover, sous ce rapport, résulte trop clairement des travaux préparatoires à cette loi, pour que la négative soit douteuse; l'article 15, § 7, de la même loi vient confirmer cette opinion, que la cour n'a pas hésité à accueillir; aussi, dès le 16 novembre 1833 cassait-elle, en visant l'art. 80, loi du 27 ventôse an VIII, et l'art. 441, C. instr. crim., une décision du tribunal d'Audenarde statuant d'une manière générale et règlementaire sur des questions d'interprétation et d'exécution de loi. V. *Bull. de cass.*, 1834, p. 78, et *Pasinomie, en note* sous l'art. 29 de la loi du 4 août 1832. V. aussi arrêt du 23 août 1838 (P. à sa date).

181. Les différences entre le pourvoi du procureur général dans l'intérêt de la loi et celui dont nous nous occupons ici sont nombreuses et importantes. Ce dernier ne peut se faire que sur l'ordre formel du gouvernement (1); il le peut alors, même avant

---

(1) Il a même été jugé, en France, que le procureur général près la cour de cassation ne peut proposer, à l'appui du pourvoi formé par lui sur l'ordre du mi-

l'expiration des délais accordés aux parties, et contre toute espèce d'actes judiciaires et de jugements; sauf qu'en matière civile il doit avoir pour base un excès de pouvoir, ce qui n'est pas requis par l'art. 441, C. instr. crim.; enfin il peut conduire à la mise en accusation des magistrats dont émane la décision annulée. Mais ce n'est pas tout encore : appelée à protéger autant la bonne administration de la justice, la séparation des pouvoirs et la dignité gouvernementale que la pure théorie et les principes du droit, la cassation qu'il provoque ne doit pas demeurer sans effet sur le litige dans lequel elle intervient.

C'est par l'arrêt du 25 février 1856 (P. 1856, p. 154) qu'en Belgique la distinction entre les art. 88, loi du 27 ventôse an VIII, et 442, C. instr. crim., d'un côté, et les art. 80, loi du 27 ventôse an VIII, et 441, C. instr. crim., de l'autre, se trouve nettement établie; c'est surtout cet arrêt qui, adoptant les motifs du réquisitoire de M. le procureur général Leclercq, assigne à ces deux dernières dispositions leur véritable caractère. Il s'agissait, dans l'affaire soumise alors à la cour, d'un arrêt rendu par la cour d'appel de Bruxelles, chambre correctionnelle, et condamnant les prévenus pour suppression d'état, sans décision préalable au civil, au mépris de l'art. 327, code civil. Une des parties condamnées s'était pourvue en cassation, et la cour avait cassé l'arrêt de la cour d'appel de Bruxelles; les deux autres parties condamnées ayant laissé écouler le délai, le procureur général près la cour de cassation, sur l'ordre du ministre de la justice, dénonça à la cour l'arrêt préparatoire et l'arrêt définitif rendus dans cette affaire. « La nécessité de pareilles mesures, dit le réquisitoire de M. le procureur général, a été prévue par la loi, et dans cette prévision elle a conféré au gouvernement, par l'art. 441, C. instr. crim., un pouvoir distinct et différent, dans ses résultats, du pouvoir

nistre et par application de l'art. 441, C. instr. crim., que des moyens signalés dans cet ordre. Arr. cour de cassation de France, 19 mars 1852, au rapport de M. le conseiller Faustin Hélie (*Dalloz, périod.*, 1852, I, 302).

conféré au procureur général près la cour de cassation par
l'art. 442 du même code; c'est ce qu'indique clairement la différence des termes dans lesquels sont conçus ces deux articles :
dans le dernier, la loi restreint le pouvoir d'office du procureur
général aux arrêts et jugements en dernier ressort; elle en
subordonne l'exercice au défaut de pourvoi formé par les parties dans le délai déterminé; elle n'y attache qu'un intérêt qu'on
pourrait appeler de pure théorie, l'intérêt de la loi, en ajoutant
expressément qu'aucune des parties ne pourra se prévaloir de
la cassation pour s'opposer à l'exécution de l'arrêt ou du jugement cassé; ni restriction ni réserve semblables ne se rencontrent dans l'art. 441, et le but même dans lequel il a été porté
était incompatible avec elles; la loi a par cet article conféré
purement et simplement au ministre de la justice le pouvoir de
donner au procureur général l'ordre formel de dénoncer à la cour
de cassation les actes judiciaires, arrêts ou jugements rendus
en matière criminelle et contraires à ses dispositions; elle a
purement et simplement conféré à cette cour le pouvoir d'annuler ces actes; elle n'a fait aucune distinction entre les résultats de l'annulation; la cour doit annuler, porte l'article, et qui
dit annuler, sans restriction ni réserve, dit anéantir, réduire à
rien, détruire les effets de l'acte annulé; cette annulation em-
brasse dans leur entier les actes judiciaires, les arrêts ou jugements qui en sont l'objet; elle en emporte donc tous les effets;
il n'y a d'autre limite à ce résultat que celle que lui assigne ce
principe, dérivé de la force des choses et reconnu dans toute
notre législation, que la chose jugée ne peut être opposée qu'aux
parties en cause; et comme dans le cas de l'art. 441, la seule
partie en cause sur la dénonciation faite à la cour est l'État, au
nom duquel agissent le ministre qui a donné l'ordre de la faire,
le procureur général qui l'a faite sur l'exhibition de cet ordre,
ce n'est aussi qu'à l'égard de l'État, de la société représentée
par l'État que sont emportés les effets des actes judiciaires,
arrêts ou jugements annulés; l'annulation ne porte aucune

atteinte aux effets de droit privé qu'ils peuvent avoir produits ; mais aussi elle touche, sans limite aucune, à tous les effets d'ordre public qui se rattachent à leur exécution ; elle arrête ces effets en formant obstacle à ce que cette exécution subsiste, et elle a, en conséquence, des résultats autrement efficaces qu'une annulation dans l'intérêt seul de la loi. C'est ainsi que la cour de cassation de France a eu l'occasion, indépendamment de tout pourvoi des parties, d'annuler des actes judiciaires qui tenaient en suspens la continuation de poursuites dont la légalité n'était ni ne pouvait être contestée... »

Nous ne pouvons que nous référer aux principes si clairement exprimés dans ce réquisitoire, et dont la mise en lumière constitue un véritable progrès. Appliqués aux dénonciations dont seraient l'objet les jugements préparatoires ou d'instruction, ils sont appelés à produire sur l'annulation de ces jugements des conséquences tout aussi importantes. Un autre arrêt tout récent, du 24 mai 1864, accueillant un réquisitoire présenté par le procureur général à la cour de cassation sur l'ordre formel du ministre de la justice, a encore cassé, vis-à-vis des parties, un arrêt de cour d'appel, chambre correctionnelle, se déclarant compétente pour connaître d'un outrage aux bonnes mœurs commis par la distribution de brochures obscènes, alors que la même cour autrement composée, sur l'opposition de celui qui se disait être l'auteur de ces brochures, se prononça vis-à-vis de celui-ci pour l'incompétence de la juridiction correctionnelle. Ni dans l'un ni dans l'autre de ces arrêts, la cour n'a prononcé de renvoi devant une autre juridiction. Voir, sur tout cela : Legraverend, *Législation criminelle*, p. 49 et suiv. ; Dalloz, v° *Cassation,* n°ˢ 1045, 1046, 1047, 1056 et suiv. ; Boitard, t. II, p. 270 ; Merlin, v° *Ministère public,* § 10, *Questions de droit;* Tarbé, *Cour de cassation, introduction,* p. 78, § VIII. Le savant auteur de ce dernier ouvrage, signalant l'erreur d'une opinion qu'il a lui-même partagée, s'exprime ainsi : « En 1836, un jugement d'un conseil de discipline, par une exorbitante usurpation, avait condamné un garde national, pour infraction au service, *à un mois de prison,* et le condamné présentait un pourvoi irrégulier dont la déchéance devait être prononcée; frappé de l'excès de pouvoir signalé par le pourvoi, et me laissant entraîner par le désir de réprimer immédiatement cette grave atteinte aux règles constitutives de cette juridiction extraordinaire, je me hâtai de demander la cassation dans l'intérêt de la loi. C'était une faute. La cassation était à peine prononcée, que je compris la faiblesse de cette mesure. J'aurais dû provoquer, de la part du garde des sceaux, l'ordre formel de provoquer une annulation dont le bénéfice, effaçant entièrement la condamnation, aurait anéanti la peine incompétemment infligée. Heureusement mon erreur n'eut aucune influence sur le sort du condamné (1). »

182. De même que le pourvoi dans l'intérêt de la loi, celui dont il s'agit ici s'exerce sous la forme d'un réquisitoire déposé au greffe, et ce que nous avons dit au paragraphe précédent . de l'art. 59 de la loi du 15 mars 1815 est applicable à son instruction devant la cour; aucun délai ne doit être observé à cet effet, et dans certaines circonstances même il peut être nécessaire qu'un arrêt intervienne immédiatement. Il est possible que la cour, en cassant, doive prononcer le renvoi de l'affaire, suivant les principes exposés au § 9, chap. II.

183. A l'exception de l'arrêt du 25 février 1856 et de celui du 24 mai 1864, les annulations que la cour a prononcées par application de l'art. 441, C. instr. crim., et de l'art. 80, loi

---

(1) M. le procureur général Dupin, dans son réquisitoire, prononcé lors de l'affaire Pascal, jugée par arrêt du 2 février 1850 (P. franç. 1850, 2, 315), insiste beaucoup sur ce principe que l'annulation décrétée en vertu de l'art. 441, C. instr. crim., ne peut aggraver la position de l'accusé.

Le même réquisitoire signale comme un autre cas d'application de l'art. 441, C. instr. crim., celui où une juridiction, saisie d'une affaire par renvoi après cassation, se serait déclarée incompétente, usant ainsi de son droit incontestable d'examiner sa compétence, mais arrêtant par là le cours régulier de la justice (voir n° **183**). L'arrêt précité ne vise cependant pas l'article 441, mais bien les articles 525 et suivants sur le règlement de juges.

27 ventôse an VIII, ne l'ont été que dans l'intérêt de la loi. Des jugements rendus en matière civile et de simple police par les juges de paix ont surtout été l'objet de pareilles décisions : arr. 5 janvier et 19 février 1835; 1er décembre 1836; 30 novembre 1837; 7 mars 1839; 7 novembre 1842; 6 juin 1848; 1er août 1848; 31 janvier 1850, première chambre; 22 avril 1850; 23 juillet 1850; 2 août 1854; par arrêt du 10 août 1840, la cour cassa, dans l'intérêt de la loi, un jugement de condamnation rendu par un bourgmestre siégeant illégalement comme tribunal de police municipale.

Nous citerons encore différents arrêts cassant les décisions rendues par les juridictions suivantes : haute cour militaire, arr. 27 novembre 1834, 11 juin 1835; conseil de guerre, 6 mars 1835; conseil de discipline de la garde civique, 15 février 1841; députation permanente en matière de milice, 14 août 1834; chambre des mises en accusation, 12 février 1835; cour d'assises, 12 novembre 1835, 14 octobre 1837; tribunaux correctionnels, 15 mars 1833, 6 avril 1837; cour d'appel en matière civile, 15 janvier 1853.

Quant aux actes judiciaires qui ne peuvent être considérés comme des jugements proprement dits, nous citerons les arrêts du 5 décembre 1833 et du 23 août 1838, annulant des décisions réglementaires prises par des tribunaux de première instance; du 21 avril 1836, annulant une délibération, prise en corps et après conclusions du ministère public, par une cour d'assises, pour recommander un condamné à la clémence royale; du 31 mars 1837, annulant l'acte par lequel un président de cour d'assises, après la prononciation de l'arrêt, avait engagé publiquement l'accusé, de l'avis de la cour, à se pourvoir en grâce; 23 août 1861 (P. 1861, p. 352), annulant l'acte par lequel un président de cour d'assises avait posé une question complexe au jury.

§ III. Règlements de juges.

1. Règlements de juges en matière civile.

184. Le règlement de juges est un remède nécessaire contre des conflits possibles, mais auquel, sous l'empire de nos lois, il est bien rare que l'on ait à recourir en matière civile; jamais, du reste, des actes de la juridiction gracieuse ne peuvent donner lieu à ce recours. (Voir Carré-Chauveau, *Question* 1320.)

L'ordonnance d'août 1737, dans les art. 1 à 29 du titre II, l'art. 60 de l'arrêté du 15 mars 1815 qui renvoie à cette ordonnance, les art. 363 à 367 du code de procédure civile, et l'art. 15 de la loi du 4 août 1832 sont les dispositions législatives qu'il importe de rappeler ici.

« Si un différend est porté à deux ou à plusieurs tribunaux de paix ressortissant du même tribunal, dit l'art. 363 du code de procédure civile, le règlement de juges sera porté à ce tribunal; si les tribunaux de paix relèvent de tribunaux différents, le règlement de juges sera porté à la cour d'appel.

« Si ces tribunaux ne ressortissent pas de la même cour d'appel, le règlement sera porté à la cour de cassation.

« Si un différend est porté à deux ou à plusieurs tribunaux de première instance ressortissant de la même cour d'appel, le règlement de juges sera porté à cette cour : il sera porté à la cour de cassation, si les tribunaux ne ressortissent pas de la même cour d'appel, ou si le conflit existe entre une ou plusieurs cours. »

Le conflit de juridiction est positif ou négatif, suivant que les tribunaux dont il émane retiennent à la fois la connaissance d'une affaire, ou refusent également d'en connaître.

Le conflit négatif ne donne ouverture au règlement de juges que lorsque les deux juges ont de part et d'autre prononcé leur incompétence et que ces décisions ne peuvent plus faire l'objet d'un appel ou d'une opposition. (Dalloz, v° *Règlement de juges*, n°ˢ 58 et suiv.); au contraire, pour qu'il y ait un conflit positif de nature à rendre recevable la requête en règlement de juges, il ne faut pas que les deux tribunaux aient déjà décidé leur compétence, il suffit qu'ils soient simultanément saisis. Deux voies sont donc, en ce cas, ouvertes aux intéressés : opposer l'exception d'incompétence ou de litispendance, ou bien se pourvoir en règlement de juges. Notons encore, comme principe incontestable, que les deux demandes ne doivent pas être identiques, mais que le conflit existe aussi lorsqu'il y a entre elles une véritable connexité dans le sens de l'art. 171 du code de procédure civile.

Si l'un des deux juges ou tous les deux avaient statué sur le fond, il n'y aurait plus lieu à règlement de juges, l'instance étant éteinte par le jugement sur le fond. L'art. 504, C. proc. civ., est dès lors seul applicable s'il y a contrariété entre les deux décisions définitives, et si un seul tribunal a statué au fond, la chose jugée devra être opposée devant l'autre. Voir Dalloz, v° *Règlement de juges*, §§ 26 et suiv.; Carré-Chauveau, q. 1324 et 1325. Arrêt de la cour de cassation belge, 14 février 1851.

Il existe un troisième cas où le règlement de juges peut être demandé; il est déterminé par les art. 19, 20 et 21 de l'ordonnance de 1737, t. II, ainsi conçus :

« La partie qui aura été déboutée du déclinatoire par elle proposé dans la cour ou dans la juridiction qu'elle prétendra être incompétente, et de sa demande en renvoi dans une autre cour ou dans une juridiction d'un autre ressort, pourra se pourvoir en notre grande chancellerie ou en notre conseil, en rapportant le jugement rendu contre elle et les pièces justificatives de son déclinatoire, moyennant quoi il lui sera accordé des lettres ou un arrêt ainsi qu'il a été dit ci-dessus.

« Art. 20. La disposition de l'article précédent aura lieu, encore que, sur l'appel interjeté par le demandeur en déclinatoire de la sentence qui l'en a débouté, ladite sentence eût été confirmée par arrêt.

« Art. 21. Lorsque sur le déclinatoire proposé par l'une des parties, les premiers juges se seront dépouillés de la connaissance de la contestation, le défendeur au déclinatoire ne pourra être reçu à se pourvoir en notre conseil pour être réglé de juges, sauf à lui à interjeter appel de la sentence qui aura eu égard au déclinatoire, ou à se pourvoir en notre conseil contre l'arrêt qui l'aura confirmé. Voulons que l'appel de toutes sentences rendues sur déclinatoire soit porté immédiatement dans nos cours, chacune dans son ressort. »

On est d'accord pour admettre que le code de procédure n'a nullement dérogé à ces articles, puisqu'il ne contient pas d'énumération restrictive des cas où la voie du règlement de juges est ouverte.

Les auteurs et notamment Dalloz, v° *Règlement de juges,* §§ 66 et suiv., indiquent un quatrième cas de règlement de juges; il y a lieu d'y recourir lorsqu'un tribunal est supprimé ou ne fait plus partie du royaume, ou qu'il est empêché; un des cas d'empêchement de statuer est celui où un tribunal ne peut plus se compléter par suite des causes de récusation existant pour les juges et juges suppléants de ce tribunal. V. Carré, *Org. et comp.,* vol. III, p. 318. Arr. 17 avril 1860 (P. 1861, p. 239). V. aussi art. 515, C. proc. civ.

185. Avant la publication du code de procédure civile, toutes les demandes en règlement de juges devaient être adressées à la cour de cassation (loi du 27 ventôse an VIII, art. 60); l'objet de l'art. 363, dont nous avons transcrit le texte, est de préciser les cas où la connaissance de ces demandes doit être attribuée à d'autres juridictions.

Cet article ne parle pas des conflits où seraient engagés des tribunaux de commerce, mais il est certain que la loi n'a voulu faire à cet égard aucune distinction entre les tribunaux civils et les tribunaux consulaires.

Il est certain aussi que lorsque l'art. 363 dit « ressortissant du même tribunal, ou de la même cour », il ne se préoccupe pas de la question de savoir si ce tribunal ou cette cour a le droit de connaître en degré d'appel du litige qui donne lieu au conflit, mais des rapports hiérarchiques existant entre les diverses juridictions. *Discussions au conseil d'Etat; discours du grand juge, ministre de la justice* (Carré-Chauveau, art. 363); il en résulte que lorsque le conflit existe entre deux juridictions du même degré qui ont statué en dernier ressort, c'est encore au tribunal immédiatement supérieur à régler de juges ; qu'ainsi la cour d'appel devrait statuer sur un conflit existant entre un tribunal de première instance et une justice de paix, quoique les cours d'appel ne connaissent jamais, en degré d'appel, des jugements des juges de paix. V. cependant n° **188**.

L'art. 363 est-il applicable aussi aux conflits négatifs? n'est-ce pas toujours à la cour de cassation à terminer semblables conflits? Carré répond affirmativement à cette dernière question. Mais son opinion est combattue par Chauveau (q. 1319, 8°). V. arr. cour de cassation de France, 26 mars 1838 (S. 38, 1, 377).

Il se peut, du reste, dans les différentes hypothèses que nous venons de signaler, qu'il y ait, à la fois, ouverture à appel ou à cassation, et à règlement de juges. Cette dernière voie est alors évidemment la plus expéditive ; elle aboutit aussi à autoriser la cour de cassation à apprécier les circonstances de fait dont peut dépendre la question de compétence, ce qu'elle n'aurait pas le droit de faire, si elle avait simplement à statuer sur un pourvoi en cassation pour violation de la loi. Voir *Manuel des pourvois et des formes de procéder devant la cour de cassation en matière civile,* par M. Bernard, greffier en chef de la cour de cassation de France (Paris, 1858, p. 58 et 59).

186. Est-ce à la première chambre de la cour de cassation à connaître des demandes en règlement de juges en matière civile? L'art. 20 de la loi du 4 août 1832 ne doit-il pas être interprété en ce sens? L'auteur du *Manuel de cassation*, publié chez Tarlier, à Bruxelles, en 1832, se prononce pour la compétence de la seconde chambre, partant d'un principe, non démontré, pensons-nous, que cette chambre aurait succédé à toutes les attributions de la chambre des requêtes. Nous ne connaissons pas d'arrêt de notre cour qui ait discuté cette question. Toujours est-il que l'arrêt du 14 février 1851, dont nous parlons plus loin, a été rendu par la première chambre de notre cour.

Mais le 17 avril 1860 (P. 1861, p. 239), c'est la deuxième chambre qui a statué sur une demande en règlement ou en indication de juges en matière civile, les membres du tribunal compétent s'étant récusés. Elle décida que, dans l'espèce, la demande devait être adressée à la cour d'appel à laquelle ressortissait le tribunal empêché; c'est également la deuxième chambre qui, par l'arrêt du 5 novembre 1849 (P. 1850, p. 26), a statué sur une demande en renvoi pour cause de suspicion légitime en matière civile. V. n^os **195** et suiv.

Quant à la procédure à suivre, elle doit être déterminée par le titre II de l'ordonnance d'août 1737, qui reste en vigueur en toutes celles de ses dispositions compatibles avec la nouvelle organisation judiciaire et les art. 364 à 367 du code de procédure civile. Nous nous bornons à y renvoyer, ainsi qu'aux notes de M. Tarbé (*Cour de cassation*, p. 187 et suiv.), insérées en partie au *Bulletin usuel* de M. Delebecque sous le texte de l'ordonnance de 1737, ne voulant pas trancher des questions délicates, ni explorer une matière que notre cour suprême a eu à peine l'occasion d'aborder.

La requête qui donna lieu à l'arrêt du 15 février 1851, cité plus haut, était signée par les parties et par leur avocat; enregistrée au droit de 2 fr. 20, elle fut déposée au greffe de la cour de cassation, le 13 janvier 1851, mise en rapport le 4 février suivant, communiquée au ministère public le 7 février, instruite en chambre du conseil et jugée en audience publique le 14 février par l'arrêt suivant (1) :

« La cour, ouï en chambre du conseil M. le conseiller Paquet en son rapport, et M. Leclercq, procureur général, en son réquisitoire :

« Vu la requête présentée à la cour par la Société Générale pour favoriser l'industrie nationale, établie à Bruxelles, à l'effet d'obtenir permission d'assigner l'État en règlement de juges;

« Attendu qu'aux termes de l'art. 363 du code de procédure civile, il y a lieu à règlement de juges lorsqu'un différend est porté devant deux ou plusieurs juridictions ;

« Attendu que si, dans l'espèce, le différend qui existe entre la Société Générale et l'État a été porté devant la cour des comptes et devant le tribunal de première instance, la cour des comptes a non seulement reconnu sa compétence, mais jugé le fond du litige, tant par son arrêt en date du 4 mai 1850 que par celui du 3 décembre suivant, rendu sur l'opposition de la Société Générale; qu'elle ne se trouve donc plus saisie du différend, et que dès lors il ne peut y avoir lieu à règlement de juges; qu'en supposant qu'elle eût été incompétente pour rendre ces arrêts, ce ne serait qu'ensuite de leur annulation de ce chef, sur un pourvoi en cassation, qu'il y aurait lieu de renvoyer l'affaire devant la juridiction compétente;

« Attendu que le code de procédure ne prononce pas d'amende pour le cas de rejet d'une demande en règlement de juges;

« Par ces motifs, déclare qu'il n'y a pas lieu d'accorder la permission d'assigner en règlement; condamne la Société Géné-

(1) La même marche fut à peu près suivie dans l'affaire qui amena l'arrêt du 17 avril 1860 (P. 1861, p. 239). Une requête en indication d'un tribunal pour statuer sur la cause fut présentée à la cour le 15 mars 1860, par l'avocat du demandeur; aucune signification n'en fut faite à la partie adverse; mais cette fois la demande fut instruite à l'audience publique de la seconde chambre, et l'avocat du demandeur y obtint la parole.

rale aux dépens et ordonne la restitution de l'amende consignée. »

La Société avait, le même jour qu'elle faisait sa demande en règlement de juges, déposé un pourvoi en cassation contre les deux décisions de la cour des comptes mentionnées dans l'arrêt qui précède, se fondant, entre autres moyens, sur une exception de litispendance tirée de ce que l'État avait été assigné par la Société demanderesse devant le tribunal de première instance de Bruxelles ; la cour rejeta ce pourvoi le 2 janvier 1852, par le motif, quant au moyen de litispendance, que la cour des comptes avait souverainement décidé en fait qu'elle s'était saisie du litige avant l'ouverture de l'instance devant le tribunal de Bruxelles.

Quant au délai endéans lequel une demande en règlement de juges doit être faite en matière civile, d'après Merlin (*Rép.*, v° *Règlement de juges,* § Ier, n° 5), c'est celui qu'établit la loi pour l'exercice du recours en cassation ; l'arrêt du 27 avril 1807, rendu par la cour de cassation sur les conclusions conformes de ce magistrat, refusa d'accueillir une demande en règlement de juges qui eût introduit « une ouverture indirecte de rétractation contre les arrêts et jugements en dernier ressort, hors du délai après lequel la loi a voulu qu'ils eussent acquis leur entière stabilité. »

Jugé encore, que celui qui a vainement proposé un déclinatoire en première instance, et qui a, pour se pourvoir contre le rejet de cette exception, la double voie de l'appel ou du règlement de juges, doit se pourvoir dans le délai utile pour l'appel ; que, sinon, le jugement acquiert l'autorité de la chose jugée, et le pourvoi en règlement de juges n'est plus recevable. Cour de cassation de France, arr. 30 janv. 1817 (Sirey, 1817, I, 111).

A la différence du pourvoi en cassation, la demande en règlement de juges est suspensive. V. Dalloz, v° *Cassation,* n° 928; Bernard, p. 58.

Certains principes étant communs aux matières civiles et

répressives, pour les pourvois en règlement de juges et les arrêts qui les accueillent, nous renvoyons, dans le but d'éviter des redites, aux numéros suivants.

2. *Des règlements de juges en matière répressive.*

187. Les articles 525 à 541 du code d'instruction criminelle et les articles 54, 55, 56 et 57 de l'arrêté du 15 mars 1815 constituent l'ensemble des dispositions législatives ayant pour objet le règlement de juges en matière répressive.

A la différence de la chambre civile, la deuxième chambre de la cour de cassation a eu souvent à statuer sur des requêtes en règlement de juges; mais, chose singulière, le conflit positif, celui dont le code d'instruction criminelle semble exclusivement se préoccuper, est précisément celui qui, grâce aux progrès de notre organisation judiciaire, doit être extrêmement rare. Depuis 1832, il n'y a eu qu'un conflit positif, que la cour a fait disparaître par arrêt du 11 mai 1840. L'auteur et l'imprimeur d'un même article avaient été renvoyés, l'un, par la chambre des mises en accusation de Gand, devant la cour d'assises de la Flandre orientale; l'autre, par la chambre des mises en accusation de Bruxelles, devant la cour d'assises du Brabant. Le procureur général près la cour d'appel de Bruxelles se pourvut en règlement de juges. « Attendu, dit la cour de cassation, qu'il est de principe que tous les prévenus poursuivis en même temps, du chef d'un même délit ou de délits connexes, doivent être traduits devant le même juge; que néanmoins Backeljan et D'Herbigny ont été renvoyés l'un et l'autre devant une cour d'assises différente; qu'il y a donc lieu à règlement de juges, aux termes de l'article 526 du code d'instruction criminelle. » Dans son dispositif, la cour dessaisit la cour d'assises de la Flandre orientale de l'affaire instruite contre l'imprimeur, et renvoie celui-ci devant la cour d'assises du Brabant, déjà saisie de l'accusation contre l'auteur de l'article incriminé.

188. Le conflit négatif en matière répressive existe lorsqu'il y a contradiction entre deux décisions rendues en dernier ressort ou passées en force de chose jugée, et par lesquelles les juridictions qui les ont rendues se sont dessaisies du litige. Il faut qu'il y ait contradiction entre ces deux décisions; ainsi il n'y aurait pas conflit si un tribunal de simple police se déclarait incompétent parce que les faits constituent un délit, et si le tribunal correctionnel se déclarait également incompétent parce qu'il y a crime ou parce que le prévenu est justiciable des tribunaux militaires.

De fréquents exemples de conflit négatif se sont présentés; la cour de cassation en a toujours été saisie par les membres du ministère public, comme le procureur général près la cour de cassation, les procureurs généraux près les cours d'appel, les procureurs du roi et les auditeurs militaires.

L'art. 54 de l'arrêté du 15 mars 1815 semble réserver au procureur général près la cour de cassation, seul, le droit d'introduire une demande en règlement de juges au nom du ministère public. Tel ne peut être le sens de cette disposition, qui n'a eu d'autre but que de déclarer que le recours en règlement de juges s'exerce sous forme de réquisitoire, de requête ou de mémoire adressé à la cour, et non par un acte de pourvoi dressé au greffe. Si l'objet de l'art. 54 était d'innover et d'énumérer limitativement les personnes capables de faire la demande, il faudrait en conclure que le prévenu ou l'accusé ne le pourraient jamais, ce qui est inadmissible. On arriverait à cette autre inconséquence que les officiers du ministère public près des juridictions inférieures pourraient demander directement le renvoi pour cause de suspicion légitime et ne pourraient se pourvoir en règlement de juges, l'art. 58 ne renvoyant pas à l'art. 54 quant au mode d'introduction de la demande; ils pourraient *le plus,* et ils ne pourraient pas *le moins!* Aussi la cour, sans jamais examiner la question dans ses arrêts, a-t-elle toujours reçu comme réguliers les recours en règlement de juges des procureurs généraux des cours d'appel, des procureurs du roi et des auditeurs militaires; le dernier de ces arrêts est du 27 mars 1865 (P. 1865, p. 243, *en note*).

Voici les diverses espèces qui ont donné lieu à des arrêts de règlement de juges :

1° Un tribunal correctionnel et un tribunal de simple police se déclarent successivement incompétents pour connaître du même fait, prétendant, le premier, que ce fait n'est qu'une contravention, et le second, qu'il présente les caractères d'un délit. V. arrêts 29 août 1834, 19 novembre 1835, 16 mars 1842, 14 novembre 1859;

2° Une cour d'appel, chambre des appels de police correctionnelle, se déclare incompétente pour juger un prévenu qu'elle prétend être justiciable de la première chambre de la cour, et celle-ci refuse de connaître des poursuites, par le motif que les faits de la prévention sont de la compétence de la juridiction ordinaire. Arr. 7 octobre 1864 (P. 1864, p. 432).

3° Une juridiction correctionnelle ou de simple police se déclare incompétente et la chambre du conseil ou la chambre des mises en accusation se prononce dans le sens de la compétence de cette juridiction. Arr. 5 juin 1835, 12 août 1837, 10 août 1838, 6 octobre 1849.

4° Une ordonnance de la chambre du conseil d'un tribunal ou d'une chambre des mises en accusation renvoie un prévenu devant une juridiction correctionnelle ou de simple police qui se déclare incompétente. Arr. 13 décembre 1832, 7 février, 11 avril et 29 août 1834, 10 juillet 1835, 26 mai, 9 juin et 16 septembre 1836, 28 avril et 11 novembre 1837, 8 mars 1838, 25 mai et 3 juillet 1840, 4 janvier, 1er mars, 15 mars, 22 mars, 5 avril, 19 juillet et 14 septembre 1841, 11 avril 1842, 10 février 1845, 14 décembre 1846, 27 avril, 31 mai, 24 septembre et 13 décembre 1847, 27 décembre 1848, 9 septembre 1850, 16 février et 8 mars 1852, 19 juin 1854, 19 mars et 21 septembre 1855, 25 mai et 6 juillet 1857, 21 mars et 31 octobre 1859, 8 avril 1861, 17 mars et 11 novembre 1862, 3 août 1863.

Nous devons citer ici deux arrêts reposant sur des principes différents de ceux qu'invoquent les décisions qui précèdent. Le premier, du 11 mai 1840, rejette une demande en règlement de juges, basée sur une ordonnance de la chambre du conseil renvoyant devant le tribunal de simple police pour injures verbales, et un jugement d'incompétence de ce tribunal devant lequel il avait été établi que des coups avaient été portés, et non que de simples voies de fait ou violences légères avaient eu lieu. Attendu, dit en substance l'arrêt, qu'une ordonnance de non lieu quant aux coups, motivée sur le simple défaut de charges suffisantes, ne peut être considérée comme ayant force de chose irrévocablement jugée, que pour autant qu'il ne survienne pas de charges nouvelles, ce qui est le cas dans l'espèce. V. Dalloz, v° *Règlement de juges,* n°ˢ 162, 163 et 164. Le second, du 14 novembre 1859, rejette une demande en règlement de juges, basée sur ce qu'une ordonnance de la chambre du conseil de Louvain avait renvoyé devant le tribunal correctionnel sous la prévention de coups, et que la cour d'appel, chambre correctionnelle, s'était déclaré incompétente parce que de l'ensemble des faits de la cause il résultait, d'après elle, que l'acte posé ne constituait que des violences légères : attendu, dit en résumé cet arrêt, que les ordonnances de renvoi devant la juridiction correctionnelle ne sont pas attributives de juridiction; que la cour d'appel n'a donc fait que se conformer aux règles de sa compétence en se déclarant incompétente, et n'a élevé aucun conflit qui nécessite un règlement de juges. Cet arrêt, tout en rejetant la demande en règlement de juges, renvoya, vu l'art. 544, C. instr. crim., l'affaire devant le tribunal de simple police de Malines, « attendu que tous les tribunaux de simple police de l'arrondissement de Louvain ressortissent du tribunal correctionnel, qui est leur juge d'appel et a déjà connu de l'affaire. »

5° Une ordonnance de la chambre du conseil d'un tribunal ou d'une chambre des mises en accusation renvoie devant la juridiction militaire, laquelle se déclarei ncompétente. Arr. 27 septembre 1838, 6 janvier 1840, 28 novembre 1842, 1er février et 26 juillet 1847, 8 janvier 1849, 5 février 1850, 20 avril 1857, 6 août 1860.

6° Un arrêt de la chambre des mises en accusation renvoie un accusé devant la cour d'assises, laquelle se déclare incompétente par le motif qu'il a été établi devant elle que l'accusé est militaire; arr. 18 mai 1847, statuant par voie de règlement de juges, et cassant l'arrêt de la cour d'assises comme ayant méconnu l'autorité de la chose jugée par l'arrêt de renvoi quant à la compétence, la cour d'assises n'ayant pas les obligations résultant, pour les tribunaux correctionnels et de simple police, des articles 190, 193 et 214, C. instr. crim.

7° Deux ou plusieurs ordonnances des chambres du conseil de tribunaux correctionnels différents dessaisissent respectivement le juge d'instruction attaché à leur siége d'une même affaire correctionnelle. Arr. 21 juin 1847 et 19 juillet 1858.

8° Une ordonnance de la chambre du conseil d'un tribunal se déclare incompétente parce que les poursuites sont connexes à d'autres faits instruits par un autre tribunal, et une ordonnance de la chambre du conseil de cet autre tribunal, méconnaissant cette connexité, se déclare incompétente quant à ces poursuites. Arr. 7 juin 1847.

Il résulte de ces nombreux arrêts que la cour subordonne toujours la recevabilité du recours en règlement de juges au caractère définitif et irrévocable des décisions contraires. Voir arr. cour de cassation de France, 13 déc. 1816 (Sirey, 17, 1, 75). Il en résulte encore que la cour considère comme devant être très-restrictivement interprété l'art. 540, C. instr. crim., qui détermine les cas où d'autres juridictions que la cour de cassation sont compétentes pour statuer sur les demandes en règlement de juges; ainsi, lors même que le conflit existe entre un tribunal correctionnel et un tribunal de simple police du ressort de la même cour d'appel, c'est à la cour de cassation à en connaître, parce que, disait M. le procureur général Plaisant dans son réquisitoire précédant l'arrêt du 29 août 1834, la cour d'appel n'est point appelée à connaître des jugements en matière de simple police. En matière civile, cependant, on décide généralement le contraire. V. n° **185**.

189. Contrairement à ce qui a lieu en matière civile, le simple rejet d'un déclinatoire ne suffit pas pour donner ouverture à un règlement de juges; l'art. 539, C. instr. crim., est formel à cet égard.

190. Quant aux formes à suivre, le code d'instruction criminelle, dans les articles cités, et l'arrêté postérieur du 15 mars 1815 fournissent des données suffisantes. La demande en règlement de juges s'adresse à la cour sous forme de requête, appuyée des pièces justificatives, et qu'il n'est pas nécessaire de faire notifier aux parties en cause (arrêté du 15 mars 1815, art. 54).

Aucune consignation d'amende ne doit avoir lieu; mais l'art. 541, C. instr. crim., dispose que « la partie civile, le prévenu ou l'accusé qui succombera dans la demande en règlement de juges qu'il aura introduite, pourra être condamné à une amende qui toutefois n'excédera pas trois cents francs, dont moitié sera pour la partie. » (Art. 367, C. proc. civ.)

La demande en règlement de juges est essentiellement suspensive. Dalloz, v° *Cassation*, n° 928.

« Le premier président, dit l'art. 55 de l'arrêté de 1815, nommera un rapporteur, sans ordonner préalablement la communication des pièces, et on suivra, quant à la communication à faire au procureur général et à la fixation de l'audience, les règles prescrites par les articles précédents. »

Les dispositions auxquelles cet article renvoie sont celles qui déterminent la procédure ordinaire en matière criminelle, correctionnelle et de simple police. Voir n°ˢ **150** et suiv. Il est toutefois d'usage constant à la cour de cassation de ne pas observer, pour la mise au rôle d'audience, le délai de quinze jours établi par l'art. 31 de l'arrêté de 1815, lorsqu'il n'a pas été rendu un arrêt préalable de communication dont parle l'art. 56. En ce cas, la cour en procédant au règlement de juges ne statue pas contradictoirement avec la partie intéressée, laquelle n'est pas appelée en cause et demeure entière en ses droits d'opposition; on conçoit dès lors que l'art. 31 de l'arrêté de 1815 ne doive pas être exécuté.

L'art. 56 est ainsi conçu : « Le demandeur en règlement de juges peut plaider sa cause comme en matière civile. La cour, après avoir entendu le ministère public, prononcera définitivement ou ordonnera suivant les circonstances, par un arrêt préparatoire, que le mémoire sera préalablement communiqué à la partie adverse. » Complétons cette citation par le paragraphe dernier de l'art. 531, C. instr. crim., qui ajoute, après avoir prescrit la notification de l'arrêt de *soit communiqué* : « Le prévenu ou l'accusé et la partie civile pourront présenter leurs moyens sur le conflit, dans la forme réglée par le chapitre II, tit. III du présent livre pour le recours en cassation. » Jusqu'ici la cour a toujours statué sans ordonner la communication préalable. Son arrêt, en ce cas, peut être attaqué par la voie de l'opposition dans le délai d'un mois à compter de sa signification prescrite par l'art. 532, C. instr. crim. (arrêté de 1815, art. 57, dérogeant sous ce rapport à l'art. 533, C. instr. crim.). Dans un arrêt du 17 juillet 1835, la cour a déclaré recevable pareille opposition.

Aux termes de l'article 535 du code d'instruction criminelle, « le prévenu qui ne sera pas en état d'arrestation, l'accusé qui ne sera pas retenu dans la maison de justice et la partie civile ne seront point admis au bénéfice de l'opposition, s'ils n'ont antérieurement, ou dans le délai fixé par l'art. 533, élu domicile dans le lieu où siége l'une des autorités judiciaires en conflit. A défaut de cette élection, ils ne pourront non plus exciper de ce qu'il ne leur aurait été fourni aucune communication, dont le poursuivant sera dispensé à leur égard. »

L'opposition se fait, au vœu de l'article 533, dans les formes prescrites par la loi pour le recours en cassation.

191. La loi n'a pas établi de délai pendant lequel, sous peine de déchéance, la demande en règlement de juges doive être adressée à la cour de cassation.

La cour de cassation peut, du reste, lorsqu'elle est saisie, par le ministère public ou par les parties, d'un pourvoi en cassation, statuer également par voie de règlement de juges. V. l'arrêt du 11 avril 1834, dont la finale du dispositif, non rapporté à la *Pasicrisie,* est ainsi conçue : « Et la cour, après en avoir délibéré en chambre du conseil après la prononciation de l'arrêt conformément à l'art. 430, C. instr. crim., et statuant par voie de règlement de juges, renvoie la cause devant le juge d'instruction de Bruxelles. » V. aussi arr. 3 mars 1856.

192. L'article 536 du code d'instruction criminelle dispose que « la cour de cassation, en jugeant le conflit, statuera sur tous les actes qui pourraient avoir été faits par la cour, le tribunal ou le magistrat qu'elle dessaisira. »

Cet article n'est encore rigoureusement applicable qu'au cas de conflit positif, qui est l'hypothèse constante du législateur. Il n'en est pas moins vrai que lorsqu'il y a conflit négatif, il est nécessaire de faire disparaître les décisions contraires au système par l'adoption duquel la cour de cassation fait cesser le conflit. Notre cour semble avoir adopté définitivement à cet effet deux formules distinctes : par la première, *elle casse et annule*; par l'autre, elle *déclare* seulement *non avenu ;* par la première, elle ordonne de plus la mention en marge et la transcription, formalités qui semblent être de rigueur lorsque la décision qui vient à disparaître a violé la loi, mais non lorsque son annulation n'a d'autre cause que les progrès accomplis dans une instruction.

La cour, dans un arrêt du 3 avril 1835, confirmé sur opposition le 17 juillet suivant, a même, tout en rejetant une demande en règlement de juges dont elle était uniquement saisie, cassé un arrêt de cour d'appel, décidant à tort qu'il y avait lieu à règlement de juges; le 7 février 1834, elle cassait aussi, sur requête en règlement de juges, un arrêt de la cour d'appel de Bruxelles qui s'était déclarée avec raison incompétente, malgré une ordonnance de renvoi de la chambre du conseil, mais qui, ce dont elle n'avait pas le droit, en présence de cette ordonnance toujours existante, avait de plus renvoyé le prévenu devant le juge d'instruction d'un autre arrondissement.

L'objet principal du règlement de juges est de déclarer quelle est la juridiction qui doit connaître du litige; la cour, en le faisant, renvoie directement la cause soit devant cette juridiction, soit devant une chambre des mises en accusation, ou devant une chambre du conseil, ce qui serait surtout nécessaire s'il demeurait encore un doute sur la nature des faits. V. Dalloz, v° *Règlement de juges*, n°ˢ 227 et 231. Voir aussi un réquisitoire de M. l'avocat général Faider, inséré dans la *Pasicrisie* (1852, p. 199).

La cour ou le tribunal devant lequel le renvoi est prononcé, est lié, quant à sa compétence, par l'arrêt de la cour de cassation; Dalloz, *ibid*, n° 236; sauf toutefois si des circonstances nouvelles venaient donner un autre caractère aux faits de la cause. Legraverend, vol. 2, p. 284.

Il est à remarquer, du reste, que la cour de cassation, en réglant de juges, a souvent à apprécier les faits de la cause et les éléments de preuve recueillis par l'instruction. V. notamment arr. 10 février 1845 (P. 1845, p. 435); 1ᵉʳ mai 1841 (P. 1849, p. 130); 31 mai 1847 (P. 1847, p. 289); 4 janvier 1841 (P. 1841, p. 102).

La cour de cassation, lorsqu'elle statue à la requête du ministère public, et qu'elle n'a pas ordonné la communication préalable aux parties, ne condamne jamais aux dépens.

193. Il est de principe que les arrêts rendus par la seconde chambre de la cour de cassation ne doivent pas, pour recevoir leur exécution, être notifiés aux parties intéressées. Les articles 531, 532 et 538 dérogent à cette règle ; le dernier de ces articles prescrit même la notification de l'arrêt rendu après un « soit communiqué » ou sur une opposition, auquel arrêt cependant toutes les parties doivent avoir été regulièrement appelées. V. n° **161**. Ces notifications ont lieu à la diligence du procureur général près la cour de cassation.

Il a été jugé que l'absence de notification de l'arrêt de règlement de juges aux accusés ne peut donner lieu à la cassation de l'arrêt rendu par la cour d'assises, si les accusés ne se sont pas fait un moyen de cette omission, soit devant la cour d'assises, soit en demandant la nullité de l'arrêt de renvoi rendu par la chambre des mises en accusation. Arr. 8 novembre 1848 (P. 1848, p. 491).

194. Nous ne connaissons pas de précédent d'une demande en règlement de juges dans des matières non répressives qui sont de la compétence de la deuxième chambre de la cour de cassation. Il n'est pas douteux cependant que dans ces matières aussi les conflits soient possibles, et qu'il faille dès lors appliquer à ces cas, par analogie, les principes que nous venons de rappeler, à moins que le conflit ne présente les caractères des conflits d'attributions, dont la connaissance appartient aux chambres réunies, d'après l'art. 44, § 2, loi du 4 août 1832.

§ IV. Renvoi pour cause de sureté publique ou de suspicion légitime.

1. *En matière civile.*

195. L'art. 65 de la constitution du 22 frimaire an VIII, et l'art. 79 de la loi du 27 ventôse an VIII disposent que la cour de cassation statue sur les demandes en renvoi d'un tribunal à un autre pour cause de suspicion légitime ou de sûreté publique.

La loi du 4 août 1832, art. 15, place également d'une manière générale dans les attributions de la cour de cassation le

droit de prononcer sur « les demandes en renvoi d'une cour ou
d'un tribunal à une autre cour ou à un autre tribunal, pour
cause de suspicion légitime ou de sûreté publique. »

Le code de procédure civile, de son côté, dans les articles
368 à 377, contient quelques dispositions qui règlent le renvoi
à une autre cour ou à un autre tribunal pour cause de parenté
ou alliance.

En ce cas spécial, c'est à la juridiction saisie du litige, et
dont un nombre déterminé de membres sont parents ou alliés
jusqu'au degré de cousin germain de l'une des parties, que le
renvoi doit être demandé par l'autre partie.

Mais, par ces dispositions limitatives, pas plus que par celles
qui confèrent aux cours d'appel la connaissance de règlements
de juges entre deux tribunaux du même ressort, le code de
procédure civile n'a pu enlever à la cour de cassation la connaissance des demandes en renvoi pour cause de suspicion
légitime et de sûreté publique, quel que soit le degré de la
juridiction qui donne lieu à une demande de cette nature ; en
France, à cet égard, la jurisprudence s'est prononcée en sens
contraire, quoiqu'elle ne semble pas entièrement fixée. V. Dalloz,
v° *Renvoi*, n° 88. La cour supérieure de Bruxelles a décidé
aussi, le 25 octobre 1821 (*J. de la C. de Br.*, 1821, p. 317), que
les demandes en renvoi d'un tribunal à un autre pour cause de
suspicion légitime ne sont du ressort de la cour de cassation
qu'en matière repressive ; que tout ce qui concerne la procédure
civile se trouve prévu par le code de procédure, et qu'il est dans
l'esprit de ce code que les demandes en renvoi d'un tribunal de
première instance à un autre, pour cause de suspicion légitime,
soient portées devant la cour à laquelle ressortit ce tribunal.
Notre cour de cassation a reconnu, au contraire, que toutes les
demandes en renvoi pour cause de suspicion légitime conti-
nuent, même en matière civile, malgré les dispositions du code
de procédure, à être du ressort exclusif de la cour de cassation ;
arr. 5 novembre 1849 (P. 1850, p. 26). Les conclusions de

M. Dewandre, avocat général, prises à cette date, contiennent un exposé lumineux de ce système.

Trois hypothèses bien distinctes peuvent donc se présenter :

1° Un ou plusieurs membres d'une juridiction se trouvent dans un des cas de récusation énumérés par l'art. 378, C. de proc. civ. ; alors il y a lieu à la récusation partielle, personnellement dirigée contre ces membres, conformément aux art. 378 et suiv. (V. n° **119**) ;

2° Une juridiction entière a perdu la confiance d'une partie, pour le motif de parenté ou d'alliance réglé par l'art. 368 C. proc.; cette juridiction doit alors elle-même statuer sur la demande de renvoi, conformément aux art. 368 à 377;

3° Il existe toute autre cause de suspicion légitime ou de sûreté publique pour que la juridiction compétente soit dessaisie; dans cette troisième hypothèse, l'intervention de la cour suprême est nécessaire.

Le 17 avril 1860 (P. 1861, p. 239), notre cour de cassation a décidé que lorsque, en matière civile, les juges et juges suppléants se récusent en un nombre tel que le tribunal dont ils font partie ne puisse plus se composer, il n'y a pas lieu à prononcer le renvoi pour cause de suspicion légitime, mais qu'il appartient alors à la cour d'appel à laquelle ressortit le tribunal empêché, de statuer par voie de règlement ou d'indication de juges.

196. Le renvoi pour cause de sûreté publique ou de suspicion légitime constituait, sous l'ancienne jurisprudence, ce que l'on appelait les *évocations*. « Évoquer une affaire, dit Tolozan (1ʳᵉ part., § I, p. 34), c'est en ôter la connaissance aux juges à qui elle appartient, suivant l'ordre établi dans le royaume, et donner à d'autres juges le pouvoir de la juger... — Les cours souveraines exercent cette autorité chacune dans son ressort, lorsque, par la suspicion d'un tribunal subalterne, elles renvoient les parties dans une autre juridiction inférieure; mais il n'y a que le roi et son conseil qui puissent prononcer sur l'évocation d'une contestation pendante dans une cour supérieure, ou lorsque l'affaire étant de la compétence des juges du ressort d'une cour, on demande d'en attribuer la connaissance à des juges ressortissants à une autre cour.

« On distingue deux sortes d'évocations : l'une *de grâce*, l'autre *de justice*.

« L'évocation de grâce est celle qui émane de la volonté du roi. L'évocation de justice est celle qui est fondée sur les parentés et alliances, qui peuvent rendre suspecte à l'une des parties la compagnie où son affaire devrait être jugée. »

Ce mot *évocation*, qui rappelait de tristes abus, la législation moderne l'a écarté. « Les choses sont toujours les mêmes, dit le président Henrion de Pansey (*De l'aut. jud*, ch. XXXVII), mais les mots sont changés. Ce que l'on appelait récusation de justice, récusation de grâce, on l'appelle aujourd'hui renvoi pour cause de parenté ou alliance, renvoi pour cause de suspicion légitime. »

La loi n'a tracé aucune règle à la cour de cassation pour l'exercice de cette mission si grave, qui pourrait paraître même incompatible avec le principe de l'art. 8 de la constitution ; c'est donc aux membres de la cour suprême à apprécier souverainement en fait si la juridiction compétente ne se trouve pas, à l'occasion d'un procès, en dehors des conditions d'impartialité auxquelles les justiciables ont droit, ou bien si le jugement de la cause par cette juridiction ne serait pas de nature à troubler la tranquillité publique.

Dalloz cite un grand nombre d'espèces où il a été prononcé en France, dans les matières civiles, des renvois pour cause de suspicion légitime ou de sûreté publique (v° *Renvoi*, nᵒˢ 64 à 75, 108 et 109). V. Merlin, *Questions de droit*, v° *Suspicion légitime*, et *Répertoire*, v° *Demande en renvoi*, III. Voir aussi l'arrêt de notre cour du 5 novembre 1849, cité plus haut, rejetant une demande de renvoi pour cause de suspicion légitime. C'est la seconde chambre de la cour qui a statué dans cette cause, quoique celle-ci fût relative à un procès civil.

Cet arrêt, en rejetant la demande, condamne le demandeur aux dépens et *à l'amende de* 300 *francs*, « vu les art. 60 du règlement du 15 mars 1815, et 79, titre Ier de l'ordonnance de 1737. »

197. Quant à la procédure à suivre, M. Tarbé (p. 67), en citant les art. 545 et suivants qui la règlent pour les demandes de cette nature en matière criminelle, dit que ces dispositions servent de guide à la chambre des requêtes lorsqu'elle se trouve saisie de semblables demandes en matière civile. Il est nécessaire du reste de se rappeler que la loi des 27 novembre-1er décembre 1790, art. 9, a assigné à cette procédure un caractère qu'aucune loi ne lui a enlevé.

« Les demandes en renvoi d'un tribunal à un autre, dit cet art. 9, pour cause de suspicion légitime, les conflits de juridiction et les règlements de juges seront portés devant le bureau des requêtes et jugés définitivement par lui sans frais, sur simples mémoires, *par forme d'administration* et à la pluralité des voix. »

Les demandes en renvoi sont toujours suspensives. Dalloz, v° *Cassation*, n° 928.

198. Le renvoi pour cause de sûreté publique ne peut être demandé que par le ministère public ; l'art. 79, loi du 27 ventôse an VIII, exige, en effet, la réquisition expresse du commissaire du gouvernement, qui est aujourd'hui le procureur général près la cour de cassation. D'un autre côté, ce sont seulement les parties intéressées qui peuvent solliciter le renvoi pour cause de suspicion légitime. V. Carré, *Lois d'org. et de comp.*, vol. 3, p. 323. Mais pour que leur demande soit recevable, il faut que la cour ou le tribunal contre lequel elles allèguent des motifs de suspicion légitime ait été préalablement saisi. V. arr. cour de cass. de Fr. du 25 avril 1827 (Sirey, 1827, I, 415).

2. *En matière répressive.*

199. Le code d'instruction criminelle, art. 542, plus explicite que le code de procédure civile, attribue d'une manière formelle à la cour de cassation la connaissance de toutes les demandes en renvoi pour cause de sûreté publique ou de suspicion légitime.

Il a été jugé que la loi du 16 ventôse an XII, si elle a été jamais applicable aux matières répressives, est au moins abrogée aujourd'hui par les dispositions du code de 1808 et par l'art. 15, § 2, de la loi du 4 août 1832. Arr. 28 février 1833 (P. à sa date) et 2 mai 1859 (P. 1861, p. 239). L'art. 1er de cette loi était ainsi conçu : « En cas d'empêchement légitime d'un juge de paix et de ses suppléants, le tribunal de première instance dans l'arrondissement duquel est située la justice de paix renverra les parties devant le juge de paix du canton le plus voisin. »

Le procureur général près la cour de cassation a la mission spéciale de requérir le renvoi pour cause de sûreté publique ou de suspicion légitime (art. 542). Toutefois les officiers du ministère public près la juridiction à dessaisir pour cause de sûreté publique, peuvent aussi adresser leurs réclamations, leurs motifs et les pièces à l'appui au ministre de la justice, qui les transmet, *s'il y a lieu,* à la cour de cassation. Ils peuvent aussi, concurremment avec les parties intéressées et le procureur général près la cour de cassation, demander le renvoi pour cause de suspicion légitime (art. 542, § 2, et 544).

Aux termes de l'art. 543, « la partie intéressée qui aura procédé volontairement devant une cour, un tribunal ou un juge d'instruction, ne sera reçue à demander le renvoi qu'à raison des circonstances survenues depuis, lorsqu'elles seront de nature à faire naître une suspicion légitime. »

Quant à la procédure à suivre, elle est réglée par les articles 545 à 551 du code d'instruction criminelle et ne diffère guère de celle à laquelle donnent lieu les demandes en règlement de juges. V. aussi les art. 55, 56, 57 et 58 de l'arrêté du 15 mars 1815. Notons toutefois que, d'après l'art. 546; « lorsque le renvoi sera demandé par le prévenu, l'accusé ou la partie civile, et que la cour de cassation ne jugera à propos ni d'accueillir ni de rejeter cette demande sur-le-champ, l'arrêt en ordonnera la communication à l'officier chargé du ministère public près la cour, le tribnnal ou le juge d'instruction saisi de la connaissance du délit, et enjoindra à cet officier de transmettre les pièces avec son avis motivé sur la demande en renvoi : l'arrêt ordonnera de plus, s'il y a lieu, que la communication sera faite à l'autre partie. »

200. La cour de cassation belge a prononcé, sur le réquisitoire du procureur général près cette cour, le renvoi pour cause de sûreté publique par les arrêts suivants non rapportés à la *Pasicrisie* : 12 avril 1833, 12 juin 1834, 2 mars 1840, 3 avril et 17 juillet 1848 ; et pour cause de suspicion légitime, par les arrêts du 28 février 1833 (P. à sa date) et du 16 janvier 1843, confirmé sur opposition le 14 février suivant (P. 1843, p. 128). Le 2 mai 1859 (P. 1861, p. 239), elle a prononcé un renvoi pour cause de suspicion légitime à la requête d'un bourgmestre agissant comme officier du ministère public près le tribunal de simple police de Caprycke. Le juge de paix de ce canton avait déclaré s'abstenir comme personnellement intéressé, et son unique suppléant s'était récusé comme allié au degré d'oncle de la partie civilement responsable.

Enfin dans un arrêt du 14 novembre 1859 (P. 1859, p. 333) que nous avons cité au n° **188**, la cour saisie d'une demande en règlement de juges qu'elle rejeta, renvoya une affaire, pour cause de suspicion légitime, devant le tribunal de simple police de Malines , « attendu que tous les tribunaux de simple police de l'arondissement de Louvain ressortissent au tribunal correctionnel de cet arrondissement, qui est leur juge d'appel et a déjà connu de l'affaire. »

Un arrêt du 20 juillet 1842 (P. 1850, p. 475) a rejeté une demande en renvoi pour cause de suspicion légitime. Cette demande était fondée sur ce que le demandeur, renvoyé devant la cour d'assises du Brabant, croyait ou craignait « que les magistrats composant cette cour ne fussent placés entre leur conscience et l'inimitié, par la grande influence que pouvaient exercer sur eux les magistrats et les fonctionnaires dont il disait avoir contrôlé la conduite dans les brochures qui faisaient l'objet des poursuites. »

Rappelons en terminant le texte de l'art. 552, C. instr. crim. : « L'arrêt qui aura rejeté une demande en renvoi n'exclura pas une nouvelle demande en renvoi, fondée sur des faits survenus depuis. »

Enfin le 12 février 1824, la cour supérieure de Bruxelles, siégeant en degré de cassation, a prononcé un renvoi pour cause de suspicion légitime du juge d'instruction d'un tribunal à celui d'un autre tribunal, sur la demande du procureur général près cette cour. Cette demande était fondée sur les rapports de parenté et d'alliance existant entre le prévenu et plusieurs membres du tribunal auquel était attaché le juge d'instruction dessaisi (1).

§ V. Demande en révision.

201. La loi a prévu trois cas de recours exceptionnel contre des jugements de condamnation ayant l'autorité de la chose jugée ; elle appelle ce recours demande en révision.

Le premier cas fait l'objet de l'art. 443 du code d'instruction criminelle. « Lorsqu'un accusé aura été condamné pour un crime, et qu'un autre accusé aura aussi été condamné par un

______

(1) Cet arrêt n'est rapporté ni indiqué dans aucun recueil ; nous en avons lu le texte aux feuilles d'audience de l'ancienne cour supérieure de Bruxelles.

autre arrêt comme auteur du même crime; si les deux arrêts ne peuvent se concilier et sont la preuve de l'innocence de l'un ou de l'autre condamné, l'exécution des deux arrêts sera sus-pendue, quand même la demande en cassation de l'un ou de l'autre arrêt aurait été rejetée.

« Le grand juge ministre de la justice, soit d'office, soit sur la réclamation des condamnés ou de l'un d'eux ou du procureur général, chargera le procureur général près la cour de cassation de dénoncer les deux arrêts à cette cour.

« Ladite cour, section criminelle, après avoir vérifié que les deux condamnations ne peuvent se concilier, cassera les deux arrêts, et renverra les accusés pour être procédé sur les actes d'accusation subsistants, devant une cour autre que celles qui auront rendu les deux arrêts. »

La cour de cassation belge a eu, quoique rarement, à faire l'application de cet article.

Par arrêt du 19 septembre 1851 (P. 1852, p. 55), elle a dé-cidé, sur les conclusions conformes de M. le procureur général Leclercq, que la présente disposition est applicable au cas où la contradiction existe entre un arrêt de la cour militaire et un jugement d'un conseil de guerre condamnant l'un et l'autre des personnes différentes pour le même crime; elle a décidé, en outre, par le même arrêt, qu'il y a lieu, dans une pareille affaire, à renvoi devant la cour militaire, composée d'autres juges, et non devant la juridiction ordinaire, comme c'était l'usage dans l'ancien droit français.

Le 11 novembre 1861, elle a étendu l'application de l'arti-cle 443 aux affaires correctionnelles, s'écartant en cela du système adopté en France et qui se trouve exposé par Dalloz, v° *Cassation*, n° 1536. Le réquisitoire de M. le procureur général Leclercq, inséré dans le texte même de l'arrêt que nous rappelons, est une démonstration péremptoire de l'opinion qu'il consacre. (*Belg. judic.*, 1862, p. 603).

202. Le deuxième cas de demande en révision est prévu par l'art. 444, C. instr. crim., ainsi conçu :

« Lorsque, après une condamnation pour homicide, il sera, de l'ordre exprès du grand juge ministre de la justice, adressé à la cour de cassation, section criminelle, des pièces représentées postérieurement à la condamnation, et propres à faire naître de suffisants indices sur l'existence de la personne dont la mort supposée aurait donné lieu à la condamnation, cette cour pourra préparatoirement désigner une cour impériale pour reconnaître l'existence et l'identité de la personne prétendue homicidée, et les constater par l'interrogatoire de cette personne, par audition de témoins et par tous les moyens propres à mettre en évidence le fait destructif de la condamnation.

« L'exécution de la condamnation sera de plein droit suspendue par l'ordre du grand juge, jusqu'à ce que la cour de cassation ait prononcé, et, s'il y a lieu ensuite, par l'arrêt préparatoire de cette cour.

« La cour désignée par celle de cassation prononcera simplement sur l'identité ou non-identité de la personne ; et après que son arrêt aura été, avec la procédure, transmis à la cour de cassation, celle-ci pourra casser l'arrêt de condamnation, et même renvoyer, s'il y a lieu, l'affaire à une cour d'assises autre que celles qui en auraient primitivement connu. »

D'après le *Manuel de cassation* (édité en 1832, à Bruxelles, sans nom d'auteur), les expressions *s'il y a lieu*, contenues dans le paragraphe dernier de cet article, prévoient le cas où, malgré l'existence reconnue de la personne prétenduement homicidée, un autre meurtre donnerait lieu à un nouvel examen de l'affaire.

Lorsque la condamnation, dans le cas de l'article 444, est portée contre un individu mort depuis, la cour nomme un curateur à sa mémoire, lequel exerce tous les droits du condamné (art. 447, C. instr. crim.).

203. Le troisième cas de demande en révision est ainsi déterminé par les art. 445 et 446 :

« Art. 445. Lorsque, après une condamnation contre un accusé, l'un ou plusieurs des témoins qui avaient déposé à charge contre lui seront poursuivis pour avoir porté un faux témoignage dans le procès, et si l'accusation en faux témoignage est admise contre eux, ou même s'il est décerné contre eux des mandats d'arrêt, il sera sursis à l'exécution de l'arrêt de condamnation, quand même la cour de cassation aurait rejeté la requête du condamné. Si les témoins sont ensuite condamnés pour faux témoignage à charge, le grand juge ministre de la justice, soit d'office, soit sur la réclamation de l'individu condamné par le premier arrêt, ou du procureur général, chargera le procureur général près la cour de cassation de dénoncer le fait à cette cour.

« Ladite cour, après avoir vérifié la déclaration du jury, sur laquelle le second arrêt aura été rendu, annulera le premier arrêt, si par cette déclaration les témoins sont convaincus de faux témoignage à charge contre le premier condamné, et pour être procédé contre l'accusé sur l'acte d'accusation subsistant, elle le renverra devant une cour d'assises autre que celles qui auront rendu soit le premier, soit le second arrêt.

« Si les accusés de faux témoignage sont acquittés, le sursis sera levé de droit et l'arrêt de condamnation sera exécuté.

« Art. 446. Les témoins condamnés pour faux témoignage ne pourront pas être entendus dans les nouveaux débats. »

204. Il n'y a pas encore eu lieu, que nous sachions, d'appliquer en Belgique les dispositions que nous venons de citer relativement aux deux derniers cas de demande en révision. Le but constant que nous nous sommes proposé dans tout le cours de ce traité n'étant que de coordonner les principes contenus dans la jurisprudence déjà longue de la cour de cassation belge, nous nous abstenons de nous livrer ici à un commentaire quelconque.

Notons seulement que le mode de procéder, qui semble devoir être le même dans les trois cas de demande en révision n'est, cette fois encore, spécialement réglé nulle part. La mise au rôle de l'audience ne doit pas précéder de quinze jours le jugement de l'affaire ; la demande en révision, jugée par l'arrêt du 11 novembre 1861, rappelé plus haut, fut portée devant la cour le 6 novembre, et cinq jours après la cour avait déjà prononcé. La même célérité a été mise au jugement de l'affaire Bonné et Geens. Arrêt du 3 juillet 1843. Il est douteux, à cause surtout de cette suppression de délais et de l'absence de toute notification aux parties intéressées, que celles-ci aient le droit d'intervenir dans l'instruction des demandes en révision ; la question ne s'est pas, pensons-nous, présentée jusqu'ici. Le *Manuel de cassation* (1832, p. LXXIX) se prononce pour l'affirmative.

§ VI. ATTRIBUTIONS SPÉCIALES DE LA COUR DE CASSATION CONCERNANT LES CRIMES OU LES DÉLITS COMMIS PAR CERTAINS MAGISTRATS.

205. Quelque exceptionnelles et dérogatoires aux principes généraux que soient les attributions dont il est question dans ce paragraphe, elles ne doivent pas être considérées comme abolies par l'art. 95 de la constitution belge, proclamant que, sauf le jugement des ministres, la cour ne connaît pas du fond des affaires. Tel est l'avis de notre cour de cassation , d'accord avec les auteurs mêmes de la constitution, ainsi que nous l'avons dit au n° **56**. Quant à la loi du 4 août 1832, elle a entendu conserver à la cour de cassation toutes les attributions qui lui sont conférées par les lois antérieures et non contraires à notre charte constitutionnelle (art. 15, 7°).

206. Les art. 481 et 482, C. instr. crim., prévoient le cas où un membre d'une cour d'appel ou un officier exerçant près d'elle les fonctions de ministère public est prévenu d'avoir commis un crime ou un délit hors de ses fonctions. « Dans ce cas, ont dit les orateurs du gouvernement, il a paru convenable d'attribuer à la cour de cassation une première juridiction qu'elle exercera avec solennité et avantage pour l'ordre public et les prévenus. » La loi confie donc à la cour de cassation le soin de faire alors l'office de chambre du conseil ; M. Tarbé explique cette exception par un double motif : « Le premier, de garantir ces magistrats des procédures vexatoires auxquelles ils pourraient être exposés par suite des inimitiés auxquelles leurs fonctions les mettent en butte ; le second, d'empêcher que le crédit de ces magistrats ne leur procure une impunité scandaleuse. » Application de ces dispositions a été faite par la cour, le 12 septembre 1834 (P. à la date du 2 septembre 1834).

La cour rendit à cette date, sur réquisitoire du procureur général agissant en exécution de l'art. 482, C. instr. crim., un arrêt décidant qu'il n'y avait pas lieu à suivre sur une prévention de délit de chasse mise à charge d'un conseiller à la cour d'appel de Liége.

Par un autre arrêt du 13 septembre 1833, non inséré dans les recueils, la cour, par application des mêmes art. 481 et 482, C. instr. crim., déclara qu'il y avait lieu de suivre sur une prévention de délit de chasse imputé au magistrat remplissant alors les fonctions de procureur général près la cour d'appel de Bruxelles, et par application de l'art. 10 de la loi du 20 avril 1810 , elle prononça le renvoi du prévenu devant la cour d'appel de Liége.

207. Il est un autre cas pour lequel une attribution spéciale de juridiction est faite à la cour de cassation : c'est celui d'un crime commis dans l'exercice des fonctions et emportant la peine de forfaiture ou autre plus grave, si ce crime est imputé soit à un tribunal entier de commerce, correctionnel ou de première instance, soit individuellement à un ou plusieurs membres des cours impériales, et aux procureurs généraux et substituts près ces cours (art. 485).

Le crime doit être dénoncé alors au ministre de la justice qui donne, s'il y a lieu, ordre de poursuivre au procureur gé-

néral près la cour de cassation. Si une demande de prise à
partie est faite par les personnes qui se prétendent lésées, ou
si la dénonciation est incidente à une affaire pendante à la cour
de cassation, elle pourra être adressée directement à la cour
de cassation (art. 486); et cela même, semble-t-il, si celui qui
en est l'objet est un magistrat non mentionné en l'art. 485.
V. Tarbé, chap. V, § III, 5°, *Cour de cassation*. C'est ce qui
paraît résulter aussi d'un arrêt du 30 juin 1845 (P. 1846,
p. 507). Il s'agissait, dans cette affaire, d'une dénonciation faite
à la cour de cassation incidemment à un pourvoi, contre un
procureur du roi près un tribunal de première instance. La
cour n'accueillit pas la dénonciation, par le motif unique qu'il
n'imputait aucun crime au magistrat qui en était l'objet.

Le réquisitoire, lu et déposé par M. Delebecque pour le procureur général, en chambre du conseil, concernant cette dénonciation, éclaircit plusieurs questions de la procédure à suivre
en cette matière :

« Quant à la forme à suivre : attendu que dans le cas de
dónonciation incidente faite à la cour de cassation, ce corps de
magistrature, ayant à statuer sur la mise en prévention de
l'inculpé, doit observer, par parité de raison, les formes suivies
devant les chambres du conseil, et statuer en conséquence à
huis clos (1) sur le rapport fait à la chambre par le conseiller
chargé du rapport de l'affaire dans laquelle a été rendue la
décision judiciaire, objet du pourvoi en cassation, et ce après
avoir apprécié s'il existe des charges suffisantes pour admettre
la dénonciation, et renvoyer, s'il y a lieu, l'affaire devant la
chambre civile, qui aurait à statuer comme chambre des mises
en accusation; d'où il suit qu'il y a lieu de disjoindre du pourvoi en accusation de Filleul contre le jugement du tribunal de
Bruges, la plainte ou dénonciation qu'il forme contre le procureur du roi de Courtrai.

____

(1) Les arrêts du 13 septembre 1833 et du 12 septembre 1834 ont cependant été
rendus en audience publique.

« Quant à l'admission de la dénonciation :

« Attendu que, d'après l'art. 485 du code d'instruction criminelle, l'attribution déférée à la cour de cassation, en matière de plainte ou de dénonciation contre des magistrats ou des corps judiciaires, est restreinte au cas unique où il s'agit d'un crime emportant la peine de forfaiture ou autre plus grave ; qu'à la vérité, dans sa plainte contenue dans le mémoire fourni à l'appui de son pourvoi, Filleul impute vaguement à M... un prétendu crime de forfaiture, mais qu'il résulte de la lecture seule de ses dénonciations diverses adressées au ministre de la justice, et cause de sa condamnation pour dénonciation calomnieuse, que les faits par lui imputés gratuitement à ce fonctionnaire seraient, en les supposant vrais, constitutifs tout au plus d'un déni de justice non encore suffisamment caractérisé, ou de certains abus commis prétenduement par ce magistrat dans l'exercice de ses fonctions, abus auxquels ne pourrait appartenir la qualification de délit et bien moins encore celle de crime ;

« Ce considéré, etc. »

Pour ce qui concerne au surplus l'instruction et le jugement de ces affaires, nous ne pouvons que renvoyer aux art. 486 à 503, C. instr. crim., avec les annotations modificatives insérées au code édité par M. Delebecque et devenues nécessaires par suite surtout de la suppression de la chambre des requêtes.

208. La loi du 20 avril 1810, art. 10 et 18, vient compléter les dispositions prérappelées du code d'instruction criminelle :

« Art. 10. Lorsque des . . . . . . des membres de la cour de cassation, de la cour des comptes et des cours impériales et des préfets seront prévenus de délits de police correctionnelle, les cours impériales en connaîtront de la manière prescrite par l'art. 479, C. instr. crim.

« Art. 18. La connaissance des faits emportant peine afflictive ou infamante dont seront accusées les personnes mentionnées à l'art. 10, est aussi attribuée à la cour d'assises du lieu où réside la cour impériale.

« La disposition du présent article et celle de l'art. 10 ne sont pas applicables aux crimes ou délits qui seraient de la compétence de la haute cour, d'après les dispositions du sénatus-consulte du 28 floréal an XII (1).

Le premier de ces articles, sans supprimer l'intervention de la cour de cassation comme chambre du conseil, réglée par les art. 481 et 482, C. instr. crim., a évidemment dérogé à ces dispositions qui prescrivaient le renvoi devant un tribunal correctionnel; aussi, l'arrêt précité du 13 septembre 1833 prononça-t-il le renvoi devant la cour d'appel, mais, par application du principe contenu dans le même article, une cour d'appel, autre que celle à laquelle appartenait le magistrat inculpé, fut saisie de la poursuite. Il résulte du même arrêt que les officiers du ministère public doivent être compris dans la dénomination de membres des cours, dont se sert l'art. 10 de la loi du 26 avril 1810; M. l'avocat général Defacqz, dans le réquisitoire qui précéda cet arrêt, se prononça en ce sens, et invoqua notamment l'art. 63 de la même loi, qui considère les officiers du ministère public comme membres du corps judiciaire près duquel ils exercent leurs fonctions. Cet article range également les greffiers parmi les membres des juridictions, d'où l'on devrait peut-être conclure aussi que les greffiers en chef et greffiers des cours doivent être également compris

(1) La *haute cour* dont il est question dans cet article était une juridiction spéciale et supérieure, instituée pour le jugement des crimes contre la sûreté de l'État, et qui a existé en France sous la plupart des régimes qui s'y sont succédé depuis 1790. Le sénatus-consulte du 28 floréal an XII lui donnait le titre de haute cour impériale, réglait ses attributions, sa procédure et son organisation ; elle était, sous l'empire de cette législation, composée des personnages suivants : les princes, les titulaires des grandes dignités, les grands officiers de l'empire, le grand juge ministre de la justice, soixante sénateurs, les six présidents de section du conseil d'État, quatorze conseillers d'État et vingt membres de la cour de cassation (art. 104, S.-C. 28 floréal an XII).

dans l'application de l'art. 10 de la prédite loi. Voir, en ce sens, arr. cour de Liége, 1er octobre 1832; *contra* Dalloz, v° *Greffe-Greffier*, n° 36.

§ VII. PRISE A PARTIE.

209. Le jugement des prises à partie contre une cour entière ou l'une de ses chambres ou contre les membres de la cour de cassation, est attribué à la cour de cassation (loi du 4 août 1832, art. 15, 4°). V. n° **56**.

L'art. 505, C. proc. civ., détermine les cas où les juges peuvent être pris à partie, et doit recevoir ici son application. Il est ainsi conçu :

« Les juges peuvent être pris à partie dans les cas suivants :

« 1° S'il y a dol, fraude ou concussion, qu'on prétendrait avoir été commis soit dans le cours de l'instruction, soit lors des jugements;

« 2° Si la prise à partie est expressément prononcée par la loi ;

« 3° Si la loi déclare les juges responsables, à peine de dommages et intérêts ;

« 4° S'il y a déni de justice. » Art. 506, 507 et 508.

210. La demande en prise à partie est une action civile; elle doit donc être introduite et instruite suivant les règles ordinaires admises pour les pourvois civils, avec les modifications, toutefois, résultant des art. 510 à 516, C. proc. civ.; une prise à partie ne peut avoir lieu sans la permission préalable d'une chambre de la cour de cassation, et le jugement de la demande doit être attribué à l'autre chambre.

La consignation préalable d'une amende n'est pas requise ici; mais si la requête est rejetée, qu'elle ait été ou non autorisée, la partie encourt une amende qui ne peut être moindre de trois cents francs, sans préjudice des dommages intérêts, s'il y a lieu (art. 513 et 515).

§ VIII. Conflits d'attributions.

211. Les principes de la constitution belge, inscrits dans les art. 92, 93, 24 et 107, en fixant avec précision les attributions et la compétence du pouvoir judiciaire, ont beaucoup amoindri, sans la tarir, la source des conflits d'attributions, si fréquents naguère entre les tribunaux et l'autorité administrative. Le jugement de ces conflits, confié autrefois au pouvoir exécutif, est aujourd'hui de la compétence de la cour de cassation, en vertu de l'art. 106 de notre constitution : « La cour de cassation prononce sur les conflits d'attributions, d'après le mode réglé par la loi. »

Aux termes de l'art. 44, § 2, de la loi du 4 août 1832, les conflits d'attributions sont jugés chambres réunies ; il n'existe aucune autre disposition législative postérieure à la constitution, ayant pour objet de déterminer les règles à suivre en cette matière ; de là beaucoup d'hésitations et plusieurs systèmes exposés et développés d'une manière complète au *Répertoire de l'administration,* de MM. Ch. De Brouckere et Tielemans, v° *Conflit d'attributions.* Le premier système qui s'y trouve énoncé, et qui semble être celui en faveur duquel militent le plus de considérations sérieuses, a été adopté par le gouvernement. Il assimile le conflit d'attributions à un règlement de juges dont toute la procédure est déterminée par l'ordonnance de 1737. Dans ce système, ce sont les parties en cause seules qui ont le droit de saisir la cour du jugement du conflit, et l'intervention directe de l'autorité administrative pour élever le conflit ne peut être admise. Aussi, plus d'une fois, le gouvernement a-t-il annulé les arrêtés par lesquels des gouverneurs de provinces déclaraient intervenir dans une instance où, d'après eux, la connaissance de la cause ne pouvait appartenir aux tribnaux, et élever le conflit.

En 1835, une requête demandant le jugement d'un conflit

d'attributions, fut présentée à la cour de cassation, par un particulier et donna lieu à un arrêt, rendu chambres réunies, le 2 mars 1835, ainsi conçu :

« Vu la requête déposée au greffe de la cour le six février dernier, au nom de Charles-François Mary, propriétaire à Jodoigne, par M⁰ Marcelis, avocat à la cour ;

« Vu les articles 8, 9, 18 et 19 du titre deux de l'ordonnance du mois d'août 1737 ;

« Sans rien préjuger, permet d'assigner aux fins de ladite requête, ordonne qu'elle sera signifiée à Ph. Goes, notaire, et Ph.-J. Goes, commissaire voyer, tous deux domiciliés à Jodoigne, dans le délai d'un mois, pour y fournir leur réponse dans le délai de deux mois, pour ce fait ou faute de ce faire, dans lesdits délais être statués ainsi qu'il sera trouvé appartenir ;

« Fait défense d'exécuter dans l'intervalle l'arrêté des états députés du Brabant en date du cinq décembre 1834. »

L'arrêté dont il est question dans cet arrêt avait ordonné le rétablissement du cours d'une rivière, alors que le jugement d'un tribunal de première instance, confirmé par la cour d'appel, avait, avant de faire droit sur le même objet de demande, ordonné une enquête. A la suite de l'arrêt de la cour de cassation, contenant permis d'assigner, la députation du Brabant décida, le 19 mars 1835, que l'exécution de son ordonnance resterait suspendue jusqu'à décision du pouvoir judiciaire, et le 16 janvier 1836, le gouvernement, de son côté, rendit un arrêté ainsi conçu : « L'exécution de l'ordonnance de la députation des états, en date du 5 décembre 1834, est suspendue jusqu'à ce que le pouvoir judiciaire ait épuisé sa juridiction, pour être alors statué, quant aux mesures qu'elle ordonne, ainsi qu'il sera trouvé appartenir. »

La cour, par un arrêt du 30 janvier 1837 (P. à sa date), statua, dans cet état de la cause, que les arrêtés prérappelés n'avaient pas fait cesser le conflit, et ordonna qu'il fût instruit sur le fond.

Mais, le 15 février, un arrêté royal rapporta celui du 16 janvier 1836, et annula l'ordonnance de la députation des états du Brabant en date du 5 décembre 1834; dès lors, il n'y avait plus, pour la cour, qu'à déclarer que tout conflit avait disparu : c'est ce qu'elle fit le 20 février suivant, en condamnant la partie défenderesse aux dépens.

Ces trois arrêts ont été rendus chambres réunies, avec l'intervention des avocats de la cour, et sans consignation d'amende par le demandeur.

§ IX. Pourvoi après une première cassation. — Jugement de la cause par les chambres réunies.

212. Nous avons parlé, au n° **53**, de la loi du 7 juillet 1865, réalisant un progrès attendu depuis longtemps, et supprimant l'interprétation législative qu'organisent les art. 23, 24 et 25 de la loi du 4 août 1832. Cette loi du 7 juillet 1865 est ainsi conçue :

« Art. 1er. Lorsque, après une cassation, le deuxième arrêt, jugement ou décision est attaqué par les mêmes moyens que ceux du premier pourvoi, la cause est portée devant les chambres réunies qui jugent en nombre impair.

« Aucun recours en cassation n'est admis contre le deuxième arrêt, jugement ou décision, en tant que ce deuxième arrêt, jugement ou décision est conforme au premier arrêt de cassation.

« Art. 2. Si le deuxième arrêt, jugement ou décision est annulé par les mêmes motifs que ceux de la première cassation, le juge du fond, à qui l'affaire est renvoyée, se conforme à la décision de la cour de cassation sur le point de droit jugé par cette cour.

« Art. 3. La cour d'appel à laquelle, dans le cas de l'article précédent, l'affaire sera renvoyée, prononcera en audience ordinaire.

« Art. 4. Chaque fois que la cour de cassation casse pour la seconde fois dans le cas de l'art. 2, le procureur général près de cette cour transmet les décisions rendues au ministre de la justice qui, chaque année, en fait rapport aux chambres.

« Art. 5. Les juges sont tenus de se conformer aux lois interprétatives, dans toutes les affaires où le point de droit n'est pas définitivement jugé au moment où ces lois deviennent obligatoires.

« Art. 6. Les art. 23, 24 et 25 de la loi du 4 août 1832 sont abrogés.

« Toutefois ils resteront applicables aux causes renvoyées après une seconde cassation prononcée avant la mise en vigueur de la présente loi. »

213. Le § 1ᵉʳ de l'article 1ᵉʳ de cette loi, conservant les expressions un peu vagues de l'art. 23 de la loi du 4 août 1832, doit être interprété en ce sens, qu'il y a lieu à audience chambres réunies lorsque le moyen auquel donne lieu le second pourvoi a servi de base à la cassation, et qu'ainsi il y a dissentiment entre l'arrêt de la cour de cassation et les deux juridictions qui ont rendu, la première, la décision annulée, et la seconde, la décision attaquée. Arr. 5 janvier 1857 (P. 1857, p. 35) ; 21 décembre 1863.

Dès que, du chef de l'un des moyens du second pourvoi, il y a lieu à audience chambres réunies, la cour doit en même temps statuer sur les autres moyens, même nouveaux, qui seraient produits. Arr. 12 août 1836 (P. à sa date).

Le § 2 de l'article 1ᵉʳ de la loi du 7 juillet 1865 tranche définitivement une controverse dont nous avons parlé au n° **103**, et qui en Belgique se trouvait résolue, par une jurisprudence unanime, dans le sens adopté par la loi nouvelle : lorsque, donc, la seconde décision attaquée a adopté le système de l'arrêt de cassation, aucun pourvoi n'est recevable contre cette décision, en tant qu'elle est conforme à l'arrêt de cassation.

214. Quant à la procédure à suivre pour l'instruction et le jugement des affaires attribuées aux chambres réunies, elle ne diffère pas de celle qui est respectivement réglée pour les affaires ordinaires soumises à la première ou à la seconde chambre de la cour de cassation.

§ X. Jugement des ministres.

215. La constitution belge a confié le jugement des ministres à la cour de cassation; les diverses dispositions de notre charte fondamentale, relatives à cet objet, sont conçues comme suit :

« Art. 24. Nulle autorisation préalable n'est nécessaire pour exercer des poursuites contre les fonctionnaires publics, pour faits de leur administration, sauf ce qui est statué à l'égard des ministres.

« Art. 63. La personne du roi est inviolable, ses ministres sont responsables.

« Art. 89. En aucun cas, l'ordre verbal ou écrit du roi ne peut soustraire un ministre à la responsabilité.

« Art. 90. La chambre des représentants a le droit d'accuser les ministres et de les traduire devant la cour de cassation, qui seule a le droit de les juger, chambres réunies, sauf ce qui sera statué par la loi, quant à l'exercice de l'action civile par la partie lésée et aux crimes et délits que des ministres auraient commis hors l'exercice de leurs fonctions.

« Une loi déterminera les cas de responsabilité, les peines à infliger aux ministres, et le mode de procéder contre eux, soit sur l'accusation admise par la chambre des représentants, soit sur la poursuite des parties lésées.

« Art. 134. Jusqu'à ce qu'il y soit pourvu par une loi, la chambre des représentants aura un pouvoir discrétionnaire pour accuser un ministre, et la cour de cassation pour le juger, en caractérisant le délit et en déterminant la peine.

« Néanmoins la peine ne pourra excéder celle de la reclusion, sans préjudice des cas expressément prévus par les lois pénales. »

La loi du 4 août 1832, comme conséquence des dispositions qui précèdent, proclame, dans son art. 6, les fonctions de conseillers, officiers du ministère public, greffier en chef et greffiers à la cour de cassation, incompatibles avec celles de membres des chambres et de ministres.

216. Depuis la promulgation de la constitution, aucune loi sur la responsabilité ministérielle n'est venue pourvoir aux lacunes que présente l'œuvre du congrès et qu'il était dans les vœux de cette assemblée de voir combler sans retard (constitution belge, art. 139).

Le 30 janvier 1831, M. Charles De Brouckere, au nom du gouvernement, présenta au congrès un projet de décret sur la responsabilité ministérielle. Ce projet fut renvoyé à l'examen des sections, mais il n'en fut pas fait rapport.

La loi du 4 août 1832 s'est bornée à régler quelques détails de procédure dans les articles suivants :

« Art. 26. Les accusations admises contre les ministres sont, en exécution de l'art. 90 de la constitution, jugées par les chambres réunies.

« Les juges doivent siéger en nombre pair; si les conseillers non légitimement empêchés se trouvent en nombre impair, le dernier nommé s'abstient.

« Art. 27. . . . .

« Dans le cas de l'article précédent, lorsqu'il s'agira du jugement d'un ministre, ce nombre (celui des membres de la cour) sera de seize au moins. »

Par suite de la loi du 15 juin 1849, la cour de cassation n'étant plus composée que de quinze conseillers, d'un président de chambre et d'un premier président, il faudra donc la présence de tous les membres de la cour, moins un, pour qu'il soit possible de statuer sur l'accusation d'un ministre.

La récente loi du 19 juin 1865, relative aux délits commis par les ministres hors de l'exercice de leurs fonctions, et dont nous parlons plus loin, fait disparaître cet inconvénient pour le cas dont elle s'occupe, en réduisant le minimum des membres de la cour de seize à quatorze.

217. En l'absence de toute loi sur la responsabilité ministérielle, il ne règne pas seulement une grande incertitude sur bien des questions importantes qui s'y rattachent, mais, d'après beaucoup de publicistes, une véritable entrave est portée à l'exercice du droit qu'ont les citoyens de réclamer, dans certains cas, des ministres, la réparation des dommages que ceux-ci leur auraient causés dans l'exercice de leurs fonctions.

La disposition transitoire de la constitution (art. 134) n'a pas, en effet, prévu toutes les éventualités, en accordant, jusqu'à ce qu'une loi intervienne, à la chambre des représentants un pouvoir discrétionnaire pour accuser un ministre, et à la cour de cassation pour le juger, en caractérisant le délit et en déterminant la peine. Que décider quant à l'action civile contre les ministres?

L'article 134 ne stipule rien à cet égard à titre de mesure transitoire, et l'art. 90, § 2, exigeant qu'une loi détermine les cas de responsabilité, n'exclut-il pas l'applicabilité de l'article 1382 du code civil aux actes posés dans leurs fonctions par les chefs des départements ministériels? Une solution affirmative a été donnée à cette question par la section centrale de la chambre des représentants en 1863.

A la suite de l'arrêt de la cour de cassation dans l'affaire du colonel Hayez, celui-ci s'adressa à la chambre, en vue d'obtenir une réparation civile du ministre de la guerre.

« Je viens réclamer, disait-il, votre intervention dans les termes qu'il vous plaira d'arrêter.

« Croyez-vous qu'il y ait lieu de décréter le ministre d'accusation pour avoir violé les lois et les règlements, provoqué des arrêtés royaux illégaux, ordonné des arrestations arbitraires envers un citoyen et sa séquestration illégale pendant plus de dix jours; jugez-vous qu'il suffise que j'exerce une action civile, comme partie lésée, action que je suis prêt à introduire dès que vous m'y aurez autorisé ; pensez-vous devoir provoquer immédiatement une loi sur la responsabilité ministérielle en réservant mon droit de poursuivre la réparation qui m'est due, conformément aux prescriptions que vous jugerez convenable d'adopter, je me soumets respectueusement à votre décision. » Il ne fut pas question à la chambre de mettre le ministre en accusation, mais un projet de loi, dû à l'initiative parlementaire de MM. De Gottal et Goblet, fut déposé, conçu dans les termes suivants :

« Art. 1er. L'action en dommages-intérêts contre un ministre, pour faits de son administration, sera portée devant les tribunaux civils ordinaires.

« Art. 2. Cette action ne pourra être introduite sans l'autorisation préalable de la chambre des représentants.

« Art. 3. Elle devra être intentée endéans les six mois à compter du jour où l'autorisation aura été accordée.

« Art. 4. La présente loi sera obligatoire le lendemain de sa promulgation. »

La section centrale, par l'organe de son rapporteur, M. Defré, tout en exprimant le vœu que le gouvernement présentât lui-même, sur la responsabilité ministérielle, une loi complète, efficace et conforme à la constitution, proposa le rejet du projet de loi déposé, par le motif principal qu'il était incomplet, et partant contraire à la constitution, comme ne déterminant pas les cas de responsabilité juridique. (V. le rapport de la section centrale, *Belgique judiciaire*, 1853, p. 689.) D'après l'opinion émise dans ce rapport, et défendue à la chambre par MM. Frère et Tesch, il n'y aurait, sous l'empire de la législation actuelle, d'action civile recevable contre les ministres, qu'accessoirement à la mise en accusation ; le texte de l'art. 90

de la constitution commande-t-il une solution aussi étrange et contraire à la pensée du congrès, telle qu'elle résulte des documents mêmes que rappelle M. Defré dans son rapport? Il semble bien difficile de l'admettre. Le § 2 de cet article, en disant qu'une loi déterminera les cas de responsabilité, peut très-bien n'avoir eu en vue que la responsabilité pénale de la gestion des ministres, comme le rendent même vraisemblable les mots qui suivent : *les peines à infliger aux ministres;* ces expressions ne peuvent évidemment s'entendre de la responsabilité civile, pas plus que des crimes et des délits commis par les ministres en dehors de leurs fonctions et à l'égard desquels les principes généraux conservent tout leur empire. L'art. 134 confirme péremptoirement cette interprétation; il a pour objet de pourvoir à la lacune que présente l'œuvre du congrès dans l'attente d'une loi complète, et il ne dit rien de l'action civile. Qu'en conclure, si ce n'est qu'il n'y a rien là de provisoire à régler, et que l'art. 1382 doit être applicable aux ministres comme aux autres citoyens. (V. les discours prononcés, en ce sens, à la chambre des représentants, les 7 et 10 juin, par MM. Van Overloop, Van Humbeeck et Guillery.)

Quant à la juridiction devant laquelle devrait être portée l'action civile dirigée contre un ministre pour des faits relatifs à ses fonctions, il résulte de l'art. 139 de la const. belge, que ce doit être la cour de cassation, tant qu'il n'y aura pas été dérogé par la loi, à la différence des poursuites pénales dirigées contre les ministres à l'occasion de l'exercice de leurs fonctions, et à l'égard desquelles aucune exception à la compétence de la cour suprême, n'est permise. L'autorisation de la chambre des représentants est, du reste, nécessaire pour que l'action civile dont il s'agit ici puisse être portée devant la cour de cassation.

218. A côté des crimes et délits et des simples faits dommageables dont nous venons de parler, se trouvent les crimes et délits qu'ont commis les ministres hors de l'exercice de leurs fonctions, et dont s'occupe la loi du 19 juin 1865, qui n'a été mise en vigueur que pour un an.

Les dispositions de cette loi sont ainsi conçues :

« Art. 1er. Les crimes et délits commis par un ministre hors de l'exercice de ses fonctions sont déférés à la cour de cassation, chambres réunies.

« Art. 2. L'instruction ne peut être commencée ni la poursuite intentée sans l'autorisation de la chambre des représentants.

« Sauf le cas prévu par le § 1 de l'art. 41 du code d'instruction criminelle, l'arrestation préventive d'un ministre ne peut être opérée qu'avec la même autorisation.

« Si le ministre est membre du sénat, la poursuite et l'arrestation ne peuvent avoir lieu, pendant la durée de la session, qu'avec l'autorisation de cette assemblée.

Art. 3. Le procureur général près la cour de cassation est chargé de la poursuite, à moins que la chambre des représentants ne délègue un ou plusieurs commissaires. Ces commissaires exercent toutes les attributions du ministère public.

« Art. 4. La chambre des représentants peut toujours ordonner d'office la poursuite.

« Art. 5. Sur la réquisition du procureur général ou celle des commissaires délégués, la cour désigne un ou plusieurs de ses membres pour entendre les témoins ou procéder à tous autres actes d'instruction.

« Art. 6. L'instruction terminée, l'affaire est portée devant la cour de cassation, soit par le procureur général, soit par les commissaires délégués, pour y faire telle réquisition qu'il appartiendra.

« Art. 7. La cour de cassation observe les formes prescrites par le code d'instruction criminelle.

« Art. 8. Par dérogation au dernier paragraphe de l'art. 27 de la loi du 4 août 1832, le nombre des membres nécessaires pour que la cour de cassation puisse rendre arrêt est réduit à 14.

« Art. 9. Les contraventions commises par des ministres sont jugées par les tribunaux et dans les formes ordinaires.

« Art. 10. La présente loi sera obligatoire le lendemain de sa publication et n'aura d'effet que pour le terme d'une année. Elle sera applicable à toutes les infractions commises avant cette publication, mais dont les poursuites ne seraient pas encore commencées. »

Le 12 juillet 1865, la cour de cassation, chambres réunies, a, en exécution des dispositions qui précèdent, procédé au jugement et à la condamnation d'un ministre et d'un représentant, poursuivis, l'un et l'autre, du chef de s'être battus en duel. Il résulte de cet arrêt que le complice d'un ministre est justiciable avec ce dernier de la cour de cassation; ainsi le veulent les principes généraux du droit en matière de connexité; c'est ce qui est, du reste, formellement stipulé dans le cas spécial de l'art. 501 du code d'inst. crim.

Il serait difficile de prédire quel sort est réservé au système consacré par cette loi, dont la force obligatoire doit expirer le 19 juin 1866. Nous croyons pouvoir nous abstenir de préciser le sens des dispositions d'un acte législatif aussi essentiellement transitoire.

219. Reste l'hypothèse d'un simple procès civil à intenter contre un ministre, relativement à des faits étrangers à ses fonctions ministérielles. Ici le droit commun reprend complétement son empire, et les articles cités de la constitution ne peuvent recevoir aucune application; donc, pas de juridiction exceptionnelle, pas d'autorisation préalable pour les actions de cette nature. Certes, si les faits qui servent de base à l'action dirigée contre le ministre constituent un crime ou un délit, l'action civile peut être portée devant la cour de cassation si celle-ci est déjà saisie de l'action publique; mais ce n'est là qu'une faculté dont la partie lésée peut ne pas user, conformément à l'art. 3 du code d'instruction criminelle.

Le projet présenté aux chambres, en 1865, et qui, le 19 juin, fut converti en loi, faisait à cette règle une exception qui n'a pas été admise; il rendait pour les crimes et délits des ministres, hors même de l'exercice de leurs fonctions, l'action civile inséparable de l'action publique, et proclamait, pour l'une comme pour l'autre, la compétence exclusive de la cour de cassation. C'est ce que les chambres n'ont pas voulu, et en rejetant la disposition proposée, elles ont laissé cette matière sous l'empire de l'art. 3 du code d'instruction criminelle.

§ XI. FAVEURS ACCORDÉES AUX INDIGENTS DANS LEURS PROCÈS DEVANT LA COUR DE CASSATION.

220. L'arrêté du 26 mai 1824, portant des dispositions générales concernant la faveur accordée aux indigents de procéder gratis devant les cours et tribunaux, est applicable à la procédure devant la cour suprême. Le pourvoi en cassation, s'il présente un fondement sérieux, devient ainsi accessible au pauvre, tandis que par les frais et l'amende si considérables qu'il entraîne en matière civile, et dont une partie doit être payée au début même de la procédure, bien des familles peu aisées, sans être indigentes, ne peuvent qu'au prix des plus pénibles sacrifices, porter leur recours devant la cour de cassation, instituée cependant dans l'intérét de tous.

221. Nous avons vu précédemment que d'après l'art 420, C. instr. crim., les indigents, demandeurs en cassation, sont, en matière répressive, dispensés de la consignation de l'amende en produisant un extrait du rôle des contributions constatant qu'ils payent moins de six francs, ou un certificat du receveur de leur commune portant qu'ils ne sont pas imposés, ainsi qu'un certificat d'indigence délivré par l'autorité communale, visé par le commissaire d'arrondissement et approuvé par le gouverneur. Déjà, la loi du 14 brumaire an v, art. 2, encore applicable aux pourvois civils, avait disposé en ce sens pour toutes les matières, avec cette différence qu'elle exige que le certificat d'indigence soit *visé et approuvé par l'administration centrale du département* (arrêté du 15 mars 1815, art. 5); aussi a-t-il été jugé en matière civile, que la quittance constatant la consignation de l'amende peut être remplacée par un certificat d'indigence, pourvu que ce certificat soit visé et approuvé par l'administration centrale de la province, aujourd'hui le gouverneur. Arr. 28 décembre 1836 (P. à sa date). Mais de même que la quittance, ce certificat, pour que le pourvoi soit recevable, doit être déposé en même temps que le mémoire en cassation. Arr. 14 août 1841 (P. 1841, p. 354).

Nous avons vu également, chap. I, § 2, note 4, que la cour de cassation peut, lorsqu'elle le juge convenable, désigner d'office un avocat pour soutenir devant elle la cause d'un indigent. Arr. 11 juillet 1842 (P. 1850, p. 475).

Telles sont les seules faveurs dont puissent jouir les indigents, dans la procédure des affaires soumises à la seconde chambre de la cour de cassation, à moins qu'ils n'y agissent comme partie civile; en dehors de ce cas spécial, le bénéfice du *pro Deo*, c'est-à-dire la dispense des frais de timbre, d'enregistrement, de greffe, d'amendes judiciaires, d'avoués et d'huissiers, ne peut leur être accordé devant cette chambre, l'arrêté du 26 mai 1824 n'étant applicable qu'aux procès civils. Arr. 25 juillet 1859, et conclusions de M. l'avocat général Cloquette (P. 1859, p. 54). Autant du reste sont considérables les frais qu'entraîne un pourvoi civil, autant sont minimes ceux que nécessite un recours en toute autre matière.

222. Pour l'obtention du *pro Deo*, il faut, outre l'indigence constatée par un certificat de l'autorité communale, visé et approuvé par le gouverneur, que la partie qui le sollicite soit Belge ou appartienne à une nation avec laquelle il existe, à cet égard, des conventions diplomatiques expresses (arrêté du 31 mai 1824, art. Ier); il faut, surtout, une décision de la cour, et celle-ci refuse d'accorder le *pro Deo* si la demande paraît dénuée de fondement; sous ce rapport, la cour de cassation, plus que toute autre juridiction, se montre rigoureuse. Le motif en est facile à saisir : devant elle, les faits de la cause ne peuvent donner lieu à aucune discussion; l'incertitude sur les résultats de l'instruction doivent dès lors moins exister pour elle qui n'a à décider que le point de droit, c'est-à-dire l'application des principes de la législation existante aux faits légalement établis par la décision attaquée. Il est donc évidemment plus aisé de se faire dès le début une opinion sur le mérite d'un pourvoi éventuel, et l'intérêt des deux parties exige que la cour arrête dès le début une longue procédure qui ne peut aboutir qu'à un rejet. Le défendeur en cassation aussi bien que le demandeur peut solliciter et obtenir le *pro Deo*.

223. Les formalités à suivre pour les demandes de plaider gratuitement devant la cour de cassation sont réglées par l'arrêté du 26 mai 1824. La requête en *pro Deo* est adressée sur timbre à la cour (1), par remise au greffe avec le certificat d'indigence; le premier président de la cour, par un appointement signé en marge de cette requête, ordonne qu'elle soit communiquée à deux conseillers commissaires qu'il désigne. Ces magistrats rendent une ordonnance à enregistrer *en débet*, fixant jour et heure pour la comparution des parties devant eux, en chambre du conseil, et peuvent au besoin désigner un huissier pour faire gratuitement la citation de comparaître à la partie adverse, et sur leur rapport, le ministère public entendu, la cour statue non en audience publique, mais en chambre du conseil, rendant ainsi hommage au principe que les décisions accordant ou refusant le *pro Deo*, ne sont pas de véritables actes de la juridiction contentieuse (2).

---

(1) Cette requête doit-elle être signée par un avocat à la cour de cassation? L'arrêté du 26 mai 1824 ne l'exige pas; il est d'usage cependant que les requêtes en *pro Deo* soient revêtues de la signature d'un avocat de la cour; il y a toutefois des précédents contraires. V. arr. 11 mars 1841 (P. 1841, p. 353).

(2) Ce qui entrave souvent, même à la cour de cassation, l'obtention du *pro Deo,*

Le défendeur en cassation, qui a joui du bénéfice du *pro Deo* devant le juge dont la décision est attaquée, devra-t-il, pour conserver la même faveur, en faire une nouvelle demande devant la cour de cassation? La raison de décider négativement semble être que, devant la cour d'appel, ainsi qu'on l'admet généralement par un argument *a contrario* de l'art. 7 de l'arrêté de 1824, l'intimé qui a plaidé *gratis* en première instance conserve cette faveur. Il n'est pas à notre connaissance que cette question ait été résolue par notre cour de cassation. Nous nous bornons à rappeler qu'à la différence de l'appel, le pourvoi en cassation ouvre une instance nouvelle, principe que l'on applique aux cautions *judicatum solvi* à fournir par les étrangers, et aux autorisations de plaider nécessaires aux incapables. V. arr. 12 août 1836 (P. à sa date). Dalloz, v° *Exceptions*, n° 60. Lorsque la personne qui a obtenu le *pro Deo* succombe, elle n'en doit pas moins être condamnée à tous les dépens, y compris, si elle est demanderesse, l'amende et l'indemnité.

La faveur du *pro Deo* est tout à fait personnelle; le décès de la partie qui l'a obtenue ne saurait donc en faire jouir, *ipso*

---

c'est la difficulté où se trouve la partie de se procurer sans des frais considérables une expédition de la décision dont l'annulation est poursuivie. La production de cette pièce est cependant indispensable. M. Bernard, greffier en chef à la cour de cassation de France (*Manuel des pourvois*, p. 252), signale un expédient auquel le bureau d'assistance près la cour de cassation de France a parfois recours; ce bureau fait rédiger et régler les qualités de la décision par l'avoué qui a occupé pour lui, et s'adresse alors au procureur général, lequel, par l'intermédiaire de l'officier du ministère public près la juridiction qui a rendu la décision attaquée, obtient sans frais l'expédition nécessaire.

On sait que le bureau d'assistance institué près la cour de cassation de France comme auprès de toute autre juridiction par la loi du 22 janvier 1851, est à la fois un bureau de consultation gratuite et une juridiction qui, après examen de la cause, peut accorder aux indigents la dispense des frais de levée et de signification de la décision attaquée, et des frais de timbre et d'enregistrement de la requête en cassation. Ce bureau est composé de sept membres, dont trois désignés par la cour parmi les plus anciens de ses membres, les avocats et les anciens avocats de la cour de cassation, les professeurs et anciens professeurs de droit, deux délégués du ministre des finances, et deux membres du conseil de discipline de l'ordre des avocats de la cour.

facto, ses héritiers, lesquels peuvent ne pas se trouver dans l'indigence et n'avoir ainsi aucun titre au bénéfice accordé à leur auteur.

224. L'art. 1er de l'arrêté de 1824 assimile aux indigents, sous le rapport de la dispense de payer les frais de justice, *les directions des pauvres (y compris les administrations des hospices et hôpitaux et les bureaux de bienfaisance) et les administrations des églises des différentes communautés religieuses.* Que reste-t-il encore de cette assimilation? Un arrêt de la cour d'appel de Gand, du 27 mai 1836 (P. à sa date), a décidé qu'en présence des principes de notre constitution sur la nécessité d'une loi pour les exemptions d'impôts, les fabriques d'église ne peuvent plus invoquer en leur faveur l'arrêté du 26 mai 1824, rendu à une époque où le roi des Pays-Bas n'exerçait plus seul le pouvoir législatif; et récemment, un arrêt de la cour d'appel de Bruxelles, du 28 décembre 1859 (*Belg. jud.*, 1860, p. 99), en a décidé de même à l'égard des bureaux de bienfaisance, à moins qu'ils ne produisent un certificat d'indigence, quoique, quant à ces institutions, l'arrêté de 1824 ne fasse que répéter une disposition contenue dans l'arrêté du 17 août 1815, lequel est antérieur à la loi fondamentale; mais ce dernier arrêté n'a été publié qu'en exécution de l'arrêté du 31 décembre 1821, et n'a, dès lors, pas force de loi (1). Dans un article signé G. J., contenu dans la *Belgique judiciaire* (1860, p. 1), on a soutenu que le système de la cour d'appel de Bruxelles mène logiquement à l'inconstitutionnalité de l'arrêté de 1824, même à l'égard des pauvres. C'est là une erreur; cet arrêté, en ce qui concerne les indigents, n'est que la confirmation d'un arrêté du 21 mars 1815, qui, à la différence de celui du 17 août suivant, a été publié avant la promulgation de la loi fondamentale.

Un arrêté royal du 5 octobre 1852 vient encore com-

---

(1) Voir, sur les conséquences de pareille publication, un arrêt du 7 juillet 1848 (P. 1849, 1, 25).

pliquer la question, quant aux sociétés de secours mutuels.
Cet arrêté est pris en exécution de la loi du 3 avril 1851,
dont l'art. 6 porte : « Des arrêtés royaux détermine-
ront : .... 2° les conditions auxquelles les sociétés de
secours mutuels reconnues seront admises à plaider gratis, »
et il contient un article unique ainsi conçu : « Les sociétés de
secours mutuels reconnues sont assimilées aux institutions de
bienfaisance mentionnées dans l'arrêté royal du 26 mai 1824,
pour l'obtention de la faveur de plaider gratis, qui pourra leur
être accordée conformément à cet arrêté. » Que devient cet
arrêté du 5 octobre 1852 en présence du système très-juri-
dique que la cour d'appel de Bruxelles a sanctionné par l'arrêt
du 28 décembre 1859? Si le principe que nulle exemption
d'impôt ne peut être établie que par une loi, est applicable à
la faveur de plaider gratis, la loi du 3 avril 1851 a-t-elle pu,
en présence de l'art. 112 de la constitution, déléguer le gouvernement dans une partie des attributions du législateur?
Dans tous les cas, l'arrêté de 1852 ne doit-il pas demeurer
sans effet, comme se référant aux dispositions abrogées de
l'arrêté de 1824?

Quoi qu'il en soit, la cour de cassation n'a jamais eu à se
prononcer sur le droit des bureaux de bienfaisance d'obtenir le
pro Deo, qu'ils n'ont jamais, pensons-nous, réclamé devant
elle.

TABLES DES MATIÈRES.

I. TABLE MÉTHODIQUE.

CHAPITRE IV.

POURVOIS SOUMIS A LA DEUXIÈME CHAMBRE DE LA COUR.

CHAPITRE V.

ATTRIBUTIONS EXCEPTIONNELLES DE LA COUR DE CASSATION. — PROCÉDURES SPÉCIALES. — CHAMBRES RÉUNIES.

II. TABLE ALPHABÉTIQUE.

MOYENS NOUVEAUX. Quand y a-t-il moyen nouveau ? Quand les moyens nouveaux sont-ils recevables ? N°s 39 et 31. — Moyens relatifs à la procédure antérieure à l'arrêt de renvoi devant la cour d'assises. N°s 31 et 48 (*in fine*).

N

NOTIFICATION. V. SIGNIFICATION.

O

OPPOSITION aux arrêts par défaut en matière civile. N°s 104 et suiv. — En matière répressive ou spéciale. N°s 162 et suiv. — *Tierce opposition.* N° 110.

ORDONNANCE de signification du pourvoi en matière civile. N° 80.

OUVERTURES en cassation. V. MOYENS DE CASSATION.

P

PATENTES. Pourvoi contre les arrêtés des députations permanentes en matière de patente. Délai, formes et notification du pourvoi. N°s 139 et 140. — Fins de non-recevoir à opposer au pourvoi. N° 165. — Instruction du pourvoi et arrêt. N°s 150 à 165.

PARENTÉ. V. SUSPICION LÉGITIME.

PARQUET. V. PROCUREUR GÉNÉRAL, INSTRUCTION DES POURVOIS.

PARTIE CIVILE. Droit de se pourvoir en cassation. N° 41. — Délai du pourvoi. N° 131. — Formes et notification. N°s 132 et suiv. — Effet suspensif. N°s 141 et suiv. — Consignation d'amende. N°s 144 et suiv. — Instruction et arrêt. N°s 150 et suiv. — Frais. N° 161 *bis*.

PENSIONS et retraites. N°s 18 et 19.

PÉREMPTION en matière civile. N° 97. —Péremption en toute autre matière et prescription de l'action publique durant l'instance en cassation. N° 155.

PERSONNES qui ont le droit de se pourvoir en cassation. N°s 41 et suiv.

PIÈCES (production de). En matière civile. N°s 86 et 92. — En toute autre matière. N°s 150, 151 et 152.

PLAIDOIRIES. V. AVOCATS, AUDIENCE.

POLITIQUE (*délit*). Pourvoi en cassation en matière de délits politiques ou de presse. N° 131.

POURVOI (acte de) en matière civile. Formalités à remplir. N°s 66 et suiv. —En matière pénale. N°s 132 et suiv. — Pourvois contre les arrêtés des députations permanentes. N°s 139 et

suiv. — Pourvoi contre les arrêts de la cour des comptes. N° 125. — Pourvoi en matière disciplinaire. N°s 127 et 175. — Pourvoi dans l'intérêt de la loi. N°s 177 et suiv.

PRESCRIPTION. V. PÉREMPTION.

PRESSE (*délit de*). Pourvoi en matière de délits de presse. N° 131.

PRISE A PARTIE. N°s 209 et 210.

PROCUREUR GÉNÉRAL. N° 3. — Quand le procureur général près la cour de cassation a-t-il le droit de se pourvoir ? N° 41.

PROCÉDURE. Considérations générales sur la procédure à suivre en matière civile. N° 58. — En toute autre matière. N° 128.

PRO DEO. V. INDIGENTS.

PRODUCTION de pièces. V. PIÈCES.

Q

QUALITÉS des arrêts en matière civile. N° 101. V. DÉPENS.

QUITTANCE constatant la consignation de l'amende en matière civile. N°s 73 et suiv. — En matière répressive. N° 147.

R

RAPPORTEUR. N°s 91, 153.

RÉCUSATION des membres de la cour. N° 119.

RÈGLEMENT du conseil de l'ordre des avocats. N° 5.

RÈGLEMENT de juges en matière civile. N°s 184 et suiv.—En toute autre matière. N°s 187 et suiv.

REJET. Effets du rejet en matière civile. N° 98. — En toute autre matière. N° 159.

REMISE (demande de). N° 94.

RENVOI après cassation en matière civile. N° 99. — Effets du renvoi. N°s 102 et 103. — En toute autre matière. N°s 168 et suiv.

Renvoi pour cause de sûreté publique ou de suspicion légitime. V. SURETÉ PUBLIQUE et SUSPICION LÉGITIME.

RÉPONSE au pourvoi en matière civile. N°s 89 et suiv.

REPRISE D'INSTANCE. N° 115.

REQUÊTE en cassation en matière civile; ce qu'elle doit contenir. N°s 68 et suiv.

REQUÊTE CIVILE. V. MOYENS DE CASSATION.

RESTITUTION en entier. V. OPPOSITION.

RESTITUTION de l'amende. N°s 99 et 160.

RESTITUTION de ce qui a été perçu en exécution de la décision annulée. N° 99.

FIN.

www.ingramcontent.com/pod-product-compliance
Ingram Content Group UK Ltd.
Pitfield, Milton Keynes, MK11 3LW, UK
UKHW020721120726
13693UKWH00001B/90